Le Diable
dans la pensée européenne

DU MÊME AUTEUR

À LA MÊME LIBRAIRIE

D'Averroès à Maître Eckhart. Les sources arabes de la mystique allemande, « Conférences Pierre Abélard », 2008, 224 pages.

Maître Eckhart. Philosophie du christianisme, « Bibliothèque des philosophies », 2011, 336 pages.

Kurt FLASCH

Le Diable dans la pensée européenne

Traduit par Iñigo ATUCHA

Ouvrage traduit avec le concours du Centre national du livre

VRIN

Cet ouvrage présente en traduction française, selon les souhaits de M. Kurt Flasch, la majeure partie de son ouvrage *Der Teufel und seine Engel* © Verlag C.H. Beck oHG, München, 2016. Les modifications et réécritures de certains chapitres ont été réalisées par l'auteur lui-même.

Imprimé en France
ISBN 978-2-7116-2883-4
www.vrin.fr

Depuis des années, il est inscrit au livre des fables ;
mais les hommes n'en sont pas pour cela devenus meilleurs ;
ils sont délivrés du malin ; mais les malins sont restés.

Goethe, *Faust* I, *La cuisine de sorcière*, Vers 2507 à 2509,
traduction par Gérard de Nerval

AVANT-PROPOS

Qui veut connaître l'Europe doit prendre en considération Dieu et le Diable, sans les séparer l'un de l'autre. En effet, tous deux y ont longtemps régné côte à côte. Pour nous en tenir au Diable, nous lui devons les tremblements de terre, les épidémies et la politique. Il possède toute une histoire culturelle, religieuse et politique, une apogée puis un déclin. Il n'a pas toujours connu une seule et même identité : les intellectuels européens l'ont fait évoluer. C'est ce processus qui est décrit dans le présent livre, à partir de sources qui vont de l'Ancien Testament à l'époque actuelle.

Le Diable ne provient pas de l'Europe. Il y a cependant rôdé pendant des siècles, à l'affût de tous ceux qu'il pouvait dévorer, et c'est à partir de ce continent qu'il a ensuite fait route vers le Nouveau Monde. Mais les Européens n'ont pas seulement *subi la présence* de Satan (comme on le désigne en hébreu), ils en ont aussi *transformé le visage* en exploitant tout ce que l'Ancien Orient leur avait légué. Ils lui ont attribué de nouveaux noms, un statut, une voix et c'est en fonction de lui qu'ils ont organisé leur vie publique et familiale. Ce livre décrit les étapes les plus importantes du travail de la pensée effectué en Europe sur la figure du Diable. Il montre les transformations successives dont Satan fut l'objet. Les intellectuels européens ont lutté contre le « Seigneur du monde terrestre » et l'ont assimilé par un long travail. Ils lui ont donné une forme qui pouvait s'avérer utile ou susciter la crainte. Le Diable a donc changé de visage. Il a répondu aux exigences des Européens qui faisaient appel à lui. Ceux-ci lui ont ensuite exprimé leur gratitude en renforçant progressivement sa nature.

Mon livre parle de cette confrontation. Et même s'il fait référence aux récits bibliques qui sont à l'origine de toutes ces discussions, ce n'est pas pour autant un livre de théologie. Il décrit les préoccupations et les pensées d'hommes vivant en ce bas monde.

En m'intéressant à la destinée du Diable de 1500 à 1800, et plus précisément aux détracteurs et aux défenseurs de l'idée de Diable et de la chasse aux sorcières, j'ai consulté d'excellents ouvrages, pour la plupart en langue anglaise, sur le début de l'ère moderne. On peut cependant y déceler deux points faibles. En premier lieu, ces études se trompent souvent lorsqu'il s'agit de décrire une période antérieure à celle qui se trouve au centre de leur attention : depuis quand, par exemple, parle-t-on de pacte avec le Diable ? En général, on se contente de qualifier cette idée de « médiévale », sans chercher à savoir si elle n'avait pas déjà eu cours dans l'Antiquité, ou s'il ne s'agit pas d'une simple théorie parmi tant d'autres, qui était sujette à controverse tout au long du Moyen Âge. Ces études ont tendance à considérer le Moyen Âge comme un ensemble religieux homogène, figé dans ses dogmes et soumis à l'interdiction de toute curiosité théorique, la prétendue interdiction de la *curiositas*. Certains auteurs vont même jusqu'à prétendre que la conception du Diable n'a pas *pu* connaître d'évolution significative depuis le Ve siècle, *puisqu'*elle était uniformisée par des normes théologiques. Qu'un point de doctrine aussi déterminant pour la vie des gens n'ait connu aucune modification importante de 400 à 1500 est d'emblée invraisemblable : cette thèse ne peut être que la redite d'une ancienne légende qui décrit un « Moyen Âge » rigide et contrôlé par l'Église. Mais, par-dessus tout, cette opinion est à l'évidence fausse. Je veux le démontrer et j'espère que mon approche interdisciplinaire fournira aux experts en littérature, aux spécialistes des débuts de l'ère moderne et aux historiens de l'art une conception du passé du Diable, en Europe, plus proche de la réalité.

En second lieu, j'ai noté que quelques-uns de ces excellents spécialistes approfondissent tellement l'auteur de leur choix ou son époque qu'ils négligent ce qu'advient l'histoire du Diable par la suite, et en particulier son terme. L'extinction du Diable et de l'Enfer a pourtant été le fruit d'un processus radical tant sur le plan psychologique que sur le plan de l'histoire culturelle ou de l'histoire des sciences. Ce processus a concerné tous les domaines de l'existence humaine : du mariage et de l'éducation à la politique, l'économie et la religion. D'un point de vue historique, il est intéressant de savoir à partir de quelle époque la plupart des gens ne sont plus persuadés qu'ils vont finir leurs jours dans le feu ardent, éternel et bien réel de l'Enfer. C'est pourquoi il me faut suivre le fil de l'évolution du travail intellectuel accompli sur le Diable. Tout en sélectionnant certaines étapes, je vais décrire le démantèlement moderne des représentations du Diable, jusqu'à la mort de celui-ci. Ce livre va se référer en premier lieu à l'Antiquité chrétienne (en particulier à Augustin) et au Moyen Âge (surtout à Thomas d'Aquin). Il ne s'agit cependant pas d'un « livre sur le Moyen Âge », puisqu'il poursuit son chemin de Hobbes à Leibniz, Schiller, Goethe et Schleiermacher (qui trouvait l'idée de Satan « inacceptable »), jusqu'aux discussions de l'époque actuelle.

Le terme « satanisme » désigne la plupart du temps les pratiques d'un groupe organisé de manière quasiment religieuse, qui consacre à Satan une musique, une littérature et une cinématographie de caractère sectaire. Ce groupe recourt à un romantisme sombre, il célèbre une anti-liturgie antibourgeoise, amorale et ésotérique, il organise des messes blasphématoires. Cela va de la réforme individualiste d'une existence jusqu'à la frénésie orgiaque, comprenant une tendance à l'autodestruction qui souscrit à toute forme de débauche.

J'utilise le terme « satanisme » dans un sens quelque peu différent. Les concepts religieux et moraux de la haute culture européenne donnaient eux aussi au Diable une importance très *variable*. La vénération que lui vouaient certains groupes ne dépassait pas les belles paroles, alors que d'autres temps et d'autres modes de pensée amplifiaient à l'excès l'intérêt qu'ils portaient au Diable. Ils étaient comme possédés par lui. C'est dans ce cadre que je parle alors de « satanisme », désignant par ce biais des situations – formes de vie et conceptions – focalisées avant tout sur le Diable. J'utilise donc l'expression d'une façon plus neutre du point de vue de l'histoire culturelle, en espérant que cela ne créera pas de confusion.

Kurt FLASCH, Mayence, le 12 mars 2016

Remerciements

Ce livre m'a occupé pendant de longues années. À cette occasion, j'ai reçu l'aide d'un nombre trop important de personnes pour pouvoir les nommer toutes ici. Je voudrais toutefois remercier très chaleureusement en premier lieu Ruth Gesser, pour son amitié et son aide dans toutes les questions de la vie comme dans celles de style et d'orthographe allemandes – et, cela, en de sombres temps propices aux réformes incompétentes des règles orthographiques.

Pour leur aimable assistance lors de l'acquisition de livres et de copies, je remercie sincèrement Monika et Walter Schäfer, de Fribourg-en-Brisgau.

Mon ami Ruedi Imbach a poussé l'amitié jusqu'à étudier et relire le manuscrit de ce livre avec une très grande attention. Je le remercie pour toutes ces journées de conversations amicales sur ce texte et pour les nombreuses améliorations qu'il m'a suggérées.

Mes remerciements vont aussi à Loris Sturlese, qui m'a invité à enseigner à Lecce, dans les Pouilles, en octobre 2014. J'ai pu profiter de tout un mois d'automne méridional pour y exposer l'essentiel du contenu de mon livre. Ses collaboratrices et collaborateurs, toutes et tous très compétents, m'ont beaucoup appris. En particulier, Nadia Bray : je lui adresse mes remerciements les plus chaleureux, à elle ainsi qu'à tous les soutiens amicaux à Lecce, et surtout à Fiorella Retucci dont la présence quotidienne a été tellement précieuse et agréable.

… ange noir
Shakespeare, *Le Roi Lear*, acte III, scène 6

Sur la terre, nul n'est son maître.
Job 41 : 25

Les démons, qui, en raison de leur nombre, reçoivent le nom
de peuples entiers, qui se réjouissent de tout péché,
mais surtout de la fornication et de l'idolâtrie…
Lévitique avec glose ordinaire, 18 : 24 [1]

Je reconnais que les mots ont parfois vertu et efficacité singulières…
Reginald Scot, *La sorcellerie démystifiée (1584)*, 12, 1 [2]

Nous ne pouvons plus rejeter la faute sur les pouvoirs mystiques du mal,
sur le Diable et ses complices… Le mal en l'homme dépasse tout ce que
la théologie chrétienne a jamais imputé au Diable.
La thèse de la nature infernale du mal a fait son temps,
l'homme accomplit le mal par ses propres moyens –
et il surpasse le Diable à ce jeu-là.
Ludmila Ulitzkaja, « Mein Land krankt » [3]

Homme, ne cherche plus l'auteur du mal ; cet auteur, c'est toi-même.
Jean-Jacques Rousseau, *Profession de foi du vicaire savoyard* [4]

1. J. Nider, *Des sorciers et leurs tromperies*, trad. fr. J. Céard, Grenoble, Jérôme Millon, 2009, p. 177 (texte latin p. 176) ; édition du texte latin, voir « Glossa ordinaria, Lib. Leviticus », 18 : 24, in *Walafridi Strabi Opera Omnia*, tome 1, J.-P. Migne (éd.), Patrologia Latina 113, Paris, 1852, col. 348.

2. Trad. fr. P. Kapitaniak et J. Migrenne, introduction et notes P. Kapitanik, Grenoble, Jérôme Millon, 2015, p. 313.

3. *Der Spiegel*, n° 34, 18 août 2014, p. 123.

4. B. Bernardi (éd.), Paris, Flammarion, 2010, p. 76.

Car il n'y aura plus aucune distinction entre le bien et le mal,
puisqu'il n'y aura plus de mal nulle part.
Jean Scot Érigène, *De la division de la nature (Periphyseon)*
Livre V, 929 B [1]

Combien Luther se simplifie la tâche avec son diable,
qu'il a toujours sous la main pour expliquer et écarter
de façon superficielle et barbare les phénomènes
les plus importantes de toute la Nature,
et en particulier de la nature humaine.
Johann Wolfgang von Goethe, *Matériaux pour l'histoire de la théorie des couleurs* [2]

1. Introduction, traduction et notes F. Bertin, Paris, P.U.F., 2009, p. 105.

2. Trad. fr. M. Elie, préface E. Escoubas, Toulouse, Presses Universitaires du Mirail, 2003, p. 132 (traduction modifiée).

CONSTRUCTION

QUI EST SATAN ?

Brève présentation

Satan, mais qui est-ce donc ? Jadis, il était souvent question de lui. De nos jours, il n'est plus habituel de le rencontrer au coin d'une rue ou dans une chambre à coucher. Laissez-moi tout d'abord vous le présenter.

Dieu a toujours échappé au regard des hommes. Mais le Diable, lui, s'est laissé apercevoir. Et je mentirais aussi en affirmant ne l'avoir jamais vu, car on le trouve dans de nombreux tableaux et miniatures. J'ai également lu des descriptions de personnes l'ayant vu. Afin d'en livrer une première image, je vais présenter en guise d'introduction le compte-rendu d'un évêque, qui était familier du Diable. C'est une chronique des nouveaux *Länder* allemands d'autrefois et d'aujourd'hui. L'historien qui l'a rédigée est reconnu comme digne de foi : il s'agit de Thietmar de Merseburg, mort en 1018. Il a écrit cette chronique sur un parchemin, il y a mille ans, vraisemblablement en l'an 1012. La rencontre qu'il mentionne avec le Diable concerne le roi Henri I er de Germanie (mort en 936), dont l'arrière-petit-fils, le roi Henri II, s'était lié d'amitié avec Thietmar. La rencontre remonte donc déjà à plus loin. Cependant, l'ouvrage de référence sur les anciennes sources historiques allemandes, mis à jour en 1967, nous assure, au sujet de cette chronique, que « sa conception de l'histoire est très saine et très allemande » [1]. Dans ce cas, nous devrions croire chacune des paroles de Thietmar, qui fait

1. W. Wattenbach, R. Holtzmann et F. J. Schmale, *Deutschlands Geschichtsquellen im Mittelalter*, Première partie, Darmstadt, Wissenschaftliche Buchgesellschaft, 1967, p. 57.

tout d'abord l'éloge de l'habileté et de la vertu du premier Henri et rapporte ensuite l'histoire suivante :

> Chaque homme a une tendance plutôt marquée à succomber, au lieu de conserver une nature ferme. C'est pourquoi je ne veux dissimuler, au grand effarement des personnes pieuses et pour fournir un exemple qui serve d'avertissement, à quel point il [Henri Ier] se comporta en une occasion de façon misérable : un jour de Jeudi Saint où il était complètement ivre, entraîné par le Diable, il brava l'interdit et coucha le soir avec son épouse, bien que celle-ci s'y fût vigoureusement opposée. Satan, l'instigateur de ce délit, l'ennemi du salut des hommes, révéla cet acte à une vénérable matrone, dans les termes suivants : “À mon instigation, la Reine Mathilde vient bel et bien de s'abandonner au vice de la luxure et de céder à son mari. Elle a conçu un enfant qui m'appartient dorénavant. À présent, tu dois seulement veiller à ce que ce grand secret soit bien gardé !” La matrone en fut profondément attristée ; elle partagea aussitôt cette nouvelle avec la reine et lui conseilla de toujours s'entourer d'évêques et de prêtres, afin de laver à l'eau bénite, dès la naissance de l'enfant, la souillure dont le funeste démon s'était réjoui et dont l'enfant portait la trace. Puis elle rendit grâce à Dieu pour cela. Mais le Démon – autrement dit : celui qui sait tout – vit dès lors qu'il avait été délibérément trompé. Il proféra des insultes envers la matrone et ajouta : “Bien que mon plan ait à présent échoué en raison d'un misérable ragot, j'ai pourtant gagné : jamais la discorde (*discordia*), ma complice, n'abandonnera cet enfant, pas plus qu'elle n'abandonnera les hommes qui seront issus de ses entrailles. Jamais il n'y aura pour eux de paix assurée.” Ainsi parla-t-il de son dessein, ce menteur, cet ennemi de la vérité, et j'espère qu'il ne parviendra jamais à son accomplissement [1].

L'Évêque Thietmar connaît bien le Diable. Il sait à quel point celui-ci est intelligent : Satan a observé le roi lorsqu'il était ivre, il connaît les jours durant lesquels le droit canon interdit les relations intimes même entre époux et il a choisi le Jeudi Saint, afin d'induire Henri au péché. Il s'aperçoit que la chaste Mathilde a essayé en

1. Thietmar von Merseburg, *Chronik*, I 24, W. Trillmich (éd.), Darmstadt, Wissenschaftliche Buchgesellschaft, 5e éd. 1974, p. 26 et 28.

vain de repousser ce mari trop entreprenant. Satan sait s'exprimer dans un langage humain. C'est un habile rhétoricien. Peut-être était-ce un peu moins judicieux de raconter le péché du roi à la pieuse et vénérable vieille dame et de l'exhorter à garder le silence, mais comme l'évêque, il sait mesurer l'efficacité des eaux baptismales. Il prédit les conséquences politiques et théologiques pour le fils du roi : il n'y aura pour lui et ses descendants aucune quiétude.

Toujours à la recherche de sujets asservis, le Diable pense selon les catégories de la responsabilité collective de la parenté : il ne revendique pas le roi pécheur comme sa propriété, mais le fils de celui-ci, en raison de sa conception qui a eu lieu en dehors des conventions. Son projet échoue, mais Satan y trouve pourtant son compte : la discorde est sa fidèle accompagnatrice. La *discordia* est toujours auprès de lui, elle agit en tant que deuxième grande figure mythologique. Comme les aristocrates de son temps, le Diable pense selon le mode dynastique et politique plutôt que d'une façon individuelle et éthique, et il a le regard tourné vers l'avenir. Il ne se satisfait pas d'une seule victime, mais provoque plutôt une discorde durable dans le royaume.

Le Diable est intelligent : cette carte de visite lui suffit. Thietmar l'appelle même « omniscient », comme s'il était Dieu. Le Diable connaît les coutumes régionales et le code du droit canon, il réfléchit en fonction d'une politique à long terme, il a une rhétorique habile, cherche des âmes à assujettir, mais il craint les sacrements, grâce auxquels évêques et prêtres le combattent. L'une de ses occupations favorites consiste à encourager l'activité pécheresse des organes génitaux masculins, afin d'accroître l'étendue de son royaume. S'il n'y parvient pas, il provoque alors des troubles politiques. Il déclenche des guerres et se satisfait de ce succès partiel. La guerre est une victoire de Satan.

Le chercheur qui, à l'heure actuelle, s'intéresse aux questions diaboliques ajoutera ceci à cette première description : Satan est une figure hybride, à la fois littéraire et religieuse, qui procède de différentes traditions. En lui, s'associent des images populaires à des questions hautement philosophiques et théologiques. Selon la tradition populaire, il représente un personnage menaçant et terrifiant, qui boite, qui sent le soufre et dont émane un air glacial. Il se révèle sous la forme d'un crapaud, d'un serpent ou d'un dragon, mais aussi sous l'apparence d'un porc ou d'un homme hirsute à la peau sombre, avec une queue et des cornes. En même temps, c'est un être doté d'une grande intelligence et un seigneur puissant, à la tête de milliers d'« anges ».

Serait-il au moins marié ? Il rejetterait sèchement cette question : comme Dieu, il est célibataire et je ne me serais pas du tout permis de poser des questions sur sa situation familiale si, dans la mythologie antique romaine, le roi du monde souterrain n'avait pas eu d'épouse [1]. Dans le monde chrétien, il en va autrement du Prince des Enfers : des conseillers conjugaux diraient de lui qu'il est « inapte au mariage ». Sa figure s'associe pourtant aux grandes questions – la maladie, la mort, le malheur, la guerre et la paix, ainsi que l'origine du mal. Il est le mal personnifié, il est considéré comme la cause de tous les maux, mais en même temps il ressemble au dieu Pan et prend les caractéristiques du Satyre. Il agit en tant que procureur des hommes, calomniateur, perturbateur et tentateur, comme père du mensonge et seigneur des mouches. On le trouve aussi comique et il est raillé, lui le tricheur parfois dupé. Il mêle en lui des traditions historiques différentes et des traits contradictoires, mais il est considéré comme un adversaire à prendre particulièrement au sérieux et comme un corrupteur ombrageux. On l'a longtemps considéré comme un être intelligent et éminemment dangereux. On a plus tard débattu pour déterminer s'il était une intelligence vivante et réelle ou le symbole le plus élevé de la méchanceté. À partir du

1. La preuve : Ovide, *Les Métamorphoses*, 2, 260-261, trad. fr. G. Lafaye, Paris, Les Belles Lettres, 4 e éd. 1966, tome 1 (livres I-V), p. 46 : « En tous lieux le sol est sillonné de fentes, par où la lumière pénètre dans le Tartare, remplissant de terreur le roi des enfers et son épouse ». Le rapport : Phaéton a provoqué des incendies à travers le monde avec le char de Soleil. À présent, il y a des fissures partout sur le sol. La lumière pénètre à travers les fentes dans les ténèbres éternelles du Tartare et effraie le roi du monde souterrain et son épouse. Soit dit en passant, le Dieu de l'Ancien Testament ne vivait pas toujours sans épouse. *Cf.* Othmar Keel, *Gott weiblich. Eine verborgene Seite des biblischen Gottes*, Gütersloh, Gütersloher Verlagshaus, 2008.

XVIIIᵉ siècle, le Diable s'est affaibli. Plus il se limitait à une simple image, plus il resplendissait dans le théâtre, dans la littérature et dans le cinéma. Lucifer est devenu Mephisto. Il n'a cessé d'occuper l'attention des Européens, de Dante à Bulgakov, de Milton à Lars von Trier, des *Élixirs du Diable* d'E.T.A. Hoffmann au *Docteur Faust* de Thomas Mann, et jusqu'à Salman Rushdie. Cette diversité du Diable, comme son ambiguïté, a procuré aux Européens une marge de manœuvre pour remodeler son visage. Au point qu'il a fini par leur ressembler toujours plus.

Il existe le Diable des penseurs et celui des récits populaires. Il faut distinguer ces deux diables, car le Diable de la haute spéculation entretient des relations étroites avec les grandes questions concernant Dieu et les hommes, le bien et le mal. Le Diable du peuple se montre sous des formes diverses et dans des costumes bigarrés, mais aussi comme un chat ou un caniche noir. Il existe cependant des points de contact entre ces deux diables. Les transgressions se font moins de la forme quotidienne à la forme savante qu'inversement. Surtout depuis que les ordres mendiants se sont chargés du sermon, des thèmes issus de la haute théologie se rapportant au Diable ont été introduits dans la culture populaire.

Lorsqu'il est question de déterminer dans quelle mesure, au Moyen Âge, le savoir des élites concernant le Diable a lui-même emprunté à la culture populaire, le fait suivant peut induire en erreur : les études historiques sur des penseurs et des théologiens connus (disons, Augustin et Thomas d'Aquin) ignorent ou minimisent en effet volontiers, pour des raisons apologétiques, la dimension populaire de leurs représentations du Diable et des sorcières. Ces études ont aseptisé les grands penseurs : elles passent souvent sous silence le fait que l'un comme l'autre croyaient au pacte avec le Diable. Afin de corriger ces visions réductrices, je vais aborder l'œuvre d'Augustin et celle de Thomas d'Aquin de manière relativement détaillée. Tous deux étaient bien plus proches de thèmes populaires comme la magie ou la sorcellerie que la plupart de leurs interprètes ne veulent bien l'admettre. Cela modifie le rapport entre croyance populaire et haute culture. De façon générale, je vais accorder la priorité aux maîtres professionnels. Leur enseignement se laisse déterminer de façon infiniment plus fiable que les visions populaires, plus anciennes, qui ne sont souvent exploitables que de façon indirecte. On ne négligera pourtant pas les admirables histoires populaires consacrées au Diable.

DES HISTOIRES DU DIABLE

Des représentations historiques précoces, à l'instar des *Historiae* de Radulf Glaber (mort en 1047) et de l'autobiographie *De vita sua* de Guibert de Nogent (mort en 1125 environ), sont de véritables mines de récits populaires. Des légendes saintes telles que les *Legenda aurea* et des recueils de sermons contiennent également des récits populaires en surabondance. Des écrivains populaires, comme le cistercien Richalm de Schöntal (mort en 1219) et Césaire de Heisterbach (mort en 1240 environ) fournissent une multitude d'*exempla* édifiants, des visions des Enfers et des entretiens avec les démons. Ils font l'éloge de la vie religieuse, qui constitue le meilleur moyen d'échapper aux peines de l'Enfer. Ces récits servent aussi à la lutte contre les hérétiques, notamment à la réfutation de l'hérésie des albigeois, dont on a dit qu'elle s'était inspirée, d'une part, des manichéens et, d'autre part, du texte d'Origène *De principiis* [1]. Les histoires diaboliques des auteurs cisterciens sont amusantes à lire. Elles portent sur la tentation et sur la nécromancie, qui permet d'obtenir des nouvelles du devenir d'un mort dans l'au-delà. Elles illustrent l'éthique monastique, elles exhortent aux remords et à la pénitence, elles précisent les raisons principales pour lesquelles nous allons finir en Enfer. Elles mettent en garde les seigneurs de confisquer les richesses monastiques. Elles exaltent la vie clunisienne ou cistercienne, en tant que voie la plus sûre vers le Ciel. Elles s'occupent sans gêne de novices et de dotations. Elles présentent

1. Caesarius von Heisterbach, *Dialogus Miraculorum. Dialog über Wunder*, 5, 21, éd. et trad. all. N. Nösges et H. Schneider, Fontes Christiani, Turnhout, Brepols, 2009, vol. 1, p. 1021.

des opinions populaires concernant le Diable, qui ne figurent pas chez les grands théologiens : par exemple, l'hypothèse selon laquelle celui qui trace un cercle sur le sol se place instantanément sous la protection de Dieu et échappe ainsi au Diable. À ce sujet précisément, Césaire rapporte l'histoire suivante :

> À Hasselo, un village du diocèse d'Utrecht, vivait une *maga*, une magicienne, qui allait très mal. Un jour, elle posa les pieds dans une grande cuve, puis en sauta à reculons et cria : « Je saute ici hors du pouvoir de Dieu pour entrer dans le pouvoir du Diable ». Le Diable la saisit aussitôt et l'éleva dans les airs, plus haut que les arbres de la forêt – dans le village et ses alentours, nombreux sont ceux qui la virent –, de telle sorte qu'elle disparut, jusqu'à ce jour [1].

Il est dangereux de quitter le cercle magique [2]. Césaire raconte aux novices des histoires sur le succès de l'art diabolique de la nécromancie, sur les comportements des démons qui se laissent convoquer grâce à des formules magiques, les *carmina*. Un diable est assis sur le couvercle brûlant d'un puits profond et convoque, avec une trompette en cuivre, l'âme du défunt Landgrave de Thuringe qui s'était approprié certains biens de l'Église. Les diables respectent certaines règles. Le clerc de notre histoire les connaît, lui aussi : on dit de lui qu'il a jadis appris l'art de la nécromancie. Des moines enviés voient de leurs yeux Satan et ses anges : il se présente sous l'apparence d'un seigneur élégant, mais aussi d'un géant ou d'un homme noir ou encore d'un grand chien, d'un gros crapaud, d'un ours ou d'un chat noir. Certains le rencontrent sous les traits d'une belle jeune femme séduisante [3]. Des démons s'approchent sous la forme de dragons ou passent furtivement, telles des ombres. Un démon se transforme en queue de veau, afin de déconcerter le moine lors du chant choral [4]. Les histoires s'achèvent souvent dans

1. *Ibid.*, 11, 60, *op. cit.*, vol. 5, p. 2166-2167.
2. *Ibid.*, 5, 2, *op. cit.*, p. 954, aussi 5, 3, p. 958 et 5, 4, p. 962.
3. *Ibid.*, 5, 4, *op. cit.*, p. 962, aussi 5, 30. Voir 5, 44, p. 1100-1106.
4. *Ibid.*, 5, 5, *op. cit.*, p. 968.

un esprit pratique, en recommandant l'ordre cistercien [1]. Le Diable déconseille d'entrer au monastère, les démons font en sorte que le chant des moines soit un échec, le vœu monastique de silence les dérange [2]. Un mauvais moine héberge même plusieurs démons chez lui. Pas étonnant de la part de cet individu dévoyé : un homme bougon et mal luné, qui dormait volontiers durant le chœur, et était plus joyeux quand il buvait que lors du chant liturgique. Même les plus courtes des prières nocturnes duraient trop longtemps pour lui.

Le livre de Césaire se divise en douze grands paragraphes, désignés par le terme de *distinctions*. La cinquième distinction est entièrement consacrée aux démons. Le moine Césaire n'y raconte pas moins de cinquante-six histoires diaboliques à un novice. Avec un zèle singulier, ce dernier exige qu'il lui soit *prouvé* que les démons existent. Le scepticisme l'ayant rendu malade, il revient à plusieurs reprises sur ses doutes et/ou sur son incertitude quant à l'existence du Diable [3]. Le maître lui démontre selon l'Écriture et suivant plus de cinquante exemples que nous sommes en permanence entourés de démons. Le Diable est le dieu de ce monde [4] : il est plein de ruse [5], il est le principal instigateur de l'erreur [6], il provoque partout la discorde [7]. Dans la première moitié du XIIIe siècle, le monde grouille d'hérétiques, ils sont les membres du corps mystérieux de Satan [8]. Le Diable inspire les hérésies [9]. Il y a maintenant des gens qui sont d'avis qu'Ovide parle aussi bien de Dieu qu'Augustin [10]. Les

1. Caesarius von Heisterbach, *Dialogus Miraculorum*, 1, 34, *op. cit.*, vol. 1, p. 300-307. Voir aussi Ph. Schmidt, *Der Teufels- und Dämonenglaube in den Erzählungen des Caesarius von Heisterbach*, Basel, Zbinden & Hügin, 1926.

2. *Ibid.*, 5, 5 et 5, 44, *op. cit.*, p. 970 et p. 1104.

3. *Ibid.*, 5, 21, *op. cit.*, vol. 1, p. 948. Dans le même volume, voir aussi 5, 4, p. 966 ; 5, 25, p. 1046 ; 5, 38, p. 1090.

4. *Ibid.*, 5, 25, *op. cit.*, p. 1046.

5. *Ibid.*, 5, 40, *op. cit.* p. 1092 : « totius doli artifex ».

6. *Ibid.*, 5, 20, *op. cit.* p. 1020 : « spiritus erroris ».

7. *Ibid.*, 5, 39, *op. cit.*, p. 1042.

8. *Ibid.*, 5, 25, *op. cit.*, p. 1048.

9. *Ibid.*, 5, 22, *op. cit.*, p. 1034.

10. *Ibid.*, 5, 22, *op. cit.*, p. 1034.

maîtres hérétiques prétendent aujourd'hui qu'il n'y a ni résurrection ni enfer [1].

Autour de 1200, les démons étaient particulièrement productifs dans la fomentation d'hérésies, mais leur domaine d'activité principal était la sexualité humaine, surtout l'homosexualité dans les monastères. Ils récoltent de la semence humaine, aussi bien masculine que féminine. Les connaissances médicales de Césaire sur ce sujet sont probablement tirées de Galien. Les démons récupèrent l'intégralité des semences de tous les pêcheurs qui ont des rapports sexuels « contre nature », donc des rapports homosexuels. Ils forment, à partir de la semence masculine, des corps masculins et, à partir de la semence féminine, des corps féminins, dont ils ont besoin afin d'être vus et touchés par les hommes [2]. Les démons peuvent dès lors agir en tant qu'incubes et succubes, mais ils ne peuvent créer de la matière organique.

Césaire flaire en permanence les œuvres du Diable et de ses serviteurs. Même s'ils sont partout, il bavarde à leur sujet sans retenue, à la façon rhénane. Certains parmi les démons sont des gens sociables et joyeux. L'un d'entre eux fait parfois preuve de pitié, il n'est donc pas toujours uniquement malfaisant [3]. On a même vu, à l'occasion, un démon aller se confesser [4]. On peut négocier avec eux et quelques-uns sont vraiment débonnaires. Par ces propos, Césaire se situe à la limite du politiquement correct, tel qu'il est défini au XIIIe siècle. Il prend parfois les dogmes un peu à la légère. Déjà, il laisse un homme sortir des Enfers pour revenir sur terre [5]. Et il connaît même un démon beau et éloquent qui, sans exiger de récompense, s'était mis au service d'un chevalier de façon désintéressée. Quand l'épouse du chevalier tomba malade, il réalisa qu'on ne pouvait lui venir en aide qu'en pratiquant une onction avec du lait de lionne. Une heure plus tard, il tenait une cruche pleine de lait de lionne, en

1. *Ibid.*, 5, 24, *op. cit.*, p. 1046.
2. *Ibid.*, 3, 12, *op. cit.*, p. 540-542.
3. *Ibid.*, 5, 4, *op. cit.*, p. 964.
4. *Ibid.*, 5, 26.
5. *Ibid.*, 4, *op. cit.*, p. 964.

provenance des montagnes d'Arabie. Il avait pénétré dans la fosse aux lions, chassé les lionceaux et trait la lionne [1]. On doit bien parler, dans ce cas, de « bonté diabolique », de *diabolica bonitas* [2]. Une histoire quelque peu contraire au système, mais sincère et poétique.

Dieu et Satan

Les diables ne sont que rarement si bienveillants, probablement seulement dans la région d'Heisterbach, sur le Rhin. Le Diable, dans sa forme première, provient de la Bible hébraïque. C'est pourquoi il est présent chez les Juifs, les Chrétiens et les Musulmans : le Dieu méditerranéen trouve un adversaire dans le Diable. Les Chrétiens en ont fait une figure paroxystique. Saint Paul le désignait comme le « Dieu de ce monde ». Tout comme Dieu, il fait partie de l'histoire européenne. Étudier le versant brutal et sombre de cette histoire implique de rencontrer Satan et l'Enfer, de croiser démons et persécuteurs de sorcières, d'entendre parler d'Antéchrist à venir, de condamnations et de bûchers.

Cela implique aussi de faire la connaissance du cauchemar européen, dont beaucoup de gens, en particulier des femmes, ont été victimes, y compris dans leur chair. Car, depuis le début, c'est-à-dire dès le Nouveau Testament, le Diable s'est introduit dans le corps des gens, les rendant muets et les paralysant, les faisant frémir, gémir et se figer. Les « possédés », c'est ainsi que l'on désigne de tels individus. Ils sont nombreux dans la Bible. Jésus, tel qu'il est décrit dans les Évangiles, était surtout un exorciste. Mais, malgré cela, l'Europe n'est pas venue à bout de la possession et celle-ci a pris de l'ampleur au cours du XVe siècle, telle une épidémie, qui s'est largement propagée aux XVIe et XVIIe siècles. Si elle a nettement reculé au XVIIIe siècle, elle n'a pas pour autant totalement disparu aujourd'hui. Alors que les possédés étaient considérés comme les pauvres victimes du Diable, on répétait volontiers à propos des sorcières qu'elles s'associaient librement au Diable

1. Caesarius von Heisterbach, *Dialogus Miraculorum*, 5, 36, *op. cit.*, p. 1076.
2. *Ibid.*, 5, 36, *op. cit.*, p. 1080.

afin d'obtenir, par son entremise, des privilèges ici-bas et de semer, grâce à ses pouvoirs, la désolation. Dans la Bible, Dieu ordonne l'anéantissement de toutes les sorcières, mais cet ordre, dont le souvenir n'a jamais été perdu, n'a été observé à grande échelle qu'au cours du XVe siècle. Aux XVIe et XVIIe siècles, à travers toute l'Europe, il a conduit à de vastes chasses aux sorcières chez les catholiques, les luthériens et, dans une moindre mesure, chez les calvinistes. À la différence de la possession, qui existe encore aujourd'hui, les chasses aux sorcières ont faibli vers 1700 et ont disparu au XVIIIe siècle sur tout le continent.

Possession et sorcellerie constituent les effets les plus manifestes causés par Satan, mais ils ne sont pas les seuls. Satan menace et fait peur, mais il est aussi une source d'interrogations. Qui est-il? À quel point peut-il devenir puissant? Dans l'ancien Judaïsme et dans l'Islam, son autonomie demeure limitée. Ces deux monothéismes n'aiment pas qu'on plaisante avec eux. Ce sont bien les chrétiens qui ont élevé Satan au rang de puissant adversaire de Dieu. Dans le Nouveau Testament, il est non seulement le principal ennemi de leur Dieu, mais il lui ressemble aussi énormément. L'un comme l'autre sont des experts dans l'art de la métamorphose, ils peuvent modifier leur apparence à leur guise. Satan est aussi connu en tant qu'Ange de lumière (*Deuxième épître aux Corinthiens* 11 : 13-14). Ils peuvent tous deux transformer les hommes et les choses : Yahvé fait naître les enfants d'Abraham à partir de pierres, le Diable change l'épouse de Lot en statue de sel. Les deux maîtrisent l'art de la dissolution de la forme des êtres. Ils procèdent tels des alchimistes métaphysiques.

Satan entretient de subtils rapports d'interdépendance avec Dieu. Dans les plus anciens passages de l'Ancien Testament, Dieu agit sans hésitations morales. Il se tient par-delà le bien et le mal. Satan n'apparaît même pas encore, et la Bible ne dit rien de sa présence lors de la Création du monde. Il apparaît dans une étape plus tardive, endossant le rôle d'un assistant docile. Dieu possède encore au début quelques-unes des qualités qui seront plus tard attribuées à Satan : Yahvé se conduit sans considération éthique. Mais plus il devient moral, plus le Diable devient malfaisant. Il soulage de ses aspects maléfiques un Dieu de plus en plus bienfaisant. À l'issue des temps de l'Ancien Testament, on ne cesse de s'acharner contre Satan, comme c'est par exemple le cas dans le Nouveau Testament. Toute la brutalité virtuelle de Yahvé lui a désormais été transmise.

Satan est-il le revers de Dieu ? L'un et l'autre se sont apposé réciproquement leur image. Ils présentent un air de famille. Tels des ennemis qui se mesurent l'un à l'autre. Plus Yahvé règne de façon homogène, ou de manière « monothéiste », plus Satan organise et domine ses anges. L'un et l'autre deviennent les seigneurs d'un royaume et ils sont entourés d'effectifs très importants. L'un et l'autre règnent en maîtres sur des centres de pouvoir unifiés. Ils possèdent de véritables empires. Dieu a sa cour, il commande des armées entières d'anges. Le Diable est lui aussi à la tête d'un empire. Il a ses propres « anges » qui, plus tard, seront généralement désignés comme des « démons ». L'expression « le Diable et ses anges » résonne aujourd'hui de façon étrange, presque ironique. Mais Jésus lui-même l'utilise, selon *Matthieu* 25 : 41 : il y a donc encore de bons et de mauvais anges dans le Nouveau Testament.

Comme je l'ai mentionné, le Dieu monothéiste ne pouvait tolérer aucun adversaire de force égale. Pourtant, au IIIe siècle de notre ère, sont apparus des « dualistes », tels les manichéens, qui tirent leur nom du Perse Mani (mort en 277). Ils opposent le créateur maléfique du monde visible au Dieu de bonté, dans l'au-delà. Ce sont eux qui vont le plus loin dans la doctrine des Deux Principes, donc le dualisme : le Dieu maléfique n'est, dans le cas présent, pas seulement un « adversaire » de Dieu, mais son inlassable ennemi. Il n'est certes pas tout-puissant, mais c'est bien lui qui actionne les rouages du monde visible. Celui qui mène des études sur le Diable croise sans cesse le chemin du Dieu manichéen, sous différentes apparences : comme un second Dieu chez les dualistes radicaux, comme une copie plus faible de Dieu chez presque tous les chrétiens, ou encore comme le « singe » de Dieu. Le Diable constitue ainsi le principe du mal sous une forme restreinte, adaptée au monothéisme. Même celui qui a accepté que seul le Dieu bienfaisant est tout-puissant et qu'il triomphe de tous ses adversaires, celui-là doit admettre que le vainqueur n'a pas obtenu une victoire définitive et totale. Les autorités ont hésité à statuer si Dieu *avait remporté* la victoire ou s'il *allait seulement l'emporter* un jour, dans un temps à venir. Même dans le cas où ils se résolvent à considérer la victoire de Dieu comme accomplie, ils doivent encore expliquer pourquoi un Dieu tout-puissant peut avoir un adversaire aussi redoutable. Ils doivent concéder que le Diable est encore et toujours actif, non seulement auprès des païens, mais aussi au milieu des chrétiens et tout particulièrement auprès des saints. Car même si on le dit « vaincu », le Diable soumet encore à la tentation. La *Première Épître de saint Pierre* (5 : 8) prétend même que le Diable « rôde comme un lion rugissant, cherchant des proies à dévorer ». Je peux le rencontrer partout sur terre, sous des formes différentes et imprévisibles ; mais, dans ce cas, il ne se trouve pas en captivité, derrière les portes bien fermées de l'Enfer, comme le soutient l'*Apocalypse* 20 : 2. Si les théologiens ont trouvé des arrangements conceptuels afin de résoudre cette tension, néanmoins l'impression demeure que la domination divine n'est pas encore totalement établie, que le Malin guette partout. Comme si le dernier affrontement décisif restait encore à venir. Vision apocalyptique. Le champ d'activité privilégié du Diable et de ses anges est la sexualité humaine, en particulier la sexualité masculine. Les saints sont un objet de choix pour leurs offensives, alors que les possédés et les sorcières constituent le groupe le plus notoire de leurs victimes [1].

Le message chrétien ne se défait pas d'un certain dualisme. Il prie le Dieu tout-puissant, mais sur la Terre domine son ennemi omniprésent. Cette manière de présenter la situation a offert deux avantages à la pensée chrétienne. En premier lieu, cette façon de parler exhorte à une vigilance constante. Elle empêche le relâchement dans un monde qui serait simplement bon. Elle développe la conscience d'une lutte, dont l'issue est encore incertaine. Le Christ sait qu'il est *sujet à la tentation* et qu'il peut *succomber* à cette tentation.

1. W. Stephans, *Demon Lovers. Witchcraft, Sex and the Crisis of Belief*, Chicago, University of Chicago Press, 2002 ; C. Rider, *Magic and Impotence in the Middle Ages*, Oxford, Oxford University Press, 2006 ; *Il diavolo nel Medioevo*, Spoleto, Fondazione Centro Italiano di Studi sull'Alto Medioevo, 2013, un ouvrage qui contient des indications de littérature secondaire.

Il suppose même que Dieu en personne endosse quelquefois la fonction diabolique et le soumet à la tentation. Il l'implore cependant de renoncer à lui infliger une telle épreuve. Le fait que Dieu lui-même soumet à la tentation est un reliquat des anciennes manières de Satan. Dieu et le Diable ne se font pas face en tant qu'« autre radical » l'un pour l'autre : certaines caractéristiques se reflètent en miroir. Satan assume une fonction séparée de Dieu, il est désormais celui qui met à l'épreuve un homme saint dans le désert. La mise à l'épreuve des sujets, cette fonction subordonnée de Dieu, s'est dissociée de ce dernier, dans la mesure où elle devient incompatible avec sa majesté supérieure. On parvient ainsi à une opposition claire entre le bien et le mal. Dieu doit se passer de bien des choses qui sont désormais réservées au Diable seul. Mais, dans leurs prières, les hommes continuaient à supplier Dieu de ne pas les soumettre à la tentation. Extraordinaire ambivalence.

Le second avantage du discours sur les forces opposées à Dieu réside dans le fait que le récit de la marche des choses demeure passionnant. Cette histoire dramatique n'est pas encore parvenue à son terme : chaque spectateur y joue un rôle. À l'intérieur de la construction théologique du monde, le Diable se charge d'organiser le déclenchement du conflit, sa mise en mouvement et son maintien en tension. Il stimule l'activité. L'Europe activiste de l'ère moderne avait en effet besoin de Méphisto. Goethe illustrait par lui le nihilisme de l'économie du papier-monnaie et la brutalité du colonialisme qui modifie même les frontières entre la terre et la mer.

Le Diable complexifie en outre les enjeux psychologiques et augmente l'attention que l'on y porte. Il inspire les explorateurs de l'âme humaine et les gens de lettres, des mystères médiévaux aux œuvres d'Elisabeth Langgässer [1]. Les uns comme les autres cherchent toujours à savoir jusqu'où peut aller la malveillance diabolique et de quelles ressources elle peut doter les hommes. Le Diable a transporté des forces armées composées de femmes

1. Je pense notamment à l'ouvrage d'E. Langgässer, *Das Triptychon des Teufels*, Dresde, Jess Verlag, 1932. *Cf.* K. Flasch, *In Richtung Wahrheit*, München, Beck, 2014, p. 125-126.

au sommet du Blocksberg. Il suscite la curiosité et encourage la connaissance humaine autant que les malentendus, car, depuis son antre mythologique, il interfère avec la réflexion introspective. Le christianisme *avec* le Diable fait peur, la foi chrétienne *sans* le Diable possède une saveur fade. Quelle part de dualisme survit alors encore ?

Il faut à présent revenir sur cette question qui a provoqué d'intenses débats : l'univers possède-t-il un principe unique – et, qui plus est, un principe bienfaisant – ou fait-il face à une cause malfaisante du monde, de puissance équivalente ? Les discussions issues de cette question ont été et sont encore parcourues de mots-clés tels que « gnose », « manichéisme » et « dualisme ». Individuellement ou collectivement, différents penseurs ont développé, à l'intérieur même de la pensée chrétienne, une large palette de variantes, du monothéisme strict au dualisme radical. D'une part, au sein de la pensée chrétienne, Dieu et Satan ne furent jamais perçus comme des pôles opposés absolument égaux en droit : cela aurait détruit le concept de Création qui s'était développé à partir de sources juives tardives et de sources philosophiques anciennes. D'autre part, la pensée chrétienne ne pouvait se passer de composantes dualistes : la Rédemption perdrait alors tout le sens qu'on peut lui donner. Grâce à celle-ci, le Dieu bienfaisant se débarrasse d'un mal, dont l'origine ne doit pas se trouver en lui. Mais où, précisément, se trouve son origine ? Dans le Diable ? Dans les démons ? Dans le libre arbitre des hommes ou dans l'exubérance inconsidérée d'une jeune humanité ? Plusieurs conceptions ont donné une réponse à cette question. Dans l'espace méditerranéen, la métaphysique platonicienne, aristotélicienne et néo-platonicienne a modelé la pensée chrétienne et limité le rôle du dualisme. Si elle avait pu dissoudre entièrement ce dernier, ce qui était tout à fait possible par le recours à la philosophie de l'Un et l'interprétation allégorique de la Bible, elle aurait pourtant menacé le concept même de « Rédemption ». C'est cette dissolution que favorisa plus tard, dès le XVe siècle, le programme de la « religion naturelle », n'admettant du christianisme que ce qui pouvait s'accorder à des conceptions

« rationnelles ». La « religion naturelle » est d'ordre spéculatif, libre : cette spéculation chrétienne considère comme « rationnel » tout ce qu'elle peut puiser dans les « réserves » ordinaires de la philosophie antique, dont elle exclut cependant le matérialisme et le scepticisme. La « raison européenne » ainsi définie se considère elle-même comme anti-dualiste. Elle ne tolère pas un deuxième maître à ce monde, dont elle réduit le pouvoir pour finalement l'éliminer pour de bon. Ce déclassement du Diable, passé du statut d'être réellement existant à celui de symbole du mal, provoqua l'opposition des « orthodoxes » qui déploraient la dénaturation philosophique de la Révélation. Ceux-ci voyaient dans le Diable une véritable « personne », un individu de nature spirituelle. Leur voix se fait entendre encore aujourd'hui. Je vais y revenir.

POURQUOI S'INTÉRESSER AU DIABLE ?

Le Diable a déjà connu des temps meilleurs. Autrefois – disons entre 1200 et 1700 –, à entendre le peuple s'exprimer, des hommes de foi pouvaient déplorer que la peur du Diable fût souvent plus forte que la crainte de Dieu. Aujourd'hui, en Europe occidentale, même les Églises et leurs théologiens les plus orthodoxes ne font plus grand cas du Diable. Ils s'expriment comme si, au beau milieu du désert, ils venaient de découvrir une nouvelle Bible, une tout autre Bible. Toutefois, les images du Diable sont encore et toujours présentes – dans les romans et les caricatures, sur les murs des églises et dans les cinémas, dans certains noms de lieux, dans certaines phobies et dans les contes du Blocksberg. L'existence de clubs sataniques démontre que ces images n'appartiennent pas totalement au passé. Elles se trouvent également dans des expressions quotidiennes, devenues anodines, comme « vendre son âme au diable » ou « rouler à un train d'enfer ». Elles traînent là, comme les accessoires d'un théâtre abandonné, et nous interrogent : comment se fait-il que Satan et les démons aient été considérés, des siècles durant, comme les « maîtres de ce monde » ? Quelles peurs, quelles contraintes, quelles idées ont permis leur domination ? Comment l'Europe s'en est-elle débarrassée ? Comment ont-ils fini par passer de mode ?

Une fois encore, il va falloir fouiller dans les vieilles archives personnelles du mal et de ses légions, mais, au préalable, je vais évoquer certaines des raisons qui me poussent à le faire. Je vais tout d'abord mentionner, en tant qu'idée directrice, le principe de Max Weber : « parmi les éléments les plus importants qui ont façonné la conduite de vie, on trouve toujours, dans le passé, les puissances magiques et religieuses ainsi que les idées éthiques de devoir qui sont ancrées dans la croyance en ces puissances » [1].

Les forces religieuses ont influé sur le cours de l'histoire, mais elles ont été sous-estimées par plusieurs historiens. Depuis 1904, on répète sans cesse cette phrase de Max Weber. Les politologues conservateurs ont entre-temps échangé le terme de « sécularisation » contre celui de « transcendance » : ils songent ainsi à Dieu et aux adorables angelots, ce dont Schopenhauer se serait bien moqué, mais pas au Diable ni aux démons. En Europe, cependant, ces derniers ont également été d'importants « éléments façonnant la conduite de la vie humaine ». C'est pourquoi ils m'intéressent. À titre complémentaire, si l'on veut. Car, pour ce qui est de l'étude des forces *magiques*, l'histoire des idées n'a pas suivi Max Weber, ce qu'illustre le détail suivant sur l'histoire de la recherche philosophique :

Étienne Gilson (1884-1978) n'est peut-être pas le plus important des historiens de la philosophie médiévale, mais c'est bien celui dont l'influence a été la plus marquante au XXᵉ siècle. Dès les années 1940, son livre intitulé *Le thomisme* [2] consacrait un chapitre entier aux anges. Gilson était thomiste et la plupart des thomistes pensaient alors que les anges appartenaient à la théologie et non à la philosophie. Par conséquent, les anges n'appartenaient pas non plus à l'histoire de la philosophie. Gilson s'est écarté de cette conception historiographique néo-scolastique : il a surmonté l'isolement méthodologique de la théologie par rapport à la philosophie. Il a permis aux historiens d'approcher les penseurs importants par le domaine où ils manifestent leur plus grande originalité. Ce domaine

1. M. Weber, *La sociologie des religions*, trad. fr. J.-P. Gossein, Paris, Gallimard, 1996, p. 503. Cette citation, sous une forme légèrement différente, figure également dans l'avant-propos de M. Weber, *L'Éthique protestante et l'esprit du capitalisme*, trad. fr. J. Chavy, Paris, Plon, 1964, p. 21. La nouvelle traduction de ce texte, publiée en 2003, a fait le choix de ne pas reprendre cet avant-propos, pour plus de précisions voir M. Weber, *L'éthique protestante et l'esprit du capitalisme*, trad. fr. J.-P. Gossein, Paris, Gallimard, 2003, p. VII.

2. Et. Gilson, *Le thomisme, introduction à la philosophie de Saint Thomas d'Aquin*, Paris, Vrin, 6ᵉ éd. 1965, réimp. 1997, p. 212 et p. 223-224.

peut tout à fait comporter des thèmes théologiques, à condition que l'historien parvienne à y déceler une argumentation philosophique digne d'intérêt. C'est le cas de la conviction philosophique de Thomas d'Aquin, selon laquelle la perfection de l'Univers implique l'existence d'êtres purement spirituels, tels que les anges [1]. Sans eux, il existerait une discontinuité dans le cosmos. Échapper à cette discontinuité est précisément le principe philosophique qui fonde toute la théorie thomiste de la Création. Qui étudie alors la philosophie de Thomas, mais néglige les anges, manque l'harmonieuse synthèse qui est la sienne [2]. Gilson ne mentionne même pas le Diable. Je vais cependant montrer que la réflexion de Thomas d'Aquin sur le Diable est aussi originale que lourde de conséquences. Gilson pouvait tout juste intégrer la théorie des anges dans son modèle abstrait de la philosophie chrétienne, mais il ne pouvait faire de même avec la démonologie. Depuis lors, il existe bon nombre d'études consacrées à la doctrine des anges chez les scolastiques, mais pas à celle du Diable [3]. Ces études préservent Dieu et les anges du déclin de la scolastique, en tant que fragments inestimables de la *philosophia perennis*, alors que le Diable est laissé aux théologiens. Cela me semble compréhensible puisqu'au XXe siècle, en Europe, régnait la véritable incarnation du satanisme : les savants ne tenaient pas à le rencontrer aussi sur leur table de travail. Ils préféraient spéculer sur les êtres de lumière célestes. Cela change depuis peu. Des savants renommés, tels que Tullio Gregory et Alain Boureau, ont consacré des études au Diable. Je fais écho à ces études, dont les auteurs sont des amis de longue date.

1. *Ibid.*, p. 212.
2. *Ibid.*, p. 223-224.
3. L'angélologie est devenue un thème à la mode auprès des chercheurs. *Cf.* ce manuel complet et sa bibliographie : G. Agamben, E. Coccia, *Angeli. Ebraismo – Christianesmo – Islam*, Vicenza, Neri Pozza, 2009. Il faut y ajouter : Isabel Iribarren, M. Lenz (éd.), *Angels in Medieval Philosophical Inquiry*, Aldershot, Ashgate, 2008 ; T. Hofmann (éd.), *A Companion to Angels in Medieval Philosophy*, Leiden, Brill, 2012. Les études les plus récentes sur le diable sont : T. Gregory, *Principe di questo mondo. Il diavolo in Occidente*, Roma-Bari, Laterza, 2013 ; Centro italiano di studi sul basso Medioevo (éd.), *Il diavolo nel Medioevo*, *op. cit.*

Apports anthropologiques

Qui veut étudier l'*Homme* se doit d'examiner le *Diable*. Anges et Diable stimulent l'intérêt anthropologique. Beaucoup de gens passaient pour être possédés par le Diable. D'autres, en particulier des femmes, étaient suspectés d'avoir scellé un pacte avec lui et d'avoir célébré des orgies frénétiques dans la nuit de Walpurgis. Le caractère prosaïque de la vie quotidienne ne semble pas suffire au commun des mortels. Ce dont témoigne un étrange besoin de magie et de lumières crépusculaires. C'est comme si l'on voulait vivre aussi bien dans l'ombre que dans la lumière. Dans quel but des cultures développées se sont-elles créé des mondes antithétiques et hostiles ? Les dominants en avaient-ils besoin en tant qu'instrument de répression ? Ou les élites s'opprimaient-elles en premier lieu elles-mêmes ? Ne pouvaient-elles maintenir l'ordre public sans stigmatiser les personnes malveillantes comme des enfants du Diable ?

Supposons – à titre purement méthodologique – que le Diable et ses anges soient de simples fictions engendrées par l'esprit humain. Supposons que nous, êtres humains, ne les ayons pas connus à travers une révélation divine, mais que des chanteurs ou des prêtres les aient inventés, qu'ils soient des représentations imaginaires, purement humaines. Pourquoi donc les hommes s'embarrasseraient-ils de tels monstres ? Dans quel but auraient-ils inventé des créatures néfastes, à la fois puissantes, intelligentes et extrêmement résistantes ? Apporteraient-elles un quelconque avantage ? Seraient-elles seulement les exemples historiques d'une certaine ambivalence ?

Tout en étant des théories, les doctrines concernant le Diable relèvent aussi de pratiques sociales. Elles déterminaient la vie quotidienne et ne se contentaient pas de la décrire. Elles en reflétaient la réalité, de façon biaisée, en mettant en scène un palais impérial, un puissant vassal avec un penchant pour la rébellion, des hordes de serviteurs. La division du travail, le besoin d'ordre, la misogynie, la domination et la fronde régnaient – aussi bien sur la terre que dans les cieux. Elles laissaient présager la pire issue : celui qui vivait dans les demeures seigneuriales n'était pas épargné par la déchéance et le châtiment. De cette façon, les démons permettaient d'« expliquer » ce qui semblait autrement inexplicable : les intrigues de palais, les catastrophes naturelles et les cas extrêmes de la psychiatrie. Ce que les théologiens concevaient de façon théorique à leur sujet, les dominants l'utilisaient pour caractériser leurs ennemis. Les supérieurs hiérarchiques de tout acabit s'expliquaient ainsi le caractère rebelle de leurs sujets. Éducateurs et prédicateurs instillaient la menace du Diable dans l'image que les gens se faisaient ordinairement d'eux-mêmes : ils les amenaient à se croire tentés par le Diable, de jour comme (surtout) de nuit, ou, au contraire, les en dissuadaient. Dans les premiers temps de la modernité, les diverses confessions chrétiennes, déchirées par des luttes internes, eurent recours au Diable pour présenter leurs adversaires comme ennemis de Dieu. Elles y voyaient régner l'Antéchrist, appelant l'autre confession la « synagogue de Satan ». Luther déclara publiquement que c'était le Diable qui avait instauré la papauté. Les régions catholiques mettaient en scène des exorcisations théâtrales ouvertes à tous, accaparant le clergé et l'administration publique, ceci devant des milliers de spectateurs. Des cérémonies d'exorcisme pratiquées avec succès et célébrées comme une fête de la ville apportaient la preuve, à l'époque des conflits confessionnels, de la vérité de la seule vraie Église. Les princes prenaient soin des possédés. Puisque Satan avait quelque chose à voir avec le pouvoir, des rois, tels Jacques Ier, écrivirent des livres contre la négation de la réalité du Diable. L'Empereur Maximilien demanda à l'abbé Jean Trithème quelle était l'ampleur du pouvoir détenu par les démons. Ce que monastères et universités enseignaient à propos du Diable et des démons retenait l'attention des régents et des juristes. Diable et démons recevaient une réalité historique. C'est une raison supplémentaire pour s'y intéresser.

MISE EN LUMIÈRE DU THÉISME

Qui veut étudier *Dieu* ne doit pas oublier Satan. Le Diable met le théisme en lumière. Le Diable est en interaction avec Dieu. Monothéisme et satanisme se profilent l'un dans l'autre. Plus la conception éthique du monothéisme est sévère, plus Satan gagne en force. Celui qui veut savoir comment est organisé le royaume du Diable oriente son regard vers le royaume de Dieu. Le Diable était parfois désigné par l'expression le « singe de Dieu ». Il lui ressemble. Tout comme Dieu, il est célibataire. Il est le seigneur d'un royaume. Tous deux peuvent se transformer : ils sont maîtres en métamorphoses. Ils changent d'apparence et prennent les formes les plus variées. Ils transforment les hommes en choses et les bâtons de bois en crocodiles. Le plus souvent, Dieu et le Diable demeurent aussi invisibles l'un que l'autre. Afin de les introduire dans la vie en tant que puissances formatrices, les autorités doivent indiquer ce que Dieu et le Diable sont en mesure d'accomplir. Mais où trouve-t-on les adjectifs qui peuvent qualifier les êtres invisibles ?

Satan présente une série de points communs avec Dieu. Il s'oppose à lui, tel un reflet hostile, mais à l'intérieur d'un cadre délimité par un ensemble de ressemblances. Satan n'a presque jamais atteint la puissance et la hauteur de Dieu, mais il est presque comme lui : invisible et agissant en tout lieu. Seuls les spécialistes identifient sa présence. Satan est vif, mais déjà très vieux, car immortel. Il connaît la vie d'un point de vue bien plus ample que le nôtre, simples mortels. Il comprend les secrets de la nature mieux que tous les savants. Il n'est pas confiné à un lieu précis. Dans leur explication du monde, les penseurs archaïques ne pouvaient se contenter d'*un* seul principe. Ils attribuèrent un adversaire au principe divin du monde. Ils voulaient que leur Dieu soit le bien moral le plus puissant et ils lui opposèrent le Diable, le « Malin », d'abord dans des contes dramatiques, puis dans des constructions théoriques plus complexes. Voulaient-ils qu'aucun de ces deux êtres puissants ne puisse détenir un pouvoir démesuré ?

Très tôt, Dieu et le Diable éveillèrent l'un comme l'autre un intérêt théorique comparable. Les hommes voulaient savoir en quoi consistent ces êtres et quel est leur pouvoir. Comment se nourrissent-ils ? Sont-ils composés d'air ? Pourquoi sont-ils invisibles ? Sont-ils dépourvus de corps ? Peuvent-ils créer des crapauds ? Peut-être même faire apparaître des chevaux ? Pénètrent-ils en notre for intérieur ? Comment le peuvent-ils ? Les philosophes antiques parlaient de démons. Des poètes comme Ovide racontaient leurs nombreuses transformations. Les médecins étudiaient des maladies qui étaient considérées comme des « possessions ». Magie et histoires miraculeuses étaient associées aux démons. La sorcellerie était leur œuvre. Cela correspondait à une certaine façon de voir le monde, et ce monde était multiple, bigarré, agité, cruel et poétique. Cette vision du monde mérite qu'on s'y attarde.

Le Diable et ses anges appartiennent à des systèmes théoriques variables. Ils se manifestent dans les rêves et dans les visions d'horreur, mais *aussi* dans les conceptions du monde, c'est-à-dire dans des théories éthiques et métaphysiques. Ils semblent pouvoir « expliquer » quelque chose : les maladies psychiques, par exemple, ou une malveillance excessive. Et même l'origine première du mal. Le Diable et ses anges donnent une stabilité aux règles de vie, intégrant la tendance ancienne à penser en des termes contraires. L'expérience quotidienne montre l'opposition entre clarté et obscurité, entre lumière et ombre, mais aussi entre bien et mal. Dans le premier livre de la *Métaphysique* (A 5), Aristote met à disposition des couples d'opposés tirés des pythagoriciens : limité – illimité, un – multiple, à droite – à gauche, courbe – rectiligne, valet – seigneur, petit – grand, femme – homme. Celui qui veut penser le tout ne doit-il pas toujours considérer les deux faces des choses ?

UNE FIGURE EUROPÉENNE

Qui veut étudier l'Europe est tenu de considérer Dieu, mais aussi le Diable. Ni l'un ni l'autre n'ont vu le jour sur le territoire européen, mais c'est bien là qu'ils sont devenus les principales forces en présence, déterminant la vie au quotidien. Les Européens ont attribué au Diable sa « nature ». Ici, ce façonnage a marqué le paysage culturel durant des siècles et a influé sur la vie sociale, ne serait-ce qu'à travers des notions couramment utilisées comme celles de « possession » et de « sorcières ».

Le Diable et ses anges ont pris *l'apparence* d'êtres éternels. Celui qui soutient leur existence pense, en règle générale, qu'ils ont *toujours* été là. Mais le contraire est démontrable : ils ont une histoire. Quasiment personne ne les a tenus pour mortels, mais ils n'existaient pas pour autant selon le mode d'une évidente intemporalité. Admettons que le Diable et ses anges soient les fruits de réflexions, de représentations et de conceptions humaines. Ils appartiennent alors à l'histoire de la vie sur la Terre et l'histoire terrestre modèle leur être. Pourquoi les hommes ont-ils modifié leur image à plusieurs reprises ? Et dans quelle(s) direction(s) ?

Le Diable et ses anges ont connu différentes biographies et ont été sujets à bien des changements de conjoncture. Leurs effets visibles se propagent comme des épidémies. Individus et groupes, cultures et époques ont œuvré à leur transformation. À chaque fois que les hommes ont eu recours aux démons, ils ont reconstruit ou déconstruit le monde des esprits, laissant en sortir les démons ou les y refoulant. Les démons *devaient paraître* intemporels afin de pouvoir participer au mouvement de l'histoire. Bien que la Bible ne raconte rien à propos de leur naissance, elle permet de préciser certains aspects de leur développement. Les démons sont absents de ses plus anciennes strates. Le premier livre de la Bible, la *Genèse*, raconte le péché originel, mais ne dit rien à propos de la tentation du Diable. C'est un ajout plus tardif, qui fait son apparition à une époque où la conjoncture est très favorable au satanisme. C'est seulement à partir de ce moment qu'on pense que le Diable a toujours existé et que le Prince du mal a participé au péché originel. Telle est la représentation que les chrétiens de la fin du premier siècle, oppressés de toute part, se font du Diable. Cette conception se consolide au Ve siècle de notre ère, avec Augustin. Mais les transformations de l'être satanique n'en sont pas pour autant arrivées à leur terme – même si c'est la thèse soutenue par Nathan Johnstone, l'un des meilleurs spécialistes du Diable [1].

Sur ce point, il suit Jeffrey Burton Russell, autre grande autorité, qui, en 1984, a dressé un portrait encore plus sombre de la théologie médiévale : « Durant cette période, on peut considérer que la

1. *Cf.* Nathan Johnstone, *The Devil and Demonism in Early Modern England*, Cambridge, Cambridge University Press, 2006, p. 8 : « Le concept de base du Diable est resté fondamentalement le même depuis son implantation dans l'orthodoxie chrétienne autour du Ve siècle après J.-C. ».

diabologie s'est plutôt modifiée dans le détail que dans son ensemble. Cette uniformité assez peu habituelle découle de l'uniformité plus générale de la théologie chrétienne au Moyen Âge, que l'on peut attribuer à son relatif isolement culturel et donc à la sécurité dont elle pouvait bénéficier face à la menace d'idées nouvelles » [1].

Ici, dans ce livre, je voudrais montrer pourquoi je ne crois pas à tout cela. Satan et ses anges sont un phénomène historique, qui s'inscrit dans une longue durée et qui a connu plusieurs bouleversements. Sans remettre en question la définition du « concept de base », je vais préciser les transformations essentielles du Diable, avant et après le Ve siècle de notre ère. Pour ce faire, je m'inscris dans la continuité de chercheurs qui me sont proches, comme Tullio Gregory et Alain Boureau [2]. Je vais retracer une série de métamorphoses très rarement prises en compte et jeter un regard historique sur des créatures prétendument éternelles. Avec son royaume et ses apparitions sous des concepts variables, le Prince de l'Enfer, éblouissant dans l'au-delà, forme des constellations historiques bien réelles. Le Diable a été imaginé, dépeint, ainsi que décrit et dénoncé dans des sermons, au point que certains ont ensuite pu le voir de leurs propres yeux, dans leurs cabinets de travail. Plus d'un bon chrétien a même dû lancer l'encrier dans sa direction. En tout cas, ses entrées en scène, très tangibles dans l'histoire ici-bas, sont adaptées aux situations et présentent des nuances tant locales que temporelles. Ses apparitions correspondent aux occasions pour lesquelles on le convoque ou le redoute. Elles reflètent les conditions mentales et historiques de l'usage qu'une époque donnée a pu faire du Diable. Nous avons à notre disposition un grand nombre de réflexions concernant sa nature et maints rapports sur ses apparitions : à chaque fois, les documents le montrent sous des jours différents, selon le temps et

1. Jeffrey Burton Russell, *Lucifer. The Devil in the Middle Ages*, Ithaca-London, Cornell University Press, 1984, p. 12.

2. Tullio Gregory, *Principe di questo mondo. Il diavolo in Occidente*, *op. cit.*; Alain Boureau, *Satan hérétique. Histoire de la démonologie en Occident médiéval (1280-1330)*, Paris, O. Jacob, 2004; Centro italiano di studi sul basso Medioevo (éd.), *Il diavolo nel Medioevo*, *op. cit.*

le lieu, donc selon l'histoire terrestre. L'art a donné forme à ces variations. Il les suivait mais les devançait aussi sans aucun doute.

Se sont transformés, d'une part, la nature du Diable et, d'autre part, l'usage que les Européens en ont fait. Il en va de même pour les phénomènes dont ils le rendent responsable, comme par exemple la « possession » et la « sorcellerie ». Le Diable est ainsi au service d'objectifs très différents. Il permet l'instauration d'une cohésion collective et contribue à stigmatiser des adversaires réels ou supposés. Il rend dociles ceux auxquels un notable ou une institution a promis, de façon convaincante, de les sauver de sa domination. Il entraîne des révolutions, lorsque la rumeur rapporte qu'un seigneur est un serviteur de Satan. Le contraste entre bons et mauvais anges, appelés « démons » la plupart du temps, révèle les tensions de l'histoire réelle. Les moines du Moyen Âge usaient de l'appellation « possession du Diable » pour dénoncer la violence des chevaliers ou la vénalité des commerçants. Des peintres baroques ont « signifié » par des images de chute d'anges la victoire de 1683 sur les Turcs assiégeant Vienne. Satan ne se contente jamais de mener des âmes solitaires et tourmentées vers de nocturnes péchés. Il se manifeste régulièrement comme puissance historique et ne demeure jamais le produit d'une imagination purement individuelle. Il est un phénomène *social* marqué par son temps, pas un archétype atemporel. Le Diable et ses anges ont été politiquement identifiés – Juifs, Slaves païens ou Lutici, cathares, Turcs devant Vienne, communistes ou nazis. Les aléas hostiles de la Nature leur ont été attribués : épidémies et tempêtes, tremblements de terre et orages. Ils « fournissaient une explication » à toutes les épreuves concrètes et négatives, infligées tant par la Nature que par l'Histoire. Ils déchargeaient la Providence divine et préservaient le moralisme inhérent aux conceptions métaphysiques du monde des brutalités de l'Histoire et de la Nature, toutes choses que l'on pouvait difficilement imputer à Dieu.

UNE HISTOIRE RÉELLE DE L'EUROPE

Ainsi, les doctrines concernant le Diable ne sont pas seulement théoriques, mais s'inscrivent en même temps dans les pratiques sociales, dans le domaine de la santé publique et dans le système judiciaire. Parfois, elles décident de la vie et de la mort. Elles appartiennent à la réalité historique de l'Europe. Ce que les théologiens pensaient, de façon théorique, à leur propos, éducateurs et prédicateurs le diffusaient dans la pensée quotidienne. Chaque jour, ou plutôt chaque nuit, ces représentations poussaient les gens à succomber à la tentation ou, au contraire, à trouver la force d'y résister. Dans les premiers temps de la modernité, les confessions chrétiennes, divisées par des luttes internes, avaient besoin des nombreux noms du Diable pour représenter leurs adversaires comme des ennemis de Dieu, avec les conséquences très réelles que cela suppose. Souverains et juristes consacraient beaucoup d'attention à ce que les universités enseignaient à propos du Diable et des démons. Ces derniers devenaient une réalité historique. Ils n'étaient pas que des objets de pensée. Le culte de Satan et les cérémonies diaboliques existent encore aujourd'hui, que ce soit sur scène ou dans les films, mais pas uniquement là.

UN SCEPTICISME JAMAIS RÉDUIT AU SILENCE

Des textes bibliques, des conceptions générales du monde, des représentations cosmologiques, des superstitions ancestrales et des modes de pensée de la philosophie ancienne ont donné forme à la démonologie chrétienne. Cet enchevêtrement a suscité des tensions, qui ont elles-mêmes fait l'objet d'un travail théorique visant à les apaiser, les désamorcer ou les supprimer. La doctrine sur le Diable s'est heurtée aux doutes et engendrait elle-même des doutes. C'est ce qui lui donne une dynamique propre en Europe ; dynamique dont la théologie n'a pas pu s'exempter pendant de longs siècles et qui a animé la scène intellectuelle, pour finalement y périr.

Les sources de la vie du Diable, que je cite, proviennent principalement de l'Occident chrétien. La Bible y était certes interprétée de diverses manières mais, jusqu'au XVIIIe siècle, certaines de ses prescriptions s'appliquaient de façon systématique, à quelques exceptions près : Dieu existe et il régit (plus ou moins) le monde ; Satan lui fait face, il est dangereux et il erre, tel un lion rugissant, à l'affût du malheureux qu'il va dévorer ; certains êtres humains sont possédés par le Diable, les disciples de Jésus ont reçu le mandat de les exorciser ; il y a des sorcières qui s'associent au Diable et dont Dieu veut que nous nous débarrassions.

Durant des siècles, on tirait de la lecture de la Bible ces quatre points doctrinaux : ils avaient une valeur quasiment indiscutable. C'est pourquoi *toutes les composantes* de la démonologie n'ont pas fait l'objet d'aménagements. Il fallait conserver quelques constantes minimales. Mais celles-ci présentaient des aspects bien trop hétérogènes et trop complexes pour déterminer *à elles seules* les pensées et les pratiques. Les institutions lièrent leurs propres intérêts à ce tissu de représentations, en lui-même protéiforme, voire discordant. Elles le mirent à leur service et en modifièrent la structure selon leurs besoins. Par ailleurs, des idées et des procédés antiques survivaient encore en Europe : la logique d'Aristote, qui ne comprenait aucun démon, était étudiée par les érudits de toutes les disciplines. À plusieurs reprises, furent mises à jour *les* différentes parties de la théologie philosophique antique qui, en vertu de l'antignosticisme, rejetaient tout dualisme radical. Cela conduisit à de permanentes confrontations, dont certaines se révélèrent fructueuses et d'autres infructueuses. Dans l'Occident latin, outre les moines et les théologiens, il existait aussi les mondes bien particuliers des médecins et des juristes. Les philosophes arabes maintenaient le doute quant au fait de savoir si les prétendues manifestations du Diable n'étaient pas explicables de façon « naturelle » et susceptibles d'être traitées par la médecine. Dès le XIIe siècle, il n'était plus possible de se défaire de ce doute. Le dossier « Diable » a conduit à d'importantes tensions au sein de la théologie, de la philosophie et de la science européennes. Dès lors, les histoires de Diable ont régulièrement rencontré le scepticisme. Même aux « temps de la foi », il y avait donc une certaine méfiance à l'égard des histoires miraculeuses et des récits d'ensorcellement. Les théologiens luttaient sans cesse contre l'incroyance et « démontraient » l'existence du Diable et de l'Enfer, de la sorcellerie et de la magie. Ils avaient affaire à des gens dubitatifs. Et ils savaient que la possession, quant à elle, pouvait aussi être feinte. Ils combattaient donc les sceptiques et retournaient contre eux leurs propres objections.

Les doutes concernant le Diable étaient de différents ordres. Plus d'un villageois écoutait, lui aussi, tantôt avec émotion tantôt avec méfiance, les récits de vol vers le Blocksberg ou de personnes possédées par le Diable. Même s'il ne doutait pas fondamentalement du monde de l'au-delà, il réservait son jugement et demeurait totalement ou partiellement incrédule. Dans le Nouveau Testament aussi, il n'y a pas que des croyants convaincus.

Les autorités en charge de la foi étaient également en proie au doute. Elles anticipaient les escroqueries. Elles traquaient et punissaient le simulacre de sainteté, le miracle mensonger, la possession feinte. Leurs hauts responsables calmaient volontiers le jeu. Des miracles trop fréquents ou trop dramatiques suscitaient leur méfiance. Ils voulaient éviter les scandales. Ils défendaient la croyance dans les manifestations diaboliques, mais comptaient avec les tromperies, les exagérations et les fanfaronnades. Ils se félicitaient de leur circonspection : sans rejeter tous les témoignages par scepticisme, ils n'accordaient pas pour autant crédit à toutes les histoires qui leur étaient rapportées. Les « services compétents » cultivaient avec grand soin leur méfiance pragmatique envers les témoignages concernant les miracles.

Un autre type de scepticisme, bien plus théorique, mettait en doute le caractère *reconnaissable* des interventions surnaturelles. Sans contester l'existence de Dieu, des anges et du Diable, il soulignait avec prudence à quel point il est difficile, voire impossible, d'en *identifier* les manifestations. Cela différait un éventuel crédit trop hâtif accordé aux récits diaboliques. Certains évêques demeuraient sceptiques et laissaient l'affaire de côté. Dans les premiers temps de la modernité, la polémique confessionnelle stimula le scepticisme : chaque camp trouvait son intérêt dans la remise en question des réussites de la partie adverse lors de la guérison des possédés, en particulier celles obtenues lors des exorcismes solennels catholiques. Les calvinistes recoururent à l'opinion exposée dans les premiers écrits d'Augustin, selon laquelle les miracles s'étaient produits seulement lors des premiers temps du christianisme : la Providence en avait décidé ainsi afin de favoriser la diffusion initiale de la foi. Augustin avait fini par rejeter cette forme de scepticisme. L'Église catholique a adopté sa dernière position, jusque de nos jours : il lui faut un miracle à l'appui de chaque canonisation, ce qu'elle obtient d'ailleurs.

Certains théoriciens ont contesté, par principe, le caractère *reconnaissable* des démons, mais ils se gardaient bien d'en nier l'*existence*. Les théologiens l'avaient suffisamment dit : seuls les incroyants osaient remettre en cause l'existence de Satan. Celui qui doutait à voix haute était soupçonné d'avoir partie liée avec le Diable. Il était dès lors judicieux de se limiter au problème qui consistait à *identifier* le Diable. Cela évitait tout litige avec le dogme dominant.

Il a toujours existé une forme radicale de scepticisme qui, de façon générale, remet en cause l'existence du Diable et de ses acolytes. De telle sorte que tout ce qu'on rapporte au sujet du Diable et des sorcières est considéré comme un produit de l'imagination populaire. Cette position théorique était connue au Moyen Âge. On peut l'illustrer à travers un seul texte : les *Métamorphoses* d'Ovide, que l'on lisait alors. C'est là qu'apparaît, au quinzième livre, le philosophe antique Pythagore. Il fonde son végétarisme sur la doctrine de la réincarnation des âmes et déclare infondées toutes les peurs concernant l'au-delà. Aucune âme ne souffre après la mort : ce que vous craignez n'existe pas, *vana timetis*. Les Enfers sont des inventions de poètes (15, 153-175). Aucun feu ne brûle là-bas. Celui qui voulait renforcer cette position pouvait aussi faire appel à Aristote et Avicenne. Philosophes de la nature et médecins penchaient en faveur de cette idée. Cette constellation d'auteurs éclaire la situation spécifique de l'Europe. La période historique d'avant 1700 n'était pas dépourvue d'alternatives. Les réfutations violentes formulées par les orthodoxes le démontrent aussi. Le doute a imposé la recherche d'une possible union de la foi et de la raison, qui a finalement sapé ses propres fondements.

Apports méthodologiques

L'étude du Diable soulève une série d'autres problèmes, très stimulants du point de vue historiographique et méthodologique. Je n'en mentionne ici que trois.

En premier lieu, une telle étude remet en question les idées que l'on se fait d'une époque et des divisions confessionnelles. Ni la Renaissance, ni la Réforme ne constituent une véritable césure dans le satanisme et la persécution des sorcières. Les chasses aux sorcières les plus féroces n'ont pas eu lieu au « Moyen Âge ». La grande vague, relativement continue, de chasses aux sorcières s'étend approximativement de 1430 à 1700. Elle dépasse aussi bien les limites temporelles entre le Moyen Âge et les temps modernes que les frontières confessionnelles. Il semble donc que nous devions corriger l'image que nous nous faisons de ces époques, voire l'abandonner entièrement.

En deuxième lieu, se pose la question de savoir si la démonologie traditionnelle, telle qu'on la trouve dans l'histoire de la philosophie et de la théologie, touche aux préoccupations quotidiennes des simples gens des siècles passés ou si elle ne se limite pas aux interrogations des élites et des théologiens. Peut-être les doctrines populaires, non universitaires, concernant le Diable et les sorcières proviennent-elles de tout autres sources ?

En troisième lieu, le chercheur qui s'intéresse aux questions diaboliques est en droit de se demander si le fait qu'il ne croit pas au Diable ni aux sorcières favorise ses études sur le Diable ou, au contraire, les entrave.

Je reviendrai sur ces questions, de façon directe ou indirecte. Voici juste quelques premières indications.

En ce qui concerne le premier point, certains pourraient en conclure que le Moyen Âge a duré jusqu'à 1700 environ et qu'il prédominait alors dans le Wittenberg bien plus qu'à Rome. Selon ce schéma, la « Renaissance » et l'« Humanisme », tant philologique que philosophique, disparaissent purement et simplement. Les différences régionales, au contraire, sont considérables, souvent au cours d'une même période. La chasse aux sorcières, qui était longtemps considérée comme une pratique spécifiquement « médiévale », s'est tout d'abord développée à partir du XIIIe siècle, pour s'épanouir pleinement dans la première moitié du XVe siècle et se maintenir jusqu'à la fin du XVIIe siècle. Même si des différences régionales marquent fortement les relations juridiques, la théologie du Diable et des sorcières, qui s'est développée de façon soutenue jusqu'au XIVe siècle, présente au niveau européen une conception théorique relativement homogène pendant ces siècles *tardifs* du point de vue de l'histoire des traditions et du christianisme. Les réformateurs ont radicalement modifié *d'autres* points doctrinaux comme, par exemple, la définition des sacrements ou les notions de foi et d'Église. Cependant, la conception du Diable et des sorcières est demeurée, du XVe au XVIIe siècle, relativement constante. Au cours de cette période, les sorciers étaient généralement définis comme des êtres humains, en majeure partie des femmes, qui avaient conclu un pacte avec Satan afin de pouvoir pratiquer une magie malfaisante. Les sorcières avaient fait du Diable leur seigneur, en lieu et place de Dieu ; elles avaient donc renié la foi chrétienne et méritaient la punition la plus sévère, à savoir être brûlées. Elles étaient organisées comme une sorte de contre-Église et se rencontraient régulièrement, afin de se livrer à des excès blasphématoires et sexuels dans des lieux reculés, auxquels le Diable les emmenait à travers les airs.

Leur persécution systématique se développa au XVe siècle et s'acheva, aux Pays-Bas au début du XVIIe siècle, en Angleterre en 1684, en France dans les mêmes années, et dans tous les cas en Allemagne, en Suisse et même en Pologne au cours du XVIIIe siècle. La phobie du Diable et des sorcières, avec ses interventions agressives, prit différentes formes, dans les domaines de la pratique juridique et sociale, en fonction de la géographie, de la confession, du droit et de la culture, mais elle repose sur un concept homogène et demeure limitée à la période mentionnée. Cette épidémie de grande ampleur remet en question la périodisation usuelle distinguant le Moyen Âge, la Renaissance, la Réforme et le début des temps modernes. Ces considérations incitent donc à une révision des différentes époques historiques.

En ce qui concerne le deuxième point, au cours des trente dernières années, le thème du Diable et des sorcières a éveillé l'intérêt de nouvelles personnes. Le mouvement féministe s'en est emparé. L'image que nous avons de l'histoire a été revue de manière considérable au profit des formes de savoir et des modes de comportement populaires. Les sages-femmes et les femmes savantes herboristes ont été réhabilitées. La médecine d'Hildegarde de Bingen, les guérisseurs de l'âme ainsi que d'autres arts de guérir alternatifs et populaires suscitent l'admiration et supplantent l'intérêt porté à la médecine universitaire. Des traditions ancestrales, des sagesses populaires méconnues et des cultes matriarcaux occultes ont été supposément ou réellement découverts. Himmler n'était pas le seul à être en quête des connaissances des anciens Germains. Ces nouveaux centres d'intérêt rendent la question suivante incontournable : l'étude des intellectuels influents, des grands théoriciens, des philosophes, des médecins et théologiens universitaires permet-elle de comprendre les représentations du Diable, de l'Enfer et des sorcières de temps plus anciens ? [1]

Certaines spéculations et légendes théologiques ont sans aucun doute été popularisées à travers des sermons, des livres de

1. Au sujet de cette question souvent discutée, en dehors des travaux connus d'Aron Gurevic sur la culture et les classes populaires et ceux de Jean-Claude Schmitt sur le saint lévrier (*Le saint lévrier : Guinefort, guérisseur d'enfants depuis le XIIIe siècle*, Paris, Flammarion, 1979), voir : P. Burke, *Popular Culture in Early Modern Europe*, London, Temple Smith, 1978 ; P. Spierenburg, *The Broken Spell. A Cultural and Anthropological History of Preindustrial Europe*, New Brunswick, Rutgers University Press, 1991 ; E. Duffy, *The Scripping of the Altars. Traditional Religion in England, 1400-1580*, New Haven, Yale University Press, 1992 ; C. Rider, *Magic and Impotence in the Middle Ages*, *op. cit.*

confessions et des œuvres d'art. Des échanges animés entre culture savante et croyances populaires ont eu lieu : les représentations allaient et venaient. D'une part, les ordonnances de l'Église carolingienne, le livre de pénitence de l'évêque Burchard de Worms en 1025 [1], ou encore celui de Guillaume d'Auvergne (mort en 1249) [2], attestent des motifs diaboliques et magiques populaires, d'origine préchrétienne. D'autre part, dans le domaine théologique, Pierre Lombard a carillonné sur le thème de l'impuissance causée par la magie. Il a débattu de ce thème au quatrième livre de ses *Sentences*, *Distinctio* 34, et l'a ainsi imposé à tous les théologiens.

Certaines questions de droit canon intéressaient vivement les laïcs. Par exemple, l'archevêque Hincmar de Reims avait officiellement proclamé qu'un homme, devenu impuissant à cause de la magie, mais qui se révélait tout à fait capable avec une nouvelle femme, avait le droit d'épouser celle-ci, toutefois après une confession générale, bon nombre de larmes versées et la distribution d'une généreuse aumône. Contre cette décision, les théologiens défendirent l'indissolubilité du mariage. Gratien intégra cette dispute à son *Decretum* [3]. Thomas d'Aquin, Duns Scot et leurs successeurs débattirent tous de ce thème. Il en résulta d'intenses discussions parmi les juristes de l'Église et cette question d'actualité ne resta manifestement pas circonscrite au cercle des spécialistes [4].

Cependant, la différence entre culture ecclésiastique latine et opinions populaires est constamment en mouvement : l'Église est une instance de médiation bien organisée, en particulier depuis l'apparition, au XIIIe siècle, des ordres prêcheurs mendiants. L'Église ne touche pas seulement aux croyances populaires, elle

1. Textes dans J. Hansen, *Quellen und Untersuchungen zur Geschichte des Hexenwahns*, Bonn, Georgi, 1901, p. 38-42.

2. Guillaume d'Auvergne, « De universo. De legibus » c. 26, in *Guilielmi Alverni Opera omnia*, volume 1, Paris, J. Lacaille, 1674 (réimpr. Frankfurt-am-Main, Minerva, 1963), p. 83.

3. *Decretum Magistri Gratiani*, Secunda pars, causa 23, qu. 1, c. 4, E. Friedberg (éd.), Leipzig, Bernard Tauchnitz, 1879, col. 1150.

4. F. Pedersen, *Marriage Disputes in Medieval England*, London, Hambledon Press, 2000 ; pour une liste de laïcs connus présentant un intérêt manifeste pour cette question juridique, voir C. Rider, *Magic and Impotence*, *op. cit.*, p. 229-231.

les *constitue* aussi en partie, les contrôle et les corrige. Pour ce qui concerne le Diable et les sorcières, l'aveu public et le sermon, qui expliquait à la population venue en nombre l'injustice commise par les condamnés, faisaient ainsi partie du rituel d'exécution des adeptes de la magie et des sorcières.

En ce qui concerne le troisième point, le chercheur du XXIe siècle qui s'intéresse au Diable rencontre sur son chemin un obstacle supplémentaire, qui peut cependant s'avérer fécond : il ne croit que rarement à Satan, au feu de l'Enfer et aux sorcières. Mais il aimerait mener son enquête avec objectivité et présenter les choses en toute équité historique. Peut-être le *Marteau des sorcières* le dégoûte-t-il, mais il sait qu'il doit l'apprécier en fonction des conditions du XVe siècle. Il évoque la résistance que le livre a provoquée à l'époque. Il ne réduit pas tout le phénomène de la chasse aux sorcières à ce seul texte. Il ne partage guère les louanges qu'en fait le Pape d'alors. Il les citera, mais sans renoncer à ses vues et à ses appréciations personnelles : de temps en temps, il met celles-ci de côté, sans toutefois les oublier. Il établit ce qu'un sermon du XVIe siècle dit à propos du Diable de la façon la plus précise possible, pour en informer son lecteur. Il peut aussi affirmer avoir rencontré le Diable dans ce texte et dire qu'il « croit » à présent qu'il « existe ». Il peut en sourire avec ironie. Il procédera avec méthode et trouvera d'autres textes de la même période pour démontrer que la conviction qu'a tel prédicateur de la présence du Diable était *aussi en son temps* une exagération à caractère individuel. Ainsi, il peut sourire de la croyance de Luther dans le Diable, tout en affirmant l'évaluer correctement puisqu'il la considère selon les critères de cette époque. Cependant, il devra aussi donner les raisons pour lesquelles Luther ne possédait pas les critères que son contemporain Pomponazzi était alors en train d'élaborer en prenant quelques risques.

Qui rend compte du Diable et de ses anges avec un souci de fiabilité historique ne se satisfait pas du simple *concept* du Diable. Il cherche, avec Max Weber, des « éléments façonnant la conduite humaine ». Jeffrey Burton Russell, l'expert en questions diaboliques déjà mentionné, ouvre son livre avec une vive attaque anti-matérialiste et explique qu'il étudie « l'histoire d'un concept »[1]. Il comprend cela de façon *exclusive*, sa recherche *ne tient compte que* du concept. Il est question du *concept* de « Satan » dans mon cas également, mais je ne néglige pas le rôle qu'il a joué *de facto* dans l'histoire de l'Europe. Cela pose des difficultés que je ne veux pas, dans un premier temps, omettre de mentionner : l'usage le plus visible et le plus terrible du concept de Satan a été fait par les persécuteurs de sorcières et par les juges qui décidaient du sort des pratiquants de la magie. Leurs effets se manifestaient sous des formes si différentes, en fonction des contrées, des rapports juridiques et de l'époque, que seule une recherche régionale et temporellement graduée peut les saisir d'une façon historico-empirique. Dans ce domaine de recherche, de grands progrès ont été réalisés au cours des dernières décennies. Mon livre n'appartient pas à ce courant, puisqu'il met l'accent sur l'histoire intellectuelle, mais il fait référence aux formes concrètes qu'a pu prendre l'idée de Diable, par exemple, dans les chasses aux sorcières. Cela permet d'écarter l'idéalisme revendiqué par un expert aussi méritant que Jeffrey Burton Russell[2].

1. J. B. Russell, *Lucifer*, *op. cit.*, p. 12.

2. Pour les ouvrages de recherche régionale concernant l'histoire des sorcières, voir plus bas, p. 272 remarque 78.

SATAN EXISTE DANS L'HISTOIRE

Notre première présentation l'a déjà montré : le Diable a connu une carrière mouvementée au cours de l'évolution judéo-chrétienne. Du *livre de Job* au premier siècle après Jésus-Christ, il est passé du statut de petit fonctionnaire de la cour céleste à celui de quasi-divinité. Et si les *Épîtres* de Paul et les textes chrétiens du IIe siècle expriment la joie de la Grâce, en eux prédomine cependant le combat contre le Mal, véritable clé pour saisir le monde et le concept de Rédemption. Augustin a eu besoin de lui pour instaurer son système de la Chute, du Péché originel et de la Grâce. Les scolastiques furent les premiers à vouloir savoir de quoi il était fait. Ils lui retirèrent son corps aérien et firent de l'Impur un pur esprit. À partir du XVIIe siècle, les métaphysiciens le rabaissèrent, au nom de la raison, au rang de métaphore de la malveillance humaine. Ils lui permirent ainsi de poursuivre une formidable carrière en tant que figure littéraire, après des débuts modestes dans les anciennes farces, les pièces jouées lors des fêtes de Carnaval et celles de la Commedia dell'arte. [1]

Nous avons ainsi sous nos yeux l'essor et le déclin de la domination du Diable, un vaste processus oriental et occidental qui comprend des développements complexes, avec un certain nombre de nuances confessionnelles, régionales et individuelles. Pour explorer ce processus, je n'ai pas besoin d'hypothèse concernant l'origine *première* de Satan. J'ignore à partir de quelle expérience

1. Par ailleurs, l'evêque Guillaume d'Auvergne (mort en 1249) savait encore que notre « Arlequin » était à l'origine un personnage diabolique. *Cf.* Guillaume d'Auvergne, « De Universo », 3 c. 12, in *Guilielmi Alverni Opera omnia*, volume 1, Paris, J. Lacaille, 1674 (réimpr. Frankfurt-am-Main, Minerva, 1963), p. 1037.

d'inquiétante étrangeté il a vu le jour. Peut-être était-il une forme linguistique condensée pour désigner l'hostilité d'une puissante tribu voisine, ou une personnification, semblable à celles que nous utilisons nous aussi pour représenter la mort et le temps sous les traits d'individus surpuissants. Les peuples conquérants rabaissent souvent les dieux des populations soumises au rang de diables ou de démons, et leur accordent ainsi une sorte d'existence. Le thème qui m'intéresse ici n'est pas l'origine orientale première et décisive du Diable, mais plutôt le travail de façonnage dont il a fait l'objet en Europe. Ce travail se présente sous la forme d'un processus historique comportant une multitude de nuances. C'est pourquoi aucun portrait authentique du Mal n'est possible sans une attention minutieuse. J'entamerai donc mes recherches sans plus attendre, en commençant par la Bible. Je n'aborde cet immense territoire que dans la mesure où il constitue une étape préparatoire nécessaire au travail intellectuel ultérieur. J'insiste sur la diversité des textes bibliques et je les présenterai comme point de départ des débats ultérieurs.

Aussi longtemps que la Bible a disposé d'une autorité littérale, aussi bien auprès des Juifs que des Chrétiens et des Musulmans, la représentation du Diable a été invariablement considérée comme véridique. Dans ces conditions, Satan était lié à Dieu comme la gauche à la droite, l'obscurité à la lumière. Mais la Bible suit aussi son propre développement historique. Par « Bible » j'entends ici les écrits unanimement considérés comme canoniques par les différentes communautés religieuses [1]. Or les textes dits apocryphes, c'est-à-dire ceux qui n'ont pas été intégrés au canon biblique, sont particulièrement instructifs en ce qui concerne le Diable. Ceci vaut particulièrement pour le *Livre d'Hénoch*, qu'Augustin avait rattaché au corpus canonique en vertu de l'authenticité de *l'Épître de Jude*. Enfin, aux premiers siècles de l'ère chrétienne, le penseur juif Philon d'Alexandrie et les premiers penseurs de l'Église associèrent

1. Pour obtenir des informations introductives, voir J. Chr. Gertz (éd.), *Grundinformation Altes Testament*, Göttingen, Vandenhoeck & Ruprecht, 4e éd., 2010.

au vaste ensemble de récits, de doctrines et d'images bibliques, la représentation des démons propre à la culture hellénistique. Sous l'effet de la concurrence avec la philosophie antique, ces trois courants très différents – c'est-à-dire les écrits canoniques des juifs et des chrétiens, les livres dits apocryphes et les représentations des démons communément partagées durant l'Antiquité – furent réunis au IIIe siècle de notre ère et constituèrent le matériel de base du travail de réflexion européen [1].

L'ANCIEN TESTAMENT

Au troisième chapitre de la *Genèse*, Ève discute avec le serpent. Les Pères de l'Église comprenaient cet entretien aux conséquences funestes, qui se déroule au Paradis, comme étant une conversation avec le Diable. C'était là une interprétation tardive. Elle ne figure pas telle quelle dans le texte. Le texte se satisfait du prodige qui consiste à évoquer un animal doué de parole. La représentation qui fait du Diable à la fois le maître du monde visible et un acteur omniprésent est encore absente du récit de la chute originelle. Cette

1. *Cf.* E. Mangenot, T. Ortolan, « Démon », in *Dictionnaire de théologie catholique*, A. Vacant et E. Mangenot (éd.), tome 4, Paris, Letouzey et Ané, 1911, col. 321-414 ; W. Förster, « daimon, daimonion » in *Theologisches Wörterbuch zum Neuen Testament*, G. Kittel (éd.), tome 2, Stuttgart, W. Kohlhammer, 1935, p. 1-21 ; E. J. Montano, *The Sin of the Angels. Aspects of the Teaching of St. Thomas*, Washington, Catholic University of America Press, 1955 ; P. Glorieux, *Autour de la spiritualité des anges*, Tournai, Desclée, 1959 ; E. Pagels, *L'origine de Satan*, trad. fr. C. Cantoni-Fort, Paris, Bayard, 1997 ; A. Monaci Castagno (éd.), *Il Diavolo e i suoi angeli. Testi e tradizioni (secoli I-III)*, Florence, Nardini, 1996 ; D. Elliott, *Fallen Bodies. Pollution, Sexuality, and Demonology in the Middle Ages*, Philadelphia, University of Pennsylvania Press, 1999, p. 127-156 ; H. Lichtenberger, A. Lange, et K.F.D. Römheld (éd.), *Die Dämonen – Demons. Die Dämonologie der israelisch-jüdischen und frühchristlichen Literatur im Kontext ihrer Umwelt*, Tübingen, Mohr Siebeck, 2003. Voir en particulier les contributions de B. Gladigow (p. 3-22), de A. Klostergaars Petersen (p. 23-44), d'O. Keel (p. 211-238), de L. Albinus (p. 425-446) et de H. Cancik (p. 447-462). Et enfin A. Monaci Castagno, « Nascita e sviluppo del "Diavolo e i suoi angeli" (Mt 25,41) : interpretazioni dei testi biblici e extrabiblici nei primi secoli del cristianesimo », in *Il diavolo nel medioevo : atti del XLIX Convegno Storico Internazionale, Todi, 14-17 ottobre 2012*, Spoleto, Fondazione Centro Italiano di Studi sull'Alto Medioevo, 2013, p. 29-54.

représentation voit seulement le jour dans une période comprise entre le moment de l'élaboration de la *Genèse* 3 – autour du IXe siècle avant notre ère – et les premiers temps du christianisme. Elle a ensuite été antidatée afin de correspondre aux stades précoces de la composition de la Bible. Au commencement, Yahvé gouvernait seul. Le Diable vint plus tard. C'est un individu qui s'inscrit dans l'histoire, dont on peut situer l'origine dans un temps déterminé et dont le destin est incertain. Mais comme les générations plus tardives considéraient qu'il appartenait à une réalité située hors du temps, et cela en contradiction avec le texte de la Genèse, elles lui attribuèrent la responsabilité de la chute originelle. Pourtant le Diable est encore absent du récit de la chute originelle dans la *Genèse* et il devient toujours plus puissant jusqu'au premier siècle de notre ère, jusqu'aux *Épîtres* de Paul. Son pouvoir se renforce encore une fois au cours du IIe siècle.

Ces faits montrent bien dans quel sens on peut dire que le Diable *existe dans l'histoire.* Cela signifie qu'il apparaît dans des textes disparates, hétéroclites et qui ne s'accordent pas toujours. Nous ne sommes peut-être pas en mesure de dater son apparition de façon précise, mais nous pouvons inscrire celle-ci dans une ligne temporelle qui permet d'en donner une chronologie *relative.* C'est ainsi que les mutations du Diable peuvent être mises en évidence. Nous voyons bien les moments où il est encore totalement absent et ceux où, par le récit d'une de ses apparitions, il lui manque une des propriétés qui deviendra sienne par la suite. Et cela, soit parce qu'il n'a pas encore reçu ce trait caractéristique, soit parce qu'il l'a perdu entretemps. La diversité des textes, leur caractère énigmatique et contradictoire ressortent sous toutes leurs couleurs. Cela différencie l'investigation historique de la théologie dogmatique.

Matthias Scheeben (1835-1888), théologien catholique dont l'influence fut autrefois considérable, offre à ce sujet un exemple saisissant. Commentant le récit de la chute originelle, il commence par énoncer triomphalement la certitude suivante : « Il est bien établi que le véritable tentateur n'était pas le serpent charnel, mais le

Diable » [1]. Bien que cela ne figure pas dans le texte de la *Genèse* 3, le théologien dogmatique démontre cependant sa remarquable assertion au moyen de l'argument suivant : « Car, bien que le récit ne le dise pas expressément, cela va de soi puisque le serpent n'est pas, en tant que tel, doué de parole ». Selon lui, les Écritures saintes le disent dans d'autres passages (je précise : des passages plus tardifs).

Le fait que les serpents ne puissent pas parler est certes finement remarqué, mais il arrive que, dans les contes, les animaux soient doués de parole. De plus, ce genre d'animaux très avisé et tout droit sorti des contes de fées se rencontre dans l'Ancien Testament, par exemple dans l'histoire de l'ânesse de Balaam. Scheeben était convaincu que le Diable avait été doté dès les origines des mêmes propriétés et, à l'instar des premiers théologiens, il lui attribuait ces propriétés dès la chute originelle sans avoir d'abord recherché d'anciennes formes de conscience où les animaux savaient encore parler. Il n'avait pas vraiment fouillé dans la Bible hébraïque, car sinon il serait tombé sur l'ânesse de Balaam. Il affirme dogmatiquement la réalité atemporelle du Diable et conçoit comme une vérité éternelle le fait que les animaux ne puissent pas parler. Le Diable a pourtant une existence historique : il n'a pas toujours été là, mais différentes pratiques d'antidatation instituent son existence atemporelle dans des récits d'événements ancestraux, dans lesquels même Moïse n'était pas présent. Tout cela est osé, mais le professeur Scheeben étouffe toute forme d'incertitude par le ton brusque qu'il emploie, assurant que tout cela « est bien établi ». Je ne partage pas cette conception de la vérité indépendante du temps ; je ne lui oppose pas non plus une autre conception hors du temps, mais m'en tiens seulement à un fait historique vérifiable : il existe une époque où les animaux s'adressent encore aux hommes et d'où le Diable est encore absent. Plus tard, les animaux ne parlent plus, mais le Diable est là.

1. M. J. Scheeben, *Handbuch der katholischen Dogmatik*, volume 2, Freiburg, Herder, 1878, p. 591.

Le récit de Thietmar de Merseburg au sujet de la vie conjugale d'Henri Ier démontre dans quelle mesure le Diable existe historiquement : ce Diable du Xe siècle connaît le droit canon, il fait référence à ses directives concernant la chasteté ; il croit en l'efficacité du baptême, qui lui enlève ce qui lui appartenait jusqu'alors, puisque c'est le fruit du péché. Il se réjouit des troubles qu'il cause, et qui compromettent l'avenir de la dynastie ottonienne. Il ne s'exprime pas de toute éternité, mais depuis le monde épiscopal de l'an mil. S'il s'est vraiment exprimé au sein de ce monde-là, c'est qu'il a réellement existé, mais son existence est alors une réalité historique.

Le narrateur de l'ancien récit du péché originel dans la *Genèse* 3 n'a mentionné le Diable d'aucune façon. Le serpent fabuleux et la faiblesse féminine suffisent à son explication. L'apparition du Diable dans le récit de l'homme nommé Job [1] survient 400 ans plus tard. Ce texte a dû voir le jour au Ve siècle avant notre ère et il a été fixé dans sa forme définitive un peu plus tard. Dieu y fait l'éloge de Job, son serviteur, et Satan, en tant qu'interlocuteur de Dieu, parle d'un ton accusateur teinté de méfiance et de scepticisme au sujet de cet homme qui n'est au service de Dieu qu'en raison de sa brillante réussite économique. Dieu donne alors au calomniateur l'autorisation de mettre Job à l'épreuve, de s'en prendre d'abord à ses biens matériels, ensuite à sa chair. Le Diable n'est ici en aucune façon le principe de tous les maux, mais il est une figure individuelle avec des tâches clairement définies. Dans la Bible dite des Septante (*Septuaginta*), en 200 avant notre ère, les traducteurs grecs de l'Ancien Testament le désignent comme *ho diabolos*, et plus seulement *diabolos*, c'est-à-dire non plus « ennemi » ou

1. Dans une brève apparition du Diable, au *Livre de Zacharie* 3 : 1-2, vers 500 avant J.-C. (plus précisément sans doute vers 519 av. J.-C.), il apparait à nouveau en tant qu'accusateur : le prophète voit le grand prêtre Josué, qui se tient devant les anges du Seigneur. Satan se tient à la droite de Josué, afin de l'accuser (*La Bible de Jérusalem*, trad. fr., École biblique de Jérusalem, Paris, Cerf, 2013, p. 1612). « Satan » ne figure pas ici pour désigner un ennemi extérieur, mais un groupe adverse (combattu) au sein du peuple. Ce sera un instrument de la lutte interne entre partis juifs. La distinction à venir entre enfants de Dieu et fils du Diable est en cours de préparation.

« accusateur » en général, y compris pour tout ce qui se rapporte aux hommes, mais LE Diable, avec un article défini. Il est dès lors une figure incontournable, mais il n'est pas encore un être malfaisant. Il obéit aux ordres du Très-Haut, il met à l'épreuve sans ménagement la conduite d'un homme vivant sur terre. Il fait à peu près ce que Yahvé avait fait à Abraham d'une manière tout aussi brutale, dans la *Genèse* 22. Dans la cour céleste, il joue un rôle très en vue, mais subalterne, à la fois interlocuteur, conseiller et, sur commande, il met les humains à l'épreuve. Devant le trône de Dieu, il se réunit avec les « fils de Dieu », auxquels il appartient sans doute. Il n'en est pas leur meneur. Nous devons imaginer les autres « fils de Dieu » comme étant tous adoptés : ce sont certainement des anges, mais avec d'autres cahiers des charges. Le diable agit encore sans sous-diables complices et il occupe une position de dépendance : il ne dirige pas encore un empire.

Selon l'avis de la plupart des spécialistes, les deux livres de *Samuel* (désignés dans la Vulgate comme le premier et le deuxième livres des *Règnes*) ont été composés au VIe siècle. Dans le *Deuxième livre de Samuel* 24 : 1 [1], Yahvé lui-même exige un recensement. Celui qui cherche à réprimer le peuple a besoin d'un registre statistique. Le *Premier livre des Chroniques*, qui est en tout cas plus récent, date sans doute du IIIe siècle avant notre ère. Yahvé y punit le recensement. Cette faute est imputée à *Satan* [2]. Il porte dès lors la responsabilité de cet acte moralement choquant, que Yahvé, dans sa colère contre Israël, avait auparavant lui-même ordonné sans aucun scrupule. Il fait disparaître les contradictions présentes au sein de l'idée de Dieu : il est au service de l'épuration morale de la figure divine.

Dans le *Premier livre de Samuel*, le mauvais esprit de Dieu se met à tourmenter Saül [3]. Ici non plus, Dieu ne se trouve pas

1. *La Bible de Jérusalem*, trad. fr. École biblique de Jérusalem, Paris, Cerf, 2013, p. 471. Ci-après, sauf indication contraire, toutes les citations de la Bible seront faites à partir de cette édition, abrégée BJ.

2. *Premier livre des Chroniques* 21 : 1, BJ p. 589.

3. *Premier livre de Samuel* 16 : 14, BJ p. 411.

encore au-delà des inspirations *malveillantes* : le *mauvais* esprit divin amène Saül à vouloir tuer David, son joueur de cithare, celui qui lui avait tout d'abord tant plu et qu'il avait pris auprès de lui comme thérapeute musical et porteur d'eau. Il veut sa mort parce que les succès militaires spectaculaires de David ont amoindri sa propre gloire. Celui qui veut remettre en question l'idée d'un développement moral progressif de Dieu devrait lire attentivement le chapitre qui précède, à savoir le *Premier livre de Samuel*, 15 [1]. Dans ce texte, Yahvé fait preuve d'une très grande brutalité, aux accents archaïques. C'est seulement le Diable du IIIe siècle avant notre ère qui l'en a libéré. Satan a pris son essor lorsque Yahvé a acquis une qualification morale. Au VIIIe siècle, celui-ci pouvait encore affirmer : « Arrive-t-il un malheur sans que Yahvé en soit l'auteur ? » [2]. Deux siècles plus tard, il se glorifiait encore : « Je façonne la lumière et je crée les ténèbres, je fais le bonheur et je crée le malheur » [3]. Yahvé dominait alors sans aucune limite. Nul besoin du Diable pour faire en sorte que le malheur soit rendu plausible dans le monde de Dieu.

Satan devient la source du Mal en premier lieu dans les textes hébraïques tardifs et dans le Nouveau Testament. Dès le début, il est alors pécheur et seigneur du monde visible. Il fait vraisemblablement son apparition ici en tant qu'adversaire de Dieu : comment en est-il arrivé là ? La Bible ne donne aucune explication à ce sujet. La doctrine du Diable dans le judaïsme tardif – et, par conséquent, aussi dans le christianisme primitif – est probablement issue d'une source orientale ancienne, selon toute vraisemblance le dualisme perse. Son origine exacte n'est pas essentielle pour mon étude, car la tradition que les Européens prennent pour objet de réflexion est la tradition juive, en particulier la tradition apocalyptique juive tardive. Celle-ci s'est développée en raison du contexte social et politique : les Juifs ont été menacés durant des siècles par des forces extérieures, d'abord par les Babyloniens, ensuite les Perses, puis

1. BJ p. 408;
2. *Amos* 3 : 6, BJ p. 1570.
3. *Isaïe* 45 : 7, BJ p. 1305.

par les successeurs d'Alexandre le Grand et enfin par Rome. Et il y a presque toujours eu des Juifs prêts à coopérer. Le concept de « Diable » est devenu un instrument d'interprétation et un mot d'ordre de lutte dans le cadre des conflits contre les ennemis extérieurs et contre les partisans de l'assimilation, qui étaient prêts à abandonner l'ancienne religion et le mode de vie qui l'accompagne. Il n'a jamais été un concept purement théorique. Et son pouvoir s'est accru. En particulier, lorsque le souverain séleucide Antiochos IV *Épiphane* (175-164 av. J.-C.) réaffecte le Temple de Jérusalem en le consacrant à Zeus et que son hellénisation agressive provoque la révolte des Maccabées, ces derniers opposent leur résistance à deux camps : au seigneur étranger et aux juifs prêts à renoncer. Plus il était considéré comme important de lutter contre les ennemis intérieurs du peuple lui-même, plus les nouveaux récits de l'origine de Satan semblaient adaptés à la situation : ceux-ci ne le faisaient pas surgir d'un espace extérieur et se précipiter sur le peuple divin, mais ils décrivaient la déchéance de l'un des meilleurs d'entre eux. L'ennemi malveillant venait du peuple lui-même.

Le *Livre d'Hénoch*, composé par degrés successifs dès le début du IIIe siècle av. J.-C., présente une étape importante dans l'évolution du Diable. Il s'agit d'un récit apocalyptique hébraïque tardif, dont la composition et la tradition sont complexes. Dans la première partie, le *Livre des Veilleurs* rapporte qu'un groupe d'anges séduits par la beauté des femmes humaines, serait venu sur terre, aurait eu des relations intimes avec elles et aurait ainsi engendré des géants. Ils auraient appris aux hommes des incantations magiques, enseigné le pouvoir de guérison des plantes et les secrets célestes. Lorsque les géants commencèrent à dévorer les hommes et leurs récoltes, les anges demeurés aux cieux implorèrent Dieu pour qu'il fasse preuve de pitié envers les humains. Dieu permit qu'on enchaînât les colosses ou qu'on les envoyât dans le désert. Ils finirent par se dévorer les uns les autres [1]. Le texte décrit le contenu de la *Genèse* 6 : 1-4. Il explique les raisons pour lesquelles on en arrive

1. *Livre d'Hénoch*, dans A. Caquot (éd.), *La Bible, Écrits intertestamentaires*, A. Dupont-Sommer et M. Philonenko (éd.), Paris, Gallimard, 1987, p. 463-625.

au déluge et pourquoi seul Noé est épargné. Il était raconté aux Juifs persécutés, dont les seigneurs issus du monde hellénistique prétendaient descendre des Dieux et exploitaient le peuple. Il était essentiel pour le futur que le culte païen renvoyât aux démons [1].

Au IIe siècle avant notre ère, celui qui pouvait expliquer d'où venaient les nombreux malheurs était sollicité pour répondre au problème suivant : les rois de l'époque hellénistique ont conquis la Palestine ; les Juifs souffrent sous le joug de l'hellénisation ; les luttes intestines entre factions juives sont interprétées comme la lutte de Dieu contre la rébellion ; pour quelle raison y a-t-il encore dans le peuple lui-même, et malgré la révolte victorieuse des Maccabées, la volonté de se diviser et de s'écarter de la tradition ? La vision du monde donnée par les livres hébraïques devient toujours plus sombre. Pour le IIe siècle avant notre ère, ce fait est démontré par le *Livre des Jubilés* [2]. On y demande pour quelle raison de si nombreux juifs « marchent sur les traces des païens » et on y répond en invoquant l'histoire ancienne du Diable. Il était frappant pour les fervents lecteurs de la Bible hébraïque que les anges sont absents du récit biblique de la Création du monde. L'origine du Diable n'y est même pas mentionnée. Les anges, ajoute à présent le *Livre des Jubilés*, ont été créés au premier jour de la Création, après le ciel, la terre et la mer, ce ne sont donc pas les tout premiers êtres créés, comme c'est le cas chez Origène. Un personnage diabolique du nom de Mastéma obtient le droit de garder un dixième des femmes et des hommes : il peut ainsi nuire à l'humanité, il incite à commettre le mal jusqu'à la fin des temps, il encourage en particulier l'idolâtrie, c'est-à-dire l'adaptation au monde païen tant abhorré.

Dans le *Livre de la Sagesse*, le livre le plus récent de l'Ancien Testament, probablement rédigé dans la deuxième moitié du Ier siècle avant notre ère, il est précisé en 2 : 24 : « Oui, Dieu a créé l'homme pour l'incorruptibilité, il en a fait une image de sa propre nature ; c'est par l'envie du diable que la mort est entrée dans le

1. *Livre d'Hénoch*, *op. cit.*, 19 : 1, p. 493.

2. *Livre des Jubilés*, A. Caquot (éd.), *La Bible, Écrits intertestamentaires*, *op. cit.*, p. 627-810.

monde : ils en font l'expérience, ceux qui lui appartiennent ! »[1]. Cette interprétation tardive du récit du péché originel en *Genèse* 3, qui sera décisive pour saint Paul et Augustin, réunit transcendance et politique : elle établit clairement qui est le peuple élu de Dieu et met en garde contre les dangers encourus par le rejet de l'unité de culte.

Les démons et les anges sont en tous lieux : ils peuvent tout aussi bien être bienveillants que malveillants. Cela va presque de soi dans le monde hellénistique. Les sceptiques les considèrent avec un sourire, les philosophes matérialistes leur accordent malgré tout une place de choix dans leur système. Le cas des sadducéens semble étonnant, eux qui ne croient ni aux anges ni à la résurrection, comme le rapportent les *Actes des Apôtres* 23 : 8 avec une certaine stupéfaction[2].

Dans la *Vie d'Adam et Ève*[3], texte vraisemblablement hébraïque mais écrit en grec, Ève succombe une deuxième fois à la tentation de Satan et les ancêtres demandent au Diable pour quelle raison il a voulu leur faire du tort, à eux qui ne lui avaient pourtant rien fait. Le Diable leur explique les raisons de sa haine contre l'humanité : lorsque Dieu a créé Adam, l'archange Michel a voulu le contraindre à adorer le premier homme, puisqu'il était à l'image de Dieu. Il a refusé par orgueil et, pour cette raison, a été expulsé du royaume de Dieu[4]. Nous en apprenons dès lors davantage sur la vie intérieure du Diable, et sur ses péchés : l'orgueil et la jalousie envers les hommes. La position occupée par l'homme avant la Chute s'en trouve réhaussée. Il saisit alors l'ampleur de sa déchéance. Le rapport du Diable aux hommes passe au premier plan. Ève est une nouvelle fois présentée comme un être plus fragile. Le texte décrit – probablement pour la première fois – le Diable comme un

1. *Sagesse de Salomon* 2 : 24–34, BJ p. 1118.

2. *Actes des Apôtres* 23 : 8, BJ p. 1865.

3. *Das Leben Adams und Evas*, E. Kautzsch (éd.), *Die Apokryphen und Pseudepigraphen des Alten Testaments*, volume 2, Tübingen, J. C. B. Mohr, 1900, p. 512-528. Voir aussi *La Vie grecque d'Adam et Ève*, D. A. Bertrand (éd.), *La Bible, Écrits intertestamentaires*, *op. cit.*, p. 1765-1796.

4. *Das Leben Adams und Evas*, *op. cit.*, p. 513-514.

tentateur. Il s'exprime par l'entremise du serpent. Cette version de l'histoire rencontrera un succès considérable. On la trouve jusqu'à une période avancée du XXe siècle.

Les écrits de la communauté de Qumran confèrent une dimension plus profonde au dualisme. Ces religieux pieux, vivant à l'écart, assistèrent à l'occupation étrangère de leur pays et à la collaboration apportée par un grand nombre d'habitants, et ils en tirèrent un certain nombre de conclusions : dès à présent l'esprit sacrilège règne sur l'esprit de vérité ; les hommes appartiennent soit aux fils de la lumière, soit aux fils de l'obscurité ; ils vivent soit selon les règles strictes de la Loi, soit en recherchant l'assimilation. La victoire du bien est sur le point de se produire [1]. Cette attente face à l'imminence apocalyptique renforce la mise en garde face aux sécessions de dernière minute des individus de leur propre peuple.

Le nouveau testament

La question qui consiste à savoir pourquoi le Diable, les démons, la possession et les sorcières ont pu perdurer si longtemps en Europe exige une réponse faisant appel à des éléments multiples : il n'y a pas, en la matière, de raison simple. Mais l'interprétation littérale du Nouveau Testament en est vraisemblablement la condition préalable la plus importante. Dans le texte biblique, Dieu et Diable sont liés comme la lumière et l'obscurité [2].

Le Nouveau Testament parle comme si le bon Dieu règne sur les cieux ou le monde à venir, mais que le monde terrestre appartient aujourd'hui à Satan. Celui-ci le parcourt librement, à la recherche de victimes. Saint Paul a laissé une place importante au Diable. Les trois premiers Évangiles montrent Jésus avant tout en tant que chasseur de démons. Ils appréhendent le Diable comme le tentateur,

1. *La Bibliothèque de Qumrân*, K. T. Legrand et A. Paul (éd.), trad. fr. Paris, Cerf, 2008-2018, 4 volumes ; G. G. Xeravits, *Dualism in Qumran*, London, Continuum, 2010 ; *Jesus, Paulus und die Texte von Qumran*, J. Frey et E. E. Popkes (éd.), Tübingen, Mohr Siebeck, 2015.

2. Pour les questions relatives à la datation, voir Udo Schnelle, *Einleitung in das Neue Testament*, Göttingen, Vandenhoeck & Ruprecht, 2010 (7e éd.).

puissant et bien réel, de Jésus et des saints. C'est lui qui entraîne Judas et d'autres hommes à commettre des péchés [1].

Le pouvoir du Diable a gagné en force. Il est chez Paul nettement plus puissant et démoniaque que dans le livre de *Job*. Dans ce dernier texte, il mettait à exécution, en tant qu'homme de main au service des consignes divines, les ordres donnés par Dieu. Il se joignait librement au rassemblement des fils de Dieu dans les cieux, il délibérait avec le Très-Haut, il ne dirigeait encore aucune armée de diables alors que, dans le Nouveau Testament, il commande un royaume aux effectifs considérables. Il a entre-temps été promu au rang de prince, *archôn*, des démons [2]. D'après saint Paul, les sacrifices des païens sont offerts aux démons, pas à Dieu [3]. Il désigne bien le Diable comme « Dieu de ce monde, *theos* de cet *Aion* » [4]. Satan s'approche ici du point culminant de sa carrière et il devient le « Seigneur de ce monde » [5]. Il ne peut pourtant agir que là où Dieu le lui permet. Il doit demander la permission avant de mettre les apôtres à l'épreuve, afin de les « cribler comme le froment » [6]. Sa promotion, qui succède au dévouement des débuts, n'est alors pas encore parvenue complètement à son terme. On dit de lui que « l'homme fort » doit être ligoté [7]. Jésus le voit tomber du ciel, tel un éclair [8]. Il n'était pas à ce moment-là l'ange déchu depuis des temps ancestraux : sa déchéance n'aura lieu que du temps de Jésus, ou très peu de temps après. Le récit de la rébellion de Lucifer n'a pas encore été inventé. Il n'est pas encore l'ange muté pour

1. *Deuxième épître aux Corinthiens* 4 : 4; *Marc* 1 : 12-13; *Marc* 1 : 34; *Marc* 3 : 23-27; *Marc* 4 : 12-15; *Matthieu* 4 : 1-11; *Matthieu* 12 : 28; *Luc* 3 : 16-17; *Luc* 4 : 1-7; *Luc* 8 : 12; *Luc* 10 : 18-20; *Luc* 22 : 3-4; *Luc* 22 : 31-32; *Actes des Apôtres* 5 : 3-4.

2. *Matthieu* 9 : 34, BJ p. 1652.

3. *Première épître aux Corinthiens* 10 : 20, BJ p. 1912-1913.

4. *Deuxième épître aux Corinthiens* 4 : 4, BJ p. 1925.

5. *Marc* 4 : 13, BJ p. 1695; *Matthieu* 13 : 19, BJ p. 1659-1660; *Luc* 8 : 12, BJ p. 1737-1738.

6. *Luc* 22 : 31, BJ p. 1768.

7. *Marc* 3 : 26–27, BJ p. 1694.

8. *Luc* 10 : 18–19, BJ p. 1744.

des raisons disciplinaires. La fin de son règne est annoncée [1], mais auparavant son pouvoir va encore s'étendre [2].

Dans le plus ancien document de la littérature chrétienne, la *Première épître aux Thessaloniciens*, rédigée autour de l'an 50 de notre ère, Saint Paul rapporte qu'il a voulu se rendre à Thessalonique, mais que Satan l'en a empêché (*Première épître aux Thessaloniciens* 2 : 18). Paul n'explique cependant pas comment le Diable est parvenu à accomplir cela. Il décèle les signes de son hostilité dans la vie de tous les jours. Selon la perspective de l'Ancien Testament, le Diable est le « tentateur », celui qui met à l'épreuve la foi de la communauté (*Première épître aux Thessaloniciens* 3 : 5). Dans la *Première épître aux Corinthiens*, Paul établit un rapport lourd de conséquences entre culte païen et démons. Il affirme que les idolâtres ont adoré des démons [3]. On dirait que les démons sont simplement des idées délirantes forgées par les païens, c'est-à-dire des représentations humaines sans contenu ontologique. Mais il considère celles-ci comme des forces réelles, des êtres vivants, tout comme les démons que Jésus a chassés exerçaient des violences physiques. Le cinquième chapitre de ce texte [4], est précisément connu pour cette raison : Saint Paul livre à Satan un pécheur vivant au sein de la communauté, qui vit avec l'épouse ou la concubine de son père probablement décédé, afin que le Diable détruise la « chair » du pécheur et, ainsi, que l'esprit de ce dernier soit sauvé lors du jour du Jugement dernier. Satan agit partout. De faux apôtres font leur apparition dans les communautés. Pas étonnant, car Satan se déguise lui-même en « ange de lumière » [5]. Paul met en garde les croyants de ne pas se laisser tromper par le serpent, tout comme Ève [6]. Pour Saint Paul, le péché originel est dû au pouvoir et à la ruse de Satan et il prépare ainsi – allant au-delà de la vision proposée

1. *Matthieu* 12 : 28, BJ p. 1657 et *Luc* 10 : 11, BJ p. 1743.
2. *Première épître aux Corinthiens* 15 : 23-26, BJ p. 1919.
3. *Ibid.* 10 : 14-21, BJ p. 1912-1913.
4. *Ibid.* 5 : 5, BJ p. 1906.
5. *Deuxième épître aux Corinthiens* 11 : 13-15, BJ p. 1932.
6. *Ibid.* 11 : 3, BJ p. 1931.

dans la *Genèse* – un élément important de la doctrine augustinienne et luthérienne de la grâce. Après avoir fait une fois de plus l'apologie de la grâce qui lui a été accordée, l'apôtre ajoute que, pour faire en sorte de ne pas s'enorgueillir, une « écharde en la chair » [1] lui a été enfoncée. Un émissaire de Satan lui a été envoyé, qui l'a frappé de ses poings. À trois reprises, il a prié Dieu de le libérer, mais Dieu a répondu : « Ma grâce te suffit » [2].

Paul attend la fin prochaine du monde. Le malheur provoqué par le Diable s'est aggravé. Cette tension ne peut durer plus longtemps. La domination du Diable est dangereuse, mais elle n'est que passagère. C'est pourquoi Paul promet aux Romains : « Le Dieu de la paix écrasera bientôt Satan sous vos pieds » [3]. Cependant le conflit fait encore rage. Le monde des hommes est lui aussi divisé en deux : le croyant n'a rien à voir avec le non-croyant, le vrai n'a rien à voir avec le faux, la lumière n'a rien à voir avec l'obscurité, le Christ n'a rien à voir avec Béliar [4]. Le « dieu de ce monde » a aveuglé l'esprit des incroyants [5]. Chez Isaïe, c'était encore Dieu qui faisait en sorte que les hommes, pourtant pourvus d'yeux, ne puissent rien voir [6]. Chez Paul, c'est le Diable qui assume cette fonction auparavant attribuée à Dieu.

La progression du pouvoir diabolique s'explique par la situation historique : dans la deuxième moitié du premier siècle de notre ère, la communauté chrétienne est menacée par deux camps. Elle voit le Diable à l'œuvre des deux côtés. D'après *Jean* 8 : 44, les Juifs sont des enfants du Diable [7]. L'Empire romain, qui était si favorable au christianisme grâce à la paix d'Auguste, au point que l'idée s'était propagée selon laquelle il avait une mission providentielle à remplir, s'opposait de plus en plus aux évangélisateurs. L'empire fut associé

1. *Ibid.* 12 : 7, BJ p. 1933.
2. *Ibid.* 12 : 7-9, BJ p. 1933.
3. *Epître aux Romains* 16 : 20, BJ p. 1900.
4. *Deuxième épître aux Corinthiens* 6 : 14-16, BJ p. 1927.
5. *Ibid.* 4 : 3-4, BJ p. 1925.
6. *Isaïe* 6 : 10, BJ p. 1255.
7. *Jean* 8 : 44, BJ p. 1797.

à Satan. La question portant sur le moment où le Diable allait être détrôné et perdre sa domination sur le monde concernait dès lors l'avenir proche des chrétiens. Cette façon de parler du Diable constituait une analyse théologique et politique de la situation de ce temps et définissait une politique. Le Diable n'était pas seulement l'interlocuteur de l'âme individuelle, il ne se contentait pas de diviser les communautés et d'exposer certains chrétiens à la tentation. Il dirigeait l'État romain, de façon à exterminer des chrétiens. Celui qui était le « meurtrier dès l'origine » jouait un rôle collectif et historique. Dans les derniers textes du Nouveau Testament, il est dès lors souvent question de Rome, de la domination du Diable sur le monde et de son anéantissement. Et cela sous une forme quelquefois codée, en lui associant par exemple un nombre tel que 666 ou une image précise, comme celle du « serpent ». La *Deuxième épître aux Thessaloniciens* [1] évoque en des termes pleins de mystères des événements qui doivent avoir lieu avant que le Diable – autrement dit : Rome – ne soit vaincu.

L'*Évangile de Jean* commence par la métaphysique du *logos*, qui éclaire tous les hommes, pas seulement les croyants. Il laisse ainsi espérer une métaphysique antidualiste, mais il désigne ensuite Satan comme le « prince de ce monde » (*archôn*) [2]. D'après Jean, le Diable a poussé Judas à trahir Jésus : Satan, précise-t-il, est entré dans l'apôtre Judas [3]. Il est la vraie cause de la crucifixion [4]. Il ne se limite pas au rôle d'accusateur et de tentateur qu'il endossait auprès du vieux Job. *Jean* 16 : 11 affirme d'autre part que le Diable a déjà été jugé [5]. *Luc* 22 : 3 affirme la même chose [6]. Mais c'est le vif contraste entre l'ombre et la lumière, les enfants de Dieu et les enfants du Diable, qui domine pourtant. Des Juifs voulaient tuer Jésus ; Jésus les appelle les « enfants du Diable » [7]. La première

1. *Deuxième épître aux Thessaloniciens*, BJ p. 1966-1967.
2. *Jean* 12 : 31, BJ p. 1805 et *Ibid.* 16 : 11, BJ p. 1812.
3. *Ibid.* 13 : 27, BJ p. 1807.
4. *Ibid.* 13 : 2, BJ p. 1806.
5. *Ibid.* 16 : 11, BJ p. 1812.
6. *Luc* 22 : 3, BJ p. 1767.
7. *Jean* 8 : 44, BJ p. 1797.

Épître de Jean – sans doute rédigée vers l'an 95 après J.-C. et problablement pas par Jean lui-même, l'apôtre préféré de Jésus – approfondit cette division de l'humanité en enfants de Dieu et fils du Diable, et établit un contraste métaphysique frappant entre vie et mort [1]. Je reviendrai là-dessus.

Le dernier livre du Nouveau Testament, *l'Apocalypse* ou la *Révélation de Jean*, une apocalypse présentée sous forme d'épîtres, a sans doute été établi au temps de l'Empereur Domitien (81-96 apr. J.-C.) [2]. Il apporte à la doctrine chrétienne du Diable une multitude de motifs intellectuels et de puissantes images qui marquèrent l'art chrétien. Il établit d'une façon catégorique et claire que le combat contre le Diable mené depuis la crucifixion de Jésus n'est pas arrivé à son terme. Il associe l'espérance renouvelée dans le retour imminent de Jésus à l'espoir de la fin du règne de Rome et des persécutions. *L'Apocalypse* met en garde les communautés contre les arrangements avec le culte impérial; elle condamne les mariages mixtes et la consommation de viande issue de sacrifices; elle donne un caractère politique à la démonologie; elle dépeint de façon imagée la présence de Satan dans la politique romaine. Le premier chapitre expose le thème théologique et politique suivant : le Christ ressuscité est l'Alpha et l'Omega, il est le souverain du monde [3]. Mais *règne-t-il* vraiment ou alors sont-ce plutôt le Diable et Rome? Le Diable, « un grand dragon ardent, ayant sept têtes et dix cornes, et sur ses têtes sept diadèmes » [4], engage le combat

1. *Jean* 3 : 8-14, BJ p. 1782-1783.

2. En dehors du commentaire et de l'introduction au Nouveau Testament (comme celui de U. Schnelle, *Einleitung in das Neue Testament*, *op. cit.*, p. 555-566), *cf.* D. E. Aune, « Johannes-Apokalypse/Johannesoffenbarung I : Exegetisch » dans *Religion in Geschichte und Gegenwart*, volume 4, Tübingen, Mohr Siebeck, p. 540-547; pour une histoire de la recherche plus ancienne, O. Böcher, *Die Johannes-apokalypse*, Darmstadt, Wissenschaftliche Buchgesellschaft, 1980, au sujet du Diable plus particulièrement p. 76-83 ; E. Pagels, *Revelation. Visions, Prophecy and Politics in the Book of Revelation*, New York, Penguin books, 2012.

3. *Apocalypse* 1 : 5, BJ p. 2032.

4. *Ibid.* 12 : 3, BJ p. 2042.

final. Les sept têtes, explique-t-on [1], comme les sept collines de Rome. L'« accusateur » est à présent vaincu par le sang de l'agneau. Dans les cieux, Michel lutte contre le Dragon et ses anges. L'« accusateur » est jeté du ciel [2]. Sur la terre, en tant que serpent, il a soumis à la tentation le premier couple humain. Le Diable, à présent sur terre, écume de rage : il est extrêmement dangereux, puisqu'il sait qu'il n'en a plus pour longtemps [3]. Il est puissant, il se tient derrière les autorités persécutrices : *il* jette des chrétiens en prison pour les mettre à « l'épreuve » (*peirasmos*). À Smyrne, des gens se prétendent juifs, mais ils ne sont pas le véritable Israël, et forment plutôt une « Synagogue de Satan » [4]. L'exclusion des fils du Diable concerne aussi bien les païens que les Juifs, tous ceux qui refusent la foi dans le Christ. Satan a installé son trône à Pergame [5], c'est-à-dire dans le centre administratif de la province romaine d'Asie. Il a laissé régner « la bête venue de la mer » pendant trois ans et demi, une bête pourvue de « dix cornes et de sept têtes ». Il a fait cela pour calomnier Dieu et pour mener la guerre contre les chrétiens. Le Diable lui a donné l'autorité sur toutes les tribus, tous les peuples et toutes les nations. Tous les hommes doivent la vénérer [6]. Les chapitres 12 et 13 décrivent le pouvoir prodigieux du dragon et de son suppléant. Ils montrent de façon imagée la situation lors des persécutions contre les chrétiens : le dragon et son fidèle serviteur pouvaient donner forme à des images sacrées qui avaient même le pouvoir de respirer. La bête pouvait tuer ceux qui refusaient de vénérer cette image. Elle fait tracer une marque indiquant le nom ou le nombre de la bête sur la main ou le front de ceux qui lui rendent un honneur divin, afin d'exclure les opposants de la vie active. Mais bientôt vient la fin : sept anges verseront les sept coupes de la colère sur les hommes qui ont exécuté les saints

1. *Apocalypse* 17 : 9, BJ p. 2047.
2. *Ibid.* 12 : 7-10, BJ p. 2042.
3. *Ibid.* 12 : 1-12, BJ p. 2042-2043.
4. *Ibid.* 2 : 9-10, BJ p. 2033.
5. *Ibid.* 2 : 13, BJ p. 2033.
6. *Ibid.* 13 : 1-8, BJ p. 2043.

de Dieu (chapitre 16). « Babylone », la « grande prostituée », l'antre des démons, tombera. Mais c'est Rome qui est désignée. Cette politisation très concrète du Diable n'est pas une innovation mineure dans sa biographie. Autrement, les chrétiens ne pouvaient s'expliquer leur expérience : Dieu les a choisis, mais le monde entier les rejette, voire les persécute. Un pouvoir puissant et surhumain doit alors être à l'œuvre. Le Diable n'est pas demeuré le tentateur et accusateur subalterne. Il ne soumettait plus seulement les individus à la tentation. Il régnait sur un appareil étatique puissant. Il créait des martyrs.

La vision future de l'Apocalypse : les martyrs ressuscités vont régner mil ans, mais Satan sera ensuite libéré de sa prison. Il appelle les peuples à la guerre, il part en guerre contre Jérusalem, et finalement le feu descend du ciel et le détruit. Le Diable est jeté dans la mer de soufre brûlant, où se trouvent déjà la bête et le faux prophète. « Et leur supplice durera jour et nuit, pour les siècles des siècles » [1]. Dieu dit : « je fais toutes choses nouvelles », de nouveaux cieux et une nouvelle terre. Mais celui qui trahit la vérité « leur lot se trouve dans l'étang brûlant de feu et de soufre : c'est la seconde mort » [2]. Jésus arrive bientôt. C'est la note dominante du livre. Et il dit à propos de lui-même : « Je suis l'Étoile radieuse du matin » [3].

L'Apocalypse nous apporte aussi ceci, comme un motif toujours prégnant : elle établit un rapport entre le règne contemporain du Diable et le récit du péché originel, réactualisant le thème du Diable, de la politique religieuse et de la domination romaine sur le plan culturel et politique. Elle nous renseigne sur quelques nouveautés concernant le mode et la durée des peines de l'Enfer : elles consistent en un supplice éternel dans du soufre ardent et liquide. Mais le temps de Satan est écoulé. Babylone tombe ou est déjà tombée en ruine [4]. *L'Apocalypse* promet que nous sommes à la veille du règne

1. *Ibid.* 20 : 7-10, BJ p. 2051.
2. *Ibid.* 21 : 8, BJ p. 2052.
3. *Ibid.* 22 : 16, BJ p. 2053.
4. *Ibid.* 14 : 8, BJ p. 2044 et 16 : 19, BJ p. 2046; 17, BJ p. 2047 et 18, BJ p. 2048-2049.

de mil ans des martyrs [1]. Il décrit le destin ultime de Satan et de ses anges qui finiront dans les Enfers. Ce qui signifie : la tradition est en plein essor. Le Diable n'est pas un être éternel, mais changeant au contraire. Son histoire n'est pas encore achevée au premier siècle. Un grand avenir attend encore le Diable, déjà passé, vers l'an 100, de simple accusateur et tentateur à seigneur du monde dont la révocation était proche. Sa création et sa chute originelle ne nous ont toujours pas été racontées. Jusqu'aux versets 7 à 12 du douzième chapitre de l'*Apocalypse* de Jean, Satan est encore au Ciel. Il agit encore depuis les cieux, en tant qu'« accusateur de nos frères » [2]. Il n'est pas encore expulsé du ciel en tant que Lucifer insurgé, *avant le temps des Hommes*, comme le soutiendra une vision ultérieure. C'est en premier lieu le sang de l'agneau, du Christ, et celui des martyrs qui l'ont fait tomber. Jusque-là, continuait-il à occuper la fonction d'un ange chargé de contrôler les hommes et de mettre les chrétiens à l'épreuve ? Tous les royaumes de la terre lui sont confiés – mais par qui d'autre que Dieu ? Le rôle de Satan dans la vision générale de la Rédemption n'était pas encore défini. Le péché originel d'Adam ne condamnait pas encore toutes les générations humaines. À la fin du premier siècle de l'ère chrétienne, l'image de Satan n'avait pas encore été travaillée en profondeur et de façon systématique. Ou bien il y avait des représentations divergentes du Diable au sein des différents groupes chrétiens. Ou encore les versets 12 : 10-11 ont-ils été inclus plus tard dans le texte. On avait aussi l'assurance plus optimiste que le Diable était certes puissant, mais ne pouvait nuire aux fervents chrétiens [3].

1. *Apocalypse* 20 : 5–6, BJ p. 2051.
2. *Ibid.* 12 : 7-12, BJ p. 2042–2043.
3. Comme c'est le cas dans le texte intitulé le *Pasteur d'Hermas*, probablement rédigé avant l'an 150 de notre ère. Voir Hermas, *Le Pasteur*, trad. fr. R. Joly, Paris, Cerf, 1968. Voir le septième précepte, *ibid.*, p. 175-177 et le douzième précepte, p. 199-209.

LE DEUXIÈME SIÈCLE APRÈS JÉSUS-CHRIST

La Bible apaisait. Et elle troublait les esprits. Ses affirmations étaient encore confuses : elle assurait que le Diable était enchaîné dans les Enfers. Mais un autre son de cloche clamait qu'il parcourait le monde en le menaçant. Il y provoquait aussi des maladies [1]. Et nous étions en train d'en vivre les dernières heures. Justin Martyr (Justin de Naplouse) exprime vers le milieu du siècle cette impression d'hostilité permanente envers les chrétiens : le monde entier cherche à nous tuer. Des démons malveillants nous haïssent et nous persécutent. C'est comme si les autorités étaient possédées par eux [2].

Justin nous explique : lorsque Dieu a créé le monde, il a confié aux anges la prospérité de la terre et la maturation des fruits. Mais, par goût pour la luxure, les anges se sont mêlés aux femmes humaines et ont engendré des démons. Il s'agit là de récits tirés de la *Genèse* 6 et du livre d'*Hénoch*. Justin nous en fait le tableau suivant : les démons ont soumis le genre humain par la magie et les châtiments. Ils ont appris aux hommes comment faire des libations, comment faire offrande de l'encens et du vin. Les démons avaient besoin de ces plaisirs sensuels depuis leur chute. Ils propageaient le meurtre, la guerre et l'adultère parmi les hommes. Les poètes païens ne savaient plus que les démons étaient à l'origine des anges déchus et ils attribuaient ces méfaits à leurs dieux [3]. Les chrétiens sont physiquement menacés et ils se trouvent au centre d'un conflit de cultures. Leurs ennemis ne sont pas en première ligne les autres hommes, mais plutôt les esprits dans les airs [4]. La lutte apocalyptique de la fin des temps est encore à venir.

Vers 150 apr. J.-C., au temps où Justin écrivait, les chrétiens lettrés étaient confrontés au problème de savoir quelle valeur accorder à la culture hellénistique, sa religion, sa littérature,

1. *Actes des Apôtres* 10 : 38, BJ p. 1843.
2. Justin, *Apologie pour les chrétiens*, II, 1, 1-3, trad. fr. C. Munier, Paris, Cerf, 2006, p. 318–320.
3. *Ibid.*, II, 4(5), 3-6, *op. cit.*, p. 330–331.
4. *Épître aux Éphésiens* 6 : 10–13, BJ p. 1949.

sa philosophie. Et donc à son État aussi. Celui qui souhaitait les déprécier expliquait que les dieux païens étaient des démons. Les démons portent des accusations diffamatoires contre les chrétiens et leur reprochent orgies, incestes et actes de cannibalisme. Ils encouragent les persécutions menées par les autorités. Ils engendrent discorde et hérésies dans les communautés chrétiennes. Justin, qui vivait à Rome, voyait le pouvoir du Diable se rapprocher de l'Église de trois côtés : du côté des autorités romaines fourvoyées, du côté des Juifs hostiles et du côté des hérétiques, de plus en plus puissants au cours du IIe siècle. Et plus particulièrement les gnostiques qui étaient chrétiens, mais qui étaient combattus par l'orthodoxie en train de prendre forme à cette époque. La représentation d'un pouvoir du Diable sans cesse croissant correspondait à la situation des chrétiens sur terre. Ils percevaient à présent le cœur de leur propre tradition d'un regard neuf et plus affûté. Ils la revendiquaient sous une forme actualisée et polémique.

Justin avait étudié la philosophie et faisait encore preuve d'intérêt pour les corrélations systématiques. Dans le *Dialogue avec Tryphon le Juif*, 45, il fait comprendre que le serpent du paradis n'est autre que le Diable. Il lui donne ainsi un rôle déterminant lors des premiers temps de l'histoire humaine. Sa démonologie est probablement la première qui mérite une telle désignation : elle clôt la boucle en reliant le début et la fin imminente de l'histoire. Jésus est venu du ciel afin d'abolir le règne du Diable. Justin identifie ainsi le rapport entre péché originel, rédemption et fin des temps au combat contre Satan. En même temps, il assure la possibilité pour chaque chrétien de résister à Satan : la prière a le pouvoir de le faire fuir.

Le plaidoyer de Tertullien (*Apologeticum* [1]) appartient aux dernières années du IIe siècle; il a probablement été rédigé en 197. Ce livre défend le christianisme contre des calomnies communes et contre les attaques juridiques. Il montre la triple ligne de front :

1. Tertullien, *Apologétique*, trad. fr. J.-P. Walting, Paris, Les Belles Lettres, 2002. Voir aussi la traduction de F. Chapot dans *Premiers écrits chrétiens*, Paris, Gallimard, 2016, p. 829-918.

contre les païens, en particulier contre les arguments juridiques en faveur de la persécution des chrétiens, contre les Juifs et contre les hérétiques. Derrière toutes ces attaques se tiennent les démons. Ils sont identiques aux dieux de la religion païenne. C'est pourquoi la culture antique dans son ensemble finit par rejoindre le camp adverse, diabolique. Le Diable a tout bouleversé, le plus perceptible étant son influence sur la justice romaine : tel une force occulte, il se tient derrière les juges qui condamnent les chrétiens en toute illégalité. Le martyr n'est pas un combat contre les bêtes, mais contre Satan, écrit Ignace d'Antioche au début du siècle dans sa *Lettre aux Romains* [1].

DES DÉMONS PHILOSOPHIQUES

Indépendamment du développement hébraïque et néotestamentaire, la doctrine philosophique du démon s'est constituée depuis Platon [2]. Le terme « démon » était en usage avant celle-ci. Dans les textes circulant sous le nom d'Homère, datant sans doute de la deuxième moitié du VIIIe siècle, « démon » désigne aussi bien « dieu » que « le divin », mais chez Hésiode au plus tard, on comprend par ce terme des êtres intermédiaires, situés entre les dieux et les hommes. Il existe des démons malveillants, mais la plupart du temps ils sont utiles aux hommes comme guides, gardiens et conseillers. Dans les mythes de Platon, ils agissent en tant qu'esprits protecteurs personnels (*Phédon* 107d; *République* 469a et 617d). Ayant accès à un statut divin, des hommes bons ont la capacité d'agir, après leur mort, en tant que démons (*République* 540b). Il s'agit là pour Platon d'images mythologiques. Dans sa théorie philosophique, la réflexion porte sur le *daimonion* de Socrate : il est en Socrate ou intervient en lui. Il oriente sa pensée vers le Bien.

1. « Ignace aux Romains », *in* Ignace d'Antioche, Polycarpe de Smyrne, *Lettres, Martyre de Polycarpe*, trad. fr. P. T. Camelot, Paris, Cerf, 2007 (réimpression de la 4e édition de 1969, 1re éd. 1945), p. 109–115.

2. A. Timotin, *La démonologie platonicienne, Histoire de la notion de daimōn de Platon aux derniers néoplatoniciens*, Leiden-Boston, Brill, 2012.

Il l'empêche d'agir de façon irréfléchie (*Apologie de Socrate* 28a, *Phédon* 107d et *Phèdre* 246e). Les démons dirigent les hommes sur le chemin d'Éros vers le Bien que Diotime décrit dans le *Banquet* (202a et suivants). Ils agissent en tant que médiateurs entre les dieux et nous. Le texte intitulé *Épinomis* [1], dont l'attribution à Platon est sujette à caution, reconnaît les démons en tant qu'êtres faits d'éther et d'air, et décrit leur situation dans le cosmos : ils sont au-dessous des dieux, vivent dans l'air et dirigent les étoiles (*Épinomis* 984-985). Ils remplissent une fonction importante dans la tradition platonicienne. En même temps, celle-ci leur attribue une dimension très intérieure : ils sont la meilleure part de notre for intérieur, notre intelligence, ce qui recherche la vie juste. Ils constituent la partie la plus élevée en l'homme et lui dictent sa conduite (*Timée* 90a). On peut dès lors dire, à nouveau selon des termes mythologiques : l'âme choisit son démon avant l'entrée dans la vie terrestre et c'est en lui qu'elle trouve l'orientation éthique de son existence (*République* 617e).

Ce qu'on appelle le moyen platonisme accentue la dimension transcendante du « Bien lui-même » (*bonum ipsum*), c'est-à-dire le Dieu suprême, tout en introduisant un nouvel équilibre dans la mesure où les démons servent d'intermédiaires entre la transcendance et la vie terrestre. Plutarque (ca. 45-125) et Apulée (ca. 125-165) rattachent leurs réflexions au *daimonion* de Socrate [2]. Les démons sont des intermédiaires : le *daimonion* vit en nous et au-dessus de nous. Ce sera important par la suite : pour autant qu'ils n'identifient pas le démon à la voie intérieure de la raison, même les auteurs que l'on considère comme platoniciens soutiennent que les démons ont une matérialité, qu'ils sont faits d'air, vivent dans l'air et éprouvent même des passions – ce sur quoi je reviendrai plus tard.

1. Sur la question de l'auteur du texte voir, Hans Krämer, « Die Ältere Akademie » in *Grundriß der Geschichte der Philosophie (Überweg). Die Philosophie der Antike*, volume 3, H. Flashar (éd.), Basel, Schwabe, 2004 (1 re éd. 1983), p. 84.

2. Plutarque, « Le Démon de Socrate », dans *Œuvres morales*, tome 8, trad. fr. J. Hani, Paris, Les Belles Lettres, 1980; de même dans Apulée, « Du Dieu de Socrate », dans *Opuscules philosophiques*, trad. fr. J. Beaujeu, Paris, Les Belles Lettres, 1973.

Dans ce contexte, la contribution de Plotin (205-270) est hautement significative. D'après lui, l'Esprit et l'Être sont issus de l'Un, et sont la même chose. Ils engendrent l'âme totale qui, à son tour, pose les âmes individuelles hors d'elle, tout en les gardant en elle. Le monde sensible provient de l'âme totale et retourne vers l'Un à travers elle et à travers le *Nous*. Avec cette classification des principes du monde, Plotin élabore une interprétation homogène du monde, dans laquelle il ne peut y avoir aucun dualisme réel. D'une façon directe ou indirecte, il a permis l'éclosion de presque tous les mouvements de pensée européens, à l'exclusion du satanisme, aussi bien par le biais de Porphyre et du premier Augustin antimanichéen, que par Origène et Denys l'Aréopagite. Ce qu'il énonce contre les gnostiques – *Ennéade* 2, 9 (33) – réfute également toute une série de doctrines chrétiennes orthodoxes sur le Diable et expurge le concept de Création des représentations bien trop anthropomorphiques. Il ne pouvait y avoir là un démiurge malveillant, deuxième seigneur du monde terrestre. Les démons se présentent chez Plotin sous leurs formes populaires, sans éclat mais aussi sans réelle menace pour la rationalité du monde, lorsque celle-ci est conçue selon cette doctrine des Principes, qui ne rejette ni *Fatum* ni hasard [1]. Les gnostiques chrétiens hypertrophient la philosophie de Platon; ils la comprennent de travers, d'une façon trop dualiste. Face aux événements du monde extérieur, Plotin leur oppose une analyse philosophique tranquille et sereine : pas d'incroyable prolifération des principes, pas de magie contre les techniques d'envoûtement, l'astrologie ou la dramaturgie apocalyptique.

1. Sur la doctrine des principes, cf. en particulier *Ennéade* 3,5; 3,8; 5,8; 6,9. Sur Plotin : *Les sources de Plotin : dix exposés et discussions, Vandœuvres-Genève, 1-29 août 1957*, W. Theiler, E. R. Dodds, O. Reverdin (éd.), Vandœuvres-Genève, Fondation Hardt, 1960 ; Chr. Parma, *Pronoia und providentia. Der Vorsehungsbegriff Plotins und Augustins*, Leiden, Brill, 1971 ; W. Beierwaltes, *Das wahre Selbst. Studien zu Plotins Begriff des Geistes und des Einen*, Frankfurt-am-Main, Vittorio Klostermann, 2001 ; J. Halbfassen, *Plotin und der Neuplatonismus*, München, Beck, 2004 ; W. Kühn, *Quel savoir après le scepticisme ? Plotin et ses prédécesseurs sur la connaissance de soi*, Paris, Vrin, 2009.

La doctrine philosophique des démons n'était pas limitée à l'école platonicienne. Aristote y était très étranger, de même que les sceptiques, mais les stoïciens l'accueillirent à bras ouverts. Le philosophe grec Posidonios d'Apamée, mort à Rome vers 51 av. J.-C., appartient à ce qu'on appelle le stoïcisme moyen. Le démon est, selon lui, le principe rationnel présent en nous. Il est, en nous, l'intellect qui juge. Il conduit au bonheur, et il nous faut donc lui obéir. À travers le discernement et l'agir éthique, il se conforme à la raison universelle.

AU IIIe SIÈCLE

Au IIIe siècle de notre ère, Satan reçut une place au sein du système. Le penseur déterminant à cet égard est l'érudit alexandrin Origène (ca. 185-253). Il n'est pas aisé de décrire avec brièveté l'importance qu'a eu Origène pour la doctrine de l'Église sur le Diable. Si on le compare à ses prédecesseurs, c'est un fin connaisseur de la Bible et des langues. L'exégèse allégorique de la Bible lui permet de plus grandes libertés. La proximité avec la philosophie néoplatonicienne lui procure un cadre systématique, dans lequel il intègre des points de doctrine individuels. Doté d'une solide formation, il répond à la situation en cours dans la première moitié du IIIe siècle : les doctrines des gnostiques se sont diffusées ; avec l'œuvre de Celse, dont le « *Discours véritable* » a été rédigé vers 180, on fait face à une critique intellectuelle exigeante du christianisme, à laquelle Origène va répondre.

L'étude qu'Origène consacre au Diable commence avec la constatation suivante : si la croyance dans le Diable et dans ses anges est un élément établi de la doctrine de l'Église, le manque de clarté règne toutefois au sujet de *ce* qu'ils sont. La plupart des chrétiens supposent que le Diable et les démons avaient été des anges auparavant, et qu'ils étaient devenus des renégats en très grand nombre [1]. En ce qui concerne la *nature* du Diable et de ses anges,

1. Origène, *Traité des principes*, I, Préface, 6, trad. fr. H. Crouzel et M. Simonetti, tome 1, Paris, Cerf, 1980, p. 85.

Origène constate que le concept d'incorporéité doit être étranger à la plupart des hommes et à la Bible [1]. La doctrine néoplatonicienne de l'émanation de toute chose à partir de l'Un divin et du retour à lui forment l'arrière-plan philosophique de son travail. Le monde à l'origine libre, unifié et purement spirituel, est devenu le monde sensible différencié à travers différents degrés de culpabilité, mais il cherche à retourner vers l'Un par le biais de l'homme. C'est peut-être là le sens de la réconciliation de tous les êtres spirituels au terme du déploiement du monde : Origène a réfléchi à la réconciliation universelle, mais sans l'affirmer de façon dogmatique. Si elle se produisait, les peines de l'Enfer deviendraient une rééducation et une correction progressives décidées par un dieu au caractère mesuré, et non par vengeance et exigence de réparation. Le supplice par le feu instauré par le Diable trouverait alors une fin. Cela correspondrait à l'idée de l'égalité originelle de tous les êtres spirituels.

Celse estime que la doctrine chrétienne du Diable, qui définit celui-ci en tant qu'adversaire de Dieu, est une inconséquence intellectuelle, un retour en arrière vers un dualisme inspiré par l'imagination. Il se demande si le Dieu suprême, lorsqu'il veut faire le bien des hommes, pourrait en être empêché. Il voit dans la supposition de l'existence d'un adversaire puissant de Dieu une rupture avec le monothéisme. Les Chrétiens auraient mal compris les enseignements philosophiques d'Héraclite, qui parle de « guerre divine » et du caractère belliqueux de la réalité [2]. Celse ne voulait pas d'une conception de la Providence dépourvue de tension, mais il considérait comme impie et contraire à la philosophie l'idée d'un adversaire divin.

Origène répond à cette critique : si Celse fait appel aux « Anciens », à des présocratiques tels qu'Héraclite, alors Moïse est bien plus âgé. Et Job doit être encore plus âgé. Lorsque Celse en vient à l'âge des sources, il renonce, dans son argumentation, aux récits de la tentation dans les Évangiles synoptiques. Il considère Satan

1. *Ibid.*, I, Préface, 8–9, *op. cit.*, tome 1, p. 85-89.

2. Origène, *Contre Celse*, 6, 42, M. Borret (éd.), tome 3, Paris, Cerf, 1969, p. 279-285.

comme une réalité intemporelle, qu'il interprète en suivant le livre de *Job*. Il place le serpent de la *Genèse* et le Diable sur un même plan temporel. Il établit la subordination de Satan à Dieu en mettant en évidence le fait que Satan demande à Dieu l'autorisation de mettre les Justes à l'épreuve de la souffrance. La subordination est claire d'un point de vue métaphysique : Dieu est le Bien *par essence* et il se trouve *au-dessus* de tout ce qui n'est bien que par participation à lui. De ce fait Satan n'est pas un adversaire d'égale valeur. Origène rejette l'opinion qui fait de la concupiscence sexuelle la cause à l'origine des démons : elle figure dans la Bible (*Genèse* 6), mais il l'interprète de façon allégorique. Il applique à Satan, d'une façon lourde de conséquences, les descriptions orientales et lyriques de la déchéance du roi tirées d'*Ézéchiel* 26-32 et d'*Isaïe* 14. Il en tire sa connaissance du récit originel du Diable dans les cieux et celle de l'origine du Mal : le Diable était l'ange suprême, il brillait avec la « couronne de beauté », mais il a perdu sa place au ciel par péché. Par conséquent, la chute des anges a lieu bien avant la création de l'homme, contrairement à ce qui est dit dans la *Genèse* 6. Cela a donné naissance au grand récit « historique » du paradis perdu : d'abord la rébellion de Satan, ensuite son expulsion hors du paradis ; il se venge en pervertissant les hommes et en les amenant à son royaume ; le Christ apporte la possibilité de la libération. L'Orient chrétien a repris cette version du récit d'Origène. Jérôme et Augustin l'imposent en Occident. Elle conduit au récit du *Paradis perdu* de Milton.

Chacun, qu'il soit homme ou pur esprit, devient Satan s'il se prononce contre la vertu (*arete*). Mais Dieu gouverne le monde et assigne aussi au Mal une place utile : il rend possible l'existence d'un champ de bataille pour la vertu, où les êtres spirituels peuvent démontrer qu'ils sont dignes de se hisser vers le souverain bien et vers leur bonheur. La tâche qui revient au Diable au sein de la Providence est par conséquent la mise à l'épreuve des gens de bien, tel que le décrit le *Livre de Job* : il n'est pas question de sa domination sur le monde [1]. Mais il n'est en aucun cas inoffensif :

1. Origène, *Contre Celse*, 6, 42–44, *op. cit.*, tome 3, p. 279-291.

avec la permission de Dieu et afin de nous mettre à l'épreuve, il provoque mauvaises récoltes, famines et épidémies [1].

Origène a une tournure d'esprit philosophique : il s'interroge sur l'origine du Diable et cherche une cause vraisemblable à sa déchéance. Il lui semble impensable que le Diable et les démons aient été d'emblée créés comme des êtres malfaisants : il les conçoit comme des êtres libres qui, par une sorte d'indolence intellectuelle, se sont oubliés eux-mêmes et ont fini par sombrer [2]. La raison de la chute de Satan doit se trouver en lui-même. De façon aussi à faire reposer son argumentation sur la Bible et comme je l'ai déjà indiqué, Origène montre dans les deux passages mentionnés de l'Ancien Testament que le Diable, par son péché, a perdu son rang prestigieux au ciel et qu'il a seulement ensuite inauguré, par la tentation, l'histoire de l'humanité [3]. Dans certaines sources antiques, le Diable est simplement là, à un moment donné. Chez Origène, nous apprenons d'où il provient et comment, en raison d'ambitions hostiles à Dieu, il est devenu malfaisant. Il a été un jour lumière et Jésus lui-même dit l'avoir vu tomber du ciel comme un éclair (*Luc* 10 : 18).

Sous la direction d'Augustin, l'Église d'Occident n'autorise l'allégorisation qu'en tant que possibilité interprétative secondaire, face à l'interprétation littérale première. Elle affirme, contre Origène, l'éternité des peines de l'Enfer dans un feu bien réel. Elle subordonne l'idée de liberté à celles d'élection par la Grâce et de prédestination. Pour contrer Érasme, Luther joue la carte de l'augustinisme contre Origène et encourage ainsi sa conception de Satan.

1. *Ibid.*, 8, 31, *op. cit.*, tome 4, p. 242.

2. Origène, *Traité des principes*, I, 5, 2-5, *op. cit.*, p. 177-195.

3. Dans *Ezéchiel* 28 : 11-19 et *Isaïe* 14, il est rapporté avec une rhétorique excessive la déchéance d'un roi oriental, à tel point qu'Origène trouvait que personne ne pouvait parler d'un homme d'une telle manière. Il devait être question d'un ange plus haut placé, justement Satan : Origène, *Contre Celse*, 6, 44, *op. cit.* p. 286-289.

Selon Origène, les démons ne sont pas de nature maléfique. Conçus d'un point de vue antignostique, ils ne sont pas issus d'un créateur lui-même mauvais. Ils sont doués de raison et en principe capables de s'améliorer. Ils peuvent influencer les hommes, mais ils ne peuvent se rendre maîtres de leur liberté. Le démon n'acquiert son pouvoir sur les hommes qu'en comptant sur des moments fugaces de paresse ou d'inattention [1]. Même si le Diable n'existait pas, les hommes commettraient des péchés. Le Diable ne provoque en aucun cas toutes les fautes humaines. « Nous les hommes, nous offrons à cet égard le point de départ et les prémisses des péchés, mais les pouvoirs hostiles les étendent en longueur et en largeur » [2]. L'excès humain, *intemperantia*, fait de la place aux démons dans l'esprit humain, afin qu'ils puissent y agir.

Celse soutenait que celui qui vénère le Dieu suprême et comprend la Providence peut aussi honorer les démons, dans la mesure où ils sont dirigés par Dieu et qu'ils sont donc bienfaisants [3]. Contrairement à l'usage linguistique hellénistique, il n'y a pas pour Origène de bons démons. Leurs invocations par des mages et autres monstres suffisent à le montrer, explique-t-il. C'est la raison pour laquelle il rejette tout type de culte voué aux démons.

Les chrétiens prétendent qu'ils ne peuvent servir deux maîtres à la fois, mais, dans les faits, ils ne pensent pas très différemment : ils désignent les bons démons comme des « anges », leur vouent des cultes et laissent l'étiquette « démons » pour les seuls mauvais anges. Origène ne nie pas la dangereuse malveillance des démons : il lie leur malveillance à l'abjection des cultes païens, car en référence au *Psaume* 95 : 5, il désigne tous les dieux des païens comme des « démons » [4]. Mais il circonscrit leur malveillance :

1. Origène, *Traité des principes*, livre III, *op. cit.*, tome 3, p. 12-255. À comparer avec Origène, *Traité des principes*, I, 5, 2-3, p. 177-183 et I, 6, 3, p. 201-205.

2. *Ibid.*, III, 2, 2, tome 3, p. 159-163.

3. Chez Origène, *Contre Celse*, 7, 68, M. Borret (éd.), tome 4, Paris, Cerf, 1969 p. 170-175.

4. *Ibid.*, 7, 69, *op. cit.*, tome 4, p. 174, lignes 21-22.

ils n'ont pas une mauvaise nature, leur malveillance ne demeure pas nécessairement pour toujours et elle n'abolit en aucun cas le libre arbitre. Les personnes pieuses qui parviennent à résister à la tentation, affaiblissent les légions de mauvais esprits. Au IVe siècle, cette conviction fait croître l'esprit de lutte chrétien au point d'aboutir à l'ascétisme monastique. L'hostilité de l'administration impériale était devenue caduque depuis l'an 312 (édit impérial de Sardique, édit de tolérance dit de Galère). À partir de 392, le culte païen était interdit. Les moines se croyaient dès lors spécialement choisis lorsque le Diable les éprouvait d'une façon particulièrement dure. Le combat s'était déplacé à l'intérieur du moine, comme par exemple dans le cas de saint Antoine. Ce thème s'est révélé être particulièrement fécond sur le plan littéraire et artistique. Les clercs à l'époque de Matthias Grünewald souhaitaient voir la tentation dépeinte comme quelque chose de menaçant, d'acerbe, de répugnant, et non comme quelque chose de séduisant. Ils se débarrassaient de tous les attraits sensuels des assauts diaboliques, afin de pouvoir les regarder en face.

Un autre vieil allié du Diable subsistait encore : le judaïsme. C'est alors que la chrétienté se déchargea du combat contre Satan sur les Juifs, ou le firent dériver vers des pratiques ascétiques excessives. Les catéchèses baptismales de Jean Chrysostome (mort en 407) montrent bien ce qu'était à présent le christianisme : la lutte contre le Diable, l'ascétisme le plus sévère – si possible, dans une vie de moines « semblable à celle des anges » – et un ostracisme agressif à l'égard les Juifs [1].

1. Jean Chrysostome, *Trois catéchèses baptismales*, trad. fr. A. Piédagnel et L. Doutreleau, Paris, Cerf, 1990; voir aussi Jean Chrysostome, *Huit catéchèses baptismales inédites*, trad. fr. A. Wenger, Paris, Cerf, 2005.

AUGUSTIN

L'évolution antique la plus importante de la doctrine chrétienne du Diable eut lieu entre 397 et 430, avec Augustin d'Hippone [1]. Il prolongea ce à quoi Origène était parvenu sur de nombreux points doctrinaux et dans l'interprétation de l'Écriture, mais il combattit sa conception édulcorée de l'Enfer et des peines de l'Enfer, ne partageant pas sa tendance à comprendre les anges et le Diable sous une forme incorporelle. Augustin organise les deux royaumes, la *civitas Dei* et la *civitas diaboli*, sous forme d'opposition historique et théologique. Il interprète la rédemption par le Christ comme le rachat de ceux sur qui le Diable a jeté son dévolu. Bien plus encore qu'à travers des doctrines particulières, c'est sa rhétorique qui crée une atmosphère de domination du Diable, puissante et orientée vers les questions sexuelles. Le Diable est omniprésent; Thietmar de Merseburg le reconnaîtra ensuite comme quasiment omniscient [2]. Satan se sert de l'indiscipline des organes sexuels, en particulier les organes masculins, qui s'opposent à la raison, ce qui constitue la juste punition pour le fait qu'Adam se soit opposé à l'interdit divin [3]. Le bouillonnement sexuel sous l'emprise du Diable est la conséquence méritée du péché originel. Depuis lors, l'inférieur se rebelle contre le supérieur.

La tradition des études augustiniennes en langue allemande a longtemps privilégié les grands thèmes de la vérité et de la beauté, de la théodicée et de la doctrine de la Grâce, négligeant certains aspects magiques ou plus banals. Thomas d'Aquin a critiqué la théorie de la

1. Je renvoie ici à mes études sur la pensée d'Augustin en général, voir K. Flasch, *Augustin. Einführung in sein Denken*, Stuttgart, Reclam, 2003 (1 re éd. 1980); *Logik des Schreckens. Augustinus von Hippo : Die Gnadenlehre von 397*, K. Flasch (éd.), Mainz, Dieterich, 2012 (1 re éd. 1990); K. Flasch, *Kampfplätze der Philosophie. Von Augustin bis Voltaire*, Frankfurt-am-Main, Vittorio Klostermann, 2008.

2. Augustin, « Quatre-vingt-trois questions différentes », dans *Mélanges doctrinaux*, trad. fr. G. Bardy, J.-A. Beckaert et J. Boutet, Paris, Desclée de Brouwer, 1952, p. 63-65; Augustin, « La Genèse au sens littéral en douze livres », 12, 17, dans *Œuvres de Saint Augustin*, 49, trad. fr. P. Agaësse et A. Solignac, Paris, Desclée de Brouwer, 1972, p. 385-389.

3. Augustin, *La Cité de Dieu*, 14, 17, trad. fr. G. Combès et G. Madec, Paris, Institut d'Études Augustiniennes, 1994, volume II/1, p. 209-211.

connaissance et la métaphysique philosophiques d'Augustin, mais il a repris et avalisé sans émettre la moindre critique, par exemple, le rapport entre le pouvoir du Diable et l'éjaculation de l'homme endormi (*Somme théologique* II-II, 154, 5). De cette manière, Augustin et Thomas ont ensemble rendu possibles la peur du Diable et la chasse aux sorcières qui adviendront par la suite. Je reviendrai plus tard et de façon plus précise sur les idées métaphysiques, théologiques et spéculatives d'Augustin pour ne mentionner ici que quelques aspects théoriques plus *spécifiques*.

Premièrement, la diabolisation de la sexualité : chaque nouveau-né se voit transmettre le péché originel par la relation sexuelle.

Deuxièmement, Augustin manifeste un intérêt sexiste prononcé. Il l'explore en détail et avec précision, au point de distinguer les démons en incubes (*incubi*) et succubes (*succubi*) selon leur position sexuelle. Ces termes seront repris dans le langage populaire pour désigner sylvains et faunes. On ne devait pas douter de la réalité de leur existence [1]. D'après Augustin, la chute originelle des anges n'a pas lieu, comme d'après la *Genèse* 6, en raison de relations intimes avec des femmes. Elle a lieu *avant* le début de la vie sur terre, toutefois Augustin maintient l'avidité sexuelle des anges déchus. Ils pouvaient et peuvent aujourd'hui encore faire naître des géants, et pour le confirmer Thomas d'Aquin cite Augustin (*Cité de Dieu* 15, 23), afin d'expliquer de façon autorisée et détaillée comment cela se déroule : un démon, en position de succube, reçoit la semence d'un homme exceptionnellement grand et transmet, en tant qu'incube, cette semence à une femme. Ce qui naît suite à cette opération n'est pas l'enfant du démon, mais celui de l'homme (*Somme théologique* I, 51, 3 ad 6). Ensemble, Augustin et Thomas façonnent ainsi les conditions théoriques des chasses aux sorcières qui auront cours à la fin du Moyen Âge et au début des Temps modernes.

Troisièmement, pour l'Occident latin, Augustin légitime l'idée de pacte avec le Diable. Un tel accord peut permettre une véritable connaissance de l'avenir, mais il faut fermement le repousser. Gratien a inscrit cette interdiction dans le droit canon, et Thomas

1. *Ibid.*, 15, 23, volume II/1, p. 285-291.

d'Aquin la confirmera. Augustin, Gratien et Thomas ont ainsi fourni une assise supplémentaire à la chasse aux sorcières : pas sa cause directe, mais bien sa condition *sine qua non* [1].

Quatrièmement, pour Augustin les êtres humains, en particulier les femmes, sont des êtres perméables aux influences diaboliques. Les démons s'introduisent en nous de toutes parts, procédant du monde sensible. Bien qu'ils ne décèlent pas notre intention la plus intime, ils distinguent bien nos représentations issues des sens et les influencent jour et nuit. Ils provoquent des images et des rêves séduisants [2].

Cinquièmement, Augustin admet, à partir des discussions avec ses contemporains, le lien étroit qui unit les démons à la prédiction d'événements futurs. Il a dédié à ce problème un écrit spécifique : comment se fait-il que les démons puissent parfois prédire correctement le futur [3] ?

Sixièmement, Augustin n'a jamais douté du fait que certaines pratiques magiques puissent être réalisées avec succès. Au nombre de celles-ci, on peut compter la prédiction de l'avenir, que je viens juste de mentionner, et l'établissement d'horoscopes. Mais la « magie » comprenait bien plus pour lui : les sorts jetés contre les récoltes, le fait de porter des amulettes, le mauvais œil supposé porter

1. Augustin, « La doctrine chrétienne », l. 2, 20-24 (en particulier 23), dans *Œuvres de Saint Augustin*, 11/2, trad. fr. M. Moreau, Paris, Institut d'Études Augustiniennes, 1997, p. 183-195. Gratien a repris ce texte dans son *Decretum* voir *Decretum Magistri Gratiani*, Secunda pars, causa 26, qu. 2, c. 6, E. Friedberg (éd.), Leipzig, Bernard Tauchnitz, 1879, col. 1021-1022. Sur les relations sexuelles avec des démons, ces derniers en tant qu'incubes et succubes : Augustin, *La Cité de Dieu*, 8, 14-22, *op. cit.*, volume I, p. 474-490 ; 12, 1-3, *op. cit.*, volume II/1, p. 69-74 et 15, 23, p. 285-291 ; 21, 1-12, *op. cit.*, volume II/2, p. 719-753.

2. Augustin, « Quatre-vingt-trois questions différentes », qu. 12, dans *Mélanges doctrinaux*, trad. fr. G. Bardy, J.-A. Beckaert et J. Boutet, Paris, Desclée de Brouwer, 1952, p. 63-65 ; Augustin, « La Genèse au sens littéral en douze livres », 12, 17, dans *Œuvres de Saint Augustin*, 49, trad. fr. P. Agaësse et A. Solignac, Paris, Desclée de Brouwer, 1972, p. 385-391.

3. Augustin, « De la divination des démons », dans *Mélanges doctrinaux*, trad. fr. G. Bardy, J.-A. Beckaert et J. Boutet, Paris, Desclée de Brouwer, 1952, p. 654-693, mais plus particulièrement p. 665 et p. 671-673.

préjudice à quelqu'un, la transformation d'hommes en animaux, le fait de provoquer des intempéries. Enfin, La Bible rapporte que les magiciens du Pharaon réalisaient de véritables prodiges. Tout cela, Augustin le condamne, à cause de la part qu'y prend le Diable. Ni pour Augustin, ni pour Thomas d'Aquin n'y a-t-il de « magie naturelle » [1].

DÉVELOPPEMENTS MÉDIÉVAUX

Les prescriptions concrètes du temps de la patristique latine, en particulier celles d'Augustin et de Grégoire le Grand, pénétrèrent très tôt dans les recueils de droit canon, à commencer par celui du moine scythe Denis le Petit (*Dionyssius Exiguus*). Ce dernier vécut quelques dizaines d'années à Rome au cours du VIe siècle, et le Pape Jean II éleva son recueil canonique au rang de code juridique de l'Église en 534. Les conciles qui se déroulèrent entre le VIe et le IXe siècle entérinèrent ensuite ces prescriptions. Les représentations qui font de la magie (par exemple) l'œuvre du Diable, déterminèrent de plus en plus la législation séculière en vigueur. Il était impératif de décider du sort de quelqu'un qui avait transpercé d'un couteau une poupée de cire afin de tuer à distance, avec l'aide du Diable, la personne représentée par la poupée. De telles lois demeurèrent ainsi appliquées dans tout l'Occident médiéval. La chasse aux sorcières qui allait sévir durant les siècles ultérieurs avait été préparée très tôt. Les concepts de sorcier (*maleficus*) et de sorcière (*malefica*) existaient alors, mais ils ne désignent pas encore les membres d'un groupe constitué opposé au clergé et ayant prêté serment au Diable ; ils désignaient plutôt des individus. Sorciers et sorcières avaient certainement déjà besoin du Diable, mais ils ne se déplaçaient pas encore dans les airs lors de nuits de Walpurgis. Ils ne pratiquaient pas encore une liturgie antichrétienne. Cela ne veut pas dire que l'histoire de Satan reste figée de 500 à 1500 : les règles issues du droit

1. Augustin, « Quatre-vingt-trois questions différentes », qu. 79, dans *Mélanges doctrinaux*, *op. cit.*, p. 343-354 ; Augustin, « La doctrine chrétienne », l. 2, 20-24, dans *Œuvres de Saint Augustin*, 11/2, *op. cit.*, p. 183-195.

canon reçoivent leur première élaboration; en 787, Charlemagne prévoit la peine de mort pour tous ceux présentant des offrandes à Wotan ou à d'autres divinités païennes, dans son capitulaire « *de Partibus Saxonis* ». Droit canon et politique ecclésiale continuent à se développer, les jeteurs de sorts sont punis – comme durant l'Antiquité païenne –, mais la chasse aux sorcières, telle qu'on la connaîtra au XVI e siècle, n'existe pas entre 800 et 1200. C'est seulement par la suite que ce corpus juridique sera remplacé par deux innovations déterminantes dans les procédures judiciaires, parallèlement à la multiplication des procès contre les sorcières

Premièrement, le procès d'inquisition fait son apparition en lieu et place du procès d'accusation. Le terme « Inquisition » désigne tout d'abord le type de procès : il est mené selon une procédure officielle; des juges chargés de l'instruction, mandatés par l'Église ou par l'État, ouvrent de leur propre initiative une procédure et enquêtent pour établir les infractions, en particulier les délits contre les doctrines de l'Église. Dans un procès d'accusation usuel *antérieur* à 1200, un simple particulier met le suspect en accusation. C'est à lui, et non au juge, qu'incombe la charge de produire des preuves. Cette procédure, souvent difficile et comportant des risques, se produisait de ce fait peu souvent. Dans un procès d'inquisition, le juge possède une autorité supérieure, d'autant que le Pape Innocent IV autorise la torture en 1252 : il peut désigner des accusés et les emprisonner; il peut convoquer des témoins et commander des expertises. Le procès devient une mesure officielle. Il apparaît alors bien plus scientifique que le procès d'accusation. Ce dernier consistait en une confrontation devant le juge entre un accusé et le particulier qui le désignait. Le procès d'inquisition sera consolidé durant le Moyen Âge tardif aussi bien dans le droit canon que dans le droit civil. Il apparait comme une rationalisation et un progrès du système judiciaire. Les dénonciateurs demeurent anonymes et les droits des accusés sont progressivement limités. Le nombre de procès contre hérésies augmente, et sorciers et sorcières deviennent tous assimilés à des hérétiques.

Le deuxième changement opéré aux XVe et XVIe siècles dans la technique des procédures judiciaires fut l'abrogation de la loi du Talion. On comprend par là la prescription juridique d'après laquelle un accusateur, engagé dans une procédure d'accusation, mais qui ne peut démontrer ses accusations, encourt la même peine qu'aurait encourue celui qu'il accuse. Cette règle, issue du droit romain, avait jusqu'alors limité le nombre d'accusations de sorcellerie.

Parallèlement à cela, d'intenses discussions théoriques sur le Diable et ses anges eurent cours. On voulait à présent savoir avec précision ce qu'était un démon. À partir du XIIe siècle, les scolastiques imposèrent l'incorporalité des anges et du Diable, contre Augustin et Grégoire [1]. L'ensemble du cadre dogmatique fut pris dans ce mouvement; la réception des textes aristotéliciens modifia la terminologie et produisit de nouveaux thèmes. Certains auteurs contestèrent la conception augustinienne de la Rédemption, d'autres la défendirent, les maîtres les plus brillants la modifièrent et la combinèrent à d'autres éléments. À partir d'Anselme de Canterbury, elle fit l'objet de vives disputes [2]. Pour faire court, lorsqu'on pose la question de savoir comment le complexe doctrinal concernant le Diable a pu se maintenir si longtemps dans l'Occident latin malgré le scepticisme ambiant, une deuxième réponse surgit alors : Augustin s'est imposé, Thomas d'Aquin en a repris certains points doctrinaux spécifiques et Luther les a approfondis. L'ensemble du complexe s'est maintenu si longtemps aussi parce qu'il a été renouvelé et réaménagé en profondeur après le Ve siècle. Je voudrais le démontrer dans la section suivante.

1. Justifications et références sont données dans le chapitre suivant. Pour qui concerne les périodes plus anciennes, je renvoie provisoirement au dossier du P. Glorieux, *Autour de la spiritualité des anges*, Tournai, Desclée, 1959.

2. Voir K. Flasch, *Pourquoi je ne suis pas chrétien*, trad. fr. J.-M. Paul, Paris, Les Belles Lettres, 2014, p. 221-237.

L'ENNEMI INVISIBLE

Lorsque le Diable parcourt le monde tel un lion rugissant, il est alors en *action*. Il est alors, pour les chrétiens, *réel*. La question est : qu'est-ce que cela signifie ?

Les chrétiens peuvent se le représenter, certes avec difficulté, car il change de forme et n'est strictement lié à aucune de ses apparences. Il se montre en tant que serpent, dragon, chat, caniche noir. Il apparaît aussi sous les traits d'un être humain. Et de nouveau aussi en tant qu'« Ange de lumière ». On peut le situer ; on dira qu'il est *ici* ou *là*, *qu'*il *vient* ou qu'il s'en *va*. On lui attribue des intentions et des connaissances. Il semble intelligent et puissant, il semble avoir de l'influence sur les humains et sur le cours de la Nature. Il fait des tours de magie et fait apparaître de vrais crapauds. On le considère comme une *personne*. En même temps, on le considère comme une *incarnation paroxystique* : pour les chrétiens, il est la quintessence du monstre, l'inquiétante étrangeté ou le mal par excellence.

Dans la mesure où nous faisons l'expérience de choses horribles, où nous les pressentons, le Diable est en tant que tel le contenu d'une expérience. Le fait d'associer le Diable au monstre n'est pas inhérent à la nature humaine, il ressort plutôt, en premier lieu, de développements sociaux et intellectuels du judaïsme tardif et c'est ensuite le résultat historique et contingent de l'éducation et de l'endoctrinement chrétiens. En aucun cas les hommes de toutes les civilisations n'ont fait cette association, quand bien même tous les hommes auraient fait l'expérience de « l'inquiétante étrangeté », ce qui est peu probable, car « le monstre » – tout comme le « *tremendum* » usé et éculé de la philosophie de la religion – n'apparaît qu'en tant que concept opposé au quotidien rationnellement ordonné des sociétés plus tardives.

Le contenu de l'expérience « Diable » est-il une figure symbolique, au même titre que Dame Holle [1] ? Est-il une force efficiente et réelle, comparable à une personne vivante ? Les chrétiens

1. Personnage de conte de fées germanique, figurant parmi les *Contes de l'enfance et du foyer* des frères Grimm. N.d.T.

ont souvent et longtemps dit qu'il n'était pas un personnage purement littéraire, comme le chaperon rouge ou Lohengrin. Les textes faisant autorité le décrivent comme un sujet autonome accomplissant des actions. Leur Diable a possédé l'apôtre Judas et l'a incité à trahir Jésus contre de l'argent. Satan appartient manifestement à une sorte de récit différente d'un conte. Si on dit de lui que le Christ l'a *vaincu*, il n'y aurait aucun sens à dire que le Christ aurait vaincu *ma représentation personnifiée* du monstrueux. Il appartient à ce type de récit de dire que Jésus a libéré de l'Enfer les patriarches de l'ancienne alliance, qu'il les a arrachés à la domination de Satan et ouvert une nouvelle époque de l'histoire du monde. Le Diable est une figure littéraire, qui exige du narrateur l'affirmation selon laquelle il est réel (*realiter*), qu'il est le seigneur de ce monde, et pas seulement dans la représentation des hommes pieux. Il est imaginé de telle sorte qu'on ne puisse dire de lui qu'il est imaginaire. Il joue son *rôle* en tant que Dieu de ce monde. Luther le voyait mener ses assauts contre lui. Dans son chant, qu'Heinrich Heine appelait la « Marseillaise de la Réforme », Luther chantait à son propos :

> Le vieux méchant ennemi,
> A de mauvais desseins aujourd'hui.
> Grand est son pouvoir et nombreuse sa ruse ;
> Ses desseins sont sanglants ;
> Sur la terre, il n'a pas son pareil [1].

À proprement parler, ce chant est consacré à Dieu, mais il y est tout de suite question du Mal. Il prouve l'effet rétroactif de la conception du Diable sur l'image de Dieu : celui-ci devient un rempart défensif. Être chrétien signifie être en guerre. Luther poétise la foi selon des modalités militaristes désuètes, inébranlables et

1. Chant cité et traduit en français dans J.-M.-V. Audin, *Histoire de la vie, des écrits et des doctrines de Martin Luther*, volume 1, Louvain, C.J. Fonteyn, 1845, p. 215. Pour le texte allemand, voir Martin Luther, *Die deutschen geistlichen Lieder*, G. Hahn (éd.), Tübingen, Max Niemeyer Verlag, 1967, p. 40 : « Der alt' böse Feind/ Mit Ernst er's jetzt meint ; /Gross Macht und viel List/Sein grausam Rüstung ist, /auf Erd ist nicht seinsgleichen ».

défensives, mais de telle façon que la logique poétique exclut qu'on puisse dire d'elle qu'elle n'est que poésie [1].

Cela a des conséquences sur la façon d'évoquer le Diable. Quelqu'un pourrait dire que le Diable a inspiré Hitler afin qu'il s'attaque à l'Union soviétique. Si je voulais ajouter que cette phrase est « vraie », d'où le « saurais-je » ? Même celui qui était présent lorsque Hitler a pris cette décision n'a pas *vu* l'influence du Diable. Il a seulement *vu* des événements terrestres contingents. On peut chercher l'origine de cette décision dans les circonstances de la guerre, dans les antécédents politiques et sociaux, dans la situation géographique de l'Allemagne, dans la manière dont Hitler percevait tous ces éléments, dans la biographie de Hitler. Mais on n'aura jamais rencontré le Diable. La phrase « le Diable a inspiré Hitler » est « vraie » en ce sens qu'Hitler a commis un crime d'une ampleur diabolique. Elle est vraie parce que je le hais pour cette raison. La phrase n'a pas de contenu « objectif ». Je ne peux pas faire valoir dans le monde extérieur quelque chose qui peut le confirmer. Comment puis-je dire du Diable qu'il est « réel » et « actif », si personne n'a jamais pu voir son activité ?

Considéré sous cet angle, « Dieu » n'est pas dans une situation différente de celle du Diable : il est considéré comme réel, mais personne n'a jamais vu son action. Admettons qu'un historien de l'art visite une cathédrale française et que par hasard, ce jour-là, le corps d'un évêque récemment décédé y soit exposé au public. Dans la presse, il est écrit que Dieu a « rappelé » vers lui cet homme de la plus haute valeur. Personne n'a entendu cet appel. Peut-être le Diable a-t-il pris ce grand homme. Mais cela, personne ne l'aurait remarqué non plus. Notre amateur d'art ne pourrait faire la différence entre l'appel de Dieu et l'enlèvement par le Diable.

Un défenseur du christianisme pourrait répliquer que l'on peut pourtant voir l'*effet de Dieu* ; le monde entier est le résultat de ce que le Créateur a fait, il est donc réel. Mais personne n'a vu son

1. Qu'il n'y a rien sur terre d'aussi puissant que le Leviathan, Luther l'a appris dans la Bible (*Job* 41 : 24). À partir de là, il est déjà question du marteau des sorcières. La citation figure aussi sur la page de titre du *Léviathan* de Hobbes.

intervention. Nous en avons été informés à partir de récits et les conteurs étaient aussi peu présents à cet instant que nous. Des effets universels sont attribués à Dieu, des effets individuels au Diable. Les croyants connaissent encore bien d'autres effets particuliers issus du monde de l'au-delà. Ils installent des inscriptions votives, sur lesquelles il est écrit : "Saint Gilles m'est venu en aide". Personne n'a jamais vu cette aide. Si quelqu'un mène l'enquête, il ne trouvera que des détails empiriques, dont l'attribution à des causes dans l'au-delà relèveront de *son* interprétation. Si l'on demande comment, à partir de faits observés, on aboutit à une interprétation théiste ou diabolique, on obtiendra des réponses qui présupposent déjà l'interprétation visée par la question. Celui qui comprend la maladie psychique comme une possession, ne peut prouver la participation du Diable. Des chrétiens des XVIe et XVIIe siècles comme le calviniste Balthasar Bekker, repoussèrent le rôle du Diable et la psychose des sorcières qui l'accompagnait, dans l'intérêt d'une conception plus pure de ce qui est chrétien, et ils utilisèrent cet argument philosophique dans ce but. Cependant d'autres penseurs isolés comme Philipp van Limborch (mort en 1712) remarquèrent que les arguments strictement empiriques contre la causalité du Diable pouvaient aussi facilement devenir des objections à l'encontre de la possibilité d'une connaissance rationnelle de l'existence de Dieu. Si l'on éliminait le Diable de la pensée philosophique, les mêmes arguments représentaient aussi une menace pour la connaissance de Dieu.

TENTATIONS

JÉSUS EXPULSE LE DIABLE

Dans l'ancienne Europe, le Diable et ses anges avaient quatre activités majeures : en premier lieu, ils intervenaient dans la nature. Ils provoquaient séismes, intempéries et épidémies. Ils exécutaient les condamnations à mort que des hommes saints avaient décidées. En deuxième lieu, ils prenaient possession du for intérieur des femmes et des hommes, que l'on appelait de ce fait des « possédés ». Ils provoquaient en eux des bouleversements physiques et psychiques. En troisième lieu, de nombreux hommes concluaient des pactes avec le Diable ou un démon, se soumettant à eux, mais pour en recevoir en échange un grand pouvoir. Ils obtenaient ainsi des capacités surnaturelles afin de jeter des maléfices contre les hommes, les animaux et les plantes. Enfin, les démons encourageaient les chrétiens à tomber dans toutes sortes de vices, en particulier l'hérésie, l'idolâtrie et la luxure.

Ces activités de prédilection exercées par les démons donnèrent naissance à une multitude de contes et de récits à travers toute la chrétienté. On pourrait consacrer des volumes entiers à de telles légendes.

De préférence, on trouve des récits sur la guérison de possédés et la tentation des saints. Ces deux types d'histoire trouvent leur modèle dans le Nouveau Testament. Ils sont la source première de la croyance dans le Diable et des représentations de Satan. C'est pourquoi je vais les présenter brièvement, non que je compte apprendre quelque chose de neuf aux lecteurs de la Bible, mais je rappelle ces textes à notre souvenir parce qu'ils seront encore et toujours interprétés au cours des siècles qui suivront. Au point que Kant lui-même s'y réfèrera.

Les Évangiles synoptiques rapportent à plusieurs endroits que Jésus aurait soigné des possédés et chassé le Diable. Celui qui assistait à cela s'émerveillait du pouvoir de Jésus : lui-même évoqua ses pratiques de l'exorcisme comme preuve du caractère divin de sa mission.

Je rassemble quelques-uns de ces récits, car ils furent considérés jusqu'au XXe siècle comme des preuves de l'existence et de l'influence du Diable. Ce sont des modèles littéraires et artistiques : celui qui contestait l'existence réelle du Diable, celui qui prétendait restreindre ou nier son influence sur le corps humain, ou encore celui qui voulait expliquer le phénomène de la « possession » par la médecine ou les phénomènes naturels, était aussitôt contredit par les chrétiens fidèles à la Bible au motif que Jésus avait délivré des possédés. Si Jésus avait combattu le Diable et chassé un grand nombre de démons, aucun chrétien ne devait alors douter de l'existence et du pouvoir du Diable, ni de son influence dans les troubles psychiques. Jusqu'au XXe siècle, les exorcismes des Évangiles synoptiques faisaient office de preuve de l'existence du Diable. Son pouvoir semble immense : la première apparition de Jésus en tant que guérisseur et exorciste en est la preuve. D'autant plus qu'il se montre peu soucieux des dispositions morales ou religieuses de ses clients, dont il ne se préoccupe pas du tout, alors qu'il s'adresse directement au démon. Il est le guérisseur, le Sauveur, pas encore en tant qu'offrande expiatoire pour les péchés, mais en tant qu'exorciste.

L'évangile selon Marc [1] raconte ce qu'il s'est produit au début de la prédication publique de Jésus dans la Synagogue de Capharnaüm. Quand il y entre, un homme, « possédé par un esprit impur », commence à crier : « Que veux-tu, Jésus le Nazarénien ? Es-tu venu pour nous perdre ? Je sais qui tu es : le Saint de Dieu ». Jésus lui ordonne alors : « Tais-toi et sors de lui ! ». Tous ceux qui assistent à cette scène admirent ce pouvoir. Contrairement aux scribes, Jésus enseigne avec autorité. L'esprit impur tord l'homme dans tous les sens et l'abandonne en poussant un grand cri.

1. *Marc* 1 : 21-28, BJ p. 1691.

Cet épisode est précédé par l'histoire du baptême de Jésus. Alors que Jésus, immergé dans l'eau, remonte à la surface, il voit l'« Esprit » (*pneuma*) au-dessus de lui et entend la voix de Dieu retentir depuis les cieux : « Tu es mon Fils bien-aimé » [1]. Cet Esprit conduit Jésus dans le désert, où il restera quarante jours et où il sera mis à l'épreuve par le Diable, tout comme Abraham avait lui-même été mis à l'épreuve. Après le baptême et le don de l'Esprit, Jésus soigne le possédé dont « l'esprit impur » le reconnaît comme le « Saint de Dieu ». Il suppose que Jésus est venu détruire les démons tels que lui. Jésus démontre son « pouvoir », il ne s'adresse pas au possédé, mais ordonne à l'esprit impur, auquel il attribue les propos, de se taire et de sortir. Le démon tord l'homme dans tous les sens et obéit. Tous s'émerveillent du pouvoir de Jésus, mais celui-ci refuse qu'on ébruite sa mission messianique. Supposons que le texte propose un compte-rendu direct des événements : on comprendrait alors le vœu de Jésus de garder le secret comme une volonté d'éviter pour l'instant les conflits avec les autorités religieuses. Si l'on se demande pourquoi donc le narrateur veut mettre cela en évidence, l'ancienne théorie du « secret messianique » précise : le démon reconnaît Jésus comme le « Saint de Dieu », mais le narrateur sait que ce n'est que plus tard seulement, après Pâques, que la mission messianique et la nature divine de Jésus sera révélée.

La suite de *Marc* rapporte que Jésus, lors de sa visite à Capharnaüm, guérit de la fièvre la belle-mère de Pierre et qu'au soir du même jour, toute la ville accourut devant la maison pour présenter des malades et des possédés. Il en guérit un grand nombre, « il chassa beaucoup de démons. Et il ne laissait pas parler les démons, parce qu'ils savaient qui il était » [2].

Jésus élargit ses guérisons au plus grand nombre ainsi qu'à d'autres maladies. Les exorcismes demeurent au premier plan et, cette fois encore, ils s'achèvent par l'ordre de taire la mission divine de Jésus.

1. *Ibid.* 1 : 11, BJ p. 1690.
2. *Ibid.* 1 : 32-34, BJ p. 1691.

Marc 5 : 1-20 raconte un acte d'exorcisme encore plus spectaculaire. Jésus se dirigeait à bord d'un bateau, sur le lac de Génésareth, vers Gérasa (*Gergesa*). Quand il descendit du bateau, un homme courut vers lui – *Matthieu* 8 : 28-32 rapporte que ce sont deux hommes [1] –, il était possédé par un esprit impur. Personne ne pouvait le maîtriser, même si on avait essayé de l'entraver avec des chaînes aux mains et aux pieds ; il était plus fort que tout. Il avait brisé les chaînes et rompu les fers. Il vivait au milieu des tombes. Il criait jour et nuit. Il se frappait lui-même avec des pierres. Il aperçut Jésus de loin, courut vers lui et cria d'une voix forte : « Que me veux-tu, Jésus, fils du Dieu Très-Haut ? Je t'adjure par Dieu, ne me tourmente pas » Jésus ordonna à l'esprit impur de quitter le corps de cet homme malade. Jésus demanda au démon : « Quel est ton nom ? » Celui-ci répondit : « Légion est mon nom, car nous sommes beaucoup ». Et il supplia Jésus de ne pas les bannir de cette contrée.

Marc poursuit : « Or il y avait là, sur la montagne, un grand troupeau de porcs en train de paître. Et les esprits impurs supplièrent Jésus en disant : "Envoie-nous vers les porcs, que nous y entrions." Et il le leur permit. Sortant alors, les esprits impurs entrèrent dans les porcs et le troupeau se précipita du haut de l'escarpement dans la mer, au nombre d'environ deux mille, et ils se noyaient dans la mer. Leurs gardiens prirent la fuite et rapportèrent la nouvelle à la ville et dans les fermes ; et les gens vinrent pour voir qu'est-ce qui s'était passé » [2].

L'histoire a lieu dans une contrée païenne. Les Juifs n'auraient pas procédé à l'abattage des porcs. Le démon s'appelle « Légion », ce qui peut faire allusion à l'occupation romaine et signifier : nous sommes très nombreux. Le récit induit la question suivante : Jésus a accompli de tels miracles parmi les païens, pour quelle raison ne devrions-nous pas, dans ce cas, prêcher parmi les païens ?

1. *Matthieu* 8 : 28-32, BJ p. 1650.
2. *Marc* 5 : 1-20, BJ p. 1697.

Ce qui est déterminant pour le narrateur, ce n'est pas la nature de la maladie et ce ne sont pas les démons expulsés, mais le pouvoir que Jésus possède sur ces derniers. Les démons reconnaissent la mission divine de Jésus. Ils se jettent à ses pieds, ils le craignent et lui obéissent. Sous la menace, ils se dévoilent devant lui. Ils ne peuvent abandonner le corps du malade sans un ordre de sa part. Le récit souligne l'effet que la démonstration de son pouvoir a sur les gens. On en parle dans toute la région.

Lors de la rencontre avec le possédé de Gerasa, la description des symptômes de la maladie est relativement détaillée : le malade se précipite sur Jésus, il le reconnaît de loin, il l'appelle le « fils du Dieu très haut », il crie, il se frappe lui-même avec des pierres. Il habite dans les cavernes funéraires, il déchire ses vêtements, il brise les fers qu'on lui a mis aux mains et aux pieds. Après sa guérison, il est assis là, tranquille et convenablement vêtu, et il a retrouvé toute sa raison. L'exil des démons dans le grand troupeau de porcs s'explique par l'interdiction de la consommation de viande de porc et, de ce fait, du mépris envers l'élevage porcin. Le paysan a perdu environ 2000 porcs. Cela explique le verset 5 : 17 de *Marc* : « Alors ils se mirent à prier Jésus de s'éloigner de leur territoire » [1].

Le récit en *Marc* 1 : 26 rend compte des symptômes pathologiques suivants : l'esprit impur secoue violemment l'homme dans tous les sens, avant de quitter son corps [2]. Aux versets 9 : 18-20, nous apprenons qu'un jeune homme possédé se jette à terre lorsque le mauvais esprit l'assaille. Il se roule sur le sol, de l'écume sort de sa bouche, il grince des dents et se fige [3]. Les psychiatres modernes diagnostiqueraient vraisemblablement une crise d'épilepsie. Aux versets 1 : 23, 1 : 26, 1 : 27 et 5 : 2, le texte grec parle « d'esprits impurs » [4], mais les désigne aussi à l'aide du mot grec « démons »

1. *Ibid.* 5 : 17, BJ p. 1697.
2. *Ibid.* 1 : 26, BJ p. 1691.
3. *Ibid.* 9 : 18-20, BJ p. 1705.
4. *Ibid.* 1 : 23-27, BJ p. 1691 et *Ibid.* 5 : 2, p. 1697.

au verset 1 : 34 [1]. Dans *Marc* 7 : 29, Jésus lui-même utilise cette expression grecque [2].

Les témoignages concernant les exorcismes pratiqués par Jésus s'intéressent aux démonstrations de son pouvoir, pas aux symptômes de la possession. Ils indiquent tout de même que les possédés quittent leur environnement familier. Ils reconnaissent la mission divine de Jésus, mais la présence du Diable est manifeste en eux : ils crient et se roulent sur le sol. Ils souffrent de spasmes, l'esprit les tord dans tous les sens. Ils déploient une force musculaire considérable. De l'écume sort de leur bouche. Ils s'infligent des blessures à eux-mêmes.

C'est approximativement l'image de la possession dont les témoignages du Nouveau Testament ont fait état. Les symptômes soignés par Jésus sont avant tout physiques. Ils sont la preuve que les exorcistes chrétiens triomphent des dieux païens. L'ouvrage très bien informé de Brian P. Levack, *The Devil Within* [3], montre que les possédés chrétiens *du début de l'ère moderne* présentent clairement d'autres symptômes. Les anciens symptômes disparaissent, de nouveaux font leur apparition, en particulier des manifestations langagières, mais aussi des troubles du comportement alimentaire, des problèmes gastriques et une tendance au blasphème. La possession devient un phénomène collectif, en particulier dans les couvents, les orphelinats et les petites communautés. En lieu

1. *Marc* 1 : 34, BJ p. 1691. Pour ce qui concerne l'usage linguistique : Walter Bauer, *Wörterbuch zum Neuen Testament*, Berlin, de Gruyter, 1988 (6ᵉ éd.), p. 337-338 et 1357 section 4 c. En ce qui concerne le thème de la possession, l'ouvrage suivant est indispensable : B. P. Levack, *The Devil Within. Possession and Exorcism in the Christian West*, New Haven, Yale University Press, 2013.

2. *Marc* 7 : 29, BJ p. 1702. D'autres cas spectaculaires de possession : la fille de la femme de Tyr, une païenne, est possédée par un « esprit impur », Jésus la guérit de loin (*Marc* 7 : 25-30, BJ p. 1702) ; le jeune épileptique, que les apôtres ne peuvent guérir. Jésus explique leur échec : contre ce genre de démons seuls la prière et le jeûne peuvent aider (*Marc* 9 : 14-29, BJ p. 1705). Après que Jésus a guéri un possédé aveugle et muet, les scribes expliquent que Jésus était possédé par Béelzéboul (*Marc* 3 : 22-30, BJ p. 1694-1695). Jésus explique que le royaume du Diable ne pourrait régner sur le monde s'il était divisé. Après sa résurrection, Jésus donne aux apôtres le pouvoir de guérir les possédés (*Marc* 16 : 14-18, BJ p. 1720).

3. B. P. Levack, *The Devil Within*, *op. cit.*, p. 38, 84, 88 et 135.

et place des anciens symptômes corporels, tels que les spasmes et les convulsions, nous entendons des jurons et des paroles blasphématoires. Nous voyons la résistance physique contre des symboles chrétiens. Les différents mondes culturels propres aux possédés durant les premiers temps de l'ère moderne, leur confession religieuse, se révèlent dans les caractéristiques de ces malades. Le Diable sait précisément de quelle manière il peut s'y référer. Les possédés vomissent alors des aiguilles ou des clous, que seul le Diable peut avoir placés dans leur estomac. Le seigneur du monde sensible, très au fait des événements du temps présent, fait ainsi référence au nombre croissant de sceptiques. Il laisse les possédés s'exprimer dans des langues étrangères, de façon à prouver sa culture humaniste. Ils valident ce que les théologiens de l'époque enseignent à propos des démons. Les cérémonies catholiques d'exorcisme, théâtrales et fastueuses, durent dès lors plus longtemps qu'à l'époque du Nouveau Testament. Les exorcistes interrogent les démons sur le monde de l'au-delà et sur le pouvoir du Diable. Les possédés confirment leurs dires. Des prédicateurs et des traités diffusent leurs réponses. L'imprimerie permet d'atteindre un plus large écho. Entre 1560 et 1580, dans les villes divisées par des luttes confessionnelles comme Augsbourg, les succès des exorcistes montrent que seuls les catholiques peuvent chasser les démons. Car, comme on l'a dit, *Satan existe dans l'histoire*.

Le diable induit Jésus en tentation

Alors que Paul et l'*Évangile de Jean* ne mentionnent pas la guérison de possédés, celle-ci est importante pour les Évangiles synoptiques au point d'en faire le thème de la première apparition de Jésus, Matthieu adoptant un point de vue légèrement différent de celui de Marc. Marc constitue son récit du début de la vie publique de Jésus, dans l'ordre suivant :

– Baptême de Jésus et explication concernant la filiation divine, 1 : 9-11 ;

– Jésus est induit en tentation par le Diable, dans le désert, 1 : 12-13 ;

– Jésus annonce l'arrivée du Royaume de Dieu, 1 : 14-15 ;
– Jésus fait appel aux premiers disciples, 1 : 16-20 ;
– Jésus chasse un démon, 1 : 21-28 [1].

Matthieu construit différemment le début de son récit :

– Il commence par l'arbre généalogique de Jésus, l'histoire de son enfance, la visite des mages, la fuite vers l'Égypte, 1-2 [2].

– À partir du chapitre 3, il rejoint l'ordre successif proposé par Marc : sermon de Jean-Baptiste et baptême de Jésus, avec l'envoi du Saint-Esprit et l'explication concernant la filiation divine, 3 : 1-17 [3].

– Jésus est soumis à la tentation par le Diable, dans le désert, 4 : 1-11 [4].

Matthieu place, tout comme Marc, le début de la vie publique de Jésus sous le signe de la lutte que celui-ci mène contre le Diable et les démons. D'après *Matthieu* 4 : 1-11, le Diable lui-même induit Jésus en tentation. Après quarante jours de jeûne, Jésus est affamé et le Diable lui dit que, s'il est vraiment le messie, il devrait pouvoir changer les pierres en pain. Il le conduit ensuite au sommet du temple de la ville sainte et provoque sa vertu messianique en lui disant qu'il devrait se jeter dans le vide afin de démontrer que les anges retiendront sa chute. Le Diable l'amène enfin au sommet d'une haute montagne et lui montre « tous les royaumes du monde et leur gloire ». Il lui donnera toutes ces choses, s'il accepte de se prosterner devant lui et de le vénérer. Jésus ne se laisse pas détourner de son chemin. Il s'oppose à trois reprises au Diable, à l'aide de citations tirées de la Bible hébraïque.

Matthieu place ce récit au début de son compte-rendu. Jésus ne vit pas seulement la vie d'un homme parmi les hommes. Il lutte contre le Diable. Après avoir surmonté la tentation, des anges se mettent à son service. Le Diable orne habilement ses tentations de versets bibliques. Jésus, qui réplique aussi par des citations bibliques, demeure fidèle à sa mission divine, or celle-ci consiste,

1. *Marc* 1 : 9-28, BJ p. 1690-1691.
2. *Matthieu* 1-2, BJ p. 1639-1641.
3. *Ibid.* 3 : 1-17, BJ p. 1641-1642.
4. *Ibid.* 4 : 1-11, BJ p. 1642-1643.

comme Matthieu le rappelle entretemps à plusieurs reprises, en un combat contre Satan, qui ne cessera qu'avec sa mort. Le récit de la tentation enseigne la chose suivante : les royaumes de ce monde et leur splendeur appartiennent à Satan. Il faut supposer que Dieu les lui a laissés. On constate du reste à quel point l'horizon géographique d'un auteur est limité lorsqu'il prétend que, du haut d'une montagne, on voit « tous les royaumes du monde ». Le drame qui se joue entre Dieu et le Diable a lieu sur une scène bien étroite.

Alors que Marc ne mentionne aucune tentation de Jésus en particulier, mais donne l'impression que sa filiation divine a été mise à l'épreuve pendant quarante jours – nombre symbolique –, Matthieu situe l'épreuve au terme du jeûne, après ces quarante jours dans le désert, et il fait référence à trois défis : Jésus est à présent affamé, est-il prêt à reconnaître sa filiation divine en changeant des pierres en pain ? Jésus refuse : il comprend son pouvoir d'une façon différente de celle qui consiste simplement à satisfaire ses besoins individuels.

Pour la deuxième épreuve, le Diable emporte Jésus sur le faîte du temple – il le transporte à travers les airs comme s'il s'agissait d'un objet inanimé, ce qui a inspiré l'idée, au Moyen Âge, que Satan avait le pouvoir physique de déplacer très vite un grand nombre de femmes sur le Blocksberg – et l'invite à se jeter dans le vide. En vertu de sa filiation divine, Jésus doit ordonner aux anges d'amortir sa chute avec douceur. Jésus refuse, car cela implique de mettre Dieu au défi. Jésus, en tant qu'homme, ne doit pas faire ce que le Diable est en droit de faire avec lui, à savoir le mettre à l'épreuve.

Pour la troisième « tentative », Satan prend le fils de Dieu avec lui et l'amène au sommet d'une très haute montagne qui n'a aucune existence géographique ; il promet à Jésus « tous les royaumes de l'univers et leur gloire (*doxa*) » s'il accepte de se prosterner devant lui et de le vénérer. Jésus le rejette à ce moment de toutes ses forces : « Retire-toi, Satan ! », car seul Dieu peut être vénéré [1]. C'est comme si Satan avait demandé à Jésus de devenir son représentant en tant que Seigneur du monde terrestre et politique. Et comme si, par sa

1. *Ibid.* 4 : 10, BJ p. 1642.

réponse, Jésus affirmait ne pas considérer la filiation divine comme un pouvoir politique et la jouissance d'une gloire terrestre. Le Diable comprend que Jésus a surmonté les trois épreuves et il se retire sans autre forme de procès.

Les tentations de saint Antoine

Même après la victoire du Christ à travers la mort et la résurrection, le Diable continue de rôder comme un lion rugissant. Le baptême chasse le Diable. Pourtant, même par la suite, la vie chrétienne consiste plus en une lutte « contre les esprits du mal qui habitent les espaces célestes » (*Épître aux Éphésiens* 6 : 12) qu'en un combat avec les passions sensuelles. Les premiers chrétiens considéraient que le Diable s'en prenait tout particulièrement aux communautés chrétiennes : il provoquait les divisions et semait la discorde dans leurs rangs. Les Sauvés, les élus et les saints se voient tous comme étant « soumis à la tentation », à l'instar de leur seigneur. Et ils ne gardent pas toujours pour eux les scènes nocturnes de leur chambre à coucher. Toute « tentation » surmontée victorieusement donne lieu à un récit édifiant. Le monachisme ancien produisait de vrais héros, qui sortaient vainqueurs de leurs luttes contre Belzébuth. Le plus célèbre est vraisemblablement saint Antoine, qui sera plus tard promu saint patron des porchers et des bouchers. Matthias Grünewald dépeint les aventures dramatiques de saint Antoine face au Diable sur le retable d'Issenheim. Athanase d'Alexandrie rapporte des précisions instructives dans sa *Vie de saint Antoine*. Au cinquième chapitre, nous apprenons que le Diable pousse d'abord saint Antoine à céder à la cupidité, la gourmandise et l'ambition. Il lui indique clairement les peines causées par une vie austère. Mais le jeune homme est déterminé à poursuivre sa vie ascétique :

> Mais quand l'Ennemi se vit faible devant le dessein d'Antoine, et plutôt mis à terre par sa constance, repoussé par sa foi et succombant sous les prières continuelles d'Antoine, alors il mit sa confiance et sa fierté dans les armes situées près du nombril : ce sont là ses premiers pièges contre les jeunes gens. Il s'avance contre le jeune

> homme en le terrifiant la nuit et en le molestant le jour, si bien que les témoins s'apercevaient de leur combat. Le diable lui suggérait des pensées impures, mais Antoine les repoussait par ses prières. Il l'excitait, mais lui, comme s'il croyait rougir, fortifiait son corps par la foi et les jeûnes. Le diable, ce misérable, en venait à prendre, de nuit, l'aspect d'une femme et en à imiter parfaitement l'allure, à seule fin de séduire Antoine. Mais lui, mettant le Christ en son cœur et réfléchissant à la noblesse que l'homme lui doit et à la dimension spirituelle de l'âme, éteignait le tison de la tromperie du démon. De nouveau, l'Ennemi lui suggérait les douceurs de la volupté, mais lui, comme plein de colère et de tristesse, se représentait la menace du feu et le tourment du ver. En lui opposant ces pensées, il traversait indemne ces épreuves [1].

Le sixième chapitre se poursuit par des histoires de tentations :

> À la fin, le dragon, impuissant à terrasser Antoine même de cette manière, mais se voyant en outre chassé de son cœur, grinçait des dents, comme il est écrit. Hors de lui pour ainsi dire, tel il est spirituellement, tel il se manifeste ensuite à lui sous les traits d'un enfant noir [2].

Ce texte a été rédigé peu après l'an 356. Il a été traduit du grec au latin et, durant des siècles, il a agité l'esprit des jeunes gens, la plume des écrivains et le pinceau des peintres. Il montre quelles sont les valeurs éthiques et religieuses, en particulier celles de la chrétienté monastique. Il donne un bon aperçu du langage et de l'iconographie invoqués pour décrire la lutte chrétienne contre Satan. Le Malin fait irruption à tour de rôle en tant que lion ou serpent, crocodile ou perdrix, en tant que caniche noir, petit garçon noir ou chat noir. Il intervient dans la nature et dans les âmes. Il exerce le don d'ubiquité d'une façon qui n'appartient qu'à lui. Il est à la tête de tout un royaume du Mal. Il a sous ses ordres d'innombrables complices.

Cette représentation n'a été modifiée ni par l'introduction de la philosophie aristotélicienne de l'esprit au XIII e siècle ni par la

1. Athanase d'Alexandrie, *Vie d'Antoine*, 5, 1-6, trad. fr. G.J.M. Bartelink, Paris, Cerf, 2004, p. 144-145.
2. *Ibid.*, 6, 1, p. 147.

Réforme au XVI e siècle. Plutôt que de la limiter, Luther l'a même étendue. La rhétorique du Diable lui semblait particulièrement adaptée à la polémique sauvage contre la papauté et les « sectes d'enthousiastes ». Il voyait le tentateur partout. Tous les hommes lui étaient soumis :

> Luther croyait fermement au Diable et en son pouvoir, et il s'inscrivait dans un combat perpétuel contre lui. À suivre ses propos, le Diable est "plus près des hommes que leur robe ou leur chemise, plus près encore que leur peau". Tout malheur provient de lui, tout malheur est l'œuvre du Diable. "Aussi, lorsque quelqu'un meurt de la peste, se noie ou tombe simplement mort, cela est l'œuvre du Diable" [1].

Il le mentionnait volontiers dans ses sermons, et l'érigeait en fondateur de la papauté. Il critiquait les papistes, qui selon lui limitaient les tentations diaboliques aux seuls péchés de la chair. Mais un homme chrétien en viendrait vite à bout, quand bien même y eût-il assez de femmes et de jeunes filles. Lorsqu'il se réveille la nuit, le Diable vient et jette de nombreuses choses dans l'âme : blasphèmes et désespoir. Et il instille en l'homme le doute – un Dieu existe-t-il vraiment ou non ?

1. K. A. Wünsche, *Realenzyklopädie für protestantische Theologie und Kirche*, J. J. Herzog et A. Hauck (éd.), volume 19, Leipzig, J. C. Hinrichs, 1907, p. 573.

DÉMATÉRIALISATION

Les démons sont des êtres animés aériens[1]

La matière en tant que critère de réalité

Le Diable a pu perdurer si longtemps en Europe parce qu'il s'est transformé avec elle. C'est pourquoi je vais à présent étudier son développement de façon plus précise, en considérant en particulier l'évolution qu'il a connue *à partir* du Ve siècle après J.-C. – évolution qui, comme je l'ai montré, a été niée par certains spécialistes.

Il me faut d'abord faire un détour et, en jetant un regard à la fois rétrospectif et prospectif, poser la question suivante : quand, à proprement parler, quelque chose peut-il être considéré comme « réel » ? Que pouvait-on bien penser à ce propos, lorsqu'on se disputait aux siècles précédents pour savoir si le Diable existait « réellement » ? Pour celui qui *contestait* son existence, ce n'était qu'une invention humaine, une superstition populaire ou une fiction poétique. Il lui importait que le Diable ne fût rien que l'on dût craindre, puisqu'il n'avait aucun pouvoir sur la Nature ou sur la vie humaine. Ce qui était imputé à Satan devait être expliqué « naturellement », par des raisons médicales ou physiques. Que voulait-on dire alors en affirmant que le Diable existe *vraiment* ? Certainement que Satan ne consiste pas seulement dans la représentation qu'en ont les croyants, mais qu'il agit aussi avec un pouvoir bien réel dans le monde concret. Il veut nuire aux hommes et, grâce à sa grande intelligence, il guette les occasions de prendre le pouvoir

1. Augustin, « La Genèse au sens littéral en douze livres », 3, 10, dans *Œuvres de Saint Augustin*, 48, *op. cit.*, p. 233.

sur eux et de les tenir en état de dépendance. Celui qui le considérait comme « réel » supposait donc qu'il existait déjà depuis longtemps, probablement depuis le début du monde et qu'il serait menaçant encore pour longtemps, en raison de ses pouvoirs tant psychiques que physiques. Il est en vie, quelque chose qui demeure et dont l'existence dure plus longtemps qu'une vie humaine. Ce n'est pas une qualité passagère, mais plutôt un être persistant. Il subsiste par soi, bien qu'en deça de Dieu, qui reste sa cause première. Auparavant, on nommait un tel être une « substance ». Il s'agit cependant d'une sorte de substance bien particulière, puisque cet être parle, pense et agit dans le monde entier. Il est le centre d'une grande intelligence et d'une puissante volonté. Depuis le Ve siècle environ, on appelle un tel être une « personne ». Boèce définit *persona* comme « une substance individuelle de nature rationnelle » [1]. On ne prenait pas le Diable pour un corps de chair et de sang. Il devait être invisible, mais posséder un corps aérien et pouvoir apparaître tel un corps matériel, selon les besoins. Et aussi, par exemple, adopter le corps d'un chien noir.

Restons encore un instant avec ceux qui se querellent au sujet de l'existence ou de la non-existence du Diable. Par leurs affirmations, ils s'opposent diamétralement les uns aux autres, mais ils partagent aussi toute une série de questions abstraites. Par exemple : qu'entendons-nous, lorsque nous débattons, par les expressions « réel », « substance » et « personne »? Ils ne pouvaient répondre à ces questions ni en utilisant la Bible ni en s'appuyant sur leur foi. Ils devaient philosopher à ce sujet, ce qui pouvait modifier la teneur de leurs affirmations, pieuses ou impies. Par ailleurs, personne ou presque n'a soutenu que seul ce qui peut se voir, se toucher ou au moins s'imaginer est réel. Certains auteurs, et certains théologiens aussi, en particulier lorsqu'ils parlaient du tombeau vide ou de la transsubstantiation, admettaient que « vraiment réel » était pour eux synonyme de « physiquement réel ». Presque tous intervenaient sur

1. Boèce, « Contre Eutychès et Nestorius », dans *Traités Théologiques*, trad. fr. A. Tisserand, Paris, Flammarion, 2000, p. 74-75.

la base de cette conception. Seul un petit nombre savait pourtant qu'il s'agissait de la philosophie des stoïciens.

Cela amenait à se poser une série de questions complémentaires, par exemple :

1. Que voulons-nous dire lorsque nous désignons Satan comme un être « spirituel » ? Le terme « esprit » (*spiritus*, *pneuma*) n'est pas clair : il désigne n'importe quelle réalité située entre l'esprit du vin, l'esprit vital, le vent et l'Esprit saint. De même en latin, le domaine du « *spiritus* » et celui de « *l'intellectus* » se trouvaient très éloignés l'un de l'autre. Les penseurs chrétiens faisaient progressivement disparaître la contrainte liée à cette multivocité. Après des siècles, Satan s'est peu à peu transformé en un esprit pur, un être exempt de matérialité. Il est devenu « esprit », *nous*, *intellectus*.

2. Ceux qui croyaient au Diable, tout comme ceux qui n'y croyaient pas, qu'ils le craignent ou qu'ils nient son existence, le concevaient comme un « individu ». Ils l'imaginaient dans un espace, au ciel, dans les enfers ou encore sur terre. Ils le distinguaient des arbres, des animaux et des autres anges. Des professeurs de Paris partaient bien du principe que ce qui est réel possède un lieu et ils réfléchissaient à voix haute sur le fait de savoir *où* le Diable se trouvait donc à présent, en Enfer ou dans les airs ?

3. Ils se le représentaient comme un ange déchu à la tête d'un grand nombre de petits diables subordonnés, avec qui il provoquait, dans le monde terrestre, les vacillations de la foi et les hérésies, la magie et la sorcellerie, la possession et les catastrophes naturelles.

4. La représentation qu'on se faisait du Diable avait une influence sur la manière dont on concevait Dieu. Celui-ci « fait face » au Diable, même si c'est pourtant l'archange Michel qui mène la confrontation directe avec l'ennemi. Celui qui remettait en question l'existence de Satan était déjà désigné depuis une époque précoce, au plus tard au XVIe siècle, comme un « athée », comme si celui qui niait l'existence du Diable devait aussi douter de l'existence de Dieu. Comme s'il existait entre Dieu et son adversaire non seulement une opposition, mais aussi un rapport systématique.

Y avait-il une correspondance réciproque, comme celle qui lie une image originelle et son reflet ? Se disputaient-ils comme des frères ennemis ? Ne perd-on les deux qu'ensemble ?

Je voudrais examiner plus précisément chacun de ces quatre points, en commençant par le passage du Diable à l'état de pur esprit.

Au XIII e siècle, le Diable perdit définitivement son corps aérien. Il avait jusque-là déjà subi plusieurs transformations ; *celle-ci* n'était pas la dernière, mais elle revêtit une importance toute particulière, tant elle fut durable et traversa toutes les distinctions confessionnelles : il devint pur esprit [1]. Depuis le XIII e siècle, les experts du diable disaient qu'il était une *substantia separata*, une substance séparée. C'est-à-dire : un être persistant aux propriétés et aux actions changeantes. Il devint immatériel, sans étendue. Au-delà de l'espace et le temps, mais pouvant agir dans l'espace et le temps, il n'était pas « séparé » du monde des hommes. On le disait « séparé » parce qu'en tant qu'être spirituel, il n'avait aucune étendue spatiale. Il était immortel, et cela non plus en raison du fait qu'il possèdait un corps aérien indivisible, mais parce qu'en tant qu'être spirituel, il n'avait aucune composition matérielle, par laquelle on aurait pu le diviser et donc aussi le détruire. Si l'on ne lit que des livres de théologie écrits *après* le XIII e siècle, on ne pourra pas se rendre compte que jusque-là le Diable était un être matériel. Son corps, disent les penseurs de l'Église plus anciens, est composé d'air. C'est pourquoi il peut s'introduire partout, dans les

1. Quelques lectures fondamentales : Denis Pétau (Dionysius Petavius), *Opus de theologicis dogmatibus*, tome 3, l. 3 (*De diabolo et angelis eius*), Venise, Remondini, 1757, p. 71-99 ; J. Turmel, *Histoire du diable*, Paris, Rieder, 1931 ; J. Turmel, *Histoire des dogmes*, volume 4, Paris, Rieder, 1935, p. 45-119 ; P. Glorieux, *Autour de la spiritualité des anges*, Tournai, Desclée, 1959 ; article « Engel » in *Reallexikon für Antike und Christentum*, T. Klauser (éd.), tome 5, Stuttgart, Anton Hiersemann, 1962, p. 54-322, en particulier p. 118-123 ; A. Monaci Castagno, *Il diavolo e i suoi angeli. Testi e tradizioni*, secoli II-III, Fiesole, Nardini, 1996 ; D. Elliott, *Fallen Bodies. Pollution, Sexuality and Demonology in the Middle Ages*, Philadelphie, University of Pennsylvania Press, 1999, p. 127-156 ; G. Agamben et E. Coccia, *Angeli : ebraismo, cristianesimo, islam*, Vicenza, Neri Pozza, 2008.

possédés et les sorcières. Son lieu de résidence spécifique était dès lors l'espace aérien. L'*Épître aux Éphésiens* (2 : 2) l'appelle ainsi « le Prince de l'Empire de l'air ».

LE DIABLE COMPOSÉ D'AIR

La dématérialisation du Diable est un processus important du point de vue de l'histoire des idées, qu'on ne perçoit pas toujours nettement. Comme point de départ, il faut retenir le fait suivant : certains penseurs de premier plan de l'Église d'Occident, tels qu'Origène, Ambroise et Augustin, le considéraient comme un être matériel. Ils estimaient qu'il n'était pas fait de chair [1] mais composé d'air. Et ils le désignaient comme une *substantia sensibilis*. En voici quelques éléments de preuve [2].

D'après Origène, c'est le privilège de la Divinité que d'être un pur esprit. Lui seul est complètement immatériel. Anges et démons ne peuvent l'être ; le Diable non plus.

Ambroise explique dans son texte *De Abraham* 2, 58, probablement écrit vers l'an 382 ou 383, qu'aucun être, hormis la Divinité, n'existe sans composition matérielle [3].

Augustin prône également cette théorie en ce qui concerne le Diable. Et à propos des anges, au nombre desquels il faut compter le Diable en raison de sa nature originelle, il dit : « Bien qu'ils ne fussent pas nés d'une femme, ils avaient malgré tout un vrai corps. C'est pourquoi ils pouvaient constamment transformer leur corps

1. Irénée de Lyon, *Contre les hérésies*, 3, 20, 4, trad. fr. A. Rousseau et L. Doutreleau, tome 2, Paris, Cerf, 2002 (1re édition 1974), p. 394–395 : « [...] car les anges n'ont pas de chair [...] ».

2. Origène explique qu'aucun être, à part Dieu, ne peut exister sans matière, que le fait d'exister sans substance matérielle est le privilège unique de la Trinité : « [...] il m'est absolument impossible de concevoir comment de si nombreux et si grands êtres substantiels pourraient vivre et subsister sans corps, alors que c'est un privilège de la nature de Dieu, Père, Fils et Saint Esprit, qu'on puisse comprendre leur existence sans substance matérielle et sans l'association d'un ajout corporel. » (Origène, *Traité des principes*, I, 6, 4, *op. cit.*, tome 1, p. 207). Pour d'autres textes d'Origène, voir P. Glorieux, *Autour de la spiritualité des anges*, *op. cit.*, p. 17-19.

3. Ambroise de Milan, *Abraham*, 2, 58, trad. fr. C. Lavant, F. et J.-C. Gaven, Paris, Migne, 1999, p. 158-159.

– de n'importe quelle espèce, de chaque sorte de vue, dans chaque autre espèce » [1]. Ils prennent à chaque fois une apparence différente, en fonction de la mission qu'ils ont à accomplir. Augustin n'avait aucune hésitation théorique : il était, lorsqu'il s'agissait des anges ou du Diable, à demi matérialiste.

Les démons – comme nous l'avons déjà dit, ce terme pouvait désigner aussi bien les anges que le Diable, même si l'usage linguistique chrétien normal dénommait « anges » les bons « démons » – « sont des êtres vivants composés d'air », *aeria sunt animalia* [2].

Les faits sont clairs : pour les premiers grands penseurs de l'Église, le Diable avait une matière. Il avait même une matière pour des penseurs comme Origène, Ambroise (pendant un temps seulement) et Augustin, qui plaidèrent en faveur de l'immortalité de l'âme humaine en invoquant des arguments philosophiques, et livrèrent une lecture allégorique – selon une ligne néoplatonicienne – des textes bibliques. Et cela afin d'éviter une interprétation trop matérielle de la foi chrétienne, alors que d'autres auteurs chrétiens comme Tertullien, que je ne mentionne *pas* ici à dessein, considérèrent que l'âme humaine était elle aussi matérielle. Ces auteurs n'avaient vraiment aucun problème à considérer le Diable et les anges comme des « animaux composés d'air ». Ils suivaient le matérialisme des stoïciens, très répandu dans l'Antiquité tardive. Lorsque la Bible racontait que le Diable avait été expulsé d'un possédé sur l'ordre de Jésus, ils prenaient alors ce mouvement pour un processus perceptible, inscrit dans l'espace.

1. Augustin, *Sermons sur l'Écriture*, sermon 12, 9, trad. fr., A. Bouissou, Paris, Institut d'Études Augustiniennes, 1994, p. 263 : « C'est pourquoi eux aussi, même sans être nés de la femme, possédèrent pourtant un corps véritable ; ils pouvaient faire passer ce corps d'une forme à une autre, comme ils voulaient, suivant la nature de leur ministère et de leur fonction, mais toujours de la forme d'un corps véritable à celle d'un corps véritable ».

2. Augustin, *La Genèse au sens littéral en douze livres*, 3, 10, *op. cit.*, p. 233 ; Augustin, *La Cité de Dieu*, 8, 15, *op. cit.*, volume I, p. 476-478 ; Augustin, Lettre 9, dans *Œuvres de Saint Augustin*, 40/A, trad. fr. S. Lancel, Paris, Institut d'Études Augustiniennes, 2011, p. 267-271.

Une longue tradition

Les auteurs scolastiques des XIIe et XIIIe siècles s'écartèrent de cette position. Cette sublimation marque une césure dans la compréhension que le christianisme a de lui-même. Elle introduit une différence marquante par rapport aux interprétations antérieures. Combien de temps l'ancienne doctrine, celle qui insistait sur la matérialité du Diable, est-elle restée en vigueur ? Quand précisément, et comment, le Diable est-il devenu un être purement spirituel ?

Si un chrétien des premiers siècles considérait les résultats de la philosophie antique, il pouvait trouver, à côté d'un large courant de pensées éthiques et pratiques sur le bonheur humain et sur la nature linguistique, sociale et politique de l'homme, et à côté d'une tradition sceptique plus limitée, deux grandes conceptions théoriques.

Tout d'abord, il y avait la ligne matérialiste. Celle-ci était issue de Démocrite et souvent associée à l'atomisme. Épicure l'avait diffusée dans la conscience des classes cultivées de la société hellénistique ; et dans le monde romain, Lucretius Carus lui avait donné une forme poétique.

Selon les explications données par Lucrèce, l'esprit (*animus*), que nous désignons souvent aussi comme capacité de penser, *mens*, et auquel sont liées la capacité de discernement et la manière de diriger sa vie, n'est pas un être provenant de l'au-delà, mais plutôt une partie de l'homme. Comme la main, le pied et les yeux, il s'agit d'une partie de l'ensemble de l'être vivant. Par conséquent, l'« esprit » n'est pas une « substance séparée », mais une fonction de la vie humaine. Lucrèce énonce le programme d'une anthropologie qui n'est plus dualiste, une anthropologie holistique [1].

Ce courant de pensée philosophique faisait face à la position plus idéaliste et dualiste. Celle-ci parlait d'âme et d'esprit en tant

1. Lucrèce, *De la nature*, III, 94–97, trad. fr. A. Ernout (revue et corrigée par C. Rambaux), Paris, Les Belles Lettres, 6e éd. 2002, p. 89 : « En premier lieu je dis que l'esprit ou la pensée, comme on l'appelle souvent, dans lequel résident le conseil et le gouvernement de la vie, est partie de l'homme non moins que la main, le pied, et les yeux sont parties de l'ensemble de l'être vivant ».

qu'éléments issus d'un autre monde, d'un « au-delà ». Anaxagore s'était opposé à toutes les formes de quasi-matérialisme alors en vigueur [1]. Platon et Aristote avaient forgé la théorie de l'âme et de l'esprit et ils avaient reconnu le caractère « divin » de l'« esprit » – raison pour laquelle les chrétiens leur reprochèrent de trop engager l'esprit du côté de Dieu [2]. Plotin relia leurs résultats aux questions de l'Antiquité tardive et il exerça une grande influence sur la pensée chrétienne – sur Origène et Marius Victorinus, sur Augustin et Denys l'Aréopagite [3]. Le platonisme et le néoplatonisme étaient très répandus durant l'Antiquité tardive : la théorie chrétienne des anges et des démons ne pouvait pas éviter leur influence à une période où la promesse imminente d'un ciel nouveau et d'une nouvelle terre s'estompait, où l'organisation de l'Église prenait de l'ampleur, en particulier celle de l'Épiscopat à caractère monarchique, et où l'espérance des chrétiens se déplaçait vers l'au-delà, l'invisible. Cela

1. Preuves recueillies par H. Diels et W. Kranz, voir *Les Présocratiques*, J.-P. Dumont (éd.), Paris, Gallimard, 1988, p. 613-681, ainsi que par G.S. Kirk, J.E. Raven, M. Schofield, *Les philosophes présocratiques*, trad. fr. H.-A. de Weck, Fribourg, Éditions universitaires de Fribourg, 1995, p. 379-411. Voir à ce propos K. von Fritz, « Noos and Nœin in the Homeric Poems », *Classical Philology* 38, 2, avril 1943, p. 79-93, de même que K. von Fritz, « Die Rolle des Nous », in *Um die Begriffswelt der Vorsokratiker*, H.G. Gadamer (éd.), Darmstadt, Buchgesellschaft, 1968, p. 246-363. La connaissance de cette discussion parmi les philosophes antiques a été transmises aux médiévaux principalement par Augustin, *La Cité de Dieu*, 8, 12-22, *op. cit.*, volume I, p. 471-490.

2. Platon critique dans le *Phédon*, 97c et suivants l'inconséquence de la doctrine du *Noûs* chez Anaxagore. Voir aussi la prodigieuse opposition entre idéalistes et matérialistes décrite par Platon dans le *Sophiste*, ainsi que dans le *Timée*, en particulier 27d – 31b et le dixième livre des *Lois*. Les textes suivants d'Aristote sont essentiels pour la philosophie du *Noûs : Métaphysique*, livre 1 et livre 12, ainsi que *De anima*, livre 3, chapitres 4-8. Pour ce qui concerne la doctrine médiévale de l'intellect, voir K. Flasch, *Maître Eckhart*, trad. fr. C. König-Pralong, Paris, Vrin, 2011, ainsi que K. Flasch, *D'Averroès à Maître Eckhart Les sources « arabes » de la mystique allemande*, trad. fr. J. Schmutz, Paris, Vrin, 2008, ouvrages qui font référence à une large littérature complémentaire.

3. Plotin, *Ennéades*, V, 5,1 et 5,2, trad. fr. E. Bréhier, Paris, Les Belles Lettres, 1967, p. 90-94 Ajouter à cela H. J. Krämer, *Der Ursprung der Geistmetaphysik*, Amsterdam, P. Schippers, 1964 ; T. Szlezák, *Platon und Aristoteles in der Nuslehre Plotins*, Basel, Schwabe, 1979.

n'aurait aucun sens de le leur reprocher : la situation intellectuelle et les déficits théoriques inhérents au message chrétien exigeaient qu'on vienne l'étayer d'éléments issus de la culture hellénistique. Bien que l'épître d'Ignace d'Antioche, *Ad Trallenses*, ne contienne pas encore, comme on a pu le penser, les concepts d'anges et de démons en tant que purs esprits, on les trouve chez Grégoire de Nysse et Eusèbe de Césarée [1]. Denys l'Aréopagite élabora ces concepts de façon décisive, dans son livre *La hiérarchie céleste*. Et Jean Damascène donna à la doctrine idéaliste une forme plus scolaire dans le *De fide orthodoxa* [2].

Malgré cette tradition importante, la théorie du caractère matériel de Satan, des démons et des anges persista encore longtemps dans l'Occident chrétien. On peut se demander comment cela a été possible. En premier lieu, cela reposait sur l'héritage de la philosophie antique qui, depuis Platon, avait beaucoup réfléchi aux démons. Le fait que Dieu doive être pensé comme incorporel était tiré de Platon, d'Aristote et de leurs élèves, mais cela devait établir la position particulière de Dieu : tout ce qui est créé possède un

1. « *Ignace aux Tralliens* », 5, 2, dans Ignace d'Antioche, Polycarpe de Smyrne, *Lettres, Martyre de Polycarpe*, trad. fr. P. T. Camelot, Paris, Cerf, 2007 (réimpression de la 4e édition de 1969, 1re éd. 1945), p. 99 ; Grégoire de Nysse, *Contre Eunome*, 2, 12, trad. fr. R. Winling, Paris, Cerf, 2013, p. 415-459, et Grégoire de Nysse, *La prière du Seigneur*, homélie 4, trad. fr. M. Péden-Godefroi, Paris, Desclée de Brouwer, 1982, p. 71-84, en particulier p. 75 ; Eusèbe de Césarée, « Démonstrations Évangéliques », l. 3, c. 3, dans *Démonstrations évangéliques de Tertullien, Origène, Eusèbe, s. Augustin, Montaigne, Bacon, etc.*, trad. fr. J.-P. Migne, tome 2, Paris, 1842, col. 88-92 ; Eusèbe de Césarée, *Démonstrations Évangéliques*, *op. cit.*, l. 4, c. 1, col. 115-117 ; Eusèbe de Césarée, *Démonstrations Évangéliques*, *op. cit.*, l. 4, c. 6, col. 122-124. Jean Cassien, *Conférences*, 7, 13, trad. fr. E. Pichery, Paris, Cerf, 2008, p. 447, au sujet des anges : « [...] mais il ne faut pas croire qu'elles [les natures spirituelles] sont incorporelles. Elles ont à elles un corps par lequel elles subsistent, bien que beaucoup plus subtil que le nôtre [...]. D'où l'on conclut manifestement que rien n'est incorporel que Dieu [...]. ». Des textes supplémentaires sont mis à disposition dans le dossier de P. Glorieux, *Autour de la spiritualité des anges*, *op. cit.*, p. 30-48.

2. Denys l'Aréopagite, *La hiérarchie céleste*, trad. fr. M. de Gandillac, Paris, Cerf, 1970, en particulier c. 1, p. 70-73 ; Pseudo-Denys L'Aréopagite, *Les noms divins*, 4, 1, trad. fr. Y. de Andia, Paris, Cerf, 2016, p. 428-433 ; Jean Damascène, *La foi orthodoxe*, 17 (II, 3), trad. fr. P. Ledrux, Paris, Cerf, 2010, p. 225-233.

corps [1], les démons étaient considérés comme des êtres intelligents, mais corporels. Ils devaient pouvoir penser, mais avoir un corps composé d'air. Augustin cite la définition des démons donnée par Apulée, un auteur païen du IIe siècle considéré comme platonicien, mais qui concevait les démons comme des animaux pensants formés d'air [2]. Apulée faisait leur éloge en raison de la délicatesse et de la résistance de leur corps, mais il les voyait principalement occupés par la magie et l'art des prophéties, qu'Augustin condamne. Les démons ont leur lieu dans l'air, de même que nous avons le nôtre sur la terre [3]. Augustin formule beaucoup d'objections à l'encontre de la théorie des démons d'Apulée, par exemple contre leur rôle d'intermédiaire entre Dieu et les hommes, mais pas contre la corporalité des démons. Il reprend la définition des démons comme êtres rationnels dotés de corps composés d'air [4] à partir du texte d'Apulée *De Deo Socratis*. Ainsi parlait un auteur connu pour être « platonicien ». Dans la mesure où Augustin y renvoie, il lui assure pour longtemps une diffusion et aussi, à maintes reprises,

1. Gennadius Massiliensis, *De ecclesiasticis dogmatibus*, 12, J.-P. Migne (éd.), Patrologia Latina 83, Paris, 1862, col. 1231 : « Creatura omnis corporea est ».

2. Augustin, *La Cité de Dieu*, 8, 12-22, *op. cit.*, volume I, p. 471-490. Chez Pierre Lombard, *Les quatre livres des sentences*, l. 2, d. 8, c. 1, trad. fr. M. Ozilou, Paris, Cerf, 2013, p. 143-144. Pour Thomas, cela forme le point d'entrée au débat sur la dématérialisation : *Scriptum super Sententiis*, lib. 2, d. 8, qu. 1, a. 1, édition électronique des *Opera omnia* de Thomas d'Aquin, E. Alarcón (éd.) : http://www.corpusthomisticum.org/snp2005.html; une traduction française est également à disposition en ligne, voir Thomas d'Aquin, *Commentaire des Sentences de Pierre Lombard*, lib. 2, d. 8, qu. 1, a. 1, trad. fr. J. Ménard : http://docteurangelique.free.fr/bibliotheque/sommes/SENTENCES2.htm.

3. Augustin, *La Cité de Dieu*, 8, 12-22, *op. cit.*, volume I, p. 471-490.

4. *Ibid.*, 8, 16, volume I, p. 478-480. Madame Nadia Bray m'a aimablement rendu attentif aux textes suivants sur les corps aériens des démons : Apulée, « Platon et sa doctrine », 11, dans Apulée, *Opuscules philosophiques et fragments*, trad. fr. J. Beaujeu, Paris, Les Belles Lettres, 1973, p. 71 ; Apulée, *Du dieu de Socrate*, 6, dans Apulée, *Opuscules philosophiques et fragments*, *op. cit.*, p. 27-28; *ibid.*, 9, p. 29; *ibid.*, 11, p. 30-31 ; et enfin *ibid.*, 13, p. 32–33 : « [...] les démons sont des êtres d'espèce animée, doués de la faculté de raisonner, d'une âme passible, d'un corps aérien, d'une vie éternelle ».

une caution : Pierre Lombard se réfère aussi à Apulée [1]. Guillaume d'Auvergne le cite également. Lorsqu'à partir de 1235 environ, le franciscain Barthélemy l'Anglais écrit, à Magdebourg, son célèbre lexique *De rerum proprietatibus*, il a encore recours à la définition d'Apulée, laissant aux démons leur nature aérienne et attribuant aux anges un « corps céleste » – entendons par là, composé d'éther [2]. Trente ans plus tard, la situation intellectuelle du Diable et de ses anges sera différente : le franciscain anglais Roger Bacon écrit, à partir de 1266, son *Opus maius* et il cite en détail ce qu'Apulée et Porphyre ont écrit sur les anges. Il défend ces philosophes et met en garde contre toute critique superficielle à leur encontre, mais il n'admet plus leur doctrine de la corporalité des démons [3]. Pourtant, plus ou moins jusque-là, l'autorité conjointe d'Apulée et des théologiens cités avait imposé la doctrine des corps composés d'air. Celle-ci avait l'autorité d'Augustin et du Pape Grégoire de son côté [4]. Elle figurait chez Isidore de Séville avec une observation concernant le fait que leur être éthéré originel avait dû être transformé en être composé d'air lors de la chute (*Etymologiae* 8, 11, 17). Plus tard, Gratien l'inclut dans son *Decretum* (1140-1150), le traité juridique

1. Pierre Lombard, *Les quatre livres des sentences*, l. 2, d. 8, c. 1, *op. cit.*, p. 142-144, en particulier p. 144.

2. Bartholomaeus Anglicus, *De proprietatibus rerum*, I, 19, M. W. Twomey (éd.), volume 1, Turnhout, Brepols, 2007, p. 78-79. Ce passage suit Isidore de Séville, *Etymologiae* 8, 11, 17, qui lui-même suit Augustin, *De Genesi* ad *litteram* 3, 10 (dans *Œuvres de Saint Augustin*, 48, *op. cit.*, p. 233-235).

3. Roger Bacon, *Opus maius*, pars septima, J. H. Bridges (éd.), volume 1, Oxford, Williams and Norgate, 1897, p. 236-268. Je remercie Nadia Bray pour cette indication.

4. Grégoire le Grand, « Moralia in Job », l. 4, c. 3, *in* J.-P. Migne (éd.), Patrologia Latina 75, Paris, 1862, col. 642 : ce passage nous apprend que l'homme est composé de « spiritus » et de « caro », l'ange seulement de « spiritus », mais, si rien ne m'a échappé, Grégoire en reste à l'ambigüité du concept de « spiritus ». Voir aussi P. Glorieux, *Autour de la spiritualité des anges*, *op. cit.*, p. 59-61. Elle est aussi encore présente chez Pierre Lombard, qui évoque les anges et qui demeurent « en leurs corps spirituels », voir Pierre Lombard, *Les quatre livres des sentences*, l. 2, d. 8, c. 2, 2, *op. cit.*, p. 145.

le plus important du droit canon [1]. Et on la retrouve donc encore dans le fameux lexique de Barthélemy l'Anglais.

Le matérialisme largement répandu des stoïciens incitait également à s'engager dans cette direction. Thomas expliquait que les philosophes les plus anciens avaient semé la confusion dans ce domaine, car ils n'avaient aucune notion de raison, mais seulement de perception et de représentation. Ils ne possédaient pas de conception stricte de la pensée. Le concept d'« intellect » réclamait une absence de matière [2], or le langage imagé du Nouveau Testament s'y opposait. Même les penseurs chrétiens influencés par le platonisme étaient des prédicateurs et rédigeaient leur ouvrages savants pour des prédicateurs. Ils préféraient ne pas aller jusqu'au bout de l'interprétation allégorique des métaphores, telles que celle du lion qui rôde en rugissant, et s'en tenir au texte de l'Ecriture. Celle-ci attribuait un lieu à l'apparition du Diable. Elle situait le Prince de l'obscurité comme un être vivant normalement dans le monde de l'expérience, en un lieu physique et dans un face-à-face des corps. Il s'introduisait dans un corps humain et, chassé par la force divine, le quittait à nouveau. L'exorcisme, dans sa dimension effective, était dans le christianisme des premiers siècles un instrument de promotion privilégié. À l'intérieur du clergé, les exorcistes formaient un groupe important, une classe à part. Une interprétation métaphorique de leurs succès aurait amoindri la valeur commune de leurs actes. Ni Origène, qui considérait le monde empirique comme un produit dérivé, une conséquence du péché originel, ni Augustin, qui dans son livre *De Trinitate* avait développé une philosophie de l'esprit détaillée, ne concevaient le Diable et les anges comme de purs esprits. Des auteurs médiévaux

1. *Decretum Magistri Gratiani*, Secunda pars, causa 26, qu. 3, c. 2, E. Friedberg (éd.), Leipzig, Bernard Tauchnitz, 1879, col. 1025-1026.

2. Thomas d'Aquin, *Somme théologique*, I, qu. 50, a. 2, trad. fr. A.-M. Roguet, Paris, Cerf, 2004, tome 1, p. 512-514, ainsi que Thomas d'Aquin, « De potentia », qu. 6, a. 6., in *Quaestiones disputate*, P. Bazzi, M. Calcaterra, T. S. Centi, E. Odetto et P.M. Pession (éd.), Turin-Rome, Marietti, 1953, volume 2, p. 172-177 (une traduction française, réalisée par les soins de R. Berton, est disponible en ligne : http://docteurangelique.free.fr/bibliotheque/questionsdisputees/questionsdiputeessurlapuissancedieu.htm).

ont déjà montré leur étonnement à ce sujet : ils prétendent parfois que ces textes augustiniens ne font que rapporter les opinions d'autres théologiens [1]. Le matérialisme commun de l'Antiquité tardive que Tertullien avait repris de la philosophie stoïcienne, conjugué à la lecture littérale de la Bible et aux intérêts professionnels des exorcistes, assurait au Diable, et pour longtemps, une nature toute aérienne. Même en l'appelant « esprit », *spiritus*, on le considérait, lui ainsi que tous les anges, comme un être composé d'air, à la fois subtil, extrèmement mobile et doué d'une grande intelligence.

L'IMPUR DEVIENT PUR ESPRIT

Combien de temps le demi-matérialisme de la doctrine des anges et du Diable a-t-il résisté ? Le XIIe siècle marque le tournant pour l'Occident. Parmi les maîtres les plus influents, certains, à l'instar de Bernard de Clairvaux et Rupert de Deutz, défendaient encore la doctrine augustinienne du Diable, c'est-à-dire l'idée d'un Diable composé d'air. Honoré d'Autun en présenta la variante suivante : les anges ont un corps éthéré, les démons ont un corps composé d'air. Pierre Lombard hésitait. Il évoquait l'idée selon laquelle Augustin, avec la thèse de la matérialité du Diable, n'avait fait que restituer l'opinion d'autres auteurs, et que les chrétiens d'aujourd'hui prônaient de façon unanime l'incorporalité des anges et donc, aussi, celle du Diable [2]. Pierre Lombard ne se ralliait pas à cette nouvelle *opinio communis*. Il laissait les anges et le Diable demeurer des corps composés d'air ; Augustin lui-même avait considéré les anges et le Diable comme des êtres *corporels*, en particulier dans *La cité*

1. Thomas d'Aquin, *Les substances séparées*, c. 20, trad. fr. N. Blanc, Paris, Les Belles Lettres, 2017, p. 167–176 ; Dietrich de Freiberg, *De cognitione entium separatorum* n. 72, Opera omnia volume 2, CPTMA II 2, Hamburg 1980, p. 234-235, à ce sujet voir K. Flasch, *Dietrich von Freiberg. Philosophie, Theologie, Naturforschung um 1300*, Frankfurt-am-Main, Vittorio Klostermann, 2007, p. 370 et p. 560.

2. Pierre Lombard, *Les quatre livres des sentences*, l. 2, d. 8, c. 1, *op. cit.*, p. 142-144. Là aussi, voir les références de Bernard et de beaucoup d'autres à Augustin. Rupert de Deutz, *De sancta Trinitate et operibus eius*, 1, 1, Corpus Christianorum Continuatio medievalis 21, R. Haacke (éd.), Turnhout, Brepols, 1971, p. 138.

de Dieu (21, 10). Gratien avait repris la doctrine augustinienne dans son *Decretum*, l'intégrant ainsi dans le corpus du droit canonique [1].

La percée décisive est venue d'un autre côté. Dans son livre sur *La hiérarchie céleste*, Denys l'Aréopagite avait désigné les anges comme de purs esprits, sans corps. Ils n'ont pas de corps mais sont, en tant qu'esprits, des forces libres et pures de toute matière. Les images sensibles, par lesquelles on les dépeint, ne sont justement que des images [2]. Il s'agissait là d'une opinion datant de l'an 500 environ, écrite sous l'influence du philosophe Proclus, qui avait tiré profit de la grande métaphysique de l'esprit de Plotin. Dans l'Orient chrétien, cette opinion avait trouvé le soutien de Jean Damascène, mais en Occident elle n'avait pas pu s'établir très tôt, comme le montrent les exemples de Bernard et de Pierre Lombard. La tradition opposée y était trop puissante : comme Origène l'avait déjà noté, le concept d'incorporalité était totalement étranger à la Bible [3]. Ce fut seulement à partir de la réception de la théorie artistotélicienne de l'esprit élaborée par Averroès et expliquée par Albert le Grand dans son *De intellectu et intelligibili* (vers 1250), que s'imposa en Occident l'idée d'une pure spiritualité des anges et du Diable, de façon définitive. Le commentaire que fit Hugues de Saint Victor (mort en 1141) au texte déjà mentionné de Denys l'Aréopagite ouvrit la voie [4]. Richard de Saint Victor (mort en 1173) affirma le caractère spirituel des anges et il contesta, dans son texte *De Trinitate* (4, 25), le fait de leur attribuer une corporalité subtile.

Vers 1220, Césaire de Heisterbach ne pouvait s'imaginer l'irruption du Diable dans une âme pieuse autrement que comme la

1. *Decretum Magistri Gratiani*, Secunda pars, causa 26, qu. 3, c. 26, E. Friedberg (éd.), Leipzig, Bernard Tauchnitz, 1879, col. 1025–1026 ; Pierre Lombard, *Les quatre livres des sentences*, l. 2, d. 8, c. 2, 5, trad. fr. M. Ozilou, Paris, Cerf, 2013, p. 146.

2. Pour une introduction à la doctrine des anges de Denys, voir R. Roques, « Introduction », dand Denys l'Aréopagite, *La hiérarchie céleste*, *op. cit.*, p. V-XCI ; Les démons sont dépourvus de corps : Pseudo-Denys L'Aréopagite, *Les noms divins*, *op. cit*, 4, 32 p. 528–531. Voir aussi *ibid.*, 4, 27, p. 519-521 ainsi que 4, 1, p. 428-433.

3. Origène, *Traité des principes*, I, Préface, 8, *op. cit.*, p. 85-89.

4. Denys l'Aréopagite, *La hiérarchie céleste*, trad. fr. M. de Gandillac, Paris, Cerf, 1970 ; Hugo de Sancto Victore, « De sacramentis Christianae fidei », I 1, 5, 7-8, in *Opera Omnia*, J.-P. Migne (éd.), Patrologia Latina 176, Paris, 1854, col. 249-250.

pénétration de son corps composé d'air dans les cavités de la chair. Il vient se loger « dans les cavités du corps et dans les intestins, où se trouvent les excréments » [1]. Bonaventure rapporte dans un des premiers commentaires des *Sentences* que, en ce qui concerne cette question, « de grands maîtres », *magni doctores*, hésitent. Il rend compte de la multiplicité des opinions : *De hoc tamen plures dubitant* [2]. Quant à la question des anges et des démons, il tranche en faveur de la position de Richard. Il explique les propositions discordantes d'Augustin en les considérant comme le compte-rendu d'opinions étrangères. Il utilise tout de même encore l'étrange argument suivant, proposé par Richard, afin de défendre la « nature spirituelle » des démons : si un démon dit s'appeller « Légion » et si une légion comprend 6666 soldats, alors le démon, qui convient à la taille du corps d'un seul homme doit être sans étendue, et donc purement spirituel [3].

Vers 1230, s'appuyant sur Aristote, Guillaume d'Auvergne enseignait la non-matérialité des anges et du Diable. Il demandait : comment une forme corporelle peut-elle exister à partir d'un air dépourvu de toute structure ? Et aussi : comment un corps formé d'air peut-il porter une épée ou tout autre objet lourd [4] ? Vers 1250, le concept grec d'intellect s'imposa dans la démonologie. Dans le *Commentaire des Sentences* d'Albert le Grand, écrit entre 1245 et

1. Caesarius von Heisterbach, *Dialogus Miraculorum. Dialog über Wunder*, 5, 15, éd. et trad. allemande N. Nösges et H. Schneider, Fontes Christiani, Turnhout, Brepols, 2009, p. 1003. Il n'existe qu'une traduction française partielle du *Dialogus Miraculorum*, qui se limite au premier livre : voir Césaire de Heisterbach, *Le Dialogue des miracles. Livre 1 : De la conversion*, trad. fr. A. Barbeau, Oka, Abbaye cistercienne Notre-Dame-du-Lac, 1992.

2. Bonaventura, In 2 Sent. 8, pars 1, 1, 1, in *Opera omnia*, t. 2, ad Claras Aquas (Quaracchi), Collegium S. Bonaventurae, 1885, p. 211.

3. Bonaventura, In 2 Sent. 8, 1, in *Opera omnia*, *op. cit.*, p. 214-234. Voir 2 Sent. 3, 1,1, qu. 1 et 2, *ibid.*, p. 89-98.

4. Guillaume d'Auvergne, « De universo », 2, c. 1, in *Guilielmi Alverni Opera omnia*, volume 1, Paris, J. Lacaille, 1674 (réimpr. Frankfurt-am-Main, Minerva, 1963), p. 844a ; *ibid.*, 2, c. 26-27, p. 868-869 ; discussion de la position d'Apulée, *ibid.*, 2, c. 33, p. 875-876 et *ibid.*, 3, c. 24, p. 1065b-1066.

1248 [1], et dans celui de Thomas d'Aquin, rédigé entre 1254 et 1256, le Diable parvient à un degré de spiritualité pure, sans perdre le privilège de pouvoir aussi se manifester sous une forme humaine : chez les anges, écrit Thomas, il n'y a en aucune façon de matière [2].

Depuis le XIIIe siècle, faisait partie des connaissances philosophiques de base le fait de savoir comment Apulée avait défini les démons – ou, en termes chrétiens, les anges et le Diable – c'est-à-dire, comme des êtres vivants, qui possèdent des passions, sont intelligents et perdurent dans le temps en tant qu'êtres dont le corps est composé d'air. Cette définition apparaît dans le livre scolaire appelé *Auctoritates Aristotelis* [3]. Albert constitue une figure importante dans l'histoire de la dématérialisation des anges et des démons : il a étudié cette définition à plusieurs reprises et de façon approfondie. Il a identifié le fait qu'elle appartient à l'histoire du matérialisme antique, en particulier à celle du matérialisme stoïcien [4].

1. Albertus Magnus, 2 Sent. d. 8, a. 1, in *Opera omnia*, A. Borgnet (éd.), vol. 27, Paris, Louis Vivès, 1894, p. 166-172.

2. Thomas d'Aquin, Commentaire des Sentences de Pierre Lombard, lib. 2, d. 3, qu. 1, a. 1, trad. fr. J. Ménard, http://docteurangelique.free.fr/bibliotheque/sommes/SENTENCES2.htm : « il ne peut aucunement exister de matière chez les anges ». Voir également *Scriptum super Sententiis*, lib. 2, d. 3, qu. 1, a. 1, édition électronique des *Opera omnia* de Thomas d'Aquin, E. Alarcón (éd.) : http://www.corpusthomisticum.org/snp2002.html.

3. J. Hamesse (éd.), *Les Auctoritates Aristotelis. Un florilège médiéval, étude historique et édition critique*, Louvain-Paris, Publications universitaires-Béatrice-Nauwelaerts, 1974, p. 298 : « Daemones sunt animalia animo passiva, mente rationabilia, corpore aeria, tempore aeterna ». Citation provenant du texte d'Apulée, *Du dieu de Socrate*, 13, (in Apulée, *Opuscules philosophiques et fragments*, *op. cit.*, p. 32-33) : « […] les démons sont des êtres d'espèce animée, doués de la faculté de raisonner, d'une âme passible, d'un corps aérien, d'une vie éternelle ».

4. Nadia Bray a rassemblé pour moi un dossier complet de textes d'Albert. J'y renvoie avec gratitude : Albertus Magnus, « Super Porphyrium De V universalibus », in *Opera Omnia* (editio Coloniensis), t. 1/1A, M. Santos Noya (éd.), Münster, Aschendorff, 2004, p. 11, 61-65, 107 et 126 ; Albertus Magnus, « De sex principiis », in *Opera Omnia* (editio Coloniensis), t. 1/2, R. Meyer (éd.), Münster, Aschendorff, 2006, p. 65, 86 et 122 ; voir également « Summa theologiae », II, tr. 2, qu. 6, in *Opera omnia*, A. Borgnet (éd.), vol. 32, Paris, Louis Vivès, 1895, p. 119 ; et Albertus Magnus, « De causis et processu universitatis a prima causa », l. 2, tr. 2, c. 1, in *Opera Omnia* (editio Coloniensis), t. 17/2, W. Fauser (éd.), Münster, Aschendorff, 1993, p. 92-93.

D'un point de vue historique, il en a ainsi relativisé l'autorité. Denys l'Aréopagite et Jean Damascène auraient pu ensuite endosser le rôle principal *en tant qu'autorités*. Denys connaissait le concept d'esprit hérité de Proclus, et dans son livre sur les anges comme dans ses travaux sur les noms divins, il s'efforçait de présenter les hiérarchies immatérielles comme étant seulement *désignées*, et non *saisies*, par nos images et nos concepts [1]. Si je ne m'abuse, il ne consacre pas un seul mot au Diable ; il parle cependant de démons, comme c'était l'habitude dans la culture hellénistique, mais il s'applique surtout à les présenter comme n'étant pas complètement mauvais. Ce qu'il y a de mauvais en eux, il l'interprète comme leur faiblesse [2].

Albert et Thomas font reposer leur argumentation sur le concept d'*intellectus* de la tradition aristotélico-averroïste et sur les analyses augustiniennes de la *mens*. Pour quelle raison les théories d'Augustin sur l'âme humaine, sa philosophie élaborée de la *mens* dans le *De Trinitate*, et, ajouté à cela, la position déterminante de Denys en théorie de l'esprit, n'ont-elles pas battu en brèche plus tôt l'idée de corporalité des anges et des démons en Occident [3] ?

La sublime spéculation de Denys ne s'est pas imposée facilement à la pensée occidentale, tout imprégnée de droit romain. Elle était très peu connue avant le XII e siècle. Augustin et Grégoire Ier se tenaient en travers du chemin de cette réforme. Sur cette question, Denys attirait principalement l'attention sur les limites de la connaissance humaine : nous, êtres humains, avons besoin d'images sensibles et de concepts linguistiques pour avoir une première approche, mais

1. Denys l'Aréopagite, *La hiérarchie céleste*, 1, 1-3, *op. cit*., p. 70-73.

2. Pseudo-Denys L'Aréopagite, *Les noms divins*, 4, 23-25, *op. cit*., p. 510-519.

3. Lorsqu'au XIII e siècle, un texte assure que le Diable est un esprit « *spiritus* », cela ne veut pas dire qu'il n'a pas de corps, mais seulement qu'il appartient aux *invisibila*, ce qui se distingue de la soi-disant profession de foi d'Athanase concernant les *visibilia*, qui remplace voire explique ainsi la formule plus ancienne « du ciel et de la terre » : il peut avoir un corps aérien ou éthéré. Les mots-clés déterminants étaient *intellectus* et *mens*. Dès lors, lorsque le quatrième Concile de Latran de 1215 enseigne que Dieu a créé des *spiritualia* et des *corporalia*, s'il compte les anges parmi les *spiritualia*, cette interprétation n'est pas très éloignée de celle opérée par Pierre Lombard, qui a reconnu la pure spiritualité des anges, différente de celle du Diable. La question ne se pose pas à cet endroit.

seulement pour apprendre que les êtres célestes sont séparés de tout ce qui est matériel d'une façon inconcevable pour nous [1]. Cette option en théorie de la connaissance et en philosophie de la religion ne s'est emparée de l'Occident que de façon hésitante, et surtout dans une visée d'organisation de l'Église. Elle venait perturber la mise en place, sous forme de thèses, de certaines propositions de foi et la pratique d'une religion administrable. Denys pensait que nous, les hommes, avions tout de même besoin de messages religieux qui soient imagés ou concevables. Ils indiquent *notre* type de connaissance et lorsque nous tenons compte de cela, ils nous conduisent vers ce qui est inconcevable et au-delà du saisissable, vers l'unité qui englobe tout, à côté de laquelle aucun Diable ne peut être rangé. Les analogies les plus inadaptées, les images les plus grossières – du genre de celles qui disent de Dieu qu'il est un « ver de terre » – sont utiles, car elles perturbent l'insistance dans le cas des définitions provisoires et encouragent le processus intellectuel qui mène à la négation [2].

Cette position subtile est longtemps demeurée étrangère à l'Occident latin. Sa compréhension était aussi rendue difficile par le langage inhabituel de l'Aréopagite. Elle a été complètement entravée par l'interprétation littérale de la Bible, l'enseignement séculaire de la logique d'Aristote et l'intérêt que portait l'Église officielle à la vérité chrétienne formulée sous forme de thèses, à sa logique de la détermination et du jugement. Peut-être seuls Jean Scot Érigène et Nicolas de Cues ont-ils atteint dans quelques passages le niveau de Denys. Ce que chacun en a retenu, c'est la division en degrés de la hiérarchie angélique. Quoi qu'il en soit, Denys doit être le penseur chrétien à avoir conçu un monde où Satan et ses anges possèdent le pouvoir le plus faible [3].

1. Denys l'Aréopagite, *La hiérarchie céleste*, 2, 3, *op. cit.*, p. 77-80.

2. *Ibid.*, 2, 4-5, *op. cit.*, p. 81-87.

3. Naturellement, Denys connaît des démons, mais il soutient qu'ils ne pourraient pas exister s'ils n'étaient que mauvais. Et il ne parle pas de diables (*diabolos*) dans la section dévolue aux démons, voir Pseudo-Denys L'Aréopagite, *Les noms divins*, 4, 23-24, *op. cit*, p. 510-517. Le même propos, mais exprimé d'une façon plus concise,

Les honorables historiens du début des temps modernes, moins connaisseurs de l'histoire de la doctrine chrétienne, affirment à l'occasion que la démonologie de l'Occident latin est restée inchangée depuis le Ve siècle [1]. Cette opinion est fausse. Des *aspects essentiels* de la doctrine du Diable ont subi des transformations. De nombreux détails le montrent, en premier lieu le processus de dématérialisation qui a eu lieu du Ve au XIIIe siècle. Le Diable est devenu intellect. L'impur est devenu pur esprit.

PROMOTION DU DIABLE ET DES ANGES

Quelles conséquences l'anoblissement du Diable et des démons ainsi que leur promotion au rang de « purs esprits » eurent-ils ? Tout d'abord, on peut mentionner celle-ci : afin d'apprendre quelque chose à propos de leur nature, on devait, depuis le XIIIe siècle, commencer par la partie consacrée aux *anges* [2]. Ceci demeura

peut se lire ci-après : Denys l'Aréopagite, « Livre de la hiérarchie ecclésiastique », 3, 7, dans *Œuvres de Saint Denys l'Aréopagite*, trad. fr. G. Darboy, Paris, Sagnier et Bray, 1845, p. 278-281. Satan (« les malins esprits ») est mentionné *ibid.*, 2, 6, p. 267-268.

1. Nathan Johnstone, l'un de nos experts en questions diaboliques, est de cet avis ; voir N. Johnstone, *The Devil and Demonism in Early Modern England*, Cambridge, Cambridge University Press, 2006, p. 8 : « Le concept de base du Diable est resté fondamentalement le même depuis son implantation dans l'orthodoxie chrétienne autour du Ve siècle après J.-C. ». Sur ce point, il suit Jeffrey Burton Russell, une autre grande autorité, qui, en 1984, a dressé un portrait encore plus sombre de la théologie médiévale, voir J. B. Russell, *Lucifer. The Devil in the Middle Ages*, Ithaca-London, Cornell University Press, 1984, p. 12 : « Durant cette période, on peut considérer que la satanologie s'est plutôt modifiée dans le détail que dans son ensemble. Cette uniformité assez peu habituelle découle de l'uniformité plus générale de la théologie chrétienne au Moyen Âge, que l'on peut attribuer à son relatif isolement culturel et donc à la sécurité dont elle pouvait bénéficier face à la menace d'idées nouvelles ».

2. Aussi dans Thomas d'Aquin, *Commentaire des Sentences de Pierre Lombard*, lib. 2, d. 7, qu. 1, a. 1, et d. 8, qu. 1, a. 5, trad. fr. J. Ménard (http://docteurangelique.free.fr/bibliotheque/sommes/SENTENCES2.htm), texte latin : *Scriptum super Sententiis*, lib. 2, d. 7 et d. 8, qu. 1, a. 5, qu. 1, édition électronique des *Opera omnia* de Thomas d'Aquin, E. Alarcón (éd.), http://www.corpusthomisticum.org/snp2005.html ; dans Thomas d'Aquin, *Somme théologique*, I, qu. 50, a. 1-a. 2, *op. cit.*, tome 1, p. 511-514 et qu. 51, a. 1-a. 3, p. 518-522 ; dans Thomas d'Aquin,

en l'état chez les théologiens protestants orthodoxes des XVI e et XVII e siècles. Ils suivirent systématiquement les scolastiques du XIII e siècle dans cet ordre thématique.

Les rangs gagnés par le Diable et « ses anges », autrement dit les sous-diables ou démons, ont propulsé ceux-ci vers le haut de l'échelle de l'Univers. En raison de leur nature et de leurs caractéristiques ontologiques décisives, ils se situaient dès lors plus haut que les hommes, dont on disait jusque-là que seuls quelques élus étaient destinés à occuper les sièges du ciel, laissés vacants depuis la chute des anges [1]. Jusqu'alors, les anges étaient supérieurs aux hommes par leur capacité à changer de forme, leur rapidité et leur longue durée de vie, mais surtout par les services plus élevés et les saintes missions dont ils étaient chargés, c'est-à-dire : en vertu de leur fonction et non de leur substance. Ils appartenaient dorénavant à un ordre plus élevé, non pas à l'ordre surnaturel en un sens thomiste, mais à l'ordre de l'intellect. C'est à cet ordre qu'appartenaient aussi les anges de Satan, tout comme les âmes spirituelles des humains, y compris celles des damnés. Aucune réévaluation du monde corporel n'était comprise dans cette dématérialisation des anges et des démons. Le corps aérien des anges et des démons n'était seulement démasqué que comme un semblant de corps. Lorsque les démons prennent un corps, cela doit être une chair organique, même si c'est seulement *ad hoc*. Là aussi, il ne s'agit que d'un corps apparent, mais d'une autre sorte. On pourrait aussi en déduire que Satan ne peut lui-même produire aucun effet physique, puisque celui-ci

« De potentia », qu. 6, a. 6-a. 8, in *Quaestiones disputate*, P. Bazzi, M. Calcaterra, T. S. Centi, E. Odetto et P.M. Pession (éd.), Turin-Rome, Marietti, 1953, volume 2, p. 172–181 (une traduction française, réalisées par les soins de R. Berton, est disponible en ligne : http://docteurangelique.free.fr/bibliotheque/questionsdisputees/questionsdiputeessurlapuissancedieu.htm) ; dans Thomas d'Aquin, *Les créatures spirituelles*, a. 5, trad. fr. J.-B. Brenet, Paris, Vrin, 2010, p. 145-159 ; et enfin dans Thomas d'Aquin, *Questions disputées sur le mal*, qu. 16, a. 1, *op. cit.*, tome 2, p. 731-748.

1. Augustin, « Enchiridion », 9, 29, dans *Exposés généraux de la foi*, trad. fr. J. Rivière, Paris, Études Augustiniennes, 1988, p. 155-157 et Augustin, *La Cité de Dieu*, 22, 1, *op. cit.*, volume II/2, p. 799-800.

est lié au contact corporel. Il a besoin d'auxiliaires terrestres, par exemple les sorcières.

Il s'agissait là de transformations profondes, qui ont donc été discutées de façon détaillée. Thomas les considérait comme importantes au point d'y revenir à plusieurs reprises et de façon insistante. Mais il ne pouvait les imposer qu'en minimisant leur signification dogmatique interne. C'est d'ailleurs ce qu'il fait, dans la mesure où, dans le *De malo* (16, 1), il explique qu'elles ne touchent qu'à peine la foi chrétienne, qu'elles n'ont qu'un caractère purement théorique. Elles ne modifient pas le *Credo*, mais « seulement » son interprétation. Thomas ne pouvait rien faire d'autre : il ne pouvait en aucune façon contester l'orthodoxie d'Augustin, de Grégoire et de Pierre Lombard. L'innovation présentait-elle un quelconque avantage pour l'édification ou sur le plan de la politique de l'Église ? Thomas croyait tout de même pouvoir prouver le caractère purement spirituel des anges et du Diable, parce que la Création avait pour sens de démontrer la perfection de Dieu et que cela ne pouvait se faire que de manière imparfaite sans aucune créature purement intellectuelle (*Somme théologique*, I, 50, 1). Il n'y aurait alors, en face de l'agencement du monde visible structuré par les êtres inorganiques, ceux dotés d'âme et l'homme comme unité de l'animalité et de l'esprit, que le pur abîme de l'esprit infini. Cela lui semblait contenir quelque chose d'intrinsèquement inquiétant. Un rapport équilibré de quatre parties, réparties en deux fois deux domaines de l'être, soutenait la représentation divine à travers une parfaite harmonie de l'Univers. On pouvait l'exploiter contre le penchant pour le dualisme, le manichéisme et le catharisme, encore et toujours ravivé depuis le XIIe siècle.

Il s'agissait d'une intervention dans la substance de la foi du christianisme ancien, à laquelle Bernard et Pierre Lombard croyaient devoir se tenir : ce n'est pas parce que la réforme s'est imposée qu'elle est apparue tout de suite comme une réinterprétation. Thomas n'a pas été à l'origine de ce tournant : il était plus ancien. Pierre Lombard rapporte que, déjà de son temps, beaucoup de maîtres chrétiens l'avaient défendu [1]. Guillaume d'Auvergne s'en faisait le représentant. Albert avait identifié le matérialisme des stoïciens dans la très influente définition des démons d'Apulée. Surtout, l'influence de Denys l'Aréopagite allait croissante, mais cela correspondait, comme le tournant lui-même, au changement de la situation intellectuelle depuis le XII e siècle. Un tel tournant, fréquemment soutenu et abondamment débattu, devait correspondre à un besoin. Le monde avait reçu un nouveau visage, un visage rationnel. Il fallait alors penser l'Univers entier comme ordonné. L'organisation par degrés (Dieu – les purs esprits – les hommes – les animaux – les pierres) devait apparaître de façon claire et fiable, même s'il y avait toujours un va-et-vient intense entre ces ordres : apparitions des anges, prodiges du Diable, ascension visible d'une âme pieuse vers le ciel. Mais aucun ange ne devait plus pouvoir être banni, en guise de punition, dans un corps humain. Les anges demeuraient des anges, les hommes étaient des hommes – pas d'anges déguisés –, et chacun restait dans l'ordre qui était le sien. Certes, il y avait encore et toujours des cas de transformation substantielle, comme dans l'Eucharistie. Il y avait toutes sortes d'« apparitions », mais la construction générale de l'Univers devait être claire et immuable, sinon la raison, celle-là même qui crée les systèmes juridiques et les réseaux urbains, aurait pu manquer d'assurance. Un prêtre pouvait conclure, de la dématérialisation des démons, que les chrétiens doivent se réjouir de pouvoir encore « marcher selon la chair », parce que c'est seulement à cette condition qu'ils peuvent faire acte de pénitence, contrairement aux démons, assujettis pour toujours. Avec un raisonnement du même genre, un théologien pouvait chercher à repousser l'influence d'Origène. La réforme consistant à dématérialiser le Ciel et l'Enfer était un processus global, bien trop vaste pour pouvoir être ramené à une seule sphère d'intérêt ou à un usage unique. Ce qui avait été obtenu – l'assurance d'une démarche entièrement rationnelle dans le champ de la vision chrétienne du monde – ne sera remis en question que par les expériences vécues au

1. Pierre Lombard, *Les quatre livres des sentences*, l. 2, d. 8, c. 1, *op. cit.*, p. 143-144.

cours du XIVe siècle : la peste, la famine, la guerre, la désagrégation de l'Église [1].

Ontologie de la nature diabolique

D'un point de vue ontologique, avant 1200, un petit air de vagabondage était associé au Diable. Certes, après cette date, il sillonnait encore le monde tel un lion rugissant. Mais la nature de son être était désormais clairement déterminée : elle s'était installée entre la nature de Dieu et celle des hommes. Elle en sortait renforcée, pur intellect et volonté puissante, dégagée de tout l'appareil quasi biologique des corps aériens et des débordements affectifs de fureur et de désir qui y sont liées. Il était à présent une « substance séparée », sans matière et immortel, pouvant cependant adopter une sorte de corps dans certains buts spécifiques. Ce corps adopté en fonction des buts visés était aussi composé d'air, mais une masse d'air informe ne peut produire l'image d'un ange, comme Bonaventure le faisait remarquer. Celui-ci conférait alors à l'ange en apparition, le pouvoir de densifier l'air, un processus comparable à celui qui permet au froid de figer l'eau sous une forme donnée [2]. D'une façon ou d'une autre, le corps apparent que prenaient les anges devait aussi parvenir à former des parties organiques de différentes couleurs et ayant différentes fonctions. On ne peut faire bonne figure avec de l'air seul – même en le comprimant, ce qu'un certain nombre de maîtres avaient envisagé.

Le Diable et ses anges avaient à présent leur lieu précisément défini dans l'organisation de l'Univers. Ce nouvel ordre procurait une vue d'ensemble schématique de tous les étants. Le cosmos catholique avait perdu son ventre mou. On pouvait en *tracer* les principaux degrés, en partant de Dieu et en descendant jusqu'aux

1. Voir K. Flasch, *Das philosophische Denken im Mittelalter. Von Augustin zu Machiavelli*, Stuttgart, Reclam, 3e éd., 2013 (1re éd. 1986), en particulier p. 210-237, et p. 419-429. La littérature secondaire concernant le changement depuis le XIIe siècle est mentionnée à la p. 731, note 14.

2. Bonaventura, 2 Sent. 1, 2, qu. 2 in *Opera omnia*, t. 2, ad Claras Aquas (Quaracchi), Collegium S. Bonaventurae, 1885, p. 217.

pierres. À partir de cette position assurée, les anges et le Diable pouvaient prendre n'importe quelle forme corporelle, non plus pour y vivre, mais afin de l'utiliser comme instrument face à ceux qui les voyaient. De nombreux récits bibliques ou légendes sacrées racontent souvent que des saints ont *vu* des anges ou le Diable : ceux-ci devaient donc être bien visibles et tangibles. Après avoir perdu leur vieux corps aérien, dont ils étaient pourvus à la naissance, ils pouvaient adopter une forme corporelle *ad hoc*, temporairement et dans un but précis. Ils le choisissaient en conscience et l'abandonnaient à nouveau après le succès de leur mission. Leur corps était le produit de leur propre choix. Il s'agissait d'un nouveau concept de corporalité, technocratique à ses débuts : le démon devenait le maître conscient de sa manifestation; il la choisissait comme on choisit un vêtement. Il ne la choisissait pas pour lui-même, mais pour nous [1]. Il pouvait revêtir à sa guise des formes de différentes sortes, humaines ou animales. Le rapport corps-esprit devient intrinsèquement différent : le corps aérien des premiers temps faisait partie de sa nature, le corps désormais « adopté » est une construction rationnelle orientée selon un but à atteindre. Il ne vit pas, et le fait qu'il ne possède aucun pouvoir de reproduction constitue un des thèmes privilégiés de la démonologie. Ce corps est fonction, et non substance. Les satanologues emploient le mot « *assumere* » qui, dans la doctrine de l'Incarnation, désigne l'union de Dieu avec la nature humaine. L'ange/Diable n'a plus aucun lieu *physique* en dehors de celui sur lequel il agit. Mais son lieu *métaphysique* est représentable dans le schéma graphique du cosmos. Ces démons dématérialisés conviennent très bien au monde nouveau, qui se plaint toujours plus haut et plus fort des prêtres n'ayant que richesses et pouvoir en tête lorsqu'ils poursuivent des études de droit ecclésiastique. La complainte dit que la bienséance d'ancienne noblesse et le formalisme féodal, tout comme la convivialité et la bonne compagnie, ont été abandonnés au profit de l'égoïsme austère des avocats, des banquiers et des ecclésiastiques carriéristes. Depuis la nouvelle économie monétaire, un démon

1. *Cf.* Thomas d'Aquin, *Somme théologique*, I, 51, 2.

n'est en phase avec son temps qu'en tant que pur intellect, logicien, juriste et expert en calcul. Florence ne vit plus derrière son ancienne enceinte, elle ne vit plus *in pace, sobria e pudica* [1].

PUR ESPRIT, LA NÉCROMANCIE EN PLUS

Les théologiens-philosophes avaient ainsi spiritualisé le Diable. On pouvait préciser son origine supérieure : c'était l'un des anges, comparable à ces êtres spirituels qui, selon Aristote, maintenaient le mouvement et l'ordre éternel des sphères célestes. Les récits populaires, ceux qui faisaient référence aux apparitions du Diable et à son rôle de messager, aux pactes avec le Diable, au sabbat des sorcières, à la fornication avec le Diable et à la nécromancie, ne convenaient plus à un esprit aussi élevé et à sa position supérieure dans la hiérarchie de l'Univers. Et le fait que ces récits aient exercé leur plus grande influence du XVe au XVIIe siècle est une énigme de l'histoire des idées, dont la résolution repose sur l'histoire sociale et l'histoire de l'Église. La réforme philosophique dans le royaume du Diable était de taille à faire sortir Satan pour toujours du monde cauchemardesque des apparitions fantômatiques et du sexe, des sorcières et des superstitions. D'un point de vue purement théorique, on aurait pu s'y attendre, mais le sexisme, la misogynie et le pacte avec le Diable s'étaient installés en Occident depuis Augustin. Thomas d'Aquin ne connaissait pas encore le Sabbat des sorcières, il ne racontait rien à propos de rassemblements nocturnes passés à vénérer les démons; il rejetait le pacte avec le Diable parce que c'était un péché, mais ne doutait pas de sa réalité et de son efficacité. Un tel pacte permettait une véritable prescience des événements futurs contingents [2]. Les annonces que faisaient des démons sur des

1. « En paix, sobre et pudique », Dante, *La divine Comédie, Le Paradis*, chant 15, v. 99, trad. fr. J. Risset, Paris, Flammarion, 2004, p. 147.

2. Thomas d'Aquin, *Somme théologique*, II-II, qu. 95, a. 4, *op. cit.*, tome 3, p. 599–600. Voir également Thomas d'Aquin, *Somme théologique*, I, qu. 110, a. 4, *op. cit.*, tome 1, p. 891-892 et Thomas d'Aquin, *Somme théologique*, I-II, qu. 100, a. 7, *op. cit.*, tome 2, p. 644; Thomas d'Aquin, *Somme contre les gentils*, l. 3, 104-109, trad. fr. R. Bernier, M. Corvez, M.-J. Gerlaud, F. Kerouanton et L.-J. Moreau, Paris, Cerf, p. 637-653.

faits futurs étaient souvent avérées : de cette manière, ils pouvaient obtenir la confiance en leurs prédictions, afin de pouvoir nuire aux hommes grâce à d'autres prophéties. Thomas mettait en garde contre les conjurations de serpents au motif qu'elles étaient de l'ordre du péché, le serpent ayant été le premier moyen utilisé par le démon pour induire les hommes en erreur [1]. Cet argument repose purement sur l'allégorie, sans aucune relation causale. Thomas d'Aquin, dont certains lecteurs disent qu'il a une conception précise et resserrée de la *nature*, affirmait que *tous* les événements de la nature visible pouvaient être provoqués par les démons [2]. Le Diable et ses démons n'étaient plus, dès cet instant, des « animaux aériens », *aeria animalia*, comme chez Augustin, mais de purs esprits, des intelligences supérieures à l'homme. C'étaient des puissances de la volonté, qu'aucun affect sensible ne venait perturber. À présent, la pure spiritualité leur était reconnue. Cela augmentait plutôt leur influence sur les événements du quotidien et sur ceux de la nuit, au lieu d'en libérer. Les méchants devenaient plus forts. Ils ne vivaient pas retirés dans l'au-delà : ils régnaient ici-bas, détachés de toute passion. La spiritualisation des démons était d'autant moins perçue comme contradictoire avec leurs interventions physiques que le principe aristotélicien était encore en vigueur, à savoir que chaque action physique nécessite un contact. S'ils étaient désormais encore comparables à un être terrestre, ils ne renvoyaient plus à un chien noir ou à un chat à l'approche discrète, mais plutôt à l'employé de banque toscan qui calcule ses intérêts selon le nouveau système monétaire florentin indexé sur l'or. À présent, une nouvelle sorte d'hommes, aristocrates comme Frédéric II ou marchands comme les Bardi, avait fini par façonner le vieux Satan à son image et à sa ressemblance. Elle l'avait rationalisé. Depuis le XII e siècle, le monde occidental connaissait une poussée de rationalisation et d'autorégulation. S'ils voulaient régner sur ce monde, le Diable et les siens devaient y faire la preuve de leur intelligence supérieure et de leur volonté dominatrice. Les démons de l'ancien type étaient

1. *Somme théologique*, II-II, 96, 4 ad 2.
2. *Questions disputées sur le mal*, qu. 16, a. 9, ad 1.

mus de façon excessive et maladroite par leurs passions, *pathe*. C'est ainsi qu'ils sont décrits par Platon, Poseidonios, Plutarque et Apulée. De ce point de vue, ils avaient une nature passive. Ils gardaient un lien avec le culte des morts et les êtres magiques, avec le sang et la maladie. Ils étaient considérés comme impurs. À cause d'eux, il était préconisé de se laver les mains le matin [1]. Les nouvelles créatures spirituelles étaient, quant à elles, par essence des intellects actifs. Leur activité essentielle (*energeia*) était concentrée et canalisée de manière à nuire aux hommes.

DES QUESTIONS OUVERTES

La raison chrétienne retrouva son calme tout en organisant le royaume du Diable. À partir de 1200, elle établit celui-ci au sein d'un univers hiérarchisé avec soin. Il s'agit d'un point culminant de la pensée spéculative chrétienne, une courageuse intervention dans le vaste schéma de transmission judéo-chrétien – mais c'était aussi l'amorce d'une décadence : le Diable, promu au rang de pur esprit, était encore moins susceptible d'expliquer l'origine du Mal que le folklorique Belzébuth. En réponse à celui qui s'interrogeait sur l'origine du Mal, les penseurs chrétiens renvoyaient en premier lieu à l'insubordination d'Ève. Et s'il insistait en demandant : pour quelle raison, aux premières lueurs du matin de la Création, alors qu'elle était en pleine possession de sa conscience rationnelle, l'épouse du premier homme, qui venait juste d'être créée par Dieu, s'était-elle laissée convaincre par un serpent de désobéir à la volonté de Dieu ? Pour quelle raison Adam, grâce à la puissante volonté qui était la sienne en tant que représentant de l'humanité, pas encore brisé par le péché originel, ne l'avait-il pas arrêtée ? Pourquoi l'avait-il suivie ? La réponse était : le Diable avait séduit Ève par sa force de persuasion. Mais comment le Mal était-il entré dans la volonté du Diable, alors qu'il était d'une intelligence supérieure et alors que sa volonté était tournée vers Dieu, le Bien suprême, comme il convient à la nature intellectuelle ? La chute originelle devenait encore plus

1. *Theologisches Wörterbuch zum Neuen Testament*, *op. cit.*, tome 2, p. 13.

invraisemblable pour un être purement spirituel. Car les professeurs parisiens du XIII e siècle avaient lié les dispositions suivantes au concept d'esprit : à la différence des objets sensibles, qui sont constamment soumis au changement, la nature spirituelle garantit constance et continuité. Comment cette disposition au changement aurait-elle pu s'introduire dans l'intelligence supérieure de Satan ? En tant qu'intellect, il était le rapport essentiel au Bien général et universel, qu'il reconnaissait comme le Bien dans tous les biens, *bonum omnis boni* ; comment alors un esprit pourrait-il suivre son propre entêtement et se détourner du Bien infini ? L'origine du Mal devenait encore plus inconcevable que s'il provenait de la capacité d'une faible femme à se laisser séduire. La mise en place du Diable en tant que raison explicative du péché des hommes produisait l'inverse de l'effet escompté. Comment le Dieu bon pouvait-il créer un être spirituel supérieur qui venait perturber de manière si irréfléchie le monde humain voulu par Dieu ?

Comment le Diable, avec son intelligence supérieure et en demeurant face à Dieu, pouvait-il méconnaître le fait qu'il ne pourrait jamais devenir l'égal de Dieu ? Ce Diable ne remplit plus sa fonction ancestrale, à savoir de délester Dieu du Mal sur la terre. Il rend la légitimation de Dieu plus difficile qu'auparavant. Cette figure finissait donc par perdre toute cohérence. Avant cela, les chrétiens avaient déjà affirmé des choses contradictoires à son sujet. Ils disaient que le Christ l'avait vaincu et enchaîné en Enfer avec « des liens éternels », mais aussi qu'il continuait à parcourir le monde librement tel un lion rugissant. Qu'en était-il donc ? Les chrétiens devaient expliquer comment le Diable, d'abord simple garçon rustique et sauvage, satyre chaotique, ou Pan lubrique, devenu un être spirituel flamboyant, pouvait être à l'origine des péchés des hommes. D'autant qu'Adam, avant le péché et encore en pleine possession de sa liberté, avait saisi le fruit défendu. Après cela, l'homme pouvait-il encore agir librement et donc devenir coupable ?

THOMAS FORMULE DES OBJECTIONS

Après Denys l'Aréopagite et Richard de Saint-Victor, Thomas d'Aquin est celui qui a fourni, avec Albert le Grand, la contribution la plus importante à cette transformation du Diable en pur esprit. Vers la fin de sa vie, autour de 1272-1273, il donna une idée d'ensemble de ce développement du Diable et formula certaines objections à ce propos. Il ne considère pas d'emblée ce développement comme un progrès à partir d'ébauches de représentations primitives, ou comme un itinéraire qui conduirait des images populaires du Diable à une conception philosophique supérieure. Il tient à nouveau compte de la logique de cette ancienne représentation. Il analyse les faiblesses de la conception plus récente, la doctrine du Diable sublimée par la théorie de l'esprit. Mesurant les nombreuses difficultés qu'elle recèle (*multas difficultates habet* [1]), il présente à son encontre les arguments suivants :

1. Chez les intellects purs, l'*aspiration* est aussi de nature intellectuelle. Aristote montre – j'ajouterais : en tant qu'élève de Platon – que cette aspiration s'oriente selon son être vers le Bien par excellence. Un tel être ne pourrait pas agir de façon malveillante en se portant vers le Bien par excellence, mais uniquement en prenant un bien limité et fini pour le Bien par excellence. Or une telle erreur serait à peine pensable pour un être de la plus haute intelligence. Si le Diable avait agi ainsi, il ne pourrait sans doute pas être un pur esprit.

2. Chaque aspiration s'oriente vers quelque chose de bien, soit un bien apparent soit un bien véritable. Personne ne devient mauvais en se tournant vers le Bien véritable. Ne devient mauvais que celui qui considère un bien apparent comme le Bien véritable. Ne devient alors mauvais que celui qui s'est trompé. Dans un être qui est pur intellect, libre de tout corps, aucune erreur ne peut se produire. L'intellect humain le montre aussi : soit il saisit le vrai, soit il ne saisit rien du tout. S'il est dans l'erreur, il n'est alors absolument

1. Thomas d'Aquin, *Les substances séparées*, c. 20, trad. fr. N. Blanc, Paris, Les Belles Lettres, 2017, p. 167-176.

pas un intellect. Celui qui se trompe n'a aucune intelligence, c'est ce qu'Augustin dit aussi. C'est pourquoi il semble impossible qu'un intellect, par essence, se trompe et devienne ainsi mauvais.

3. L'intellect a affaire à ce qui est indépendant de la temporalité. Il abstrait le général à partir de nombreux cas individuels. Son contenu et, par conséquent, lui-même – car il *est* son objet – n'est pas assigné, en tant que général, à un lieu ou à un temps précis. Il ne dépend pas de représentations conceptuelles changeantes, comme c'est notre cas. Il pense la permanence et il est permanent. Il n'est pas soumis au changement, comme c'est notre cas. Ainsi, soit il était mauvais depuis toujours – donc créé comme être mauvais, ce qui est impossible – soit il ne l'est jamais devenu.

4. L'intellectualisation du Diable le rend semblable à Dieu. Dans le monde visible déjà, les êtres supérieurs, les étoiles, se déplacent de façon plus régulière que les choses inférieures. Ils n'admettent pas en eux le mal ou ce qui est irrégulier. Ils ont une plus grande ressemblance avec Dieu, le Bien permanent. Les intellects qui, comme c'est le cas chez les hommes, sont liés à un corps, échouent plus que les esprits éternels et purs.

Thomas ne répond pas à ces objections. Son traité *De substantiis separatis*, qui aurait pu être l'une de ses œuvres les plus philosophiques, s'interrompt à cet endroit. Il conclut en observant que ce sont de telles objections qui ont dû inciter des penseurs de premier plan à considérer le Diable et les démons comme corporels, et donc d'un rang inférieur. Thomas retire avec fermeté les bases de l'intellectualisme grec : préférer un bien partiel au Bien suprême se fonde toujours sur l'erreur. L'intellect *est* identique à ses contenus, et ceux-ci sont généraux, indépendants de l'ici et du maintenant, donc permanents. Un intellect ne varie pas. Celui qui se trompe n'est pas un intellect. L'homme serait dans une meilleure situation si le Diable n'était pas un pur esprit. En tant que tel, Satan se trouve à un degré plus élevé que l'homme. Thomas songe au fait que la chrétienté doit prendre conscience des conséquences profondes qu'implique la réforme tardive de Denys et des scolastiques : elle engendre le doute. L'élévation de Satan au rang de pur esprit avait peut-être été une erreur. Elle risquait de le rendre superflu. Mais les jeux sexuels farcesques des démons succubes et incubes ne convenaient pas à de purs esprits. Le cardinal italien Cajetan, connu pour être un sévère logicien et l'adversaire de Luther à Augsbourg, suscita le mécontentement général lorsque, au XVIe siècle, il voulut revenir sur la dématérialisation des anges et des démons. Il plaidait en faveur d'un retour des démons sous la forme de corps aériens les plus subtils. Il voulait se débarrasser de la charge qui, à travers la dématérialisation des démons, avait pesé sur la pensée chrétienne [1].

L'INTELLECT

Nous n'en sommes pas encore là. Vers 1270-1273, Thomas semblait avoir espéré pouvoir encore réfuter les arguments contre le Diable conçu comme pur esprit. C'est alors, presque à la même période, qu'il commence sa *Quaestio 16* du *De Malo* par une attaque contre la doctrine du corps aérien du Diable. Il manque au corps aérien une enveloppe extérieure et des organes; ce corps ne peut rien ressentir, or le toucher est la base de toutes les perceptions. Sans tout cela, aucun être vivant ne peut avoir de perceptions et rassembler ses expériences, or pourquoi les anges et les démons seraient-ils censés avoir un corps, si ce n'est dans ce but? Avec l'aide d'un Aristote biologiste, Thomas réfléchit à l'organisme vivant et il détermine qu'un corps aérien ne lui serait pas utile. Les chrétiens attribuent la conscience aux anges et aux démons. Ils évoquent leurs idées, leurs plans et leurs actes volitifs, mais ils doivent alors, exige Thomas, prendre pour base une conception stricte de l'esprit (*intellectus*), telle que les meilleurs penseurs grecs l'ont dévéloppée, d'Anaxagore et Platon à Denys l'Aréopagite et Jean Damascène. Thomas esquisse ce concept d'esprit et relève en introduction que l'esprit dépasse la simple représentation. Celui qui

1. Thomas de Vio (Caietanus), *Opera omnia*, Lyon, 1659, *In Epistolam* ad *Ephesios*, c. 2, cité dans E. Mangenot et T. Ortolan, article « Démon », dans *Dictionnaire de théologie catholique*, A. Vacant et E. Mangenot (éd.), tome 4, Paris, Letouzey et Ané, 1911, col. 403.

confond le discernement avec la simple représentation (*imaginatio*), ne pourra jamais saisir ce qu'est « l'intellect » [1]. La véritable activité intellectuelle ne se réalise dans aucun organe corporel, *non potest esse operatio corporis*, comme l'affirmait Aristote. Thomas restreint cette affirmation pour les humains : l'homme ne peut pas lui-même penser les objets les plus élevés sans représentations imagées et il ne peut former celles-ci sans cerveau.

L'intellect est, comme l'enseignait Anaxagore, exempt de tout mélange avec autre chose, *omnibus immixtus*. Aucune étendue corporelle ne peut lui revenir, *caret omni magnitudine corporali*. De cette manière, Thomas montre clairement ce que signifie l'expression selon laquelle les démons sont des « substances séparées ». Leur nature est celle des anges. Leur être et tout ce dont ils sont pourvus correspondent précisément, du point de vue de la nature, à ce qu'ont les anges.

Un esprit pur et séparé serait une construction dépourvue de sens de la part du Créateur, si la carence d'organes corporels empêchait toute connaissance. Thomas va plus loin : un tel esprit déduit toutes ses connaissances particulières à partir des fondements de sa connaissance, connus et indubitables, donc à partir des principes de sa connaissance. Nous autres, êtres humains, connaissons aussi certains fondements indubitables de notre connaissance. Nous savons ainsi avec certitude que deux propositions contradictoires ne peuvent être vraies en un seul et même sens. Cela ne nécessite pas de vérification par l'expérience. Nous apportons seulement à l'expérience que de tels principes restent vides, chez l'homme, s'il ne s'en sert pas dans l'expérience sensible. Mais chez les anges et les démons, la saisie intellectuelle consiste en revanche dans la pleine intelligence des principes de connaissance. Les hommes doivent d'abord compléter leurs principes de connaissance à travers l'examen et l'expérience, sans pouvoir ou sans avoir besoin de les déduire d'expériences particulières. Dans la connaissance humaine, certains éléments sont certains, mais vides. D'après Thomas, la

1. Thomas d'Aquin, *Questions disputées sur le mal*, qu. 16, « les démons », a. 1, *op. cit.*, tome 2, p. 742.

connaissance des démons comprend les principes qui sont certains et qui en même temps enferment tous les contenus empiriques. Nous avons besoin de nos corps avec leurs organes, pas eux.

Si les mauvais anges ont par nature le même équipement cognitif que les bons, toute une série de révélations se dévoile alors, selon Thomas, concernant la nature du Diable. Il devient un être supérieur, dont la nature se situe bien au-dessus de celle de l'homme, un dirigeant cosmique et théologique, rigoureusement distinct des personnages de fables et des figures des superstitions populaires. La théorie de l'intellect produit désormais un savoir théologique concernant la nature du Diable. D'autre part, le Diable s'appelle encore « démon ». Il est l'un des leurs, sans nul doute le plus doué et le seigneur des légions du mal. Thomas lui laisse les compétences habituellement attribuées aux démons : il lui laisse les spécialités diaboliques mineures, telles que les pratiques concrètes liées à la possession et à la nécromancie, *in arrepticiis et in nigromanticis artibus* [1]. Thomas maintient la possibilité ancienne de pouvoir conclure un pacte avec le Diable afin d'obtenir la satisfaction de ses désirs. La promotion philosophique au rang d'être purement spirituel ne retire pas à son Diable les fonctions quotidiennes que la superstition populaire lui attribuait.

Pour Thomas, on reconnaît les opérations du Diable au fait qu'on ne puisse en aucune façon les expliquer par d'autres causes naturelles, comme par exemple lorsque quelqu'un peut parler une langue qu'il n'a jamais apprise [2]. Thomas présuppose ici une connaissance complète de la nature qui n'a jamais été atteinte jusqu'à présent. Cette objection vaut également pour le cas où quelqu'un croit reconnaître l'intervention d'un ange bienveillant ou de Dieu lorsqu'il ne peut relier l'origine d'un phénomène à aucune autre cause.

1. *Ibid.*, p. 740.
2. *Ibid.*, qu. 16, « les démons », a. 1, *op. cit.*, tome 2, p. 740.

Adieu volupté !

La *Genèse* rapporte en 6 : 1-4 la légende suivante : Les hommes se multiplièrent et leurs filles vinrent au monde. Les « fils de Dieu » virent à quel point « les filles des hommes » étaient belles, « et ils prirent pour femmes toutes celles qu'il leur plut ». Les filles des hommes, auxquelles les fils de Dieu s'étaient unis, donnèrent naissance à des géants. « Ce sont les héros du temps jadis, ces hommes fameux ».

La *Genèse* raconte cette histoire en préalable au récit du déluge. Dieu « vit que la méchanceté de l'homme était grande sur la terre » (6 : 5) – comme si c'était la corruption des femmes humaines, et non celle des fils de Dieu, qui avait conduit à l'engendrement des géants. Ce texte appartient aux strates les plus anciennes de la Bible hébraïque : ces fils de Dieu si prompts à procréer sont encore loin d'être de purs esprits. Le texte ne les regroupe pas non plus avec Satan. Il n'y est pas question du Diable : celui-ci ne surgit pas en tant que seigneur de ce groupe d'anges. Le ciel semble encore désorganisé. Nous en sommes à un stade du développement qui se trouve *avant* le livre de Job.

Le texte est bref et difficile à comprendre : il ne traite pas du Diable, mais il suggère de considérer la chute des anges sous l'angle de la séduction sexuelle des fils de Dieu. Certains Pères de l'Église tenaient cette sorte de péché commis par les fils de Dieu pour particulièrement ignoble. En cela, ils étaient aidés par une lecture du texte qui explique que le chapitre 6 ne se réfère pas du tout aux anges, mais plutôt à des hommes vivant dans le péché. Origène a écrit que les anges avaient péché avant la Création du monde sensible. De quelle sorte de péché il s'agissait, nous l'ignorons [1].

Le texte de la *Genèse* 6 aurait pu demeurer un épisode sans suite, un vestige archaïque, mais le *Livre d'Hénoch*, issu du judaïsme tardif, l'a représenté et introduit dans la littérature apocalyptique. Le *Livre d'Hénoch* réunit des textes discordants issus de différentes périodes situées entre le IIIe et le Ier siècle avant notre ère. *L'Épître*

1. Origène, *Traité des principes*, I, Préface, 6, *op. cit.*, p. 85.

de saint Jude, dans le Nouveau Testament, le mentionne en raison de la représentation du Jugement universel qui s'y trouve [1] ; il a été traduit en latin, reconnu comme texte canonique par Augustin et il était très bien connu au cours du Moyen Âge latin. Ses chapitres 1 à 36 sont consacrés à la déchéance des anges et il rapporte, tout comme la *Genèse* 6, la concupiscence sexuelle des fils de Dieu. Ces anges étaient attirés par la beauté des femmes ; ils suivirent leurs désirs sensuels et non les ordres de Satan. Les géants qu'ils engendrèrent causèrent des bains de sang chez les hommes et dans leurs propres rangs. Les fils de Dieu apportèrent aux hommes les notions élémentaires de l'industrie de l'armement : « Azaël apprit aux hommes à fabriquer des épées, des armes, des boucliers, cuirasses, choses enseignées par les anges » [2]. Il savait ce que voulaient les femmes et il apporta du Ciel à la terre les connaissances en cosmétique : « [...] les bracelets, les parures, l'antimoine, le fard des paupières, toutes les sortes de pierres précieuses et les teintures. Il en résulta une grande impiété » [3]. Lorsque diverses plaintes à ce propos parvinrent au Seigneur Dieu, le « Très-Haut, le Saint, le Grand » chargea Raphaël, de lier les pieds et les poings d'Azaël et de le jeter dans les ténèbres : « Mets sur lui des pierres rugueuses et aiguës, enveloppe-le de ténèbres, et qu'il demeure là à perpétuité. [...] Le jour du grand Jugement, il sera conduit dans la fournaise » [4].

Dieu promet que le fléau s'abattra sur la terre et passera, mais que la punition définitive frappera les anges déchus seulement au jour du Jugement dernier. Jusque-là, ils ont encore une marge de manœuvre. Ainsi, la représentation d'un temps limité alloué au règne du Diable est également présente dans le monde occidental, bien qu'Hénoch n'évoque pas le grand Satan, mais plutôt un groupe dissident composé d'environ 200 anges lubriques. Les chrétiens d'Occident savaient dès lors à quoi les diables passent leur temps : ils

1. *L'Épître de saint Jude*, 14, BJ p. 2029.

2. « Livre d'Hénoch », 8, 1, dans *La Bible, Écrits intertestamentaires*, *op. cit.*, p. 478-479.

3. *Ibid.*, 8, 1-2, *op. cit.*, p. 479.

4. *Ibid.*, 10, 1-6, *op. cit.*, p. 481.

ont des relations intimes avec des femmes humaines, ils enseignent la transformation et le travail du métal, la fabrication d'armes et celle de produits cosmétiques. Ils endureront le meurtre de leurs enfants et à la fin ils souffriront encore et toujours, et n'obtiendront ni la miséricorde ni la paix [1].

L'écrivain et théologien Tertullien s'est activement intéressé aux vêtements féminins et aux bijoux. De sa connaissance de la chute des anges, il a tiré un certain nombre d'avertissements adressés aux femmes [2]. Il a en particulier plaidé avec ferveur en faveur du port du voile pour les jeunes filles, parce que le désir des anges déchus de la *Genèse* 6 avait été particulièrement attisé par le sang frais des jeunes femmes [3]. Des clercs en premier lieu, qui pestaient contre la coquetterie féminine, possédaient à présent un passage biblique dont il pouvaient se servir pour faire entendre la voix de Dieu contre la garde-robe des femmes. Après que les démons sont devenus de purs esprits, ce passage du texte a toutefois perdu de son intérêt pour expliquer la chute du Diable, intérêt qu'il avait pourtant conservé jusqu'au XIIIe siècle. L'obligation du port du voile est toutefois demeurée en vigueur chez les chrétiens, selon la justification, donnée par Paul dans la *Première Epître aux Corinthiens* 11 : 10, que des démons libidineux tournoient dans le ciel.

La dématérialisation des anges et du Diable exclut le fait qu'ils aient péché en raison d'une concupiscence sensuelle. En tant qu'intellects, ils n'étaient plus passifs et mus par des passions. À partir de la seconde moitié du XIe siècle, l'Église d'Occident se battit en faveur de l'application du célibat. La hiérarchie ecclésiastique devait être à l'image de la hiérarchie céleste. Dès cet instant, elle façonna les anges comme des êtres libres de toute tentation : il ne pouvait plus y avoir chez eux de désir sexuel. C'était un bénéfice pour le modèle de vie des clercs et des moines. C'est

1. « Livre d'Hénoch », 12, 4-6, *op. cit.*, p. 484.

2. Tertullien, *La toilette des femmes (De cultu feminarum)*, l. 1, 2,1 – 3,1, trad. fr. M. Turcan, Paris, Cerf, 1971, p. 46-59.

3. Tertullien, *Le voile des vierges (De uirginibus uelandis)*, 7, 1, trad. fr. P. Mattei, Paris, Cerf, 1997, p. 151-153.

aussi la raison pour laquelle on appela Thomas d'Aquin « le docteur angélique », *doctor angelicus*. Toutefois, même après la réforme en théorie de l'esprit, les anges *mauvais* exerçaient encore et toujours des activités sexuelles, y compris selon le point de vue de Thomas d'Aquin. Ils le pratiquaient même avec un certain empressement. Cela n'était toutefois plus compréhensible. Comment pouvaient-ils prendre du plaisir avec des femmes s'ils n'étaient capables d'aucun plaisir sensuel ? Ne serait-il pas plus envisageable qu'ils puissent se divertir avec leurs semblables ? Augustin avait évoqué le plaisir qu'ils prenaient aux obscénités sexuelles. À cette occasion, il pensait aux pièces de théâtre indécentes, que les démons encourageaient afin de pervertir les peuples [1]. Il ne doutait pas du fait que les démons avaient des relations intimes avec des femmes, il ne savait seulement pas comment ils pouvaient y trouver du plaisir avec leurs corps aériens [2]. Thomas corrige Augustin en intellectualisant leurs joies (*Somme théologique*, I, 63, 2 ad 1) : leur enthousiasme pour les plaisirs sexuels est un acte de volonté, non une passion. Car il ne reste aux purs esprits que les vices intellectuels comme l'orgueil et la jalousie. Ce sont devenus des personnalités sérieuses, sans aucune légèreté, sans aucune démesure. Ils ne sont animés que par une raison lucide et sobre, et une volonté froide, celle de nuire aux hommes (*Somme théologique*, I, 64, 3). Pour ce faire, ils adoptent un corps conçu et prévu avec soin, car entretemps, il est devenu clair pour tout lecteur d'Aristote que seul un être corporel doté d'un organisme peut vivre. L'air, quel que soit le degré auquel le démon voudrait le comprimer, ne permet aucun coït. Enfin, à présent, soit vers 1250-1260, les anges et les démons se tiennent au sommet du savoir et de la politique de l'Église de leur temps. L'idéal d'une vie de célibat, semblable à celle des anges, a trouvé son assise, et on a adopté l'idée d'Aristote selon laquelle aucune vie n'est possible sans substance organique et sans organe.

1. Augustin, *La Cité de Dieu*, 2, 4, *op. cit.*, volume I, p. 126-127 et 14, 3, *op. cit.*, volume II/1, p. 173-175.

2. *Ibid.*, 3, 5, *op. cit.*, volume I, p. 180 et *ibid.*, 15, 23, *op. cit.*, volume II/1, p. 285-291.

Lucifer

Comment Satan en est-il venu à chuter? Quel était le péché funeste à l'origine de tout le Mal, sinon la concupiscence? Poètes et penseurs, peintres et sculpteurs cherchaient une explication. Ils trouvèrent une réponse dans le quatorzième chapitre du prophète *Isaïe.* On y rapportait qu'un grand roi de Babylone était mort. Il avait alors sombré, impuissant, dans le monde souterrain, où des petits rois d'Orient se moquaient de lui avec un malin plaisir, dans les termes suivants :

Comment es-tu tombé du ciel,
étoile du matin, fils de l'aurore?
As-tu été jeté à terre,
vainqueur des nations?

Toi qui avais dit dans ton cœur :
"J'escaladerai les cieux,
au-dessus des étoiles de Dieu
j'élèverai mon trône,
je siégerai sur la montagne de l'Assemblée,
aux confins du septentrion.
Je monterai au sommet des nuages,
je m'égalerai au Très-Haut."

Mais tu as été précipité au shéol,
dans les profondeurs de l'abîme [1].

Ce chant satirique concerne un prince oriental, qui sombre sans éclat dans le monde souterrain. Son péché n'est pas de l'ordre du désir sensuel, mais de l'orgueil excessif : il veut égaler ou même dépasser le Très-Haut. Ce grand prince a soumis des peuples entiers et il veut encore devenir le seigneur du ciel. Il veut s'élancer au-dessus des nuages, sa prétention le fait sombrer au plus profond de l'abîme.

1. *Isaïe* 14 : 12-15, BJ p. 1265.

Alors que la Bible hébraïque se préoccupe peu, voire pas du tout, du sort de l'âme après la mort – contrairement aux traditions égyptiennes et babyloniennes –, cette petite scène poétique se déroule dans le monde souterrain et laisse entrevoir le futur immédiat. Alors que les rois sont assis sur leurs trônes tout autour, Lucifer, le fils de l'aurore, est précipité en Enfer et demeure, comme le dit le verset 12, étendu dans la boue et au milieu de la vermine. Il n'est pas enterré convenablement, il n'est assis sur aucun trône. Il n'est pas ici question de Dieu ou du jugement des morts. Le récit se concentre sur la chute et sur les délits de l'être déchu. Il était un astre du matin – nous devons penser que les étoiles étaient dotées d'âmes –, mais il a voulu s'élever encore plus et c'est pourquoi il a sombré. Il voulait être l'égal de Dieu. Il voulait prendre place dans l'assemblée des dieux, sur la haute montagne du septentrion. La montagne des dieux n'est pas ici le mont Sinaï.

Le poète de l'Ancien Testament parle d'un roi de Babel qui vient de mourir, mais pour Origène ce passage renvoie à la chute de Satan, qui n'a pas surgi de l'obscurité, mais qui provient de la lumière. Depuis lors, le Malin s'appelle « Lucifer ». Origène se réfère à la phrase du Christ : « Je voyais Satan tomber du ciel comme un éclair » (*Luc* 10 : 18) [1]. Cette phrase se rapportait-elle à la chute ancestrale de Satan ou au fait que l'apparition de Jésus ait provoqué la chute du Diable ? En tout cas, le Diable venait du ciel. Le désir sensuel comme raison de la chute du Diable était ainsi récusé. La nouvelle lecture de la citation d'Isaïe décrit sa faute : il a voulu être l'égal de Dieu. Nous devons encore nous occuper de ce que cela veut précisément dire.

1. Origène, *Traité des principes*, I, 5, 5, *op. cit.*, tome 1, p. 189-195.

TROIS OBSTACLES

PREMIER OBSTACLE : LE PÉCHÉ DE SATAN

Les chrétiens avaient de bonnes raisons de réfléchir en profondeur sur Satan et c'est ce qu'ils firent. Cet effort de réflexion ne fut pas seulement mené par des penseurs catholiques, contrairement à ce que certains suggèrent par méconnaissance de l'histoire de la théologie protestante, en particulier celle des XVIIe et XVIIIe siècles. La conception qu'on se faisait du Diable a modifié le rapport à la nature, à la société, à la science et à la religion chrétienne pour tous les chrétiens d'Occident. Elle a déteint sur tout. Elle a marqué de son empreinte la vie quotidienne, les cultures, les doctrines éducatives, les pièces de théâtre et les romans. C'est pourquoi, jusqu'en 1800, on s'est livré à d'intenses réflexions sur Satan. Sa transformation par la philosophie de l'esprit a engendré de nouveaux problèmes, dont l'examen permet de mettre en lumière certaines difficultés non résolues au cœur de la doctrine chrétienne, avec des conséquences à grande échelle pour le rapport entre foi et modernité. Je décrirai trois conséquences de ces entreprises intellectuelles :

– Le *péché* de Satan, à savoir sa déchéance, devient partiellement ou totalement incompréhensible.

– La *punition* infligée au Diable devient complètement inconcevable.

– Certains penseurs trouvaient révoltant qu'on refuse au Diable les regrets et la possibilité du *retour*. Ce refus entre en collision avec le concept de liberté.

La démonologie contrevient ainsi à trois hypothèses fondamentales qui présentent un intérêt crucial pour le monde moderne.

Le Diable des chrétiens était, jusqu'au XIIIe siècle, un animal aérien pensant. Il n'occupait en aucune façon un rang *inférieur* à celui de l'âme humaine. Il était en fin de compte le seigneur d'une immense armée. Il jouait un rôle important dans l'histoire des rapports entre Dieu et les hommes. Il ne partageait pas le destin mortel des hommes. Mais on pouvait aussi le trouver ridicule – avec ses liaisons coupables et ses rassemblements de sorcières. Jusqu'au XIIIe siècle, il était facile de lui imputer un manquement grave, un écart de conduite masculin courant, qui ait pu lui coûter sa place au ciel. Bien qu'admise, sa liberté n'était pas assurée du point de vue *conceptuel*. Son concept faisant défaut, il fallait avoir recours à une nouvelle réflexion sur l'intellect et la volonté. Mais voici ce qui en est ressorti : si l'on considère que le Diable possède la nature d'un ange, son péché devient difficile, voire impossible, à comprendre.

Thomas d'Aquin décrit ces conditions avec soin. Il faut penser Satan en tant qu'intellect. Pour Thomas, « intellect » veut dire : ce qui est ordonné de façon universelle vers tout bien. Il n'est fixé sur rien de particulier. Il peut tout évaluer, approuver ou réfuter sous l'aspect le plus général du Bien. Il possède le rapport général au Bien parce qu'il possède, selon sa nature, le rapport à la vérité. Il recherche le vrai Bien. Aristote comme Augustin et de nombreux maîtres médiévaux continuaient à prétendre que l'intellect en tant qu'intellect ne pouvait se tromper. S'il se trompait, c'est qu'il n'était pas au plus près de la chose à connaître, et qu'il n'était alors pas un intellect. Cette conception ne pouvait faire de place à aucun intellect qui cherche. Tout ce qui peut hésiter ou expérimenter, tout ce qui peut élaborer des hypothèses à vérifier et apprendre à partir d'erreurs, tout cela n'était pas un intellect. Celui-ci était défini comme une capacité à posséder la vérité de façon inébranlable. Comme nous l'avons rapporté plus haut, en tant que pur esprit, Satan devait posséder des connaissances du même type que nos principes de connaissance, toutefois chez lui ces principes contenaient déjà une connaissance concrète, alors que les hommes doivent les mettre en œuvre par l'expérience.

Cette description de l'ancien concept d'intellect semble aujourd'hui douteuse. Le lecteur d'aujourd'hui s'accommode difficilement de cette invraisemblable immunité à l'erreur. Cette identification lui confère une trop grande assurance. C'est pourquoi je fournis ici une liste de preuves, établissant clairement que Thomas l'a réellement professée. Elles mettent en lumière le caractère novateur dans la conception du Diable comme pur esprit, comme une *substantia intellectualis*, séparée du corps, dont le désir serait de type intellectuel et dont la volonté serait donc spirituelle [1]. Si l'intellect se trompe, il a alors une opinion, mais aucune connaissance. Sans connaissance, ce n'est pas un intellect. Thomas explique le péché de Satan de la façon suivante : *le Diable n'aspirait pas au Mal, mais à un bien qui semblait lui correpondre* [2]. Le Diable aspirait à cette fin bonne, cependant d'une manière désordonnée, *inordinate tamen et immoderate illud appetiit.* Il voulait atteindre

1. Thomas dit, dans la quatrième objection de la *Quaestio De malo* 16, 2, où il est question du péché du Diable : « Or la connaissance du démon ne se fait que par l'intellect, en qui l'erreur ne peut arriver; en effet, saint Augustin dit dans les *Quatre-Vingt-Trois Questions* (question 32) que celui qui ne comprend pas le vrai ne comprend rien, et le Philosophe dit dans le *livre de l'Âme* (III, 9, 433a 26) que l'intellect est toujours juste, aussi il n'arrive pas qu'on se trompe sur les premiers principes, qui sont saisis par l'intellect » (Thomas d'Aquin, *Questions disputées sur le mal*, qu. 16, a. 2, 4, *op. cit*., tome 2, p. 749). La réponse de Thomas ad *quartum* confirme cette prémisse, en faveur de laquelle plaident les plus hautes autorités, « l'intelligence est toujours droite » (*ibid*., qu. 16, a. 8, 2, p. 810). Thomas d'Aquin résume une fois encore cette théorie (*ibid*., qu. 16, a. 6, p. 813) : « Donc, de même qu'il ne peut y avoir en nous d'opinion fausse touchant les premiers principes qui nous sont connus naturellement, de même chez l'ange, il ne peut y avoir non plus d'opinion fausse touchant tout ce qui tombe sous sa connaissance naturelle ». Ou encore *ibid*., qu. 16, a. 6, ad 2, p. 819 : « On dit que l'intelligence est toujours droite en son activité, parce que, comme le dit saint Augustin dans les *Quatre-Vingt-Trois Questions* (qu. 32), quiconque comprend une chose comprend qu'elle est telle qu'elle est ; pourtant la puissance intellective peut se tromper en ne comprenant pas ce qui est vrai, comme cela est clair chez qui a une fausse opinion ».

2. Thomas d'Aquin, *Questions disputées sur le mal*, qu. 16, a. 2, ad 4, *op. cit*., tome 2, p. 758 : « […] en effet, il n'a pas désiré quelque mal, mais un certain bien lui convenant ».

la plus haute béatitude, non à travers la grâce de Dieu, mais par ses propres forces. Il n'était pas orienté vers la mauvaise fin.

Toutefois, restons-en dans un premier temps à la nature de l'intellect : elle s'inscrit dans la justice naturelle. Elle n'est pas un élément de la nature dénué de valeur. Elle a en elle une qualité éthique. Dans des conditions normales, Dieu ne peut pas lui retirer sa nature spirituelle. Dieu respecte le fait qu'il soit donné à la nature spirituelle d'être ordonnée au Vrai et au Bien. En vertu de son pouvoir absolu, il pourrait toutefois la détruire, mais il ne peut la changer [1]. Cette doctrine est la conséquence de la nature spirituelle, qui est intégralement conservée par les démons [2] : aucune volonté spirituelle ne veut quelque chose de mauvais [3].

Un privilège supplémentaire s'ajoute à celui-ci : l'être purement spirituel, qu'il soit ange ou démon, est dans un état de possession permanente et actuelle de ses connaissances. Il n'a pas besoin d'éprouver ses principes dans le temps grâce à des objets d'expérience. Ils contiennent déjà en eux-mêmes les objets particuliers [4]. L'être spirituel saisit un objet de connaissance et voit aussitôt quels prédicats correspondent à ce sujet. Il se trouve – à la fois immobile et en mouvement – toujours en possession de cette

1. Thomas d'Aquin, *Questions disputées sur le mal*, qu. 16, a. 2, ad 17, *op. cit.*, tome 2, p. 763 : « Or la justice naturelle suit la nature intellectuelle et rationnelle, dont l'intellect est ordonné naturellement au vrai, et la volonté au bien ; aussi ne peut-il pas se produire que cette justice soit retirée par Dieu à la nature rationnelle, alors que cette même nature demeurerait. Il peut cependant, de puissance absolue, réduire au néant la nature rationnelle, en supprimant l'influx qui la fait exister ».

2. *Ibid.*, qu. 16, a. 5, ad 1, *op. cit.*, tome 2, p. 801 : « Les biens naturels sont intacts chez les anges en ce qui regarde l'ordre naturel, mais ils sont corrompus, gâtés ou diminués par rapport à l'aptitude à la grâce ou à la gloire ». *Ibid.*, qu. 16, a. 6, p. 813 : « [...] le diable n'a pas perdu les propriétés de sa nature, mais que les dons naturels demeurent en lui intacts et des plus éclatants, comme le dit Denys dans les Noms Divins (IV, 23) [...] ».

3. *Ibid.*, qu. 16, a. 3, *op. cit.*, tome 2, p. 769 : « La volonté en effet désire toujours un certain bien, un bien pour soi ou le bien d'un autre [...] ».

4. *Ibid.*, qu. 16, a. 6, *op. cit.*, tome 2, p. 812 : « [...] l'ange, selon sa condition naturelle, possède en acte une connaissance parfaite de tout ce à quoi s'étend naturellement sa puissance ; en effet, il ne passe pas des principes aux conclusions, mais il voit aussitôt les conclusions dans les principes mêmes qu'il connaît ».

connaissance effective, qu'il a en permanence et de façon complète, sans pouvoir toujours la considérer dans son entier.

Thomas est en train d'expliquer la chute originelle et la déchéance de Satan, et il chante alors les louanges d'un pur esprit, dont la volonté ne veut toujours que le Bien et qui n'a besoin d'aucune expérience, mais qui sait au préalable quel prédicat correspond à quel sujet. Cette démonologie invite à la réflexion : elle commence avec le fait que l'intellect, y compris celui du Diable, pense toujours de façon juste, *intellectus semper est rectus*. Bien entendu, des erreurs surgissent : Thomas les rappelle [1], mais ce ne sont que des opinions fausses, pas des connaissances de l'esprit. Il ne s'agit pas d'« intellection » ou d'« *intellectus* ». Essais, hypothèses, suppositions, propositions de solution ne sont pas l'« *intellectus* ». On appelle « intellection » ou « *intellectus* » uniquement cet acte précis qui seul atteint le réel essentiel. La pensée qui cherche ou qui se trompe est aussi une opération de l'*intellectus*, elle est mesurée à l'aune de ce dernier mais elle se rapporte à lui comme un être mal formé se rapporte à l'intention de la Nature, qui veut donner naissance à un être vivant complet. Thomas présuppose un concept normatif de *natura* et d'*intellectus*. Il assure à chaque intellect qu'il est dans une relation stable et naturelle avec le vrai et le bien. Selon lui, l'intellect *est* ce rapport. Il s'agit d'une question de définition : dans un contexte platonicien, on s'accorde sur le fait que la Nature vise des chevaux « véritables » et que l'intellect est seulement intellect lorsqu'il pénètre la réalité, lorsqu'il parvient à en obtenir une vraie connaissance. Thomas pense l'erreur dans la perspective de l'intellect en acte, qui *est* en permanence la connaissance parfaite, et évalue alors ensuite un intellect qui se trompe, qui se comporte vis-à-vis de l'intellect régi par des normes justes comme le poulain né avec trois jambes vis-à-vis du cheval « véritable ». Le poulain

1. *Ibid.*, qu. 16, a. 6, *op. cit.*, tome 2, p. 812 : « Une fausse opinion est une certaine opération défectueuse de l'intelligence, comme la naissance d'un monstre est une certaine opération défectueuse de la nature [...] or une opération défectueuse provient toujours d'un principe défaillant [...]. Or aucune chose ne peut défaillir en ce à quoi elle est toujours en acte selon sa nature ».

déformé n'est pas un cheval « véritable », l'intellect qui se trompe n'est pas un intellect.

Cette vision du monde, née d'une perspective eidétique, pose les prémisses de la compréhension de soi des hommes, des anges et du Diable. En tant qu'êtres spirituels (*substantiae separatae*) ou intellects, ces derniers portent en eux et en acte l'ensemble de la richesse des connaissances qui correspond à leur nature supérieure, même lorsqu'ils ne considèrent pas toujours cet ensemble en acte de façon complète.

L'intellect saisit toujours le vrai, *intellectus semper est rectus* : cette thèse constitue le point de départ de la théorie de l'intellect de Thomas, dont la deuxième caractéristique peut être désignée par l'expression « actualisme en théorie de l'esprit ». Selon cet actualisme, chaque nature spirituelle porte toujours en elle en acte, de façon effective, la totalité de ses contenus [1]. L'esprit pur ne connaît pas tout, mais tout ce qu'il connaît, il le porte en acte (*actu*) en lui, tout comme les hommes portent toujours en eux le principe de non-contradiction. Seulement, ils ne peuvent obtenir, à partir de ce principe, une connaissance objective et intemporelle, alors que les purs esprits voient « immédiatement », *statim*, dans leurs principes, l'ensemble des conclusions. Thomas estime que la connaissance humaine est une forme déficiente de la connaissance des purs esprits : comme si les hommes avaient des rudiments intellectuels, voire précisément les principes, mais qu'ils étaient vides de connaissances particulières. Celles-ci, nous devons d'abord les extraire à partir d'une expérience définie dans le temps, alors que les purs esprits possèdent toujours les « idées » ou les principes liés à leurs applications. J'appelle cela son « actualisme en théorie de l'esprit », « actualité » étant ici comprise dans le sens de la philosophie aristotélicienne de l'*energeia*. Un être spirituel pur est activité et par cela, c'est une nature forte et durable. En ce sens, il est « immobile », c'est-à-dire que sa nature exclut toute

1. Thomas d'Aquin, *Questions disputées sur le mal*, qu. 16, a. 6, *op. cit.*, tome 2, p. 812 : « […] l'ange, selon sa condition naturelle, possède en acte une connaissance parfaite de tout ce à quoi s'étend naturellement sa puissance de connaître ».

modification non spontanée, provenant de l'extérieur seul : il a toujours tout ce qui appartient à sa nature de façon complète et il le garde à chaque instant. On pourrait appeler cela « l'immobilisme » dans la théorie de l'esprit de Thomas. On ne doit pas le prendre pour une immobilité physique ou psychologique. Thomas précise qu'il désigne l'ensemble stable et spirituel de toutes les connaissances accessibles à un intellect de par sa nature. Et la volonté correspond à cette justesse des connaissances rassemblées avec une certaine intensité ; elle a un rapport actuel à tout le bien, qui correspond à sa nature [1].

Ces prédicats supérieurs profitent ici pleinement à Satan. Alors qu'il est en train d'expliquer le péché de Satan, Thomas le rend d'abord, en tant qu'être spirituel, exempt de toute erreur, stable dans sa volonté, transcendant le temps du monde, et doué d'un mode de temporalité propre et supérieur. Le Diable sera sous peu chassé hors du ciel, mais Thomas fait d'abord de lui un être « immobile », dans le sens suivant : d'une essence robuste, reposant dans sa vérité et dans son orientation vers le Bien par excellence. Le lecteur peut sérieusement s'inquiéter du carnage théologique qu'est la chute des anges, d'autant que Thomas insiste, avec Denys, sur le fait que Satan possède toujours son superbe équipement d'origine. Celui-ci est en tous points celui d'un être intellectuel, dont les rapports essentiels à ce qui est vrai et bon étaient jusqu'alors demeurés intacts : comment a-t-il pu commettre une bêtise aux répercussions historiques planétaires, à savoir se rebeller contre Dieu ? Les hommes sont des êtres rationnels pourvus d'éléments intellectuels, mais leur centre d'énergie intellectuelle, l'intellect agent, n'est soumis à aucune influence extérieure [2]. L'homme, menacé à maints égards par le Diable et ses anges, tire donc aussi profit de la philosophie de l'intellect qui ouvre le premier article de la seizième *Quaestio* du *De*

1. *Ibid.*, qu. 16, a. 5, *op. cit.*, tome 2, p. 800 : « C'est pourquoi, de même que nous ne changeons pas dans la connaissance des principes premiers, de même leur intellect ne change pas à l'égard de tout ce qu'il connaît naturellement ; et comme la volonté est proportionnée à l'intellect, il s'ensuit que leur volonté aussi est naturellement immuable pour ce qui appartient à l'ordre naturel ».

2. *Ibid.*, qu. 16, a. 12, ad 2, *op. cit.*, tome 2, p. 876-877.

malo de Thomas d'Aquin. Elle déclare : celui qui veut comprendre cette démonologie, doit connaître de façon précise, et pas seulement nominale, la différence entre représenter et penser. Il doit avoir étudié la différence stricte entre la représentation (*imaginatio*) et la connaissance intellectuelle (*intellectus*). Thomas présuppose que l'opération spécifique de l'*intellectus* n'a pas d'organe corporel. Elle a besoin du cerveau uniquement parce qu'elle s'appuie, chez les hommes, sur l'imagination (*imaginatio*), dont il faut fondamentalement la distinguer. La pensée est la négation déterminée de tout ; elle n'a rien en commun avec quoi que ce soit, elle ne se mélange avec rien et peut par conséquent tout être, tout saisir, tout déplacer (Thomas d'Aquin, *De malo* 16, 1).

Comment, dans ces conditions, Thomas explique-t-il le péché du Diable ? Les démons ne peuvent être mauvais en vertu de leur nature, *demones non sunt naturaliter mali* (16, 2). Ils ne peuvent l'être que de leur *plein gré*. Il y avait donc une erreur contenue dans le péché de ces puissants intellects [1]. Mais comment cette erreur pouvait-elle se produire dans un intellect parfait, en acte et immobile, alors que pourtant chaque intellect en tant que tel aspire au Bien par excellence [2] ?

Avant que Thomas ne parvienne à résoudre le problème de la *possibilité* du péché du Diable, il corrige sans le dire la conception ancestrale de la sensualité des fils de Dieu : elle disparaît en tant que mobile des actes de Satan, étant incompatible avec sa nature spirituelle. Le désir sexuel des fils de Dieu, tiré du passage de la *Genèse* 6, n'est même plus mentionné. De même, il refuse explicitement l'idée selon laquelle le péché du Diable consiste dans le fait qu'il ait voulu être l'égal de Dieu. Compris de façon littérale, ce serait incompatible avec la haute intelligence de Satan.

1. Thomas d'Aquin, *Questions disputées sur le mal*, qu. 16, a. 2, ad 4, *op. cit.*, tome 2, p. 759 : « Or dans le péché, une déficience de l'intellect ou de la raison et de la volonté vont toujours de pair de manière proportionnée ».

2. *Ibid.*, qu. 16, a. 2, *op. cit.*, tome 2, p. 754 : « [...] or, dans les substances intellectuelles en tant que telles se trouve le désir du bien absolument parlant, aussi toute inclination naturelle est chez elles tournée vers le bien absolument parlant ».

Celui qui avait enseigné cela ne pouvait pas l'avoir entendu dans ce sens précis, et cette vérité ne pouvait pas non plus échapper au Diable, *nec hoc potuit diabolus in sua conditione ignorare* (*De malo* 16, 3). Cette idée n'est juste que dans la mesure où Satan a voulu atteindre la gloire éternelle dans la communion avec Dieu en tant qu'accomplissement propre, et non l'accepter en tant que don de la Grâce. La chair ne pouvait l'entraîner vers le péché, mais il a surestimé la « beauté de sa nature » et l'a préférée, à tort, à la valeur du souverain Bien [1]. Il aspirait au Bien, à la ressemblance avec Dieu, mais il voulait ne devoir son accomplissement qu'à ses propres forces. De ce fait, ce n'est pas sa nature mais sa volonté, qui est devenue mauvaise. Thomas prolonge l'ancienne inquiétude concernant le manichéisme, qui pouvait gagner du terrain, et il souligne que la nature a été créée bonne. Aussi longtemps que la nature spirituelle du Diable se trouvait et se trouve au meilleur de sa forme, il a pu se tromper et mal se comporter à l'égard de ce qui est *surnaturel*. Par cette césure, Thomas écarte toutes les objections qu'il avait lui-même réunies à partir des thèses concernant la nature spirituelle bonne et son orientation intacte vers le Bien. Il faut juste distinguer ce qui est naturel de ce qui est surnaturel [2]. La force spirituelle resplendissante de la nature de celui qui a été créé en premier ne parvient pas à son accomplissement surnaturel et il sombre dans les enfers. Il provoque les écarts de conduite des hommes et sa propre misère éternelle, celle des démons et celle des hommes non baptisés. Et Dieu savait tout cela en le créant.

Je ne dirais pas que cette solution, fondée sur des arguments, est impossible, mais la simple différence entre nature et surnature intervient ici de manière impromptue et, somme toute, disproportionnée ; et en aucune façon elle ne rend plus plausible la mauvaise décision, si lourde de conséquences, qui fut prise par la créature la plus intelligente et la plus ordonnée au Bien qui soit.

1. *Ibid.*, qu. 16, a. 2, ad 13, *op. cit.*, tome 2, p. 761-762.

2. *Ibid.*, qu. 16, a. 3, *op. cit.*, tome 2, p. 770 : « Il en reste donc que le péché du diable n'a pas porté sur un objet appartenant à l'ordre naturel, mais a eu rapport à un élément surnaturel ».

Thomas se contente d'appliquer à Satan, à l'origine bon et plein de bonne volonté, la logique de son système. Après avoir réhaussé le Diable au rang d'être purement spirituel et mis en place le concept d'esprit hérité de la philosophie grecque et arabe, il ne lui restait plus qu'à appliquer brutalement la distinction entre nature et surnature. *Unde reliquitur*, écrit-il. Considéré d'un point de vue philosophique, le Diable demeure, selon sa nature, incapable de commettre un péché. Si l'on ne partage pas cette distinction systématique entre ce qui est surnaturel et ce qui est naturel, une distinction qui n'appartient aucunement à l'essence de la tradition de pensée chrétienne, on pourrait penser que le christianisme était mieux inspiré lorsqu'il attribuait encore des corps aériens aux diables. Ou l'on pourrait aussi se dire au contraire que la construction imaginaire d'innombrables êtres spirituels peuplant le Ciel et l'Enfer, faisant office d'incubes ou de succubes, qu'on appelle à l'aide ou avec lesquels on peut conclure un pacte, trivialise la conception classique de l'intellect et mène à ses propres difficultés [1].

DEUXIÈME OBSTACLE : LA PUNITION DE SATAN

Le *péché* de Satan devenait *difficile à comprendre*, mais la punition qui lui était destinée devint, elle, *totalement incompréhensible.* Lorsqu'il avait encore un corps aérien, Satan pouvait cruellement souffrir dans les flammes de l'Enfer. Augustin et l'Église d'Occident avaient ainsi insisté sur le caractère *physique* du feu de l'Enfer, contre Origène et son interprétation allégorique. Mais comment les tourments physiques du feu pourraient-ils punir un être purement spirituel, précisément hors de portée de tout effet physique ? La pensée chrétienne n'a jamais pu sortir de cette deuxième contradiction, par laquelle la doctrine chrétienne du Diable entrait en conflit avec la philosophie aristotélicienne, et même augustinienne. Depuis 1993, j'ai suivi l'évolution de

1. À ce sujet, voir aussi J. Maritain, « Le Péché de l'Ange », *Revue thomiste* 64, 1956, p. 197-239.

quelques conflits qui en ont résulté [1]. D'autres analyses parviennent également au résultat suivant : ce problème ne peut être résolu [2]. Les tentatives de résolution méritent le qualificatif d'« amusant ». Un certain nombre de théologiens ont voulu s'en sortir en faisant du feu de l'Enfer un feu divin spécialement créé pour la torture des pécheurs, et doté de propriétés intelligentes. Ou alors, ils ont pu soutenir que la punition par le feu ne pouvait consister, pour un pur esprit, que dans le fait que l'esprit pécheur *voit* le feu le menacer. C'était l'opinion de Thomas [3]. Ils ont débattu sur le fait de savoir si les diables étaient *dès à présent* pris dans les feux de l'Enfer ou s'ils n'y plongeraient qu'après le Jugement dernier, une fois leurs missions accomplies sur terre. Il s'agissait là d'une idée plus ancienne : elle faisait encore l'objet de sermons chez Bernard de Clairvaux (*Sermo* 1, 4) ; Pierre Lombard l'avait abandonnée. Cela marquait aussi un changement important : le long délai entre l'acte délictueux commis au début de l'histoire du monde et l'exécution de la peine, censée y trouver sa place seulement à la toute fin, ne correspondait plus à un ordre juridique rationnel, d'autant que le jour du Jugement dernier se faisait de plus en plus attendre. Bonaventure laissait encore les diables errer dans les airs et sur terre jusqu'au jour du Jugement dernier : c'est seulement lorsque leur rôle de tortionnaire sur terre prendrait fin qu'ils iraient souffrir dans le feu bien concret de l'Enfer. Tant qu'ils sont occupés dans les airs ou qu'ils se déplacent sur terre, Albert entoure chacun d'eux d'une boule de feu, qui ne brûle, sur ordre de Dieu, que celui qu'il veut voir puni. Dans le XXVIe Chant de l'*Enfer*, Dante voyait une boule de feu semblable entourer Ulysse et Diomède [4].

1. C'est-à-dire depuis la première publication du *Catéchisme de l'Église catholique* (décembre 1992) et sa traduction en allemand (1993). [N.d.T.]

2. Voir les références dans K. Flasch, *Dietrich von Freiberg. Philosophie, Theologie, Naturforschung um 1300*, Frankfurt-am-Main, Vittorio Klostermann, 2007, p. 556, note 25.

3. Thomas d'Aquin, *De Veritate*, qu. 26, a. 1, arg. 6, trad. fr. A. Aniorté, Le Barroux, éd. Sainte-Madeleine, 2011, vol. 2, p. 1960 et *ibid*., ad 6, p. 1968.

4. Albert, In 2 Sent. d. 6, a. 7, in *Opera omnia*, A. Borgnet (éd,), vol. 27, Paris, Louis Vivès, 1894, p. 135-136 ; Bonaventure, in 2 Sent. 6, 2, 2, in *Opera omnia*, t. 2, ad Claras Aquas (Quaracchi), Collegium S. Bonaventurae, 1885, p. 216-218 ;

Troisième obstacle : liberté sans retour

Une fois le Diable promu au rang de pur esprit, sa condamnation aux peines éternelles de l'Enfer soulevait un problème supplémentaire : le Diable pouvait-il, à la fin de toutes choses, revenir vers le Bien ? Il était à présent un être spirituel, il était par conséquent libre. Il ne pouvait devenir délinquant que par sa volonté, car d'après sa nature, il avait été créé comme un être bon. Mais pour quelle raison n'était-il pas alors libre de se repentir ? Il ne devrait avoir perdu aucun des privilèges liés à sa nature spirituelle. Ce problème transparaissait déjà, lorsque Thomas soulignait de façon abrupte, l'invariabilité (*immobilitas*) de Satan et des êtres spirituels démoniaques : *intellectus eorum se immobiliter habet* (*De malo* 16, 5 c.a). Cette *immobilitas* était aussi valable en ce qui concerne leur volonté. Le lieu historique de ce débat réside dans la doctrine de l'apocatastase développée par Origène et dans sa récusation par Augustin. Ce dernier avait écrit que la théorie de la restauration finale d'Origène n'avait convenu à aucun maître chrétien, car elle rendait incertaine la béatitude des élus et contredisait la parole de Jésus (*Matthieu* 25) : les méchants auront droit à la punition éternelle, les justes accèderont à la vie éternelle. Augustin *réclamait* l'éternité pour les peines de l'Enfer. Origène l'avait rejetée parce qu'elle écartait la raison d'être pédagogique de la punition, à savoir de permettre au pécheur de s'améliorer. Augustin répondait qu'Origène, par sa pitié envers les habitants de l'Enfer, troublait les enfants du Ciel. Si eux aussi devaient s'attendre à ce que le jugement les concernant puisse être *révisé*, la quiétude de leur béatitude s'évanouirait [1].

Thomas d'Aquin, *Commentaire des Sentences de Pierre Lombard*, lib. 2, d. 6, q. 1 a. 3-6, trad. fr. J. Ménard : http://docteurangelique.free.fr/bibliotheque/sommes/SENTENCES2.htm (texte latin *Scriptum super Sententiis*, lib. 2, d. 6, qu. 1, a. 3-5, édition électronique des *Opera omnia* de Thomas d'Aquin, E. Alarcón (éd.), *Corpus thomisticum* : http://www.corpusthomisticum.org/snp2005.html) ; Thomas d'Aquin, *Somme théologique*, I, qu. 64, a. 4., trad. fr. A.-M. Roguet, Paris, Cerf, 2004, p. 595-596.

1. Augustin, *La Cité de Dieu*, 21, 17, *op. cit.*, volume II/2, p. 761-762.

Thomas se rallie à la condamnation de la doctrine de l'apocatastase par Augustin [1], mais il fait remarquer qu'elle touche à la définition de la liberté. Si les démons, en tant qu'êtres purement spirituels, étaient libres et jouissaient de leur état naturel inaltéré, pourquoi ne pourraient-ils alors pas revenir vers le Bien ? L'erreur de la réflexion d'Origène proviendrait de sa fausse conception de la liberté. Contrairement à lui, Thomas conteste que le choix entre plusieurs alternatives fasse partie de l'essence de la liberté [2]. Il s'agissait de la thèse traditionnelle des théologiens, qui remonte au plus tard à Anselme : dans les cieux, les bienheureux devaient être libres, mais ne plus pouvoir commettre de péché. La réception de la doctrine de l'*intellectus* s'opposait à cela. Elle affirme que Dieu a initialement donné puis laissé aux démons l'intellect et le libre arbitre, en tant que propriété naturelle permanente. Mais, dans ce cas, pour quelle raison leur liberté ne renferme-t-elle pas la possibilité d'un retour au bien? Ils demeurent, en raison de leur punition, obstinément et pour toujours attachés au mal. Pourquoi? Et qu'est-ce que cela veut dire? Pourquoi Dieu leur refuse-t-il par principe la possibilité d'une grâce? Dans un texte plus ancien (*De veritate*, qu. 24, 10), Thomas désigne deux raisons, après avoir balayé rapidement la passion sensible comme motif du péché du Diable : les esprits purs ne souffrent pas comme les âmes humaines de la contradiction de

1. « L'erreur d'Origène » : voir Thomas d'Aquin, *Commentaire des Sentences de Pierre Lombard*, lib. 4, d. 45, qu. 2, a. 2, 1, trad. fr. J. Ménard : http:/docteurangelique.free.fr/bibliotheque/sommes/SENTENCES4.htm (texte latin : *Scriptum super Sententiis*, lib. 4, d. 45, qu. 2, a. 2, qc. 1, édition électronique des *Opera omnia* de Thomas d'Aquin, E. Alarcón (éd.) : http : //www.corpusthomisticum.org/snp4045.html).

2. Thomas d'Aquin, *Questions disputées sur le mal*, qu. 16, a. 5, *op. cit.*, tome 2, p. 797-801 ; Thomas d'Aquin, *Commentaire des Sentences de Pierre Lombard*, lib. 2, d. 7, qu. 1, a. 2, trad. fr. J. Ménard : http://docteurangelique.free.fr/bibliotheque/sommes/SENTENCES2.htm (texte latin : *Scriptum super libros sententiarum*, lib. 2, d. 7, qu. 1, a. 2, édition électronique des *Opera omnia* de Thomas d'Aquin, E. Alarcón (éd.) : http://www.corpusthomisticum.org/snp2005.html) ; Thomas d'Aquin, *De Veritate*, qu. 24, a. 10, trad. fr. A. Aniorté, Le Barroux, éd. Sainte-Madeleine, 2011, vol. 2, p. 1843-1859 ; Thomas d'Aquin, *Somme théologique*, I, qu. 64, a. 2, trad. fr. A.-M. Roguet, Paris, Cerf, 2004, tome 1, p. 593–594.

sentiments et d'habitudes opposés. Ce à quoi ils aspirent, ils le veulent complètement. La deuxième raison repose sur leur nature intellectuelle. Ce qu'ils conçoivent, ils le conçoivent de façon irréversible et sans être susceptibles de le perdre (*irreversibiliter*), de la même façon que les hommes reconnaissent une fois pour toutes les principes logiques, et savent ainsi pour toujours que le tout est plus grand que ses parties individuelles. Thomas oriente sa théorie de la connaissance et de la volonté des êtres spirituels purs selon le mode de connaissance humaine des principes philosophiques, tels que le principe de non-contradiction. Il réitère son immobilisme quant à la théorie de l'esprit.

Dans le *De malo* 16, 5, c'est ce sur quoi repose entièrement son argumentation : Origène s'est trompé, sa doctrine de l'apocatastase s'appuie sur une conception fausse de la liberté. Il n'a pas compris le libre arbitre, parce qu'il a mal saisi la différence des fins qui sont nécessaires pour une prise de décision libre. Il pensait que *chaque* acte libre se trouvait face à une alternative [1]. Plus précisément, en termes scolastiques : Origène n'a pas compris ce qui appartient *per se*, en soi, à la définition du libre arbitre, selon tous les degrés de perfection, chez Dieu, les diables et les hommes. Celui qui choisit le mal se trompe parce qu'il préfère un bien apparent au véritable bien ; mais cette faiblesse n'appartient pas *per se* à la définition de la liberté, qui doit comprendre à la fois la liberté des bienheureux, celle de Dieu et celle des damnés. Dieu est libre, mais il ne peut pas ne pas se vouloir lui-même. Il s'agit d'une question de définition : si la définition de la liberté doit aussi comprendre la liberté de Dieu, celle des anges et celles des hommes, elle ne doit pas inclure la diversité qui réside dans la différence marquante des buts et des moments, en fonction desquels je veux d'abord quelque chose et ne le veux plus ensuite. Cette différence présuppose le temps et la capacité de changement : c'est pourquoi Anselme de Canterbury ne l'a pas admise dans la définition conceptuelle de la liberté.

1. Thomas d'Aquin, *Questions disputées sur le mal*, qu. 16, a. 5, *op. cit.*, tome 2, p. 797 : « cette erreur d'Origène vient de ce qu'il n'a pas examiné correctement ce qui appartient de soi à la puissance du libre arbitre [...] ».

Dans la définition de l'essence de la liberté humaine, Thomas exclut le changement et le fait de se trouver face à des alternatives. Il regarde vers le haut; sa définition de la liberté doit comprendre celle de Dieu et celle des anges. On a affaire à une opération purement conceptuelle, une sublimation métaphysique, qui passe à côté de la véritable vie humaine. Cela n'est pas passé inaperçu au cours du Moyen Âge : Pierre de Jean Olivi a ainsi critiqué la définition de la liberté proposée par Anselme et Thomas, une définition à l'évidence bien trop insuffisante, *illa definitio Anselmi nimis patenter deficit* [1]. Il ne s'agit pas seulement d'y apporter une légère correction relevant de la logique formelle : Olivi rapproche la philosophie de la liberté de la vie des hommes. Thomas a exclu la variabilité et la différence temporelle de la définition de la liberté, *non est de ratione eius*. Temps et changement interviennent seulement au titre d'une variabilité accidentelle. Son argument majeur pour exclure le changement de la définition de la liberté du Diable se fondait sur la nature intellectuelle de ce dernier. Cette nature intellectuelle signifie *immobilitas*, qui est une caractéristique du mode de connaissance des êtres intellectuels. Ils portent en eux tous les concepts de tous leurs contenus de connaissance. Ainsi, les êtres malveillants demeurent dans un état d'opposition acharnée vis-à-vis du Bien en raison de leur nature spirituelle. Ils sont libres, dans un sens anselmien et thomiste, c'est-à-dire qu'ils n'ont aucune alternative. Leur *status viatoris* est arrivé à son terme. Bien qu'ils choisissent encore entre différents objets particuliers et différentes actions, ils n'ont cependant pas de choix de vie à faire. À travers tout ce qu'ils veulent et tout ce qu'ils font, ils accroissent leur péché. Dieu leur refuse sa grâce, car il n'appartient pas à la nature de la sagesse divine de continuer à répandre sa grâce sur des démons [2].

1. Pierre de Jean Olivi, *Traité des Démons. Summa II, Questions 40-48*, trad. fr. A. Boureau, Paris, Les Belles Lettres, 2011, p. 50.

2. Thomas d'Aquin, *Questions disputées sur le mal*, qu. 16, a. 5, *op. cit.*, 1992, tome 2, p. 801 : « aussi n'appartient-il pas à l'ordre de la sagesse divine d'infuser désormais aux démons une grâce qui les ferait revenir du mal de leur aversion première [...] ».

Dieu répond ainsi à la définition du juge équitable lorsque ces êtres spirituels ne peuvent plus, en raison de l'immobilité de leur nature actuelle, accepter l'aide dont ils n'ont pas voulu au moment où ils auraient encore pu l'accepter. Tout ce qui se produit, ici et dans l'au-delà, arrive à chaque être en fonction de sa nature ; par conséquent, les lois de la nature spirituelle valent pour les démons, avec toute l'effectivité et l'invariabilité qui sont spécifiques à ces lois, et auxquelles les hommes participent quand ils pensent que le tout est toujours et nécessairement plus grand que chacune de ses parties.

La doctrine thomiste du Diable a implanté dans la culture philosophique du XIIIe siècle finissant, l'intérêt porté aux peines éternelles : bonheur et malheur doivent être réglés, au moins à la fin, une bonne fois pour toutes. Les penseurs médiévaux ont interprété avec beaucoup de liberté et de façon métaphorique toutes sortes de passages bibliques, par exemple ils voyaient des anges dans les étoiles que la queue du Dragon balaie du ciel. Mais ils s'obstinaient à prendre au sens littéral les paroles de Jésus sur le feu éternel. Ils ont coupé court au débat avec Origène, avant même qu'il n'ait commencé. Thomas s'est approprié la position d'Augustin et lui a donné une direction nouvelle grâce à la théorie aristotélico-averroïste de l'intellect. Il a tout d'abord rendu le *péché* de Satan incompréhensible puis fait en sorte que la punition qui lui était dévolue, en tant que pur esprit jeté dans les flammes de l'Enfer, soit inconcevable. La question du repentir et du retour du Diable se perd au profit d'un jeu de définitions portant sur la liberté, qui passe à côté du caractère social et historique de la véritable liberté humaine.

Perte de rationalité

L'anoblissement de Satan au rang de *substantia separata* rendait inconcevables les trois idées traditionnelles en vigueur : la stupidité de la révolte du Diable, la punition d'un pur esprit voué à un feu bien matériel, l'immobilité d'un être libre auquel tout retour est interdit. Ce que Thomas révèle est l'impossibilité du concept – le Diable en tant que *substantia separata* – plutôt que l'harmonie entre foi et savoir. De façon admirable, il a déployé un très grand effort argumentatif et n'a pourtant pas rendu la démonologie chrétienne plus compréhensible. Il a souvent évoqué ses difficultés et fait preuve d'esprit philosophique dans son traitement de l'*intellectus* aristotélico-averroïste, ne reprenant toutefois qu'implicitement la distinction entre *imaginatio* et *intellectus*. Même s'il l'avait relevée, il n'en faisait aucun usage, et il allait même abandonner ce thème en cours de route. Cela lui permit de surmonter ses propres doutes concernant le fait de savoir si Belzébuth avait vraiment sa place en tant que *substantia separata* pour la compréhension de la foi chrétienne. Surtout, au milieu de cet éboulement juridique de l'imagination, Thomas ne s'interrogeait plus du tout sur la miséricorde divine. Le chef de famille n'avait-il pas fait abattre un veau bien gras au retour du fils prodigue ? La séparation rigide entre naturel et surnaturel, très problématique en soi, excluait la fête de famille.

L'attention privilégiée que nous avons portée à la pensée du diable chez Thomas d'Aquin se justifie par l'importance objective et la grande postérité de ses théories. Elle n'implique pas qu'après 1274, la démonologie soit restée figée sous la forme d'expressions creuses et anciennes. Alain Boureau pense qu'elle s'est constituée avant tout entre 1280 et 1330. Il a pu montrer que des penseurs franciscains de ces décennies-là, en particulier Pierre de Jean Olivi, ont déconstruit les thèses dogmatiques de l'aristotélisme scolastique, surtout celles qui concernent la théorie de l'intellect, au profit d'une réflexion plus libre et plus proche de l'histoire. Olivi s'est libéré de l'*immobilitas* des êtres intellectuels mise en évidence par Thomas, dont il critique le concept de liberté [1].

Les papes s'emparèrent eux aussi du thème du Diable, en particulier Jean XXII avec sa bulle *Super illius specula* datant de 1326-1327. Thomas avait rejeté toute « magie naturelle ». Elle était toujours démoniaque et reposait toujours sur un pacte explicite ou

1. *Cf.* A. Boureau, *Satan hérétique. Naissance de la démonologie dans l'Occident médiéval*, Paris, Les Belles Lettres, 2004 ; mais aussi : Pierre de Jean Olivi, *Traité des Démons. Summa II, Questions 40-48*, trad. fr. A. Boureau, Paris, Les Belles Lettres, 2011.

implicite avec le Diable. Ceux qui s'adonnaient à la magie niaient le vrai Dieu et se donnaient le Diable pour Seigneur. Le Pape en tira la conclusion la plus aisée, à savoir qu'ils étaient des hérétiques et qu'à ce titre, il fallait les punir [1].

En l'an 1398, la faculté de théologie de la Sorbonne, probablement sous l'influence de Jean Gerson, résuma sa profession de foi satanologique dans la condamnation de 28 thèses [2]. Elle renforça aussi la rigueur théologique : il n'y a aucun usage des « arts de la magie » qui ne repose sur un pacte explicite ou implicite avec le Diable, aucun qui ne soit à considérer comme une hérésie ou une apostasie (*apostasia*) (Art. 1-3, p. 32). Elle rejeta, par l'article 22, p. 35, l'idée selon laquelle il y avait aussi des démons neutres, qui n'étaient ni bons ni mauvais, et vers lesquels on pouvait se tourner sans pour autant pécher contre la prééminence de Dieu. Cela voulait dire qu'il n'y avait aucune magie « naturelle », aucune magie neutre, aucune magie « scientifique ». C'est en faveur de celle-ci que des auteurs aussi importants que Marsile Ficin ou Pic de la Mirandole ont combattu au XVe siècle. Et c'est à nouveau contre cette tendance que les inquisiteurs Jean Vinet, Nicolas Jacquier et Pierre Mamoris ont constitué, au milieu du même siècle, vers 1440-1460, une théorie inquisitoriale cohérente, que Martine Ostorero considère comme le précurseur du *Marteau des sorcières*. Plus particulièrement, ceux qui parmi eux étaient dominicains, comme Jean Vinet, ont tiré des œuvres de Thomas d'Aquin certaines conséquences qui plaident en faveur de la persécution des sorcières [3]. Comme Thomas, ils repoussent la possibilité d'une magie naturelle et ils combattent le point de vue de l'ancien *Canon Episcopi*, selon lequel le sabbat des sorcières n'était qu'un rêve et une illusion diabolique : non, il s'agissait bien d'une réalité physique.

1. M. Ostorero, *Le diable au sabbat. Littérature démonologique et sorcellerie (1440-1460)*, Florence, Sismel - Edizioni del Galluzzo, 2011, p. 36-38.

2. *Chartularium Universitatis parisiensis*, H. Denifle (éd.), t. 4, n° 1749, Paris, Delalain, 1889, p. 32-35.

3. M. Ostorero, *Le diable au sabbat*, *op. cit.*, en particulier p. 81-200.

Ainsi, sous le haut patronage d'Augustin et de Thomas, la préparation idéologique à la vague de procès contre les sorcières fut bien finalisée. Le rigorisme théologique n'admettait aucun entre-deux neutre, il ne laissait rien d'indéterminé entre le Bien et le Mal, il allait de pair avec un réalisme quasiment physicaliste en ce qui concerne l'action du Diable et des sorcières.

Augustin et Thomas ont préparé le terrain de ce système en interdisant la « magie naturelle » aux côtés de la magie démoniaque. Pour eux, seule existait la magie démoniaque. Ils ont entériné l'idée d'un pacte avec le Diable et identifié la sexualité comme champ d'action privilégié du Diable. Ils ont repris la terminologie relative aux diables avides de sexe – à la fois *incubi* et *succubi* – et l'ont placé sous leur autorité [1]. Thomas n'a pas appelé à la chasse aux sorcières. Son idée d'un ordre éternel de la sagesse divine garantissait des états naturels stables qui allaient bien au-delà du Jugement dernier ; elle reconnaissait que les natures spirituelles étaient à l'image de Dieu et, en même temps, elle les immobilisait. La séparation visible, définie dans l'espace, entre les êtres bons et les êtres mauvais a le dernier mot. L'empathie n'y a pas sa place. Le pardon ne sera pas accordé. Toutefois, durant tout le Moyen Âge, n'y a-t-il eu aucun chrétien à penser autrement ? Je reviendrai sur cette question.

1. Évoquer les démons en tant qu'*incubi* et *succubi*, cela faisait partie du patrimoine de la philosophie morale et de sa terminologie. De quelle façon le Diable faisait-il en sorte que les hommes y prennent part, même si les démons n'ont aucun pouvoir de procréation, personne ne l'a mieux décrit que Bonaventure (Bonaventure, In 2 Sent. 8, 1, 3, qu. 3, in *Opera omnia*, t. 2, ad Claras Aquas (Quaracchi), Collegium S. Bonaventurae, 1885, p. 220) : « Primo enim succumbunt viris in specie mulieris et ex eis semen pollutionis sucipiunt et quadam sagacitate ipsum in sua virtute cnstodiunt et postmodum, Deo permittente, fiunt incubi et in vasa mulierum transfundunt, ex qua transfusione homines generari possunt ».

CHASSE AUX SORCIÈRES

Le succès d'un inquisiteur

Comment le Diable et ses anges se portaient-ils vers l'an 1500 ? Au début du siècle, Ulrich von Hutten se réjouissait à quel point c'était un plaisir de vivre à cette époque. La nouvelle joie de vivre avait-elle alors évincé le vieux Satan ? Boccace racontait l'histoire de la fiole ayant recueilli la sueur versée par saint Michel lors de son combat contre le Diable (*Decameron* VI 10, 45). Se moquait-il déjà, vers 1350, de la croyance en l'existence du Diable ? Celui-ci devait pourtant être encore présent à Erfurt en 1505, car Martin Luther, depuis son entrée au couvent, se battait « de toute évidence contre le Diable » [1]. La prétendue libération « moderne » de la contrainte exercée par le Diable ne se produisit manifestement pas partout au moment précis où commençait le siècle nouveau. Le paysage intellectuel présente un relief accidenté. En fin de compte, il appartient presque au bien commun de la recherche historique récente de considérer qu'en Europe occidentale, la période comprise entre 1450 et 1680 était celle qui avait connu la peur du Diable la plus vivace et la persécution des sorcières la plus cruelle, malgré quelques fluctuations, et aussi certains pics atteints en 1590, 1630 et 1660. Marquer la césure en 1500 ne vaut donc pas grand-chose. À ce propos, n'oublions pas les sarcasmes de Rabelais, ni les *Colloquia* d'Érasme (1518), où il se moque de l'exorcisme. Le mépris envers les exorcismes catholiques, considérés comme des rituels magiques, était un élément récurrent de la polémique contre l'Église romaine.

1. O. Scheel, *Martin Luther. vol. 2 : Im Kloster*, Tübingen, J. C. B. Mohr (P. Siebeck), 1930, p. 8.

Il faut rappeler les éléments suivants afin d'évaluer historiquement « l'ensorcellement » qui s'empare de l'Europe à partir du XV e siècle : les relations sexuelles avec des êtres de l'au-delà étaient connues depuis les Grecs anciens ; l'idée de pacte avec le Diable était elle aussi ancienne, elle avait d'ailleurs été entérinée par Augustin. Des sorciers et des magiciens qui avaient causé des préjudices à un village ou à un voisin étaient accusés et persécutés pratiquement partout, dès l'Antiquité. Le droit germanique le plus ancien, issu de l'ère précarolingienne, les punissait [1]. L'Église lutta longtemps contre les vestiges de « supersitions » païennes. Les pénitentiels et les listes de péchés y font référence. Le texte appelé *Canon Episcopi*, datant de l'an 900 de notre ère, et le pénitentiel de Burchard de Worms (vers 1025) mentionnent les vols de sorcières dans les airs et la consommation de chair de jeunes enfants comme d'anciennes superstitions condamnées par l'Église [2]. Les lexiques de langue latine classique mentionnent les termes *incantatio* et *incantator* pour se référer aux mauvais sorts. Ils connaissent aussi *maleficium*, tiré de *malefacere* « infliger le mal », mais dans le sens général de « mauvaise action », qui comprend celle de maléfice ; c'est pourquoi on trouve aussi *maleficus* au sens de « malfaisant ». La signification de *maleficus* ou *malefica* se resserre au cours du Moyen Âge pour ne désigner que le sorcier ou la « sorcière ». Par ce terme, on désigne un individu, généralement une femme, qui a conclu un pacte avec le Diable et qui, avec l'aide de ce dernier, peut porter préjudice à d'autres individus, en particulier à des nourrissons avant leur baptême, ou à du bétail appartenant au voisin. Avec l'aide du Diable, elle peut aussi s'envoler dans les airs et rejoindre des rassemblements de sorcières, organisés selon une anti-liturgie célèbrant des messes noires suivies d'orgies sexuelles. À la fin du Moyen Âge, il était

1. Démontré par J. F. Niermeyer, « maleficus », dans : *Mediae latinutatis Lexicon minus*, volume 2, Darmstadt, Wissenschaftliche Buchgesellschaft, 2002, p. 823-824.

2. Texte cité par J. Hansen, *Quellen und Untersuchungen zur Geschichte des Hexenwahns und der Hexenverfolgung im Mittelalter*, Bonn, Carl Georgi, 1901, p. 38-42.

caractéristique de dire de la « sorcière » qu'elle associe maléfices et hérésie. Les théologiens avaient inventé la représentation suivante : la sorcière appartient à une organisation anti-chrétienne, dont elle reçoit la formation appropriée. Le latin classique propose aussi un terme pour la désigner : *strix*, *strigis* (f.), l'oiseau de nuit issu des fables, suçant le sang des enfants tel un vampire, mais qui peut aussi désigner une vieille dame qui s'en prend aux enfants [1], d'où a été tiré *striga*, *strigae* (f.), la sorcière. Au cours de la grande vague de persécutions, on ajouta à l'ancienne association des démons comme incubes et succubes, le fait que la sorcière vénérait le Diable en sa qualité d'être suprême, qu'elle mettait donc celui-ci à la place de Dieu et qu'elle offensait ainsi la majesté divine. Et qu'elle était donc hérétique. Les signes caractéristiques de la sorcière, tels qu'on les définissait au Moyen Âge tardif et sur une période allant jusqu'à 1700, avaient commencé à apparaître bien avant. L'idée de pacte avec le Diable renvoyait à l'idée qu'un homme n'attend pas l'aide de Dieu, mais celle du Diable. À la première moitié du XIIIe siècle, Guillaume d'Auvergne soutenait certes que maintes choses racontées à ce sujet, ou qui semblaient avoir eu lieu, n'étaient en fait que des élucubrations, mais il rapportait aussi des histoires de vieilles femmes qui avaient déshonoré Dieu en s'offrant au Diable. Même si parfois seulement elles apparaissaient sous la forme de vieilles dames, en tout cas elles pénètraient dans les maisons et y dérobaient des enfants [2]. En Enfer, Dante rencontre des femmes qui connaissent les herbes et qui, à l'aide de poupées de cire, jettent des sorts contre des gens à distance (*Inferno* 20, 121).

1. Références sur le haut Moyen Âge fournies par J. F. Niermeyer, *Mediae latinitatis lexicon minus*, vol. 2, Darmstadt, Wissenschaftliche Buchgesellschaft, 2002, p. 1298. De plus, voir aussi J. Franck, *Geschichte des Wortes Hexe*, dans J. Hansen, *Quellen und Untersuchungen zur Geschichte des Hexenwahns und der Hexenverfolgung im Mittelalter*, Bonn, Carl Georgi, 1901, p. 614-670.

2. Guillaume d'Auvergne, « De universo » 2, 24 in *Guilielmi Alverni Opera omnia*, volume 1, Paris, J. Lacaille, 1674 (réimpr. Frankfurt-am-Main, Minerva, 1963), p. 1066.

Tous ces facteurs vont renforcer, au XVI e siècle, la présence du Diable dans le quotidien européen : la Réforme et la contre-réforme, la période de bouleversements sociaux, économiques et politiques qui accompagne les guerres de religion, en particulier en France et en Allemagne; l'importance accrue de l'administration et de sa bureaucratie; le passage du procès en accusation au procès d'inquisition; l'éducation religieuse individualisée et consolidée, en particulier auprès des femmes; les attentes apocalyptiques; les polémiques confessionnelles, la diffusion des récits d'événements et des débats du moment grâce à l'imprimerie. Les discussions sur la vraie religion, ainsi que les controverses et les sermons, gagnent en intensité. La peur de l'Enfer, les tourments individuels de la conscience, s'accompagnent de nouvelles expressions des idées chrétiennes, et accentuent la ferveur religieuse. Le nombre de possédés, de sorcières, d'exorcistes et de sceptiques augmente aussi. Ces phénomènes sont liés entre eux, car la possession renvoie souvent aux ensorcellements, même si ceux-ci ne jouaient aucun rôle dans le cas des possédés du Nouveau Testament.

Brian P. Levack a parlé à juste titre de la « démonisation de la culture religieuse » au cours du XVI e siècle [1]. Pour quitter ce tableau général, je vais étudier plus précisément quelques textes sur la situation du Diable autour de 1500. Mes deux sources sont séparées d'une trentaine d'années l'une de l'autre. Qu'on les considère ensemble ou selon leurs régions respectives, en l'occurrence en Allemagne et en Italie, elles illustrent bien les représentations divergentes que l'on se fait du Diable du début du XVI e siècle. Il s'agit d'une part du *Malleus maleficarum*, le *Marteau des sorcières* des inquisiteurs Heinrich Kramer Institoris et Jacques Sprenger, datant de 1486-1487, et d'autre part du texte de Pietro Pomponazzi sur les sortilèges, *De incantationibus*, de 1520 [2]. J'ai choisi ces deux textes parce qu'ils illustrent de façon marquante la constellation

1. B. P. Levack, *The Devil Within*, *op. cit.*, p. 195.
2. *Ibid.*, p. 82.

intellectuelle satanologique peu avant et peu après 1500. L'un comme l'autre a eu des précurseurs et des successeurs [1].

Le *Marteau des sorcières* surprend par sa sévérité et par son inflexibilité [2]. Il fournit aux inquisiteurs des incitations à sévir durement, à ne pas fléchir et surtout à ne pas se laisser impressionner

1. Concernant les précurseurs du *Marteau des sorcières*, je mentionnerai uniquement : Nicolas Eymerich (Nicolaus Eymericus), texte de 1369 cité par J. Hansen, *Quellen und Untersuchungen zur Geschichte des Hexenwahns und der Hexenverfolgung im Mittelalter*, Bonn, Carl Georgi, 1901, p. 66, et sur le *Formicarius* de Johannes Nider de 1435. Les non-spécialistes ont tendance à isoler le *Marteau des sorcières*. Pour corriger cela, les recherches de Martine Ostorero sont utiles. En ce qui concerne le *Formicarius*, il faut consulter M. D. Bailey, *Battling Demons. Witchcraft. Heresy and Reform in the Late Middle Ages*, University Park, Pennsylvania State University Press, 2003. Pour ce qui concerne les successeurs du *Malleus*, il faut mentionner : Silvester Prierias, *De strigimagarum daemonumque mirandis*, Rome, Antonio Blado da Asolo, 1521 ; Nicolas Remy, *Demonolatriae libri tres*, Lyon, Vincent, 1595 ; Martin Del Rio, *Disquisitionum magicarum libri*, Mainz, Petrus Henningius, 1617 ; Francesco Guazzo, *Compendium maleficarum*, Milan, Eredi di Agostino Tradate, 1608. Pour les répercussions de Pomponazzi et d'autres sur l'inventeur du joint de Cardan, cf. Hieronymus Cardanus, *De subtilitate*, Paris, Michel Fezandat et Robert Granion, 1552 et *De varietate rerum*, Avignon, Mathieu Vincens, 1558.

2. La littérature sur les sorcières est abondante et souvent peu satisfaisante. Parmi les études plus anciennes, je rappelle encore les exemples suivants dignes d'intérêt : J. Hansen, *Zauberwahn, Inquisition und Hexenprozeß und die Entstehung der großen Hexenverfolgung*, München, R. Oldenbourg, 1900 ; J. Hansen, *Quellen und Untersuchungen zur Geschichte des Hexenwahns und der Hexenverfolgung im Mittelalter*, Bonn, Carl Georgi, 1901. Un travail historique intéressant d'orientation régionale : H. H. Gebhard, *Hexenprozesse im Kurfürstentum Mainz im 17. Jahrhundert*, Aschaffenburg, Geschichts- und Kunstverein Aschaffenburg, 2e éd. 1991 (1re éd. 1989). Ce livre bien écrit permet de prendre conscience de la difficulté de mener une recherche locale et régionale sur la sorcellerie. Des études importantes et plus anciennes du domaine de l'histoire régionale : H.C. E. Midelfort, *Witch Hunting in Southwestern Germany*, 1582-1684, Stanford, Stanford University Press, 1972 ; G. Schormann, *Hexenprozesse in Nordwestdeutschland*, Hildesheim, August Lax, 1977 ; M.-S. Dupont-Bouchat, W. Frijhoff, R. Muchembled, *Prophètes et sorcières dans le Pays-Bas*, XVIe-XVIIIe siècle, Paris, Hachette, 1978 ; G. Henningsen, *The witches'advocate. Basque Witchcraft and the Spanish Inquisition*, Reno, University of Nevada Press, 1980 ; Pour une vue d'ensemble : B. P. Levack, *La grande chasse aux sorcières en Europe aux débuts des Temps modernes*, Seyssel, Champ Vallon, 1991 ; Pour un survol de la question, voir B. P. Levack, *The Devil Within*, *op. cit.*

par les larmes des femmes. Ce texte va au-delà du simple texte juridique et du programme de politique ecclésiastique. Il établit tout un « système » de justifications théoriques. En lui convergent la théologie et la philosophie naturelle, l'expérience professionnelle de l'inquisiteur et toutes sortes d'éléments traditionnels chrétiens. Les dominicains Heinrich Kramer (Henry Institoris) et Jacques Sprenger s'enorgueillissent de leurs succès remportés lors des chasses aux sorcières, ils y précisent les lieux de leurs actions et le nombre de leurs victimes. Kramer, né en Alsace, était inquisiteur en Allemagne méridionale depuis 1479. Il avait rencontré des résistances considérables et il avait étayé son travail sur une argumentation scientifique et sur l'autorité du Pape. Les deux inquisiteurs s'étaient

Avant de mentionner une sélection de littérature secondaire plus récente concernant les pratiques locales, je voudrais évoquer un texte important, dont le lecture me paraît indispensable : A. Borst, « Anfänge des Hexenwahns in den Alpen », dans A. Borst, *Barbaren, Ketzer und Artisten : Welten des Mittelalters*, München-Zürich, R. Piper, 1988, p. 262-288. Ce texte a été traduit en anglais, voir A. Borst, *Medieval Worlds : Barbarians, Heretics and Artists in the Middle Ages*, trad. anglaise E. Hansen, Chicago, University of Chicago Press, 1992. En outre, il faut aussi signaler les ouvrages suivants en raison de leur intérêt : A. Macfarlane, *Witchcraft in Tudor and Stuart England. A Regional and Comparative Study*, London, Routledge, 1999 (1re éd. 1970) ; B. Gehm, *Die Hexenverfolgung im Hochstift Bamberg*, Hildesheim, G. Olms, 2000 ; T. Kleefeld, H. Gräser, G. Stepper, *Hexenverfolgung im Markgraftum Brandenburg-Ansbach*, Ansbach, Historischer Verein für Mittelfranken, 2001 ; F. Kuisl, *Die Hexen von Werdenfels. Hexenwahn im Werdenfelser Land, rekonstruiert an Hand der Prozeßunterlagen 1589-1596*, Garmisch-Partenkirchen, Adam Verlag, 2002 (1re éd. 1979) ; M. de Certeau, *La possession de Loudun*, Paris, Gallimard, 2005 (1re éd., Paris, Julliard, 1970) ; R. Füssel, *Hexen und Hexenverfolgung in Thüringen*, Erfurt, Landeszentrale für politische Bildung Thüringen, 2006 (2e éd., 1re éd. 2001) ; B. Gross, *Hexerei in Minden. Zur sozialen Logik von Hexenverdächtigungen und Hexenprozessen (1584-1684)*, Münster, Aschendorff, 2009 ; B. Rosental (éd.), *Records of the Salem witch-hunt*, Cambridge-New York, Cambridge University Press, 2009 ; W. Behringer, *Hexen und Hexenprozesse in Deutschland*, München, Deutscher Taschenbuch Verlag, 2010 (1re éd. 1988) ; J. Roehrig, *L'holocauste des sorcières d'Alsace : un effroyable massacre au cœur de l'Europe humaniste*, Strasbourg, La Nuée bleue, 2011 ; W. Deferner, *Hexen-Protokolle 1628-1630 im Amt Steinbach*, Baden-Baden, Historischer Verein für Mittelbaden, 2011 ; W. Rummel, *Hexen und Hexenverfolgung in der frühen Neuzeit*, Darmstadt, Wissenschaftliche Buchgesellschaft, 2012 (2e éd., 1re éd. 2008) ; M. Gaskill, *Witchcraft : a very short introduction*, Oxford, Oxford University Press, 2010.

procuré l'approbation papale et firent ainsi précéder leur livre de la bulle du Pape Innocent VIII (1484-1492) *Summis desiderantes affectibus*, 1484. Le Pape y déplore que des hommes et des femmes, en particulier en Allemagne, se soient laissés entraîner par des démons, par des incubes et des succubes. Les naissances ont été compliquées ou empêchées par des ensorcellements et des manigances, par des incantations et des sorts. Des dommages ont été causés aux animaux, aux vignobles et aux vergers. L'ennemi du genre humain incite les hommes à commettre d'indescriptibles crimes. Le Pape accorde donc son soutien aux deux inquisiteurs, y compris lorsqu'il s'agit de poursuivre des personnes haut placées. Il leur donne le droit de les remettre au bras séculier. Les auteurs firent aussi précéder leur ouvrage d'une explication de l'université de Cologne, probablement contrefaite, qui renvoie à la bulle papale et déplore que certains directeurs spirituels et prédicateurs aient assuré au peuple que les démons n'existaient pas ou qu'en tous les cas, ils ne pouvaient infliger aucun dommage [1]. Celui qui semait de tels doutes devait être poursuivi en tant qu'hérétique [2]. Apparemment tout le clergé, y compris en Allemagne, n'était pas du même avis que les inquisiteurs. Quelques chefs spirituels et prédicateurs contestaient ouvertement l'existence de sorcières et leur incidence sur le monde réel [3]. Il y avait aussi des défenseurs des sorcières [4]. On soutenait l'opinion selon laquelle les effets présumés des démons et des sorcières n'étaient que le fruit de l'imagination, et qu'ils existaient seulement *in estimatione hominum* [5]. Ce scepticisme, attesté dans les faits, contraignait les auteurs (ou, mieux : l'auteur) du manuel des inquisiteurs à fournir une justification théologique et philosophique à la croyance aux sorcières. Ils ne pouvaient se

1. H. Institoris et J. Sprenger, *Le Marteau des sorcières*, trad. fr. A. Danet, Grenoble, Jérôme Millon, 2009 (3 e éd., 1 re éd., Paris, Plon, 1973), 1 re partie, qu. 1, p. 106.

2. *Ibid.*, p. 113.

3. *Ibid.*, p. 113-114.

4. *Ibid.*, qu. 2, p. 117.

5. *Ibid.*, qu. 1, p. 106, « ceux-là ne croient pas non plus à l'existence des démons, sinon dans l'esprit du peuple ».

contenter d'une argumentation juridique. Ils expriment à plusieurs reprises le souhait que le contenu principal du livre fasse l'objet de sermons auprès du peuple [1].

Heinrich Kramer (Institoris) est probablement l'auteur principal du livre. Dorénavant, il sera le seul nommé : la contribution de Jacques Sprenger est difficile à préciser. Kramer met en place une œuvre complexe de justification qui s'ouvre par une série de citations bibliques. En effet, la Bible incite à tuer toutes les sorcières et tous les mages, *maleficos et incantatores* (*Exode* 22 : 17). Il cite le *Deutéronome* 18, qui énumère toute une série de pratiques magiques interdites : écouter un oracle, passer au feu, interpréter des signes dans les nuages, lire l'avenir dans une coupe de vin, invoquer les esprits des défunts, interroger les devins. Les faux prophètes doivent mourir (*Deutéronome* 18 : 20). À partir du *Lévitique* 19 : 26-31, il justifie l'interdiction de pratiquer la divination et la magie, de tatouer des signes sur le corps, d'écouter ceux qui consultent les morts et les devins. À partir du *Lévitique* 20 : 1-5, il conclut que tous ceux qui livrent leurs enfants en offrande au dieu Moloch doivent être tués. Ce don d'enfants, véritable offrande faite à une idole, joue un rôle important dans la description de la sorcellerie faite par Kramer. L'Ancien Testament est considéré dans chaque phrase comme une parole divine dotée d'une valeur contraignante, littéralement inspirée, et c'est pourquoi personne ne pouvait contester l'autorité divine dans les listes archaïques de vices, d'impératifs sexuels et d'ordres d'exécutions. Le récit de Job fournit la preuve du véritable pouvoir du Diable et, dès la première page du *Malleus*, Kramer cite le chapitre conclusif du *Livre de Job* (41 : 25) : il n'y a sur terre aucun pouvoir équivalent à celui du Diable, *Non est potestas super terram, quæ ei valeat comparari* [2]. Le christianisme rigoriste de l'expert ès sorcières au XVe siècle repose sur la pérennité de la Bible hébraïque en tant que texte juridique et sur la leçon des théologiens qui admettent son inspiration littérale.

1. H. Institoris et J. Sprenger, *Le Marteau des sorcières*, *op. cit.*, qu. 10, p. 191 ; le texte fait référence au *Canon Episcopi*.

2. *Ibid.*, qu. 1, p. 106.

LA THÉORIE DE LA CHASSE AUX SORCIÈRES SELON AUGUSTIN ET THOMAS D'AQUIN

Afin de donner une justification à cette chasse aux sorcières, Kramer présente, outre la Bible, un dossier abondant composé de passages de Pères de l'Église. Augustin y occupe une place de choix : le péché originel qui a eu lieu au Paradis apparaît comme la première grande réussite de Satan dans l'histoire de l'humanité. Considéré du point de vue d'Augustin, il a beaucoup apporté à la sorcellerie [1]. Kramer explique, suivant en cela Augustin, que les pouvoirs des magiciens du pharaon sont capables de changer des bâtons de bois en serpents [2]. Il se réfère à lui pour affirmer que les *malefici* provoquent des maladies et même la mort [3]. Il se rapporte encore aux textes d'Augustin pour en reprendre les condamnations sévères de la magie [4]. Là où Augustin fait quelquefois preuve de retenue, en ce qui concerne sa connaissance des anges, des démons ou des particularités de l'Enfer, le *Marteau des sorcières* complète ses descriptions à partir des sermons du très loquace Grégoire Ier. Kramer connaît aussi d'autres théologiens plus anciens : il cite Jérôme et Chrysostome, Boèce, Jean Cassien et Denys l'Aréopagite.

La présence de Thomas d'Aquin est incomparablement plus marquée dans le *Malleus*. Le dominicain Kramer présente son « Marteau » comme étant inspiré par le maître de son ordre. Dès la première page, il cite sa profession de foi quant aux démons : on ne peut être chrétien sans croire à l'existence et à l'efficacité des démons. Contre les trois erreurs principales – 1) il n'existe absolument pas de démons, 2) ils n'agissent pas réellement, 3) ils agissent seulement dans l'imagination – Kramer invoque le jugement de saint Thomas : les idées de ce genre contredisent radicalement (*omnino*) les autorités de l'Église ; leur racine est l'incroyance. Être convaincu de la réalité de la sorcellerie appartient à la foi chrétienne.

1. *Ibid.*, 1re partie, qu. 7, p. 174 et qu. 9, p. 184–185.
2. *Ibid.*, qu. 1, p. 112.
3. *Ibid.*, qu. 1, p. 112.
4. *Ibid.*, qu. 6, p. 156.

Celle-ci explique que les démons sont des anges déchus, qui nous causent du tort. Ils peuvent notamment compromettre les relations intimes et ainsi le mariage [1].

Thomas avait cité l'explication suivante, pleine de compréhension pour la croyance en l'existence des démons : elle surgit parce que les hommes sont effrayés par les événements inexpliqués de la nature et du monde des hommes. Après avoir longuement pensé à ces questions, les hommes ont fini par voir les démons de leurs propres yeux. Thomas rejetait cette théorie rationaliste ou naturaliste. Il la rejetait pour son infidélité, mais il citait tout de même cette opinion sur l'origine de la croyance au Diable comme un geste de défense contre la peur. Il la décrivait au passé : elle apparaissait dans l'Antiquité et provenait de médecins arabes, mais il la combattait à présent ; et Kramer la mentionne comme une sorte de devise en tête de son ouvrage. Thomas parle du *maleficium* de façon asexuée : la fixation misogyne sur le monstre *féminin* provient du seul Kramer, qui justifie en détail son mépris envers les femmes. Toutefois, le fait que la sexualité soit le champ d'action privilégié des démons figure également chez Thomas : c'est parce que le péché adamique, par lequel l'homme est devenu l'esclave du Diable, est transmis par

1. Thomas d'Aquin, *Commentaire des Sentences de Pierre Lombard*, lib. 4, d. 34, qu. 1, a. 3, trad. fr. J. Ménard : http://docteurangelique.free.fr/bibliotheque/sommes/SENTENCES2.htm : « Certains ont dit que le sortilège n'existait en ce monde que dans le jugement des hommes, qui imputaient à des sortilèges les effets naturels dont les causes sont cachées. Mais cela est contraire aux autorités des saints, qui disent que les démons ont un pouvoir sur les corps et sur l'imagination des hommes, lorsque Dieu le leur permet. Aussi peuvent-ils accomplir par eux des signes de sortilège. Or, cette opinion vient en sa racine de l'incroyance ou de l'incrédulité, car ils croient que les démons n'existent que dans le jugement du peuple, de sorte qu'il impute au Démon les terreurs que l'homme provoquent pour lui-même par son jugement et aussi parce que certaines figures auxquelles l'homme croit surgissent d'une imagination impétueuse dans le sens et qu'on croit alors voir des démons. Mais la vraie foi répudie cela : par elle, nous croyons que les anges sont tombés du ciel et que les démons existent, et que, par la subtilité de leur nature, ils peuvent faire beaucoup de choses que nous ne pouvons pas. Ainsi, ceux qui les incitent à faire de telles choses sont appelés des sorciers. » (Texte latin, *Scriptum super libros sententiarum*, lib. 4, d. 34, qu. 1, a. 3, édition électronique des *Opera omnia* de Thomas d'Aquin, E. Alarcón (éd.) : http://www.corpusthomisticum.org/snp4034.html).

l'acte de procréation que le pouvoir des sorcières se manifeste le plus souvent dans la sexualité [1].

Thomas procure ainsi à Kramer et Sprenger une garantie dogmatique pour la croyance au Diable et aux démons. Il la défend en tant que doctrine de l'Église, contre l'explication psychologique qu'il rejette, la rattachant volontiers au péché originel et à la sexualité. Il distingue l'infertilité passagère causée par un envoûtement de la frigidité permanente. Il ne reconnaît que cette dernière comme motif d'empêchement au mariage. Magie et sorcellerie étaient déjà interdites et poursuivies dans le droit antique. Les capitulaires carolingiens y avaient ajouté des règles juridiques : le *Canon Episcopi* du recueil de droit ecclésiastique datant de l'époque carolingienne tardive. Cette directive avertissait les évêques, *episcopi* (d'où son titre), de ne pas tolérer que les fantasmes provoqués par le Diable, qui évoquent des voyages nocturnes des sorcières, soient interprétés comme des événements réels ayant lieu dans le monde sensible. Le texte date de l'an 900 environ, et il est repris dans plusieurs recueils juridiques ecclésiastiques, y compris dans le *Decretum* de Gratien [2]. Celui qui, au Moyen Âge, voulait semer le doute concernant la sorcellerie trouvait un appui dans cette prétendue décision conciliaire, puisqu'elle affirmait que les vols nocturnes de sorcières n'avaient pas réellement lieu, et qu'il s'agissait d'illusions provoquées par le Diable. D'autres faits imputables aux sorcières seraient-ils, eux aussi, une pure tromperie diabolique, et non pas une réalité factuelle pouvant servir de preuve en cour de justice? Le Canon expliquait certaines choses telles que les déplacements dans les airs comme des chimères et des tromperies diaboliques. Le *Malleus* rejette cette conception des choses comme superficielle et

1. Thomas d'Aquin, *Commentaire des Sentences de Pierre Lombard*, lib. 4, d. 34, qu. 1, a. 3, ad 1, trad. fr. J. Ménard : http://docteurangelique.free.fr/bibliotheque/sommes/SENTENCES2.htm : « [...] la puissance du sortilège est permise au Diable par Dieu pour cet acte plutôt que pour d'autres [...] » (Texte latin, *Scriptum super libros sententiarum*, lib. 4, d. 34, qu. 1, a. 3, ad 1, édition électronique des *Opera omnia* de Thomas d'Aquin, E. Alarcón (éd.) : http://www.corpusthomisticum.org/snp4034.html).

2. Texte cité par J. Hansen, *Quellen und Untersuchungen...*, *op. cit.*, p. 38-39.

même hérétique. Il insiste, contre le *Canon Episcopi*, sur la réalité physique du déplacement dans les airs. Gratien citait les anciennes prescriptions juridiques et en tirait de lourdes conséquences : les voyants, les haruspices, les mages, les devins et tous les hommes qui avaient des pratiques similaires devaient être écartés de l'Église. S'ils ne revenaient pas dans le droit chemin, ils seraient exclus pour toujours [1]. Kramer renvoie à la littérature juridique ecclésiastique plus récente, citant en particulier Henri de Suse, qui avait occupé jusqu'en 1271 la fonction de cardinal-évêque d'Ostie et qui était dès lors désigné comme Ostiensis ou Hostiensis [2]. Kramer en donne le résumé suivant : tous ceux que le peuple appelle les « *malefici* » et tous ceux qui pratiquent les arts divinatoires devront être exécutés, *patientur capitalem penam* [3]. Il dresse la liste des instruments de torture à utiliser lors des interrogatoires. La question de savoir quelles procédures il fallait appliquer aux sorcières est aussi restée un problème *juridique* jusqu'à la deuxième moitié du XVIIIe siècle.

Je reviens à la présence de Thomas d'Aquin dans le *Marteau des sorcières*. Kramer le cite sans cesse et renvoie aux chapitres de la *Summa contra Gentiles* III, 102-107. D'après ceux-ci, les démons accomplissent des prodiges en vertu de leur nature supérieure, mais

1. *Corpus Iuris Canonici, Secunda pars*, causa XXVI qu. 5 c. 13 éd. Erich Friedberg, volume 1, Leipzig, 1879 col. 1032. À propos du *Canon Episcopi*, voir *ibid.*, c. 12 col. 1030-1031. Aussi chez J. Hansen, *Quellen und Untersuchungen…*, *op. cit.*, p. 38-39. Je profite de l'occasion offerte par la référence à Joseph Hansen pour mentionner quelques livres plus anciens, qui sont encore utiles. Cela vaut même pour la présentation de la sorcellerie dans le livre de l'auteur catholique Johannes Janssen, rendu célèbre par Nietzsche, *Geschichte des deutschen Volkes seit dem Ausgang des Mittelalters*, 8 volumes, Freiburg im Breisgau, Herder, 1876-1894, p. 494-694, que l'historien de la papauté Ludwig von Pastor, grand défenseur de la foi, a publié après la mort de Janssen. Mis à part les querelles confessionnelles, le livre présente des textes remarquables. Un classique : W. G. Soldan-Heppe, *Geschichte der Hexenprozesse, neu bearbeitet und herausgegeben von Max Bauer*, München, Georg Müller, 1911 (1re éd., Stuttgart-Tübingen, J. G. Cotta, 1843).

2. Par exemple dans le passage suivant : *Le Marteau des sorcières*, *op. cit.*, 1re partie, qu. 1, p. 114.

3. *Le Marteau des sorcières*, *op. cit.*, 1re partie, qu. 1, p. 109-110 : « On doit savoir que tous ceux que les gens appellent sorciers et qui se disent initiés à quelque art de la divination sont passibles de la peine capitale ».

seul Dieu peut réaliser des miracles dans le sens qui a été défini précédemment. En tant qu'êtres spirituels, ils ne peuvent pas non plus causer de dommages sensibles sans l'aide des sorcières, car la causalité dans le monde sensible n'est possible que par le contact [1]. Kramer suit la théorie de la magie développée par Thomas dans la *Somme contre les Gentils* III, 104-107. Thomas y mène une analyse de la magie qui apporte une preuve de l'existence du Diable : la magie comprend des éléments intellectuels ; elle peut transmettre un véritable savoir ; elle permet le dialogue avec les esprits, elle doit donc avoir comme instigateur un être spirituel ; elle ne peut pas être expliquée uniquement par les phénomènes naturels ou par l'influence des corps célestes.

Thomas propose donc une sorte d'argumentation philosophique contre la réduction naturaliste des expériences diaboliques. Il revêt par ailleurs une importance particulière pour le *Malleus* sur les points doctrinaux suivants :

Premièrement, Thomas fournit à l'inquisiteur Kramer des formulations qui semblent établir un équilibre entre l'indestructible hégémonie de Dieu sur le monde et l'efficacité réelle et soutenue de Satan.

Deuxièmement, Thomas contribue à expliquer d'une façon plus large l'influence de Satan sur la vie intérieure de l'homme et permet ainsi d'accentuer la signification sociale de la sorcellerie : bien que l'intellect humain doive demeurer ouvert à la seule influence directe de Dieu, tout comme le libre arbitre, l'intellect humain est toutefois dépendant de représentations et de fantasmes dans son fonctionnement. C'est pourquoi le Diable peut gêner l'intellect dans son activité. Il gagne du terrain sur la citadelle intérieure des hommes. Pour ce faire, Kramer a besoin de la théorie thomiste de la connaissance, et en particulier de la thèse de la dépendance de la pensée humaine à l'égard de ses représentations.

1. H. Institoris et J. Sprenger, *Le Marteau des sorcières*, *op. cit.*, 1 re partie, qu. 2, p. 117 : « Et d'abord dans l'ordre de la génération, où toute action se fait par contact [...] ».

Troisièmement, dans le *Marteau des sorcières*, Thomas permet d'expliquer les théories de la physique aristotélicienne au sujet des modalités des effets que les agents spirituels ont sur le monde corporel. À l'exception de Dieu, ils ne peuvent produire que des changements *locaux* et aucun effet quantitatif ou qualitatif. En matière de philosophie aristotélicienne de la nature, le *Marteau des sorcières* abonde dans le sens de l'interprétation thomiste. La physique d'Aristote ne laissait pas de place aux démons, mais Kramer veut montrer que l'explication purement immanentiste des apparitions surnaturelles, relevant de la philosophie de la nature et de la médecine, est vouée à l'échec. C'est ce qu'a démontré Thomas dans la *Summa contra Gentiles*, mais la physique aristotélicienne est indispensable à l'explication des actions des démons et des sorcières, car elle insiste sur le fait que ces actions n'ont pas pu se produire par une décision purement mentale, mais requièrent un sujet corporel et une médiation matérielle. Dans tous ces cas, les analyses aristotéliciennes sont valables, dans la mesure où elles démontrent que les interventions spirituelles dans le monde corporel ne sont possibles que par un mouvement local ou par l'application d'un actif présent sur un passif présent.

Ces conditions aristotéliciennes de l'action corporelle étaient utiles à Kramer pour restreindre l'action des démons et des sorcières : ceux-ci sont liés à ce qui est existant. Contrairement à Dieu, ils ne peuvent créer de nouveaux êtres.

De ce fait, Kramer ne limite pas de façon trop stricte la marge de manœuvre des démons et des sorcières : quiconque place une mèche allumée près d'une grange pleine de foin peut mettre le feu à tout un village, par un simple mouvement dans l'espace. Considéré du strict point de vue de la discipline philosophique, ce n'est pas le règne de l'arbitraire ou du chaos : les règles antiques de la philosophie restent en vigueur, même lorsqu'un village entier est en feu. L'événement peut s'expliquer de manière rationnelle. Et en même temps, la présence de Satan reste imposante et les sorcières, extrêmement dangereuses. Il s'agit pour Kramer de montrer que la physique aristotélicienne, dans son interprétation thomiste, ne contredit pas la démonologie.

Quatrièmement, Thomas donne à la doctrine du Diable un vernis profondément philosophique. Il semble vouloir établir un équilibre, sur le plan théorique, entre d'une part la philosophie aristotélicienne de la nature, en particulier la cosmologie aristotélico-arabe et son système d'intelligences régissant les sphères célestes et de sphères immuables, et d'autre part la présence du Diable et les actions concrètes des démons, qui sont étrangères à la doctrine du Stagirite. Il installe la superstition populaire au sein de la construction scientifique grecque du XIIe livre de la *Métaphysique.*

Grâce à Thomas, Kramer insiste sur le fait que le Diable a conservé sa nature angélique supérieure. Cela explique son intelligence et son pouvoir. Il cite Denys, et les dispositions naturelles éblouissantes de Satan, *integra et splendidissima*, lui sont intégralement reconnues. Son esprit se distingue par sa très grande subtilité, sa longue expérience et l'illumination par d'autres esprits supérieurs. Satan reconnaît les plus légères nuances de caractère, c'est-à-dire les différentes dispositions présentes dans les hommes, qui sont dépendantes des corps célestes. Il identifie rapidement celui qui possède de bonnes dispositions pour la magie et la sorcellerie. Il sonde les pensées de notre cœur. Il peut changer les corps humains en substance et accidents, avec l'aide d'autres agents, même s'il ne peut déplacer les corps que de façon locale. Il modifie nos sens externes et internes, et influence aussi par ce biais notre intellect et notre volonté [1].

La présence de la philosophie aristotélicienne de la nature, si elle ne tempérait pas l'ardeur du chasseur, donnait une forme rationnelle aux accusations. Le persécuteur de sorcières identifiait les modes matériels de transmission des actions surnaturelles et les décrivait selon la terminologie de la *Physique* d'Aristote. Il ne se présentait pas comme un adepte de l'obscurantisme, mais plutôt comme un naturaliste. Il n'était pas fidéiste. Il soulignait l'efficience de l'action de Satan et l'existence d'un nombre inimaginable de sorcières – d'où il s'ensuivait que l'étrange activité des sorcières n'était pas

1. H. Institoris et J. Sprenger, *Le Marteau des sorcières*, *op. cit.*, 1re partie, qu. 3, p. 131.

considérée selon l'ordre du miracle, mais selon celui de la nature. Vers 1480, l'interprétation thomiste de la *Physique* d'Aristote n'était plus depuis longtemps la seule, mais elle était celle d'une école encore et toujours puissante. Elle était suffisante pour donner à la chasse aux sorcières une touche scientifique.

En préambule, je me suis demandé pourquoi les doctrines concernant le Diable et les sorcières ont pu se maintenir si longtemps. On peut évoquer ici une raison supplémentaire, la cinquième : Thomas était pourvu d'une légitimité scientifique. Il s'attaquait aux superstitions, mais, en faisant cela, il ne voulait naturellement pas désigner le Diable et les sorcières. Il ne s'agissait pas d'un caprice ou d'un zèle excentrique. Il se tenait du côté de la science. Il encourageait la recherche concernant les processus naturels. Il récusait les opinions excessives concernant les actions à distance provoquées par des esprits. Il expurgeait la physique et la psychologie des légendes sur les interventions purement spirituelles de la part aussi bien de saints que de héros.

Dans la *Somme théologique*, II-II, 94-96, Thomas discute des péchés contre le véritable culte divin. Il y fournit une liste systématique de leurs formes fautives. Kramer en tire son catalogue raisonné des fautes imputables aux sorcières. Il se rapporte [1] explicitement à Thomas (*Somme théologique*, II-II, 94, 4, 2) et établit la distinction suivante :

1. L'idolâtrie, c'est-à-dire l'adoration des idoles. Il s'agit de rendre des honneurs divins à une créature, le plus souvent par le culte de l'image.

2. La *divinatio*, l'art de la prédiction, de la prophétie. C'est un péché, car l'homme s'attribue le fait d'être au-delà du temps, comme Dieu. Kramer apprend de Thomas que toute prédiction de l'avenir renvoie aux démons [2]. Thomas concevait chaque vision illicite de l'avenir comme un pacte avec le Diable ou avec le démon, conclu

1. H. Institoris et J. Sprenger, *Le Marteau des sorcières*, *op. cit.*, qu. 2, p. 120-121.

2. Thomas d'Aquin, *Somme théologique*, II-II, qu. 95, a. 2, ad 3, *op. cit.*, tome 3, p. 597-598.

implicitement ou explicitement [1]. Il s'agissait d'une affirmation particulièrement insidieuse : la sorcière n'était pas obligée de savoir et n'avait pas besoin de reconnaître qu'elle avait conclu un pacte avec le Diable. Si elle ne l'avait pas fait de façon explicite, c'est simplement qu'elle l'avait alors conclu de façon implicite. Et notre inquisiteur tirait cela de Thomas d'Aquin, et par ailleurs d'Augustin (*Cité de Dieu*, 8). Pour tous les trois, il n'y avait pas de magie *naturelle*, mais uniquement une magie *démoniaque.*

Le *Malleus* affirme que les rituels pratiqués par les sorcières reposent essentiellement sur la *divinatio*, et il reprend la division de la *divinatio* établie par Thomas. Thomas distingue les types suivants de prédictions :

La *divinatio* peut être l'œuvre de démons aux accessoires variables et extraordinaires, aux artifices magiques (*praestigium*, d'où vient notre mot « prestige »), que l'on désigne donc par le terme *praestigium* ; ou bien elle a lieu dans les rêves, étant alors désignée par le terme d'oniromancie, *divinatio somniorum* ; on l'appelle nécromancie, évocation des morts, lorsque ce sont des personnes décédées qui nous parlent du futur ; des hommes vivants aussi expriment parfois ce qui va advenir, comme l'Oracle de Delphes, ou encore l'esprit des Enthousiastes, celui des possédés, *in arrepticiis*, ou comme la Pythie, *per pythones*, inspirée par Apollon ; à travers des signes gravés sur le bois, la pierre ou le métal, comme dans la géomancie ; dans l'eau, comme dans l'hydromancie.

Thomas évoque les prêtres romains de l'Antiquité, les haruspices, qui déchiffraient l'avenir dans les entrailles des animaux. Selon les termes de Thomas, ces animaux étaient donnés en offrande aux démons sur un autel (*Somme théologique*, II-II 95, 3 ; 1er partie, question 2 chez Kramer [2]).

1. Thomas d'Aquin, *Somme théologique*, II-II, qu. 95, a. 2, ad 2, *op. cit.*, p. 597 : « Une telle divination se rattache au culte des démons en tant qu'on fait avec eux un pacte tacite ou exprès ».

2. H. Institoris et J. Sprenger, *Le Marteau des sorcières*, *op. cit.*, 1re partie, qu. 2, p. 120-121.

Thomas propose une large palette de savoirs concernant l'avenir. Il fait allusion à la mancie gréco-romaine et aux oracles. Le *De divinatione* de Cicéron fait le récit de la lecture des signes prédisant l'avenir, aussi ancienne que l'humanité. Thomas mentionne des prédictions astrologiques et astronomiques qu'il qualifie d'art de l'horoscope. Le souci de l'avenir, qui est pour Kramer le principal signe conduisant au soupçon de sorcellerie, aurait pu constituer selon Cicéron une façon de se rapprocher de la divinité, s'il n'avait pas été si discutable du point de vue de la théorie de la connaissance : il avait pesé le pour et le contre des théorie stoïciennes de la prédiction. La Bible en proposait encore d'autres formes : *Isaïe* 8 : 19 met en garde contre le fait d'interroger les esprits des défunts et contre les experts en magie. Dans le Nouveau Testament, des rêves dévoilent des opportunités et des dangers futurs. Des mondes historiques surgissent à l'arrière-plan de l'inquisiteur du XVe siècle : des histoires de miracles antiques, des philosophèmes classiques, des tablettes magiques païennes, des récits néotestamentaires, des théorèmes scolastiques. Tous ces mondes constituent les espaces interstitiels où s'activent diables et sorcières. Kramer les mobilise afin de rendre vraisemblable l'ordre divin qui exige la destruction de toutes les sorcières.

Les démons et les femmes

Le *Marteau des sorcières* comprend trois parties. La première expose les doctrines théologiques fondamentales du pouvoir et du mode d'action des démons. Elle souligne la pertinence dogmatique de la démonologie. Elle présente les sorcières comme des hérétiques. Celles-ci portent préjudice à la communauté, elles nuisent aux hommes, aux animaux et aux récoltes, mais par-dessus tout, elles ont des opinions et des pratiques contraires à la foi. Elles portent atteinte à la Gloire de Dieu. Elles commettent le crime le plus grave. Elles pèchent contre le premier commandement. C'est pourquoi elles méritent la mort. Par ailleurs, celui qui met en doute l'existence des démons et leur influence est lui aussi un hérétique.

La deuxième partie explique comment combattre de façon préventive les actions des sorcières et de quelle manière on peut les vaincre. Elle décrit les multiples formes que les sorcières prennent pour commettre le mal. Il s'agit ici de prévenir les préjudices sur la santé, en particulier sur le sexe masculin, le *membra virilia*, et de pratiquer les exorcismes.

La troisième partie ne traite plus de la lutte contre les *méfaits* commis par les sorcières, mais elle concerne l'extermination de leur *personne* : comment s'ouvre un procès contre elles, comment il doit être conduit et comment il doit s'achever; quels sont les trois degrés du soupçon de sorcellerie; quel nombre et quelle sorte de témoins; comment mener les interrogatoires et avoir recours à la torture. Le livre s'achève sur une sélection de plus d'une douzaine de formulaires d'arrêtés de condamnation.

Un aperçu général du contenu montre la chose suivante : bien que le *Marteau des sorcières* contienne plus d'éléments théoriques issus de la théologie, de la philosophie et du droit canonique que ce à quoi l'on s'attendrait, avec notamment une priorité donnée à la théorie thomiste de la connaissance et à l'analyse de la causalité physique, il ne s'agit cependant en aucun cas d'un livre théorique, mais plutôt d'un recueil d'instructions accompagnées de leur justification. Celui qui le lit aujourd'hui pour la première fois sera effrayé par sa cruauté. Il sera étonné par sa détermination et par son caractère absolu, ne tolérant aucune exception. Il s'agit d'un programme d'extermination qui repose sur des bases scientifiques, la bénédiction papale et le soutien de l'État. La sorcière a placé le Diable à la place de Dieu : non seulement elle nuit à son prochain, mais elle est une hérétique. Son cas n'est dès lors pas du ressort d'un tribunal séculier, mais de celui de l'inquisiteur, qui la livrera, au terme du procès, au « bras séculier ». L'inquisiteur ne doute pas de la vérité des rapports concernant les délits, qu'il a lui-même suggéré d'avouer aux femmes soumises à la torture. Peut-être, au terme de semaines atroces passées au cachot, certaines femmes ont-elles fini par croire à ce qu'elles avaient avoué sous la contrainte. Elles savaient qu'il était vain de se rétracter, que cela ne les mènerait qu'à de nouvelles tortures.

Le livre du dominicain alsacien a causé des terribles souffrances à d'innombrables femmes. Par sa rigidité, son assurance et son manque d'indulgence, il documente un abîme moral de l'histoire du christianisme. Sa dureté peut-elle être expliquée de quelque manière que ce soit ?

Lorsqu'il lisait dans la *Bible hébraïque* qu'il ne devait pas laisser la vie sauve à une sorcière, on peut supposer que Kramer se soit senti contraint à l'inflexibilité par Dieu lui-même. Dieu dit clairement qu'il veut les voir toutes mortes [1]. Kramer les considérait comme des hérétiques, qui s'étaient livrées au démon à travers l'un de ses simulacres de baptême [2]. Elles sont de ce fait soumises à la législation générale concernant l'hérésie. Elles appartiennent à une contre-église au réseau bien organisé. Elles ont leurs rituels et leurs jours de célébration. Elles constituent un contre-royaume placé sous les ordres d'un chef intelligent. Elles ont conclu un pacte avec le Diable ou un démon et elles disposent de pouvoirs exceptionnels pour nuire aux hommes et aux animaux. Le droit civil les persécutait lui aussi. Pourtant, Kramer savait qu'il existait des doutes concernant l'existence du Diable et de ses anges, mais il avait appris auprès de Thomas que de tels doutes étaient le produit de l'incroyance. Pour Kramer, Thomas avait démontré que l'explication naturaliste de la sorcellerie était réfutable et que les démons appartenaient aussi à la doctrine chrétienne. De leur côté, se range tout ce qui est hostile, nuisible et étrange. À cela s'ajoute le fait que Kramer pensait vivre à la fin des temps [3] : il vit une époque où le Diable exagère particulièrement, car le temps du monde arrive à son terme, la malveillance augmente, et il ne reste plus beaucoup de temps à Satan pour agir [4]. Il veut être vénéré comme Dieu et, pour ce faire, il cherche des êtres assujettis. Lorsqu'il s'agit d'évaluer la persécution des sorcières, il faut prendre en considération le thème

1. H. Institoris et J. Sprenger, *Le Marteau des sorcières*, *op. cit.*, 1 re partie, qu. 1, p. 107.

2. *Ibid.*, 1 re partie, qu. 1, p. 111.

3. *Ibid.*, 1 re partie, qu. 2, p. 121.

4. *Ibid.*, Apologie, p. 101.

apocalyptique, en particulier l'idée de la brièveté du temps qui reste encore à disposition.

Par ailleurs, Kramer pouvait s'appuyer sur une tradition considérable. Les sources antiques ne racontent-elles pas les histoires de Pan et de Diane ? Elles rapportent l'histoire de la magicienne Circé, qui avait changé les compagnons d'Ulysse en porcs [1]. L'Ancien Testament et les nombreux livres d'histoire séculière font le récit de femmes maléfiques. Une vieille femme n'avait-elle pas envoûté et ruiné quatre abbés ? Le *Malleus* concédait que quelques histoires pouvaient bien être fausses, mais il était absurde de les récuser toutes. Pour des hommes sains d'esprit, il tombait sous le sens de ne pas croire toutes les histoires de sorcières : il devait bien y avoir des gens souffrant de maladies psychiques ou de troubles divers, il ne fallait rien exagérer, le Diable ne pouvait agir que dans les limites accordées par Dieu, chaque chrétien avait un ange gardien, nous avions l'eau bénite et les crucifix en bois, cependant un noyau dur très dangereux subsistait. Kramer fait référence à plusieurs reprises à ceux qui demeurent sceptiques quant à l'existence des démons et des sorcières [2]. Il fait l'éloge de saint Thomas, qui combat cette hérésie avec sévérité [3]. Kramer ne fait jamais mention de ses propres doutes et il n'a de cesse de lister les crimes et délits des sorcières. Ils occupent de nombreuses pages du *Malleus* :

– Dans la région de Berne, les sorcières ont dévoré 13 enfants [4].

– Elles tuent avant tout les enfants qui ne sont pas encore baptisés. Elles donnent l'impression trompeuse que ce sont les parents eux-mêmes qui les ont étouffés pendant leur sommeil. Elles volent les cadavres des enfants et les font bouillir [5].

– À Ravensburg, elles ont provoqué des intempéries [6].

1. *Ibid.*, 1re partie, qu. 10, p. 192 ainsi que 2e partie, 1re qu. principale, c. 8, p. 291.
2. *Ibid.*, 1re partie, qu. 8, p. 181.
3. *Ibid.*
4. *Ibid.*, 2e partie, 1re qu. principale, c. 2, p. 255.
5. *Ibid.*, p. 256.
6. *Ibid.*, p. 253.

– Kramer énumère les types (*species*) de délits, en se rapportant à Thomas (*Somme théologique*, II-II, 95) [1]. C'est aussi chez Thomas qu'il trouve l'idée du pacte avec le Diable [2].

– Les sorcières ne sont pas simplement des hérétiques, mais des apostats. Elles renient la foi en présence des démons, elles se donnent à eux corps et âme [3].

– Elles concluent un pacte avec « l'ennemi de la foi » [4].

– Elles commettent des actes obscènes avec les démons [5].

– Elles reconnaissent qu'elles méprisent la foi et les sacrements, non pas par ignorance, mais par malveillance. Leurs péchés sont parmi les plus graves commis depuis Adam [6].

– C'est en tant que sages-femmes qu'elles nuisent le plus à la foi chrétienne. Si elles ne sont pas en mesure de tuer les nouveaux nés, elles les amènent à l'extérieur de la chambre d'accouchement, les enlèvent dans les airs et les offrent aux démons [7].

– Elles parviennent à endommager le membre masculin par des opérations diaboliques : elles peuvent le sectionner, *vere et realiter* [8]. Elles font échouer l'acte sexuel [9]. C'est pourquoi plus d'hommes que de femmes sont ensorcelés [10].

– Elles envoûtent de sorte à provoquer une passion dévorante ou une haine démesurée [11].

1. H. Institoris et J. Sprenger, *Le Marteau des sorcières*, *op. cit.*, 1re partie, qu. 16, p. 220.

2. Thomas d'Aquin, *Somme théologique*, I, qu. 110, a. 4, ad 2, *op. cit.*, tome 1, p. 891-892 ; Thomas d'Aquin, *Somme théologique*, I-II, qu. 100, a. 7, ad 3, *op. cit.*, tome 2, p. 644 ; Thomas d'Aquin, *Somme théologique*, II-II, qu. 95, a. 4, *op. cit.*, tome 3, p. 599-600.

3. H. Institoris et J. Sprenger, *Le Marteau des sorcières*, *op. cit.*, 1re partie, qu. 15, p. 212 et p. 214–215.

4. *Ibid.*, qu. 16, p. 213.

5. *Ibid.*, qu. 14, p. 211.

6. *Ibid.*, qu. 14, p. 210.

7. *Ibid.*, 1re partie, qu. 11, p. 197.

8. *Ibid.*, qu. 8, p. 185.

9. *Ibid.*, qu. 8, p. 178-179.

10. *Ibid.*, qu. 8, p. 179.

11. *Ibid.*, qu. 7, p. 173.

– Elles pèchent par excès d'orgueil, de jalousie et de colère, elles cherchent toujours à nuire aux hommes par la duperie. Elles souillent les sentiments, désorientent ceux qui restent éveillés et inquiètent, dans leurs rêves, ceux qui dorment. Elles provoquent des maladies et des intempéries. Elles se transforment quelquefois en anges de la lumière. Elles s'approprient le culte divin [1].

– Elles enlèvent des enfants avant leur baptème et les offrent en sacrifice au Diable. Elles s'unissent aux démons, incubes et succubes, au milieu de la fange diabolique [2].

– Avec l'aide des démons, elles peuvent transformer des hommes en loups ou en d'autres animaux. Elles peuvent tuer des hommes [3].

La sphère d'activité privilégiée des sorcières et des démons est la sexualité. Kramer l'exprime souvent et de façon insistante, son obsession sexiste est manifeste. Les démons sont appelés *incubi*, de *incubando hoc est stuprando* [4]. Kramer n'est pas le premier à utiliser l'antique figure de « l'appesart des cauchemars », afin de donner une profondeur à la doctrine chrétienne du Diable [5]. Thomas d'Aquin l'avait devancé avec son examen de la question de savoir si les démons, lors des relations intimes avec des sorcières, pouvaient ou non donner naissance à des êtres humains. Sa réponse était la suivante : ils pouvaient voler la semence d'un homme en tant que succubes et l'introduire en tant qu'incubes dans une sorcière, de sorte que le père soit l'homme auquel on a dérobé le liquide séminal et non le démon [6]. Kramer suit Thomas en expliquant la raison pour

1. *Ibid.*, qu. 3, p. 131.
2. *Ibid.*, qu. 3, p. 128-130.
3. *Ibid.*, qu. 1, p. 112.
4. *Ibid.*, qu. 3, p. 132.
5. W. Brückner, article « Incubus, Succubus », in *Lexikon für Theologie und Kirche*, W. Kasper (éd.), tome 5, Freiburg-Basel-Roma-Vienna, Herder, 1996, col. 443–444.
6. Thomas d'Aquin, *Somme théologique*, I, qu. 51, a. 3, ad 6, *op. cit.*, tome 1, p. 522. Voir aussi Thomas d'Aquin, « De potentia », qu. 6, a. 8, ad 5, in *Quaestiones disputate*, P. Bazzi, M. Calcaterra, T. S. Centi, E. Odetto et P.M. Pession (éd.), Turin-Rome, Marietti, 1953, volume 2, p. 181 (une traduction française, réalisée par les soins de R. Berton, est disponible en ligne : http://docteurangelique.free.fr/bibliotheque/questionsdisputees/questionsdiputeessurlapuissancedieu.htm).

laquelle la reproduction sexuelle est le domaine favori des démons : parce que le péché originel est transmis par reproduction sexuelle [1]. C'est pourquoi personne ne doute que les sorcières réalisent des merveilles avec le membre masculin : *Nullum dubium quin melefice quedam mira operantur circa membra virilia* [2]. La puissance sexuelle transmet le péché d'Adam. Elle est plus corrompue que les autres puissances humaines. C'est pourquoi Dieu autorise en ce domaine plus d'activités démoniaques qu'ailleurs [3]. Kramer justifie, avec l'aide de saint Thomas, la diabolisation de la vie sexuelle grâce à une solide théologie.

Kramer, le traqueur de sorcières, souligne qu'il y a aussi des femmes saintes et bienveillantes. Il conseille aux prédicateurs de faire l'éloge des femmes [4], mais immédiatement après, il vide son sac rempli de formules misogynes, en suivant l'adage : lorsqu'une femme pense seule, sans homme, elle pense à mal. *Mulier cum sola cogitat, mala cogitat* [5]. Son *Marteau* est dirigé contre les sorcières (au féminin) malgré le fait qu'il connaisse aussi des sorciers (au masculin). Il justifie cette priorité donnée aux sorcières en raison de leur plus grand nombre. Et elles sont bien plus nombreuses, parce que les femmes sont plus superstitieuses que les hommes. Kramer précise son propos à l'aide de réflexions misogynes toutes tracées : en premier lieu, les femmes sont plus facilement crédules, or les démons veulent avant tout détruire la foi. En deuxième lieu, les femmes sont d'une constitution plus souple, elles accueillent plus facilement les impressions, mais les influences des bons comme des mauvais esprits. Si elles vivent de façon convenable, elles sont de ce fait meilleures que les hommes ; si elles sont mauvaises, elles sont pires que les hommes. En troisième lieu, les femmes ont la

1. H. Institoris et J. Sprenger, *Le Marteau des sorcières*, *op. cit.*, 1re partie, qu. 3, p. 133 et 136-137 ; qu. 9, p. 187-188 ; qu. 17, p. 224 et 226.

2. *Ibid.*, 1re partie, qu. 9, p. 185 : « Personne ne doute que certaines sorcières ne fassent des choses étonnantes autour des organes virils [...] ».

3. *Ibid.*, 1re partie, qu. 8, p. 179.

4. *Ibid.*, 1re partie, qu. 6, p. 158 et surtout p. 160.

5. *Ibid.*, p. 160 : « Une femme qui pense seule pense à mal ».

langue bien pendue. Ce qu'elles ont appris des arts secrets, elles ne peuvent le garder pour elles devant d'autres femmes. Parce qu'elles sont plus vives, elles sont davantage prêtes à offrir des enfants en sacrifice aux démons. Kramer passe ainsi à ses propres jugements misogynes : l'expérience montre que « dans les temps modernes » la perfidie prévaut plus auprès des femmes que des hommes. La femme est plus faible du point de vue de l'intellect et de la volonté [1].

De nombreux textes anciens, que Gratien avait déjà rassemblés au XII e siècle, affirmaient que le Diable se soumettait d'innombrables hommes et que sorcières et sorciers devaient être détruits. Ce qui est nouveau dans le *Marteau des sorcières*, ce sont :

– la rigueur méthodique,

– les directives sans compromis en vue de l'extermination radicale de la peste qu'est la sorcellerie,

– l'extermination des sorcières en tant que programme global de l'Église, basé sur la philosophie et le thomisme,

– le fait que, contrairement au *Canon Episcopi*, le sabbat des sorcières soit perçu comme une tromperie diabolique,

– la discussion en vue de savoir si, et dans quelle mesure, les procès contre les sorcières doivent être transférés des tribunaux séculiers, avec leurs législations différentes selon les régions, aux tribunaux d'inquisition, avec leur base juridique homogène en matière d'hérésie.

L'effort fourni pour réfuter de façon cohérente toutes les tentatives d'expliquer la magie par des raisons naturelles est saississant. Le doute d'antan – les hommes ne cherchent-ils pas à se faire peur eux-mêmes avec des histoires diaboliques ? – devait être récusé une bonne fois pour toutes.

1. *Ibid.*, 1 re partie, qu. 6, p. 160-165.

UNE ALTERNATIVE

DES POSSIBILITÉS THÉORIQUES

La doctrine chrétienne du Diable a marqué une entaille profonde dans la conception européenne de Dieu et de l'homme. Elle a modifié la vie au quotidien. Elle a permis à un groupe d'hommes de se hisser au dessus de tous les autres, en tant que seuls représentants de l'espèce humaine à pouvoir mener une vie sensée. En dehors d'eux, il ne devait y avoir aucun salut. Tout événement sur terre pouvait être aussi bien une œuvre de Satan qu'une intervention divine. Sur la scène psychique des individus, le règne de Dieu sur le monde n'était presque plus en vigueur et il relevait en tout cas de l'éventualité. Celui qui se souciait de la vérité pouvait se demander si un esprit puissant et malveillant n'était pas en train de nous tromper en permanence. Ainsi, le conflit métaphysique entre Dieu et le Diable a donné lieu à une profonde déchirure dans le monde des hommes, qui se trouvait divisé en deux camps, celui des fils de Dieu et celui des enfants du Diable. L'individu ne pouvait pas choisir librement le royaume auquel il appartenait. À cette dichotomie correspondait une architecture physique bâtie pour l'éternité : un enfer corporel conçu comme un espace et un ciel identifié par la cosmologie. On peut se demander : cette division de l'humanité et cette construction cosmologique si naïve, opposant bien et mal, n'avait-elle pas déjà été critiquée en des temps plus anciens, et donc bien avant que le temps des découvertes et Copernic ne viennent détruire cette image du monde ?

Des raisonnements pouvant aller dans ce sens étaient déjà disponibles avant 1500. Les éléments théoriques suivants, issus de la philosophie médiévale, *auraient pu* mener à une critique des représentations du Diable.

Certes, il existait depuis longtemps déjà, au plus tard depuis le XII e siècle, un puissant mouvement nominaliste tout à fait remarquable – certains ont même ramené ce mouvement à Aristote. Mais il y avait, en tout cas jusqu'à 1300, une prédominance du réalisme des universaux. Et il trouvait sa parfaite illustration dans l'humanité (*humanitas*), l'être humain ou la nature humaine. La nature humaine était le cas évident d'une essence, d'une structure réel/idéal ou d'une pensée divine réalisée, laquelle s'incarnait dans tous les hommes différents selon un plan de construction commun et que l'on pouvait traduire en une définition. La nature commune était considérée comme l'unité objective fondamentale des différents exemplaires. Un tel réalisme de la nature commune, autrement dit de l'universel, n'était guère compatible avec la division radicale de l'humanité entre fils de Dieu et enfants du Diable. Même celui qui était prêt à l'accepter comme l'état de déchéance de l'humanité pécheresse devait répondre à la question de savoir si elle devait y rester pour toujours. Et lorsque les augustiniens orthodoxes, auxquels appartenaient aussi les thomistes en ce qui concerne la doctrine de la Grâce, répondaient par l'affirmative à cette question, on leur demandait en retour s'ils ne détruisaient pas le concept de Rédemption. N'y avait-il pas, au cœur de l'idée de Salut, la promesse d'une humanité sauvée dans sa totalité, en tant que communauté réelle ?

Les doctrines de la Révélation consolidaient encore le thème de l'unité de l'humanité. Celle-ci provenait d'un seul et unique père et se trouvait dans une sorte de relation contractuelle avec Yahvé. Adam était son représentant légal unitaire et certains penseurs chrétiens, saint Paul à leur tête, attribuaient au Sauveur une relation typologique réelle avec le père originel. Ils interprétaient le Salut à partir de la réalité de cette correspondance : le Sauveur a rendu à l'humanité ce qu'Adam lui avait fait perdre. Il était dans ce cas difficile de comprendre que seule une petite part de l'humanité allait profiter de la Rédemption, qui était conçue comme la réhabilitation de l'humanité tout entière. Le plan divin concernant le Salut de l'humanité devait-échouer à cause des hommes ? Le Dieu tout-puissant pouvait-il imposer son projet de façon seulement partielle ?

Le réalisme des universaux menaçait le dualisme anthropologique issu de la division entre fils de Dieu et enfants du Diable d'une autre manière encore : si l'incarnation de Dieu consistait dans le fait que celui-ci avait assumé, dans l'union des Personnes, la *nature* humaine dans sa totalité réelle, alors chaque individu humain devrait être sauvé à travers elle. La représentation selon laquelle la large majorité des hommes était à jamais séparée de Dieu et séquestrée loin de lui dans les flammes de l'Enfer pour y souffrir, devenait difficile à maintenir.

Enfin, c'est l'idée de Dieu elle-même qui menaçait la représentation de la domination du Diable. Si Dieu était le Bien, se tenant toujours au-dessus de l'Être, ou s'il était l'Être lui-même en tant que raison immanente de tous les étants, alors Satan ne pouvait être le dieu de ce monde que de façon provisoire, tout au plus pour une période d'essai extrêmement courte – bref, il ne pouvait pas être Dieu. Le Malin pouvait-il vraiment appartenir au monde de l'Être ? Existait-il – oui, après tout, pouvait-il vraiment exister ? Car si l'on définit Dieu comme l'Être même, alors il contient tout en lui. Il est celui face auquel il n'y a rien. Rien ne peut alors lui faire face, certainement pas un puissant adversaire. Ainsi s'annule d'elle-même la représentation selon laquelle face au créateur du monde, éternel et de toute bonté, se dresse un seigneur éternel du royaume maléfique, la *civitas diaboli*. Le Diable était donc le reliquat idéologique de siècles obscurs et dualistes; il se dissolvait à la chaleur du soleil unique et absolu de la Grâce.

Au nom de Dieu, on a poussé la critique des dogmes du Diable et de l'Enfer encore un peu plus loin. Si, à la fin des temps, une petite assemblée d'hommes bienheureux se retrouve pour l'éternité face à la grande masse de pécheurs torturés par le feu, exposés à la vue de tous et privés du soulagement de pouvoir mourir encore une fois, alors la faute et la peine sont les concepts indépassables. L'humanité se divise alors pour l'éternité entre les élus et les damnés, les bons et les méchants. Ce dualisme moral ne correspond pas aux dernières conclusions de la métaphysique antique et il ne satisfait pas non plus la pensée religieuse. Il considère notre distinction entre bien et mal, que nous effectuons toujours de manière partiale, comme la formule universelle suprême, et place finalement le Bien dans une volonté toute-puissante et absolue, contre laquelle se rebelle le Mal. La réflexion philosophique des penseurs chrétiens n'encourageait-elle pas pourtant à dépasser une telle construction ? Ne serait-elle qu'un rationalisme moral étranger au christianisme, ou une illusion anthropomorphique de toute-puissance ?

Retour à l'Un

J'ai évoqué précédemment de simples *possibilités* d'une critique de la démonologie, mais qu'en est-il des possibilités *réelles* au cours de la période précédant l'an 1600 : s'en était-on emparé et les avait-on exprimées ? Cette question est *purement factuelle*, on ne peut y répondre qu'à partir des textes anciens. Et en l'occurrence, il suffit à mon propos qu'il n'y ait qu'*un seul* texte. On se trouverait alors face à une alternative. Je veux à présent montrer, que cela a vraiment été le cas : cette alternative existait déjà au IXe siècle et elle a été développée par un auteur irlandais qui appartenait à la cour du roi Charles le Chauve, et qui a vécu de 800 à 877 environ. Cet auteur, Jean Scot Érigène, a longuement réfléchi sur la doctrine chrétienne du Diable au cinquième livre de son grand dialogue, le *Periphyseon, De divisione naturae, la division de la réalité*, rédigé entre les années 860 et 867 approximativement [1].

Jean Scot Érigène s'était déjà occupé de cette problématique bien des années auparavant. Il avait été sollicité pour donner son avis au sujet du livre controversé du moine Gottschalk consacré à la double prédestination (*gemina paedestinatio*). Gottschalk y avait résumé, sans trop forcer le trait, la doctrine de la grâce développée tardivement par Augustin : il y avait une double prédétermination, l'une vers le Bien éternel, l'autre vers les souffrances éternelles de l'âme et du corps, c'est-à-dire vers l'Enfer. Érigène déclara haut

1. Érigène, *De la division de la Nature, Periphyseon*, livre 5, trad. fr. F. Bertin, Paris, P.U.F., 2009. Pour le texte latin, voir Iohannes Scottus seu Eriugena, *Periphyseon*, *Liber quintus*, Corpus Christianorum, Continuatio medievalis 165, E. Jeauneau (éd.), Turnhout, Brepols, 2003.

et fort qu'il s'agissait là d'un anthropomorphisme inconsidéré. Dieu était *un* et il était absolument simple. Puisqu'il était éternel, il ne « pré- »voyait rien non plus. Il n'y avait donc pas deux prédestinations, mais absolument aucune. Le Mal, les péchés, n'étaient rien d'autre qu'une forme de manque, qui ne pouvaient donc pas être connus à l'avance [1].

Environ quinze ans plus tard, Érigène plaça ce thème dans un cadre plus large. Il examina la question dans le cadre de sa théorie de l'émanation du monde à partir de l'Un divin et du retour de toutes choses à leur origine *unique*. Le lecteur retient ici son souffle : jusqu'où Érigène veut-il aller? Et il se demande : jusqu'où l'Irlandais est-il parvenu? Dans tous les cas, il alla jusqu'à rejeter un Enfer situé dans l'espace et jusqu'à récuser Bien et Mal en tant que clés de lecture du monde.

Érigène conçoit la création comme la réalisation des pensées divines (« idées »), qui va jusqu'à leur présentation sensible en tant qu'arbre ou mouton. Leur salut ou retour à l'origine est leur présence éternelle et vivante au sein de ce qui les fonde. Les objets matériels sont éphémères et ils ne peuvent retourner à leur origine en tant qu'objets matériels individuels, mais seulement comme leur noyau idéel. Ils doivent périr et le monde sensible entier doit sombrer. C'est ce qu'implique la structure du monde conçue comme surgissement et retour. Et c'est aussi cela que décrit la doctrine de la fin du monde dans le Nouveau Testament. Raison et révélation ont des avis concordants à ce sujet, mais cette vérité commune échappe à celui qui se représente le Salut comme une amélioration et un accroissement d'objets sensibles supposés inaltérables. Aucun être physique ne peut exister éternellement; il doit disparaître, ainsi seulement retourne-t-il à son origine éternelle et accomplit-il la loi du monde, celle de l'émanation et du retour. « Le monde périra, et aucune de ses parties constitutives ne continuera à subsister

1. Voir Iohannes Scottus Eriugena, *De divina praedestinatione*, Corpus Christianorum Continuatio medievalis 50, G. Madec (éd.), Turnhout, Brepols, 1978. Voir également K. Flasch, « Ein querliegendes Gutachten », *in* K. Flasch, *Kampfplätze der Philosophie*, Frankfurt-am-Main, Vittorio Klostermann, 2008, p. 73-81.

[…] » [1]. Ainsi s'effondre la représentation selon laquelle les choses particulières, comme le corps humain, une grotte souterraine ou une section isolée du ciel peuvent avoir une existence éternelle. C'est pourquoi la crainte d'un feu physique ou quasi-physique éternel, dans une grotte souterraine préparée à cet effet, est ridicule, tout comme la conception du ciel en tant qu'espace séparé en altitude. Toutes les associations à un lieu ou à un espace sont à éviter.

DIEU – TOUT EN TOUS

Le texte d'Érigène porte la trace de discussions violentes qui visent à abolir l'Enfer compris dans un sens matériel, ainsi que son feu tout aussi physique. Il y expose sa position sans aucune équivoque :

L'Enfer ne peut exister éternellement. Le Mal le peut-il? Si le Mal était aboli, il n'y aurait plus de méchants. S'il n'y avait plus de méchants, ils ne pourraient alors plus recevoir la punition adéquate. La bipartition de l'humanité en hommes sauvés ou condamnés pour l'éternité prendrait alors fin. C'est précisément la conséquence qu'en tire Érigène. Il s'appuie sur une formule tirée de la *première Epître aux Corinthiens* de saint Paul (15 : 28), où l'apôtre jette un coup d'œil sur le futur. Le Christ aura soumis toute chose à la volonté de Dieu le Père. Il remettra le royaume des cieux, *Basileia*, au Père. Il mettra à ses pieds tous ses ennemis, à la fin il se soumettra lui aussi, de sorte que Dieu soit *panta en pasin, tout en tous.*

D'après Paul, des puissances hostiles règnent encore à présent sur la Terre, mais à la fin Dieu dominera tout et, en ce sens, il sera « tout en tous ». Pour la métaphysique chrétienne, on pouvait élargir cette approche. La formule pouvait aussi signifier que Dieu non seulement *sera* tout, c'est-à-dire qu'il n'aura aucun adversaire, mais qu'il *est* tout en tous. Dans le *De principiis* [2], Origène explique la proposition précisément dans ce sens : à la fin, Dieu sera non seulement *en* tous, mais il sera *tout* et alors, aucune méchanceté,

1. Érigène, *De la division de la Nature*, *op. cit.*, 906 A, p. 74.
2. Origène, *Traité des principes*, III, 6, 2-3, *op. cit.*, tome 3, p. 239-243.

malitia, ne pourra plus être. Il sera tout dans la totalité, mais aussi dans chaque individu, car chaque esprit rationnel, *rationabilis mens*, sera lavé de tous les péchés. Tout nuage de malfaisance, *malitia*, sera chassé. La différence entre Bien et Mal n'existera plus, car nulle part il n'existera quelque chose de mauvais : « Il n'y aura plus de discernement du mal et du bien, car il n'y aura plus de mal […] » [1]. Il ne peut alors y avoir ni Diable, ni Enfer, ni peine éternelle. Transposé dans l'au-delà, le moralisme des hommes, enclin au jugement, sera alors parvenu à son terme. Dieu est tout en tous, au-delà du Bien et du Mal.

Érigène connaissait la tradition grecque des chrétiens néoplatoniciens : Grégoire de Nysse, Maxime le Confesseur, Denys l'Aréopagite, après lesquels venait Origène. Son Dieu *est* tout, *ipse est omnia* [2], il *ne va pas* seulement l'être ensuite. Il l'est, comme le disait Origène, aussi dans chaque individu. L'esprit divin ne connaît rien de mauvais ni aucun être mauvais [3]. Il ne sait rien à propos d'anges ou d'hommes hostiles à Dieu, « Il ne connaît donc pas les anges rebelles et les hommes impies […] » [4]. Érigène fait dire à l'étudiant, c'est-à-dire à son interlocuteur dans le *De divisione*, qu'il avait cru auparavant, *putaveram*, que seule une partie de l'humanité – plus précisément : de la *natura humana* – serait délivrée, et que l'autre partie serait torturée dans le feu pour l'éternité. Mais il se trouvait à présent plongé dans le doute : trop d'éléments contradictoires se croisaient dans cette question. La réponse que donne Érigène à cette question montre le cheminement de pensée qui guide cette section [5]. Après que l'étudiant a avoué ne plus savoir que penser des conceptions qu'il a apprises, il examine les deux aspects du dilemme. Première possibilité : si la nature humaine est sauvée dans sa totalité, il n'y a pas de mort éternelle, ni de peine

1. *Ibid.*, p. 241.

2. « L'Intelligence divine coïncide donc avec tout ce qui existe », Érigène, *De la division de la Nature*, *op. cit.*, l. 5, 925 B, p. 100.

3. « L'Intelligence divine ne connaît donc aucun mal et aucune mauvaiseté », *ibid.*

4. *Ibid.*, l. 5, 926 A, p. 101.

5. *Ibid.*, l. 5, 921 B – 927 B, p. 94-103.

permanente pour les impies. Qu'aurait-on à condamner en eux, si leur nature tout entière retourne à Dieu ? Où se trouverait alors la chaleur des flammes éternelles, au milieu desquelles le verdict le plus juste du Juge éternel les aurait envoyés, selon *Matthieu* (25 : 41 : « Maudits, allez au feu éternel, qui est préparé au diable et à ses anges ! ») Où sont-ils donc censés aller ? Où reçoivent-ils leur peine éternelle, si toute malveillance a disparu ? Il n'y a alors plus de méchants. La mort est engloutie par la vie, le Mal par le Bien, le malheur par le bonheur. Plus personne ne vit alors en dehors de la vie et de la béatitude.

Deuxième possibilité : une partie de l'humanité retourne à Dieu, l'autre partie demeure pour toujours vouée à la damnation – mais que d'absurdités en découlent ! Car il faut alors concéder que la parole de Dieu n'a pas admis la totalité de la nature humaine, mais seulement une partie, qu'il n'a pas voulu sauver et donc n'a pas sauvé toute l'humanité. Il serait absurde d'accepter cela. Car la raison se moque de celui qui veut diviser la simplicité de la nature humaine ou pense qu'elle est composée de plusieurs éléments, en partie semblables et en partie dissemblables. Elle ne serait alors pas créée à l'image de Dieu, qui est *un*, et à un degré suprême. L'humanité doit nécessairement être *une*. Il ne peut y avoir là aucune exception.

J'interromps ici le compte-rendu du dilemme. L'élève justifie la première possibilité en faisant référence à un passage emprunté à Matthieu, dans lequel Jésus instaure la peine éternelle des Enfers. Il en appelle au sens de la justice, qui demande que les méchants ne soient pas laissés impunis. Ses objections contre la seconde possibilité – les peines éternelles de l'Enfer – sont bien plus dures : la raison elle-même s'en moque. Les peines éternelles restreignent le sens de l'Incarnation et fragmentent l'unité de la nature humaine, qui a été créée à l'image de l'unité divine. Or Dieu ne rejette rien de ce qu'il a créé. Il n'a pas créé le péché et la mort.

L'élève donne en premier lieu des preuves rationnelles, il décrit ensuite son déchirement : le conflit, qui semble insoluble, le bouleverse. Des flèches le transpercent, elles proviennent des deux versants, le versant de la Bible et celui de la raison. La logique plaide en faveur de l'unité de la nature humaine, mais les saintes Écritures mentionnent de façon incontestable les peines éternelles infligées au Diable et aux siens. Mais dans ce cas, une partie seulement de l'humanité posséderait la noblesse et la dignité qui reviennent à l'homme en tant que tel, et non seulement à Adam en tant qu'individu. La raison nous enseigne sans aucun doute possible que la vie et la béatitude ne peuvent faire face à leur contraire pour l'éternité. Le Bien circonscrit le Mal dans sa totalité et le consume, la vie tue la mort, la vertu détruit le vice.

Le maître rassure l'élève bouleversé. Il propose tout d'abord de consigner ce qu'ils considèrent tous deux comme certain, à savoir qu'aucun philosophe ne doute de ce dont on ne peut douter, c'est-à-dire : que tout ce qui existe est contenu dans l'esprit divin. Cependant, si tout ce qui existe est *en* lui, il n'y a donc rien au-dessus, au-dessous ou en dehors de lui. Il est alors tout. *Ipse est omnia* [1]. L'être-tout de Dieu n'est pas un espoir d'avenir, d'ordre eschatologique, mais la certitude rationnelle et actuelle « de tous les sages ». Le savoir divin produit les choses réelles ; il ne se constitue pas postérieurement à elles. Dieu ne pense pas les choses parce qu'elles sont, mais elles sont parce qu'il les pense. Tout ce qui est objet de sa pensée, est en lui. En lui, il n'y a rien de mal, de sorte que l'esprit divin ne connaît ni les mauvaises choses ni le Mal. Il connaît tout, ce qu'il a lui-même créé dans les choses, leur substance et leurs capacités, mais il ne connaît pas les faux mouvements de la volonté de ces natures qu'il porte en lui.

L'élève explique à présent que ces arguments l'ont convaincu : aucune partie de l'humanité ne peut demeurer dans un état de misère éternelle, le verbe divin a accueilli en lui dans son unité l'humanité tout entière [2]. Il n'est cependant pas sûr que ceci puisse aussi valoir pour les démons, il n'est pas sûr qu'eux aussi soient sauvés. Les esprits diaboliques seront-ils eux aussi libérés de leur méchanceté ? Le maître argumente dans ce sens à l'aide des

1. « L'Intelligence divine coïncide donc avec tout ce qui existe », Érigène, *De la division de la Nature*, *op. cit.*, l. 5, 925 B, p. 100.

2. *Ibid.*, l. 5, 927 A – 927 B, p. 102-103.

arguments antimanichéens d'Augustin, selon lesquels la nature et la disposition des démons étaient bonnes. Il s'oppose à la doctrine d'Augustin sur le Diable en utilisant les arguments que celui-ci invoque pour démontrer la non-existence du Mal. Dieu ne punit pas ce qu'il a lui-même fait. Tout ce qui est créé est bon. Le Mal se trouve uniquement dans la mauvaise orientation de la volonté et celle-ci va dépérir à la lumière du soleil du Bien par excellence. En raison de sa nature, le Mal ne peut durer éternellement. Jésus a clairement condamné le Diable et ses anges aux peines du feu éternel, mais ceci ne concerne seulement que leur mauvaise volonté, et non leur bonne nature [1]. Le maître cite Origène [2], afin d'expliquer ce que l'expression « Dieu est tout en tous » signifie : il est tout dans la totalité, mais aussi tout dans chaque être individuel. Il s'agit de l'accomplissement, mais aussi de la fin du monde, sa *consummatio* [3]. La distinction entre Bien et Mal cessera, « Car il n'y aura plus aucune distinction entre le bien et le mal, puisqu'il n'y aura plus de mal nulle part » [4]. Si Dieu est tout en tous, dans la totalité comme dans les individus, cela exclut que l'on ne se réfère pas à *tous*, y compris aux démons. En ce qui concerne le Diable, cela signifie qu'il s'effondrera, de telle manière qu'il ne sera plus. Mais ce n'est pas son être qui sera détruit, seulement sa méchanceté. Il n'y aura alors plus d'ennemi ni de mort. La haine et la mort auront disparu [5]. Pour lui aussi, pour sa haute intelligence et pour sa volonté, Dieu sera tout. La nature indestructible du Diable demeure, seule sa méchanceté ne dure pas pour l'éternité. Le maître unit les voix d'Origène et de Denys l'Aréopagite à celles d'Augustin, selon lesquelles la nature du Diable est bonne. Dès lors, Dieu, qui est bon,

1. Érigène, *De la division de la Nature*, *op. cit.*, l. 5, 928 B – 928 C, p. 104.

2. Origène, *Traité des principes*, *op. cit.*, III, 6, 2-5, p. 239-247.

3. « Consummatio mundi », autrement dit la « finalité assignée au monde », Érigène, *De la division de la Nature*, *op. cit.*, l. 5, 929 A, p. 105.

4. *Ibid.*, l. 5, 929 B, p. 105.

5. *Ibid.*, l. 5, 930 C, p. 107.

ne peut pas l'anéantir. Par conséquent, « la substance même des démons ne périra jamais » [1].

DES PRÉMISSES PHILOSOPHIQUES, DES CONCLUSIONS PRÉCISES

Dans ce contexte, interviennent des convictions philosophiques générales issues de la tradition néoplatonicienne. L'unité est le degré le plus haut et le meilleur. Que l'Un infini puisse faire éternellement face à une instance opposée, ce n'est pas compatible avec une telle philosophie de l'unité. Celle-ci considère l'unité du genre humain comme réelle et interprète par conséquent l'Incarnation comme une union de l'humanité avec Dieu. Elle fait de l'unité le critère même de l'être : tout ce qui est, est un. Ce qui n'est pas un, est considéré comme non-étant. Érigène peut ainsi dire que les démons, dans la mesure où ils sont malfaisants, ne *sont* absolument pas [2]. Ils ne peuvent alors pas non plus devenir un objet du savoir divin et de l'action divine. Dans la mesure où ils sont malfaisants, ils ne représentent aucune idée et ils ne *sont*, dans ce sens idéaliste du terme, absolument pas. Cela ne veut pas dire qu'ils n'« existent » pas. Dans la mesure où ce sont des volontés malveillantes, il leur manque une identité métaphysique. Et ils retrouveront celle-ci lorsque leur malveillance aura disparu, en retournant à leur origine unitaire. Ce sera la résurrection générale de toutes les créatures [3].

Qu'adviendra-t-il alors de l'Enfer? Le feu éternel, auquel l'Écriture envoie le Diable, ne peut être pensé selon un lieu déterminé. Dans toute la nature, on ne le rencontre vraiment nulle part. Il ne peut s'agir d'un feu physique. Cela était déjà clair. Mais à présent, le maître explique sa nature spirituelle : il consiste en la conscience de la faute et dans la tristesse concernant la vie ratée [4]. Nous pourrions dire : l'Enfer demeure, c'est un phénomène de conscience. Le maître semble parfois s'inquiéter des propos visant

1. *Ibid.*, l. 5, 933 C, p. 110.

2. « [...] mais qu'on les [les démons] appelle mauvais selon leur non-être même », *ibid.*, l. 5, 934 B, p. 111.

3. *Ibid.*, l. 5, 935 A, p. 112.

4. *Ibid.*, l. 5, 936 B – 936 D, p. 114.

à abroger le feu de l'Enfer et il en vient à se limiter : il ne voulait pas définir exactement le processus de la conversion (*conversio*) du Diable et son destin final. Il prétend ne pas savoir en détail comment cela se passe dans les *individus*, mais uniquement *non quomodo facta sunt, sed qua ratione facta sunt* [1]. Au milieu du tumulte de son éloquence, il fait l'aveu suivant : « [...] nous honorerons par le silence ce point obscur [...] » [2]. Ce silence ne l'a pas retenu de présenter ses résultats de façon claire et précise, malgré les chemins sinueux :

1) La représentation spatiale de l'Enfer, avec un feu brûlant de toute éternité, est ridicule. Elle prend sa source dans l'appréciation irréfléchie de l'expérience sensible et dans la mauvaise compréhension du processus du monde en tant qu'émanation et retour.

2) Lors du retour de toutes les choses vers leur principe unitaire, la méchanceté de Satan sera éliminée. Lui demeurera, en tant qu'être.

3) Le feu éternel, dont Jésus parle en *Matthieu* 25 : 41, désigne la connaissance de ses propres fautes et la tristesse liée aux regrets tardifs.

Toutefois, on abuserait de la pensée mouvante d'Érigène si on réduisait ses réflexions sur le Diable à ces quelques thèses succinctes. Car à peine s'est-il mis d'accord avec son élève, dont la pensée est si autonome, qu'il en examine les prémisses, réfléchit à leurs conséquences, envisage les objections et étudie leur positionnement dans la tradition du néoplatonisme oriental et la tradition augustinienne. Il avait parlé du retour et de l'Incarnation comme la réunion de l'humanité ou nature humaine avec Dieu. Il veut à présent savoir précisément en quoi consiste la caractéristique commune de la nature humaine. Il ne veut pas voir la distinction entre bons et méchants d'une façon trop marquée, car l'humanité, *humanitas*, est l'équivalent réel de l'unité divine : en tant qu'unité elle est en

1. « [...] non point comment ces phénomènes se produisent, mais pour quel motif ils se produisent [...] », Érigène, *De la division de la Nature*, *op. cit.*, l. 5, 953 C, p. 137.

2. *Ibid.*, l. 5, 941 B, p. 120.

même temps être, vouloir et savoir, (*esse, velle, scire*), ce que Denys connaît en tant qu'essence, pouvoir et activité, en tant qu'*essentia* et *operatio*, et qu'il décrit aussi comme l'unité de l'*essentia*, du *velle* et du *scire*. L'« être-humain » est l'image la plus ressemblante de ce Dieu tri-unitaire, *simillima imago* [1]. Une détermination essentielle telle que être-humain n'est pas un contenu divisible, mais une forme intellectuelle et réelle, qui se trouve entièrement dans chaque individu (*individuum*), qu'il soit bon ou mauvais, *tota in singulis, sive boni sint sive mali* [2]. L'intérêt d'Érigène se porte sur la force vivante qui unit toute forme essentielle, qui rend celle-ci à la fois *une* et multiple. Elle est la même en tous les hommes, de telle manière qu'aucun ne peut être *plus* homme qu'un autre. Elle est impunissable, *impunibilis* [3], aussi bien chez les êtres bons que chez les mauvais. En tant que nature (*natura*), elle est libre, détachée de toute culpabilité et de toute expiation [4]. Le péché est insaisissable : il n'est ni une essence (*essentia*), ni une vertu (*virtus*), ni une opération (*operatio*), mais il disparaît totalement après la *consummatio* du monde sensible, il n'existe alors plus que sous forme de remords, souvenirs et rêves douloureux [5]. La différence entre les bons et les mauvais ne disparaît pas. Le malheur des méchants consistera alors dans le fait qu'ils ne possèdent plus et ne trouvent plus ce à quoi leur cœur était attaché. Ils font l'expérience de son néant. Ils ne trouvent plus ce qui avait de la valeur pour eux, car tout est transformé en nature spirituelle. Toute méchanceté est effacée, mais elle vit encore dans le monde de représentation des damnés. Ils seront ainsi toujours punis [6]. Mais la punition consiste dans le fait qu'il leur manque ce qu'ils ont aimé, et pas en raison d'une intervention directe du Dieu punisseur. Il punit ce qu'il n'a pas créé ; il punit par son néant. Et

1. « puisqu'elle est une image étroitement semblable de la Bonté divine [...] », Érigène, *De la division de la Nature*, *op. cit.*, l. 5, 942 B, p. 122.

2. *Ibid.*, l. 5, 942 C, p. 122.

3. *Ibid.*, l. 5, 945 B, p. 126.

4. « [...] la nature humaine s'avère absolument libre et exempte de tout châtiment dû au péché », *Ibid.*, l. 5, 943 C, p. 124.

5. *Ibid.*, l. 5, 944 A – 945 A, p. 124-125.

6. *Ibid.*, l. 5, 948 D, p. 130.

ainsi disparaît leur désir de ce qui est désormais caduc. Leur douleur leur sera ainsi ôtée : les êtres éplorés seront consolés.

Érigène s'interroge : pour quelle raison leurs douleurs, si différentes, ont-elles reçu « enfer » pour nom unique et pour quelle raison ont-elles été représentées par un lieu ? Cela provient d'antiques croyances populaires, selon lesquelles les âmes poursuivent leurs vies dans les sépultures, autrement dit : elles se trouvent sous terre. C'est pourquoi *infernum* désigne la même chose que *infra terram*. Les Grecs étaient plus subtils : ils parlaient d'Hadès, ce qui signifie *tristitia*, tristesse. Comme ils n'avaient pas trouvé d'ouverture menant à l'Enfer, ils en étaient arrivés à la conclusion qu'il n'y avait aucun lieu physique voué au châtiment. Ils s'étaient aperçus que les châtiments des êtres malfaisants consistaient dans le manque de ce qu'ils avaient eu tort de désirer [1].

Contre les matérialistes pieux

Érigène conclut son texte sur l'Enfer, le Diable et les démons par un long paragraphe consacré aux antécédents philosophiques de sa position. Il donne un éclairage à la controverse dans laquelle il prend lui-même place [2]. Nous ne devrions pas l'imaginer comme s'il était isolé. Il a des adversaires et il se demande pourquoi ceux-ci le contredisent lorsqu'il enseigne que l'Enfer n'est pas un lieu. Ils considèrent que son opinion n'est pas digne de foi et la prennent pour une élucubration vide de sens, *vana deliramenta*. Cela suggère de vifs et intenses débats. Érigène décrit ses adversaires comme des matérialistes religieux. Ils pensent que seul est *réel* ce qui est contenu dans ce monde sensible selon l'espace et le temps. Ils succombent à leur faiblesse, à savoir un attachement trop prononcé pour les choses terrestres. Ils ne partagent pas la doctrine d'Érigène, celle du retour (*redditus*) de toute chose à son principe. *Érigène* comprend par là la transformation complète du monde sensible en réalité spirituelle, de telle manière que le monde corporel dans son ensemble disparaît.

1. Érigène, *De la division de la Nature*, *op. cit.*, l. 5, 954 D – 955 D, p. 138-140.
2. *Ibid.*, l. 5, 984 B – 998 A, p. 179-197.

Eux sont chrétiens et croient aussi au jour du Jugement dernier, mais ils le comprennent comme si les objets du monde allaient conserver leurs qualités actuelles et n'en être qu'améliorés. Le monde, pensent-ils, continue à être composé d'objets sensibles situés dans l'espace et le temps, en nombre et en dimension. Et, dans sa partie inférieure, le monde offre un espace spécial, à l'intérieur duquel le feu éternel tourmente les athées. Pour ce qui concerne le lieu précis où se trouve cet enfer, ils indiquent différentes régions : les uns désignent la partie supérieure de l'air, qui se trouve vers la lune ; d'autres pensent qu'il se trouve dans le domaine inférieur de l'air ; d'autres encore désignent les profondeurs obscures de la terre comme le lieu adéquat pour les fils de l'obscurité. Au IXe siècle aussi, il existait encore différentes théories concernant la localisation de l'Enfer. Les adversaires d'Érigène croient à la résurrection des morts. Mais ils l'entendent comme la récupération des mêmes corps : la chair mortelle est seulement changée en chair immortelle, elle passe de corps animal à corps spirituel, mais de même grandeur et avec les mêmes membres que dans la vie terrestre. Ils pensent la résurrection autrement qu'Érigène. Ils ne voient pas la transformation du monde par Dieu de la même manière que lui, comme la générosité de l'unité divine et la force de vie de la nature. Mais ils renvoient à la sévérité implacable du Juge du monde, qui laisse les hommes ressusciter de façon à ce qu'il puisse les punir, dans un accès de sa rage la plus cruelle. Ils ne songent pas d'abord à la bonté de Dieu, mais plutôt à la dureté du châtiment [1]. Par le *redditus*, le dieu d'Érigène laisse toute chose expirer et retourner à son principe, pour y trouver son accomplissement. Ses adversaires chrétiens saluent l'heure du règlement de compte éternel. Ils pensent que les morts récupèrent leur corps sous une forme impérissable, seulement parce qu'ainsi ils peuvent être tourmentés sans fin. C'est pourquoi ils ne doutent pas non plus du fait que le feu, qui est là pour tourmenter, est un feu physique et sensible, et qu'en outre le Diable et ses anges assument dans ce système disciplinaire le rôle de tortionnaires.

1. *Ibid.*, l. 5, 989 A – 989 B, p. 185-186.

Érigène parle avec un mépris non dissimulé de ces amis du monde chrétiens. Il qualifie leurs constructions, dont fait partie l'espérance de différences sexuelles complètes, de « fausses élucubrations » [1]. Il ne s'agit pas d'un conflit purement interne. Ils tiennent des sermons sur le Jugement dernier, ils invoquent une imagerie apocalyptique, ils mettent anges et démon en mouvement dans le monde sensible, ils s'imaginent clairement le Ciel et l'Enfer, ils font appel au Juge impitoyable du monde et lancent des polémiques contre Érigène, ce théoricien excentrique. À l'inverse, celui-ci décrit ce groupe de façon si explicite qu'il ne faut pas douter de leurs limitations intellectuelles, mais il pousse alors sa propre originalité à l'extrême. Sa déclaration est surprenante : il dit éprouver un choc quand il lit les mêmes absurdités dans les livres des saints Pères de l'Église puis, décrivant sa consternation : « [...] j'hésite, stupéfait, et je chancèle, frappé d'une horreur intense » [2].

En indiquant le contenu de ces écrits, Érigène montre clairement qui sont ces Pères de l'Église qui l'effraient tant : il ne peut s'agir des autorités sur lesquelles il s'appuie, il ne peut s'agir d'Origène, de Grégroire de Nysse, de Denys l'Aréopagite ni de Maxime le Confesseur, mais seulement d'Augustin et du Pape Grégoire. Ces derniers parlent du Diable, du Ciel et de l'Enfer d'une façon aussi naïve que les adversaires contemporains d'Érigène. Celui-ci se réfère volontiers à la métaphysique d'Augustin. Il a besoin de son « idéalisme » et de sa métaphysique de l'esprit, afin de comprendre sa propre vie. Mais le voilà à présent bouleversé par ce constat : Augustin lui non plus n'a pas compris le *redditus*. Une remarque d'Érigène suggère qu'il est avant tout question de

1. Érigène, *De la division de la Nature*, *op. cit.*, l. 5, 994 C, p. 192 : « les délires complètement faux [...] » ; il met en garde : « Car on ne doit pas écouter ceux qui jugent autrement [...] », *ibid.*, 994 B, p. 192 (voir aussi *ibid.*, 996 B, p. 194–195) ; « On ne doit pas écouter ceux qui imaginent [...] », *ibid.*, 988 A, p. 184. Ils décrivent des rêveries. Érigène laisse entendre qu'ils s'expriment avec beaucoup de confiance – « [...] ils affirment néanmoins sans éprouver le moindre doute [...] », *ibid.*, 985 A, p. 180 – et très ouvertement – « ils proclament publiquement [...] », *ibid.*, 985 A, p. 180 – « ils ne craignent pas non plus d'affirmer [...] », *ibid.*, 985 B, p. 181.

2. *Ibid.*, l. 5, 986 B, p. 182.

l'autorité d'Augustin : ses adversaires s'en servent contre lui, ce sont *eux* les plus fidèles élèves d'Augustin. Ils jouent à se croire les meilleurs connaisseurs d'Augustin et critiquent Érigène parce qu'il semble s'attaquer à Augustin [1]. Il ne peut pas contester le fait que l'on trouve de telles représentations sensibles et matérielles chez Augustin [2]. Mais il rétorque que ces auteurs, dont la façon de penser est hautement spirituelle, ne parlaient de la sorte que pour des raisons pédagogiques. Ils ont aussi voulu atteindre les âmes les plus simples, afin de les éloigner de leurs pensées les plus liées à la chair [3]. Ils voulaient seulement ne pas leur imposer d'emblée toute la vérité, à savoir que la transformation définitive du monde, son retour réel, *redditus*, n'était pas une simple transformation des corps terrestres et sensibles en « corps célestes ». Celle-ci ne change pas un corps massif et pataud en corps subtil, afin que celui-ci puisse, par exemple, se déplacer sur de très grandes distances en un clin d'œil. Le retour au principe originel est la négation complète des corps ou plutôt leur passage complet à l'« esprit » – non selon le sens vague de *spiritus*, mais au sens strict d'« esprit ». Autrement dit, non au sens d'un corps éthéré, d'un élan vital, mais au sens d'un intellect pur, « et les composantes qui semblaient être au nombre de trois constituent désormais une unité simple » [4].

1. *Ibid.*, l. 5, 991 C – 992 D, p. 189-190.

2. Il cite à cet effet Augustin, *La Cité de Dieu*, 20, 16, *op. cit.*, volume II/2, p. 666–667 ainsi que la *lettre d'Augustin à Dardanus*, lettre 187, 10, dans *Œuvres complètes de Saint Augustin*, M. Raulx (éd.), Bar-le-Duc, L. Guérin & Cie, 1864, tome II, p. 512 (pour le texte latin voir Epistula 187 « De praesentia Dei liber » – *Epistula* ad *Dardanum*, 3, 10, in *S. Aureli Augustini Epistulae*, A. Goldbacher (éd.), Corpus Scriptorum Ecclesiasticorum Latinorum 57, Vienna-Leipzig, F. Tempsky-G. Freytag, 1911, p. 89-90).

3. Érigène, *De la division de la Nature*, *op. cit.*, l. 5, 986 B – 986 C, p. 182.

4. *Ibid.*, l. 5, 986 D – 987 C, p. 182-183.

DÉCONSTRUCTION

SANS DIABLE, SANS ANGES

PIETRO POMPONAZZI

L'inquisiteur Heinrich Kramer Institoris est né vers 1430 à Schlettstadt et il est décédé en 1505 à Böhmen. Cela peut sembler vain de vouloir chercher des points communs entre sa doctrine des démons et la philosophie du médecin et philosophe Pietro Pomponazzi, bien que ce dernier ait certainement dû lire le *Marteau des sorcières*. Kramer a connu toute sa vie la scolastique du Moyen Âge tardif qui, au XVe siècle, donc après les approches critiques du XIVe siècle, tentait un retour à Albert et à Thomas. Il existe un écart significatif entre le savoir de Kramer, qui est un savoir rattaché à son ordre religieux, et celui issu de la tradition aristotélicienne, en partie averroïste et en partie thomiste, que l'on trouvait à Padoue et Bologne. Cependant, Kramer avait étudié Aristote : il avait appris, grâce à Thomas, à interpréter ce philosophe grec d'une façon orthodoxe, c'est-à-dire d'une façon différente de celle des averroïstes. On ne peut pas dire qu'il ait fait preuve d'un véritable intérêt pour la philologie, et on ne le qualifiera pas d'« humaniste », même s'il a pu montrer un intérêt prononcé pour les histoires et les thèmes antiques. Pomponazzi, quant à lui, est né en 1462 à Mantoue, il a étudié à Padoue et a enseigné la philosophie à Bologne de 1512 jusqu'à sa mort en 1525. Plus jeune d'une génération, il a été marqué par l'aristotélisme qui, à Padoue et à Bologne, était plus proche de la médecine que de la théologie. Il semble douteux qu'il faille encore qualifier de « médiéval » le projet du *Malleus*, qui visait à éliminer de façon radicale cette hérésie qu'était la sorcellerie, ou autrement dit, à débarrasser l'Europe de la présence des sorcières, avec l'appui du Pape. Pomponazzi fait certainement partie d'un *nouveau* monde culturel, mais sa distinction entre savoir et foi suit des modèles du XIVe siècle. Il était renommé et il se forgea une réputation sulfureuse suite à sa critique du caractère démontrable de l'immortalité de l'âme par la philosophie. Sa célèbre étude *Sur l'immortalité de l'âme* de 1516 ne doit pas nous conduire à négliger son texte anti-diabolique, le *De incantationibus*, rédigé en 1520, mais qui a seulement pu être imprimé à Bâle en 1556. Ce traité a été récemment publié, en 2011, par Vittoria Perrone Compagni, fournissant ainsi une nouvelle édition très fiable.

Les hommes de cette époque étaient bien plus tourmentés que nous face à l'inconnu dans ce qui allait leur arriver. On recourait à la « divination ». La *divinatio* était pour Cicéron l'équivalent d'une participation au divin, grâce à la prévision du futur. *Divinatio* signifie prophétie, prédiction, présage. À elle seule, elle joua un grand rôle dans la religion antique, ne serait-ce que grâce à l'oracle. C'est pourquoi les philosophes grecs et latins discutaient de sa valeur et de sa viabilité, en particulier Cicéron dans son texte *De divinatione*, où il exprimait un certain scepticisme dans ses conclusions. Pomponazzi écrit sur l'incantation, l'ensorcellement et la divination dans le but de démontrer qu'elles n'ont aucune valeur comme preuve de l'influence des démons et des anges. D'après lui, les philosophes n'ont aucune raison de parler du Diable et de ses anges. Pour la forme, Pomponazzi se limite à affirmer que dans la pensée d'Aristote, il n'y a pas de place pour eux. Or Aristote était pour lui l'incarnation la plus parfaite de la raison philosophique. Cependant, son expulsion des anges et des démons hors de la philosophie n'est pas seulement redevable au penseur antique. Son livre était un projet radical pour l'époque : montrer qu'une pensée philosophique cohérente n'a pas besoin du Diable. Quiconque tente de développer des arguments philosophiques afin d'en démontrer l'existence, est condamné à l'échec. Thomas d'Aquin, l'auteur le plus illustre à avoir tenté une démonstration philosophique de l'existence du Diable, et qui avait encore des partisans du temps de Pomponazzi, avait aussi voulu établir l'immortalité de l'âme par la philosophie ; ce que Pomponazzi, dans le *De immortalitate animae*, considérait comme un échec.

Pomponazzi précise dans ces deux textes : les exigences théologiques trop importantes imposées à la philosophie aristotélicienne, telles que celles préconisées par Thomas – que ce soit dans le but de démontrer l'immortalité de l'âme humaine ou l'existence du Diable – ne sont philosophiquement pas tenables. Il expulse ainsi le spectre « médiéval » du Diable et des anges hors de l'espace de la raison philosophique. Il le fait de façon claire et nette, définissant ainsi sa place dans l'histoire du Diable. Il pense selon la tradition renouvelée des médecins antiques comme Hippocrate et Galien. Toutefois son environnement historique était bien plus complexe. Car après avoir expulsé, en douze chapitres, anges et Diable hors de la philosophie et après avoir réfuté les arguments de saint Thomas, il nous met, pour ainsi dire, face une énigme historique en professant de façon catégorique, dans le treizième chapitre, sa foi en l'Église – qui inclut le Diable et les anges. Il partage ainsi la conviction de Thomas, selon laquelle le christianisme ne peut exister sans Diable. Il faut clarifier cela un peu plus.

ÉCONOMIE ET VARIABILITÉ DE LA CONNAISSANCE

Pomponazzi signale trois principes philosophiques fondamentaux qui le guident dans ses diverses démonstrations.

1) Le premier exprime strictement le principe d'économie suivant : il faut user des hypothèses avec parcimonie [1]. Les philosophes n'introduisent aucun facteur superflu. Tout ce qui se produit dans l'expérience se laisse expliquer sans le recours aux démons et aux anges. Les démons sont donc superflus [2]. Voilà ce qu'il veut démontrer, en s'opposant en particulier à Thomas d'Aquin. Je vais y revenir, mais je veux auparavant mentionner le deuxième

1. P. Pomponazzi, *De Incantationibus*, éd. V. Perrone Compagni, Florence, L. S. Olschki, 2001, c. 10, l. 363, p. 79 : « Neque ponimus aliquid supervacaneum ».
2. *Ibid.*, c. 10, l. 287-299, p. 108.

principe philosophique, lié à la conception de la connaissance de Pomponazzi.

2) Il ne conçoit plus l'intellection comme la saisie presque intuitive d'une structure d'essence, que nous atteignons ou manquons comme un tout. Si elle n'aboutit pas, il n'y a absolument aucune intellection, *intellectus*, disait l'ancienne doctrine. Une hypothèse raisonnable ne constituait pas, pour Thomas d'Aquin, un acte intellectuel. Pour Pomponazzi, l'élaboration d'un cadre intellectuel est aussi un acte de l'intellect, qu'il fait varier et met à l'épreuve par la discussion au sein de la communauté des savants. Ce penseur, qui n'est plus un scolastique, explicite ses doutes à ses confrères et leur soumet ses hypothèses quant à leur résolution. Il livre une proposition ou un essai, pas un résultat définitif, qui puisse correspondre à l'adage essentialiste voulant que l'intellect soit défini par la vérité de ses connaissances, *intellectus semper verorum est*. Il ne doute pas entièrement de ses propositions, et pense bien être en mesure d'atteindre des résultats certains : l'hypothèse portant sur l'existence des anges et des démons n'explique rien, mais elle accroît de façon inutile le nombre d'éléments en jeu dans l'explication. Il est moins sceptique que Cicéron en ce qui concerne les divinations, mais il insiste sur l'inachèvement et sur le caractère social et historique de toute entreprise collective.

On peut me reprocher le fait que j'attribue à Pomponazzi une conception postmoderne, « faillibiliste » ou probabiliste de la connaissance. Afin de démontrer que je ne commets pas ici un anachronisme, je me référerai à son texte :

> Nos réponses doivent être conservées aussi longtemps que nous n'avons pas trouvé quelque chose de mieux… Car les sciences se constituent par adjonctions [1].

> Même si je ne me suis pas montré de taille à régler une question, j'ai aidé ceux qui viennent après moi à s'approcher de la solution [2].

1. P. Pomponazzi, *De Incantationibus*, *op. cit.*, Peroratio, l. 12-15, p. 171.
2. *Ibid.*, , c. 12, l. 13-14, p. 121.

Pomponazzi revendique une association étroite entre l'étude de la nature et celle de l'histoire. Il met cette exigence en pratique par la lecture attentive des historiens antiques [1]. Il cite constamment Plutarque, Tite-Live et Valère Maxime. Il se défend contre le reproche qui lui est fait de renoncer à la philosophie au profit de l'histoire. Sa façon de lier ensemble l'étude de la nature et de l'histoire était alors inhabituelle.

3) Dans un troisième passage, d'une grande importance du point de vue théorique, Pomponazzi a recours à un élément sceptique, précisément là où Thomas définit le miracle. Thomas enseignait que les démons pouvaient certes réaliser des choses étonnantes, des *mira*; mais les miracles, *miracula*, seul Dieu pouvait les accomplir. Il définissait le « miracle au sens strict » comme étant ce qu'aucune explication naturelle ne peut élucider, par exemple, le retour d'un homme mort depuis longtemps. Pomponazzi entreprend un travail de sape contre cette conception du miracle, en jugeant que nous connaissons trop peu la nature pour pouvoir définitivement déterminer ce qui n'est pas explicable. Il y a beaucoup de choses étonnantes, que nous ne pouvons pas expliquer aujourd'hui, mais qui se laisseront peut-être appréhender demain. Pouvons-nous exclure qu'un homme puisse voler? Si l'on nous raconte des histoires étonnantes, le devoir qu'impose la sagacité philosophique ne consiste pas à chercher des raisons qui s'opposent à ce qui se produit concrètement, mais à relativiser nos propres connaissances : nous ne pouvons pas savoir ce qui se trouve dans la nature des choses. Nous ne pouvons fournir aucun critère nous permettant de reconnaître l'intervention directe du Diable ou de Dieu.

Dans cette réflexion, on discerne que ce qui relève de la philosophie ne réside pas tant dans la perspicacité de détective dont peut faire preuve le chercheur, que dans la relativisation réflexive et historique de nos prémisses. L'intellection philosophique ne saisit aucune essence éternelle, mais elle intervient dans le processus d'élaboration des hypothèses, dont elle sait qu'elle en ignore

1. *Ibid*., c. 10, l. 152-154, p. 72 et c. 12, l. 119-127 p. 155.

l'aboutissement. Elle sait qu'elle ne gagne ni en contenu ni en assurance, lorsqu'elle comble cette ignorance par un mythe, une intervention divine ou démoniaque. Elle laisse le résultat simplement ouvert. Mais penchons-nous à présent sur les textes.

Dénuée de tout scepticisme, la définition du miracle donnée par Thomas d'Aquin dans la *Summa contra Gentiles* (III, 101) définit le miracle au sens strict comme « ces œuvres accomplies par Dieu en dehors du cours normal des choses, quand voyant un effet nous en ignorons la cause » [1]. Thomas fait de notre image habituelle du cours de la nature, la mesure de ce qui se trouve en dehors d'elle et, par conséquent, la mesure de ce qui doit être reconnu comme un miracle au sens strict, provenant de Dieu. Il ajoute rapidement à cela que les substances créées – il pense probablement aux anges – peuvent également, quand elles agissent selon la puissance divine, réaliser de véritables miracles [2]. Le Diable peut alors aussi provoquer un miracle, s'il est mandaté par Dieu ou lorsque, avec son approbation, il s'en prend à Job, le martyr. Thomas atténue ainsi la ligne de démarcation, strictement définie dans un premier temps, entre phénomènes étonnants et « miracles au sens strict du terme ». Il définit le miracle authentique comme ce qui se situe en dehors de notre conception courante de la nature. Que cette image puisse changer, qu'elle varie en fonction de l'époque et des niveaux de formation, Thomas ne le prévoit pas. Il suppose une image permanente et substantielle de l'ordre naturel. Pomponazzi abandonne cette présupposition, non pas au profit d'une conception matérialiste de la nature ou au profit d'un scepticisme de principe, mais plutôt dans le sens de l'ordre général aristotélicien, selon une plus stricte économie de pensée et une autolimitation inédite de l'état des connaissances du moment [3]. Pomponazzi énonce [4] les

1. Thomas d'Aquin, *Somme contre les gentils*, III, 101, trad. fr. R. Bernier, M. Corvez, M.-J. Gerlaud, F. Kerouanton et L.-J. Moreau, Paris, Cerf, 1993, p. 630.

2. *Ibid.*, III, 103, *op.cit.*, p. 635.

3. P. Pomponazzi, *De Incantationibus*, *op. cit.*, c. 10, l. 345-371, p. 79 ; c. 10, l. 384-386, p. 80 ; c. 10, l. 408-419, p. 81.

4. *Ibid.*, c. 10, l. 77-87.

instances ou principes auxquels il va demeurer fidèle. Les principes de la nature, selon Aristote, sont les suivants :

– le moteur immobile, le principe immatériel de tout,

– les intelligences décelées par le mouvement des astres,

– et leurs corps célestes [1].

Cette structure aristotélicienne des principes naturels est conservée et elle est suffisante pour la connaissance satisfaisante de tous les phénomènes naturels. Cette connaissance concerne les principes généraux des choses, dont beaucoup d'entre eux nous sont incompréhensibles; nous savons trop peu de choses. Mais nous pouvons savoir que nous ne gagnons pas en connaissance en augmentant le nombre de principes (dans le sens des « principes » aristotéliciens) par un accroissement d'acteurs innombrables, à la fois surnaturels et imprévisibles. Les défenseurs des démons et des anges, tels saint Thomas, veulent aussi être aristotéliciens. Comme Pomponazzi, ils se réfèrent aussi au moteur immobile, aux intelligences et aux corps célestes en tant que principes de la nature. Seulement, ils ajoutent inutilement certaines forces mystérieuses, contredisant le principe d'économie, que les nominalistes n'ont certes pas inventé mais qu'ils ont mis à jour. Pomponazzi parvient à ce résultat tout à fait clair : Aristote a catégoriquement récusé l'existence de tous les démons [2].

Leurs défenseurs – à l'instar de Thomas – parlent des démons, non comme s'il s'agissait de principes naturels, mais plutôt comme ils parleraient d'hommes [3]. Ils ne cessent de verser dans l'anthropomorphisme. Ils détruisent, par ce biais, le sens de la construction du système aristotélicien. Ils attribuent aux agents surnaturels des motifs qui n'apportent de connaissance au sujet d'aucun phénomène naturel, alors qu'en revanche Pomponazzi admet ses lacunes concernant nombre d'explications particulières

1. *Ibid.*, c. 10, l. 77-152, p. 69-72.

2. *Ibid.*, c. 10, l. 16-17, p. 67 : « Aristoteles audacter hos daemones negavit ».

3. *Ibid.*, c. 10, l. 411-412, p. 81 : « Certe isti loquuntur de istis Intelligentiis et corporibus caelestibus ac si essent homines » ; à rapprocher des passages similaires suivants : c. 12, l. 99, p. 124 ; c. 12, l. 100-102, p. 126 ; c. 12, l. 774-775, p. 145.

et œuvre en faveur d'un espace pour les futures élaborations d'hypothèses à partager.

SCIENCE *VERSUS* SUPERSTITIONS POPULAIRES

En guise d'arrière-fond complémentaire à ses réflexions, Pomponazzi fait référence à la différence entre science et imaginaire populaire. Il distingue soigneusement l'une de l'autre. On lui a reproché un certain élitisme, mais il faut tenir compte de ce qu'il a voulu éviter : la science doit poursuivre sa marche rigoureuse, elle ne peut se laisser duper comme le simple peuple par des causes inconnues qu'on a personnifiées. Le peuple reporte ses représentations sur des acteurs inconnus. Il ramène l'inattendu à Dieu ou au Diable [1]. Ceci explique l'opposition entre Aristote et les religions fondées sur la Révélation, que Pomponazzi désigne comme « lois », *leges*, selon la terminologie latinisée d'Averroès. Les *leges* ont besoin d'anges et de démons, Aristote les récuse [2]. Anges et diables appartiennent au monde de la religion. Ils ont été introduits afin de discipliner moralement et politiquement les peuples sauvages [3]. Pomponazzi n'évoque pas les religions de façon méprisante. Il sait qu'elles doivent s'exprimer d'une façon différente de celle des érudits et il pense que les législateurs et les souverains ne peuvent s'en sortir sans religions. Ils ne doivent cependant pas mêler leur mode de pensée à la philosophie. C'était déjà le reproche qu'avait adressé Averroès à Avicenne. D'où une certaine proximité entre la philosophie des religions de Pomponazzi et celle d'Averroès et des « averroïstes ». Mais cette proximité n'implique pas une correspondance complète : Pomponazzi a un autre concept du savoir. Au quatrième chapitre du *De immortalitate animae*, il s'attaque à la doctrine d'Averroès en faisant également référence à Thomas [4] et il se rapproche de la position d'Alexandre

1. P. Pomponazzi, *De Incantationibus*, *op. cit.*, c. 12, l. 96-97, p. 124.
2. *Ibid.*, c. 13, l. 192-208, p. 163.
3. *Ibid.*, c. 10, l. 327-336, p. 110.
4. P. Pomponazzi, *Traité de l'immortalté de l'âme. Tractatus de immortalitate animae*, traduit par Th. Gonter, Paris, Les Belles Lettres, 2012, c. 4, 24, p. 21 :

d'Aphrodise en faveur de la mortalité de l'âme. Pomponazzi fait aussi face avant tout à un autre type d'adversaire : Thomas d'Aquin et ses partisans d'alors. Dans cette opposition, comme je l'ai déjà dit, Pomponazzi n'est pas radical : il y a des points communs, par exemple dans la distance qu'il entretient par rapport à Avicenne et aussi à Averroès. Pomponazzi critique chez Thomas le fait qu'il ne soit pas resté sur sa ligne aristotélicienne de façon conséquente. Il connaît très bien Thomas, il cite même ses œuvres mineures, mais il ne peut quelquefois s'empêcher de revendiquer tout haut une certaine distance : « L'argument, que le divin Thomas mentionne là, est sans poids aucun… c'est pourquoi le divin Thomas m'étonne souvent » [1]. Donc : contre Averroès, Thomas a certes raison, mais il falsifie la philosophie d'Aristote, en y ajoutant les représentations populaires des *leges*. Par ailleurs, en anoblissant le Diable en pur esprit, il a rendu encore plus invraisemblable l'influence que ces représentations pouvaient exercer sur nous. Pomponazzi les considère déjà comme une doctrine de l'Église bien établie, puisque pour elle, le Diable avait été la première de toutes les créatures ou en tout cas l'une des premières [2].

Encore une remarque concernant la critique de Thomas par Pomponazzi : on pourrait lui objecter qu'il remplace la mythologie biblique du Diable et des anges par la mythologie aristotélicienne des intelligences célestes et des corps célestes. Il reproche bien à Thomas de brouiller la théorie des principes d'Aristote par l'introduction confuse et philosophiquement stérile d'agents surnaturels. Les intelligences célestes ou intelligences aristotéliciennes ne relèvent-elles pas tout autant de la mythologie que le Diable biblique ?

Depuis les hauteurs de nos connaissances scientifiques actuelles, la réponse est : si, sans aucun doute. Mais n'oublions pas que les

« Sur le premier point, à savoir que cette opinion [d'Averroès] est fausse, je n'entends pas ajouter quoi que ce soit de neuf, mais seulement renvoyer le lecteur à ce que la gloire des Latins, saint Thomas d'Aquin, écrit […] ».

1. P. Pomponazzi, *De Incantationibus*, *op. cit.*, c. 12, l. 207-213, p. 127 : « Ratio autem ibi per divum Thomam adducta, pace eius dixerim, nullius est ponderis […] Unde multoties miratus sum de divo Thoma […] »

2. *Ibid.*, c. 10, l. 45, p. 68.

intelligences célestes aristotéliciennes provenaient de l'astronomie antique : Aristote les avait extraites de l'astronomie de son époque pour en rendre compte au douzième livre de la *Métaphysique*. Il revendiquait de pouvoir les identifier en vertu des mouvements célestes. Elles résultaient donc pour lui de l'observation de la nature : c'est pourquoi leur nombre était limité, déterminé seulement selon une méthode stricte, qui ne laissait pas de place à une armée d'anges ou à d'incroyables chœurs de la jubilation. Or Thomas partageait cette conception en tant que philosophe. C'était la conception de la nature la plus rationnelle depuis le XIII e siècle. Des astronomes la remplacèrent par la suite, en suivant les mêmes règles qui avaient présidé à sa constitution : Thomas n'avait fait que lui ajouter la doctrine des anges et des démons. Et Pomponazzi critique le fait que, par cette opération, nous n'ayons rien gagné du point de vue explicatif. Il trouvait probablement préférable qu'Aristote eût raison et qu'il n'y eût aucun homme en Enfer [1]. Évitons cependant d'établir une comparaison entre Thomas et Pomponazzi à partir d'un point de vue supposément situé hors du temps ! Tous deux partagent les principes d'Aristote, mais Thomas les combine avec des éléments qui, d'après Pomponazzi, appartiennent à la croyance populaire, corrompant par là-même la physique aristotélicienne.

MIRACLE

Quiconque voudrait voir dans Pomponazzi un « esprit des Lumières » devrait toutefois ajouter qu'il était convaincu de la réalité de certains miracles ayant eu lieu aussi bien chez les païens que chez les chrétiens. Il ne voulait pas croire *à tous les miracles*, mais il pensait qu'une telle quantité de récits, provenant en particulier d'historiens préchrétiens, ne pouvaient vraisemblablement pas tous avoir été inventés. Il ne croyait pas à *toutes* les histoires miraculeuses, mais il les rassemblait et ne remettait aucune d'elles en question. Il les écoutait très volontiers. Pomponazzi se prétend aussi crédule en matière de miracles qu'un certain prédicateur du

1. P. Pomponazzi, *De Incantationibus*, *op. cit.*, c. 10, l. 732-733, p. 91 : « Apud Aristotelem neque apud inferos sunt hominum animae ».

Décameron. Il évoque les miracles de l'Ancien et du Nouveau Testaments [1]. Il reconnaît dans toutes les religions des prophéties et des présages d'événements à venir [2].

Pomponazzi recourt à ces miracles afin de montrer que certains trouvent déjà leur explication par les sciences naturelles, et que beaucoup d'autres seront expliqués par les générations suivantes – ils ne démontrent pas l'existence du Diable et des anges. Pomponazzi renonce à la théorie du miracle entendue comme une duperie de prêtre. Ce motif n'était que trop prégnant, déjà depuis l'Antiquité. Des duperies avaient certes eu lieu, dans le but d'extorquer de l'argent à des gens simples ou de rehausser un prestige personnel. Mais cela seul n'expliquait pas la très large diffusion des histoires miraculeuses ni la croyance dans les démons [3].

Pomponazzi justifie ensuite sa propre position en deux étapes : il esquisse d'abord le cadre de sa métaphysique puis il réfute la démonstration de l'existence du Diable faite par Thomas d'Aquin. Suivant une voie aristotélicienne, il commence par une référence à la *Métaphysique* XII et au *De caelo* I : il faut considérer Dieu comme le principe universel de tous les êtres matériels et immatériels. Il ne faut pas lire Aristote comme un antiplatonicien : l'un comme l'autre pense Dieu comme l'archétype du monde, raison pour laquelle Pomponazzi cite l'*Hymnus* de Boèce (III, 9) :

Tu cuncta superno
Ducis ab exemplo ; pulchrum pulcherrimus ipse
Mundum mente gerens similique in imagine formans...

1. *Ibid.*, c. 5, l. 178-220, p. 48-49.

2. *Ibid.*, c. 10, l. 271-282, p. 76. Il connaît des procédés magiques réalisés avec succès : des hommes simples s'expriment dans une langue étrangère (c. 10, l. 345-458, p. 79-80 et c. 10, l. 977-981, p. 99) ; le son des cloches chasse les orages (c. 12, l. 305, p. 130) ; des mages changent des hommes en loups ou en porcs (c. 12, l. 822-836, p. 146) ; il reprend l'épisode de la biographie de Dante rapportée par Boccace, où Dante, après sa mort, serait apparu à son fils dans un rêve et lui aurait montré le lieu où encore trouver un manuscrit de sa main (c. 10, l. 710-718, p. 91) ; il est convaincu que les prières ne sont pas prononcées pour rien : il considère que les prières des habitants d'Aquila contre les intempéries ont été efficaces (c. 12, l. 247-288, p. 129-130 et c. 12, l. 347-471, p. 132-135).

3. *Ibid.*, c. 10, l. 45-76, p. 68-69.

> [...] C'est toi
> Qui tires toutes choses d'un modèle céleste, et ta toute beauté
> Porte dans son esprit le monde et sa beauté, le forme à ton image [1]

Dans cette représentation de la réalité des idées et de l'idéalité de la réalité, c'est le Dieu d'Aristote qui, en tant qu'esprit, *mens*, introduit lui-même les idées originelles dans le monde sensible et celui-ci est, en retour, à leur image. Il n'y a aucune place pour une thématique dualiste, d'autant que Pomponazzi poursuit sur un mode humaniste : c'est l'avis de presque tous les philosophes, que l'homme est la plus noble des créatures temporelles [2]. C'est pourquoi nous serions en quelque sorte la fin de toutes choses et que nous aspirons, par le langage et l'activité, à une unité toujours plus grande, dont les parties sont dépendantes les unes des autres [3]. Les natures politiques, qui conduisent une multitude de personnes vers un échange plus grand, feraient dès lors l'objet du souci particulier de Dieu en tant que *gouverneur* du monde. Mais puisque, comme l'enseigne Aristote, des êtres totalement immatériels ne peuvent exercer une influence sur le monde sensible qu'à travers les êtres matériels intermédiaires, un rôle essentiel revient aux corps célestes. Ils transmettent les images originelles de l'esprit divin. Et ils sont très soucieux des grandes figures politiques comme César. Ils leur envoient des signes, afin de les avertir ou de les encourager. C'est pourquoi nous devrions lier l'étude de la philosophie de la nature à la lecture des grands historiens. Nous pouvons y voir de quelle manière toute action part des astres, mais sans exclure la liberté de décider. Nous percevons le rapport entre l'ordre cosmique et les grands développements politiques [4]. Les astres déterminent tout ce qui se déroule sur terre, tout en laissant les alternatives ouvertes. Elles disposent les individus humains à des arts et à des accomplissements très divers. Grâce à la connaissance des

1. Boèce, *La Consolation de philosophie*, trad. fr. par J.-Y. Guillaumin, Paris, Les Belles Lettres, 2002, p. 81.
2. P. Pomponazzi, *De Incantationibus*, *op. cit.*, c. 10, l. 77-94, p. 70.
3. *Ibid.*, c. 10, l. 95-144, p. 70-72.
4. *Ibid.*, c. 10, l. 144-198, p. 72-74.

astres ou grâce à l'art de donner un sens aux rêves et aux signes annonciateurs, certains hommes ont ainsi la capacité de provoquer des événements surprenants. Le simple peuple dit alors d'eux qu'ils sont possédés par le Diable ou que ce sont des saints. Selon Platon, le poète est celui qui est possédé par une sainte fureur. Et la muse entraîne le poète vers son œuvre, par un instinct sacré. Les poètes véritables élaborent leurs chants non pas en suivant les règles d'un art humain, mais en vertu d'un souffle divin, *divino afflatu*. Les prophètes, que l'on trouve parmi tous les peuples et dans toutes les religions, s'expriment d'une façon similaire [1]. Les nombreuses histoires miraculeuses sont issues de cette production, à la fois théologique, politique et poétique, qui inscrit les images originelles éternelles dans le sensible, même si des jeux de pouvoir, des superstitions et des intérêts financiers entrent ici également en ligne de compte. C'est pourquoi il n'y a rien de mystérieux dans le fait que certains hommes soient en mesure de voir venir à l'avance les tempêtes et les périodes de sécheresse, la guerre et la paix, la mort et la vie. Ce n'est pas parce que les événements se dérouleraient selon une forme de nécessité, mais ils se manifestent simplement sous forme de tendances [2]. Modèles et signes de l'esprit du monde nous parviennent par le biais des esprits des astres et des corps célestes. Celui qui côtoie l'histoire du monde de façon réfléchie admet dès lors les oracles et les événements miraculeux. Il les comprend sans démons ni anges, *sine daemonibus et angelis* [3]. La philosophie et les religions assurent de façon unanime que Dieu n'intervient pas directement dans le cours du monde. Par exemple, il ne passe pas outre les corps célestes qu'il a créés [4].

Pomponazzi ne présuppose pas seulement son interprétation, spiritualiste, de la divinité et du mouvement des astres. L'*interprétation* elle-même fait partie des signes et elle est l'œuvre d'hommes aux dispositions les plus diverses. L'interprétation ne se

1. *Ibid.*, c. 10, l. 199-268, p. 74-76.
2. *Ibid.*, c. 10, l. 307-317, p. 77-78.
3. *Ibid.*, c. 10, l. 302, p. 77.
4. *Ibid.*, c. 10, l. 332-344, p. 78-79.

produit pas en obéissant à une réceptivité et à une docilité pures, mais elle se décline selon les divers degrés de l'imagination et selon les règles divergentes de la raison. C'est pourquoi l'interprétation des signes ne présente pas une homogénéité stricte. Elle se déroule dans le monde de la poésie, pas dans la sphère juridique.

Nous parvenons ainsi à la deuxième partie, plus polémique, du travail de justification de Pomponazzi. Il la résume brièvement [1] : pourquoi devrions-nous supposer l'existence de tels êtres spirituels, anges et démons, si nous pouvons aussi expliquer sans faire appel à eux, et avec l'aide d'Aristote, toutes les expériences qu'on leur attribue ? Il s'agit d'une simplification et d'un désenchantement de l'histoire du monde, mais l'imagination humaine et la stricte rationalité ont leur part à jouer dans l'interprétation des signes. Pomponazzi ne se croit plus le détenteur d'un ordre véritable des êtres. Il propose des images et des hypothèses qui pourront éventuellement se révéler vraies ou fausses dans le futur. Il se fait une idée nouvelle du travail intellectuel.

CROIRE EN SATAN

Il nous reste à examiner la question du rapport qu'entretient le long passage du texte où l'auteur expulse Diable et anges hors de la philosophie, avec le bref chapitre final, qui reconnaît que les anges et le Diable relèvent de la foi chrétienne. S'appuyant sur une rhétorique qui ne passe pas inaperçue, le philosophe assume l'obligation d'obéir à l'Église, et d'accepter tout ce qu'elle dit sans émettre le moindre doute [2]. Pomponazzi a ajouté tardivement ces proclamations retentissantes de sa fidélité envers l'Église, à l'occasion de la dernière version du texte. Il pensait qu'il était indispensable d'affirmer sa reconnaissance de l'autorité de l'Église, comme certaine, définitive, infaillible et inattaquable, sans le moindre doute possible.

1. P. Pomponazzi, *De Incantationibus*, *op. cit.*, c. 10, l. 384-386, p. 80.

2. *Ibid.*, c. 10, l. 305-307, p. 166 : « illud totum firmum, ratum, inviolabile, inconcussibile et prorsus et sine aliqua dubitatione tenendum est ; quidquid vero damnaverit, a nobis reiciendum est. »

Je ne tenterai pas de répondre à la question, souvent discutée, de savoir si ce revirement plein de piété était une mesure préventive face aux inquisiteurs. Car cette question n'a pas de réponse satisfaisante. Elle devient même secondaire si l'on considère le fait que Pomponazzi déclare sans aucune équivoque (et ce, même s'il consacre un temps et un soin différents à exposer les deux positions) :

1) que la philosophie nie avec raison l'existence des anges et des démons ;

2) que l'Église croit aux anges et aux démons, et qu'il accepte la foi de l'Église sans aucun doute ni aucune restriction.

Libre au lecteur de se faire une opinion. J'ajouterai seulement deux remarques.

Premièrement, cette position n'est pas aussi innovante qu'un lecteur mal informé pourrait le penser. Depuis le XIII e siècle, depuis le débat concernant Averroès, il existait l'idée que l'on pouvait écarter de la philosophie une doctrine importante de l'Église, en raison du fait qu'elle était philosophiquement indémontrable, et cela afin de la laisser spécifiquement rattachée au domaine de la foi. Ce procédé pouvait servir à l'exaltation de la doctrine indémontrable de l'Église, qui se situe au-delà de toute raison, et que nous ne devons pas à nos propres ressassements mais au seul Saint-Esprit. Pomponazzi se sert de cette terminologie fidéiste et place la foi, au détriment de la raison, parmi les connaissances les plus élevées qui puissent être. Entretemps, le terme « raison » avait été largement défini selon son acception aristotélicienne. Lui retirer les contenus importants de la foi, tels que l'immortalité de l'âme, le Diable et l'Enfer, les anges et le Ciel, cela pouvait aussi être interprété au profit de la supériorité de la théologie. Tout cela humiliait le rationalisme, prétendu ou avéré, de certains théologiens de l'université. On pourrait y voir un style édifiant voire « mystique ». Cette position a pu par la suite sembler pieuse et, au cours du XVI e siècle, elle n'était pas théologiquement « impossible », même si elle contredisait quelques courants plus puissants.

Certains penseurs chrétiens tenaient à une conception stricte de la philosophie. Pour des raisons théologiques, ils voulaient éviter tout mélange de la philosophie et de la théologie. Cette conception de la philosophie avait également été développée depuis le XIII e siècle : Albert le Grand l'avait présentée et en partie concrétisée, Siger de Brabant, Godefroid de Fontaines, Dietrich de Freiberg et Jean de Jandun étaient allés plus loin dans cette direction. Certains ont inclus Duns Scot et ses élèves dans cette liste. Toutefois, le *De incantationibus* conçoit l'élimination du Diable et des anges dans une perspective bien plus large et avec bien plus de vigueur intellectuelle que ne le fait la recommandation finale de la foi de l'Église, à l'incidence somme toute rhétorique, au point que l'on ait même pu douter de l'orthodoxie du philosophe.

Deuxièmement, les soupçons pouvaient aussi être éveillés par la façon dont Pomponazzi envisageait la doctrine thomiste du Diable et des anges. Dans la *Somme contre les Gentils* [1], Thomas s'était efforcé de démontrer que les opérations magiques ont une efficacité très réelle et très étendue. Elles ont une teneur intellectuelle et prennent un caractère linguistique. Il s'agit de messages et on ne peut donc les rattacher qu'à des êtres intellectuels, des êtres dont Thomas pensait pouvoir montrer que, bien que n'étant pas mauvais par nature, ils étaient bien, selon l'orientation de leur volonté, révoltés contre Dieu et opposés aux hommes, par jalousie et méchanceté. Pomponazzi traite cette preuve de l'existence du Diable, élaborée avec grand soin, avec une ironie critique. Il voit en elle une extension avortée de la philosophie aristotélicienne, qui entre en contradiction avec celle-ci. Les intelligences et le premier principe aristotéliciens garantissent d'une façon suffisante le contenu intellectuel des effets magiques. Il n'est pas nécessaire d'y ajouter des esprits malfaisants. Pomponazzi s'estime en mesure d'expliquer les succès des mages dans le cadre

1. Thomas d'Aquin, *Somme contre les gentils*, III, 103-109, *op. cit.*, p. 635.

de l'aristotélisme originel [1]. De façon similaire, il avait critiqué dans le *De immortalitate animae* la tentative de démonstration, au moyen d'arguments aristotéliciens, de l'immortalité de l'âme humaine. D'un point de vue théologique, on pouvait encore le supporter, mais cela contredisait le courant dominant à l'intérieur de l'Église, qui avait été imposé par le cinquième Concile de Latran (1512-1517). Celui-ci venait juste de préciser dans la Bulle *Apostolici regiminis* du 19 décembre 1513 : chaque chrétien est obligé de croire que l'immortalité de l'âme est démontrable par la philosophie. Cette position, pour le moins étrange, est devenue une doctrine chrétienne revêtant un caractère obligatoire. Le père conciliaire le plus cultivé en matière de philosophie, Thomas de Vio, plus connu sous le nom de Cajétan, n'avait pourtant pas été du même avis [2].

1. P. Pomponazzi, *De Incantationibus*, *op. cit.*, c. 7, l. 7-125, p. 55-59 ; il ne faut pas chercher à démontrer l'existence des démons à partir de pratiques magiques réussies, comme l'affirmait Thomas, voir P. Pomponazzi, *De Incantationibus*, *op. cit.*, c. 8, l. 45-55, p. 62.

2. Voir *Enchiridion symbolorum definitionum et declarationum de rebus fidei et morum – Symboles et définitions de la foi catholique*, éd. par H. Denzinger et J. Hoffmann, Paris, Cerf, 2010, p. 400-401.

LE DIABLE ET LES SORCIÈRES

HUMANISME ET CHASSE AUX SORCIÈRES

Les femmes qui étaient soupçonnées de sorcellerie ont-elles tiré profit de la Renaissance et de l'Humanisme ? La « découverte de l'homme et de la nature » a-t-elle ébranlé la domination du Diable ? Au premier coup d'œil, la réponse est : non. Le nombre de procès et d'exécutions augmenta au cours du XVIe siècle. Le *Marteau des sorcières* eut de grandes répercussions, alors même que les listes de lecture des humanistes faisaient leur entrée dans les programmes des collèges. Les premiers arguments déterminants contre la chasse aux sorcières ne vinrent pas des humanistes ou des théologiens dogmatiques de l'Université, mais des médecins et des confesseurs ayant visité les prisons. Rares étaient les juristes à faire part d'objections contre les techniques en vigueur lors des procès et contre l'épistémologie qu'elles présupposaient.

Mais ce n'est pas tout ce qu'il y a à dire. Le chemin suivi pour dissiper l'ombre pesante du Diable et de la croyance obsessionnelle aux sorcières eut un itinéraire compliqué. C'est ainsi que, dans son combat contre la chasse aux sorcières, un médecin se plongea dans les récits des historiens antiques et dans les manuels de théologie. Certains juristes avaient une préférence pour la défense de leur corporation, plutôt que celle des femmes suspectées. Ils soutenaient la chasse aux sorcières par des discours sur le droit naturel et sur le libre arbitre propre à tous les hommes. En tant qu'individus libres de leurs actes, les sorcières pouvaient refuser le pacte avec le Diable. En ces temps caractérisés par un intérêt accru porté à l'Antiquité romaine, on se référait à la tradition antique, qui punissait si sévèrement la magie. Des poètes y jouèrent aussi un rôle. Un bon nombre de versificateurs reprenaient à leur compte le vieux mépris envers les femmes ou se moquaient des épouses despotiques. Et pourtant, même si la poésie ne changea certes pas le statut de la femme, elle modifia bien le regard porté sur elle. La poésie lyrique des troubadours et le roman courtois en langue française, les œuvres de Gottfried de Strasbourg et celles de Wolfram d'Eschenbach renforcèrent l'image que les femmes avaient d'elles-mêmes et renouvelèrent le regard que les hommes portaient sur elles. La Béatrice de Dante expliquait aux hommes la marche du ciel et de la terre. Elle fut le grand amour de Dante, mais, dans ses œuvres, elle apparaissait aussi, au milieu des hommes, comme un amiral à son poste de commandement au milieu de la bataille navale ; elle ordonnait le savoir et la vie. Laure, dans l'œuvre de Pétrarque, semblait moins « sage », dotée de moins d'autorité et, de ce fait, elle passait pour plus féminine. Boccace élargit le très grand intérêt que Dante portait à l'indépendance des femmes à la description analytique de la vie quotidienne. Il s'agissait là des différentes étapes du travail de mise au point et d'élargissement des perspectives réalisé par les humanistes et pour lequel ils avaient eu recours aux récits antiques. Ce travail déploya ses effets sur le monde européen masculin à travers les siècles et il remit en question quelques-unes des anciennes stratégies de dévalorisation dont les femmes étaient les victimes.

Au XVIe siècle, la médecine prit également la parole et présenta son point de vue sur les sorcières. La médecine entretenait un rapport avec l'humanisme qui était similaire à celui instauré entre la cosmologie et l'astronomie. Les humanistes ne conçurent pas de nouvelle image du monde physique, mais ils facilitèrent l'accès aux textes des géographes et des astronomes antiques, et les enseignements qu'ils prodiguaient permirent de les comprendre. Sans l'érudition humaniste, Copernic n'aurait pas conçu de nouvelle image du cosmos et Machiavel n'aurait pas pu élaborer son analyse de l'histoire. Et sans l'étude de la médecine antique, les médecins n'auraient pas pu développer de nouvelles perspectives sur les sorcières et sur les persécutions dont elles étaient victimes.

LE POINT DE VUE DU MÉDECIN

Jean Wier (1516-1588), Johannes Weyer de son nom allemand, était un représentant de la nouvelle conception médicale, qui trouvait dans l'humanisme un soutien précieux. Médecin personnel du Duc Guillaume de Clèves, sa foi chrétienne était peu affirmée. Son œuvre principale, le traité *De praestigiis daemonum, et incantationibus ac veneficiis Libri sex*, fut publiée à Bâle en 1563 et connut rapidement plusieurs éditions. J'utilise ici celle publiée à Bâle en 1568 [1].

L'œuvre de Wier mérite aujourd'hui notre attention pour au moins trois raisons. Premièrement, il représente, sur la question des sorcières, la tradition médicale : sans doute est-il le premier à faire preuve de grande clarté, même si son maître Agrippa, qui était aussi médecin, avait cependant déjà critiqué les procès contre les sorcières. Agrippa était également juriste et il avait, lors d'un procès intenté contre des sorcières à Metz, défendu les accusées à l'aide d'arguments juridiques et grâce à l'analyse technique des preuves.

Deuxièmement, l'œuvre de Wier montre de quelle manière la philosophie a influencé la discussion concernant le Diable et les sorcières. Agrippa, son maître, initié au savoir extra-universitaire par Johannes Reuchlin, avait écarté la conception scolastique de la science et avait cherché une théosophie d'inspiration plutôt sceptique et/ou néoplatonicienne. Ses conférences sur la vacuité du savoir universitaire exercèrent une influence importante sur la perception et l'appréciation des procès contre les sorcières. Je n'élève pas Wier au rang de pur philosophe. Son principal domaine de compétence est la médecine et, dans un empire troublé par la Réforme, il a exprimé un intérêt plus passionné pour la théologie que, par exemple, Pomponazzi. Mais la philosophie l'a aidé à prendre ses distances par rapport aux autorités.

1. Jean Wier (Ioannes Wierus), *De præstigiis dæmonvm et incantationibus ac ueneficijs libri sex, aucti & recogniti*, Basel, Ex officina Oporiniana, 1568. [À noter qu'une édition française est publiée dès 1569, mais sans reprendre fidèlement la structure et l'agencement du texte latin : Jean Wier, *Cinq livres de l'imposture et tromperie des diables, des enchantements et sorcelleries*, trad. fr. de J. Grévin, Paris, J. Du Puys, 1569.]

Troisièmement, l'œuvre de Wier a suscité d'importantes controverses. Elle a souvent été critiquée, en particulier par le philosophe, théoricien de l'État et historien Jean Bodin (1529-1596). Sa polémique féroce contre Wier est rapportée en détail dans son texte *De la démonomanie des sorciers*, publié à Paris en 1580. Et *The Discoverie of Witchcraft*, publié en 1584 par Reginald Scot, propose à son tour une réponse de grande ampleur au texte de Bodin. Le roi Jacques VI d'Écosse s'y opposa et il rétablit la *démonologie* orthodoxe en 1597. À la même époque, Suárez travaillait à sa somme sur la doctrine du Diable [1], qui sera publiée à titre posthume en 1620. L'Europe a donc accompagné la grande vague d'hostilité envers les sorcières par d'intenses réflexions.

Wier croit au Diable. Dès la première phrase de sa dédicace au Duc Guillaume de Clèves, il se plaint qu'à l'heure actuelle, le Diable provoque la déstabilisation en favorisant des opinions fanatiques, qui se propagent telle une épidémie de peste à travers tout le monde chrétien [2]. Ce n'est pas précisément le diagnostic que l'on attend d'un médecin. Les encyclopédies disent seulement, à propos de la profession de Wier, qu'il était « médecin ». C'est ce qu'il était dans les faits. Il est le premier à avoir décrit les troubles anorexiques. Il travaillait depuis 1555 en tant que médecin personnel du Duc Guillaume de Clèves qui, influencé par Érasme, s'était tenu à l'écart des marchandages confessionnels et épargnait les sorcières lorsqu'il était chargé de rendre la justice. Un historien moderne a même encensé Wier, qu'il considère comme le fondateur de la psychiatrie en tant que discipline médicale. Il est vrai qu'il voyait les « sorcières » comme des malades psychiques ayant besoin d'un médecin, pas d'un juge, et qu'il a posé un diagnostic sur leur maladie, qu'il pensait être de la mélancolie.

Wier décrit son projet comme le programme de grande envergure d'un érudit universel, lui l'ancien étudiant d'Agrippa de Nettesheim

1. F. Suárez, « De angelis », in *Opera omnia*, vol. 2, Paris, Louis Vivès, 1856.
2. J. Wier, *De præstigiis dæmonvm et incantationibus*, *op. cit.*, *praefatio*, p. 3.

(1486-1535), cet érudit qui a servi de modèle au *Faust* de Goethe [1]. Il utilise des arguments médicaux, et pas seulement dans un cadre médical, mais, comme il explique au début de son œuvre, selon une quadruple division de son domaine d'activité : premièrement, son objectif est d'ordre *théologique.* Il veut présenter les œuvres du Diable en suivant les Écritures. Deuxièment, il se livre à une étude relevant de la *philosophie de la nature*, qui s'intéresse à ce que les sorcières peuvent réellement accomplir, afin de pouvoir rectifier les représentations confuses concernant les sorcières, les *sagae.* Troisièmement, il va montrer de façon *médicale* que ce qui est attribué aux sorcières doit être expliqué par des causes naturelles. Quatrièmement, il discute, dans une perspective *juridique*, s'il est nécessaire ou non de punir les sorcières et, le cas échéant, de quelle manière [2].

C'est là le programme d'un érudit universel du temps de la Renaissance, tel que l'a poursuivi le médecin, philologue, philosophe de la religion et réformateur Michel Servet (1511-1553). Wier commence par l'examen de la question portant sur ce qu'est le Diable, *Diabolus quid sit.* Il insiste sur la clarification des concepts et distingue les « sorcières » des mages : ces derniers sont des savants et des hommes réfléchis, d'une grande curiosité intellectuelle, *viri docti et cordati, sed curiosi*, qui pourraient être au service du Diable, mais qui n'ont rien à voir avec les sorcières, et encore moins avec les empoisonneuses, *veneficae.* Les « sorcières » sont en effet des femmes d'un niveau de formation intellectuelle inférieur à celui des mages-naturalistes. Les femmes, avec leur disposition plus faible, sont plus exposées à l'influence du Diable. Le Diable se glisse au cœur de leur capacité imaginative, *imaginativa*, qu'elles soient éveillées ou endormies [3]. Soumises à la torture lors des interrogatoires, elles avouent que leurs œuvres

1. Heinrich Cornelius Agrippa, « De incertitudine et vanitate omnium scientiarum » (1526), in *Opera omnia*, 2 volumes, Lyon, per Beringos frates, s.d. (1600 ?), réimpression : Hildesheim, Georg Olms Verlag, 1970.

2. J. Wier, *De præstigiis dæmonvm et incantationibus*, *op. cit.*, *praefatio*, p. 7.

3. *Ibid.*, p. 15.

ont été provoquées par le Diable [1]. Leurs aveux sont vrais, en ce sens qu'ils expriment des représentations erronées que le Diable leur a inspirées. Elles croient elles-mêmes qu'elles ont provoqué le Mal et c'est ce que le juge veut entendre. Contrairement aux mages, elles n'ont aucun livre, aucun signe secret, aucun maître. Retirées dans leurs demeures, souvent sombres et misérables, elles souffrent de mélancolie, *domique latentes... in melancholiae morbo*. Dans leur tristesse et dans leur extrême désespoir, *maerore et extrema desperatione*, elles croient à ce que le Diable leur susurre [2]. Elles n'ont aucun projet hérétique [3]. Leur hérésie supposée constituait l'argument principal du *Marteau des sorcières*, afin d'obtenir une cruelle condamnation à mort et de pouvoir les brûler vives : Wier s'oppose à tout cela. Par ailleurs, les sorcières ne causent aucun dommage à qui que ce soit. Il faut réformer l'administration publique de la justice. Celui qui croit être la victime de sorcières doit être informé de ce qu'elles sont en mesure de faire et de qui sont les vrais coupables : à savoir les démons, qui ne sont soumis à aucune justice terrestre et qu'aucun juge ne peut jamais atteindre. Le médecin se charge de lutter contre les faux remèdes, les juristes doivent s'occuper du châtiment des mages et des empoisonneurs. Il faut brûler les livres des mages [4].

Visées politiques

Le livre de Wier est aussi un pamphlet politique. Il est tout d'abord adressé au Duc de Clèves, puis également à l'empereur et à tous les souverains [5] : ils doivent libérer l'humanité d'une ancienne idée fausse. Il exige une réforme radicale, mais il s'en tient, précisément pour cette raison, à un niveau minimal sur le plan de l'innovation théorique. Il veut que la chasse aux sorcières prenne fin

1. J. Wier, *De præstigiis dæmonvm et incantationibus*, *op. cit.*, *praefatio*, p. 16.
2. *Ibid.*
3. *Ibid.*, p. 18.
4. *Ibid.*, l. 6, c. 2, p. 570-573.
5. *Ibid.*, *praefatio*, p. 21-22.

et que les anciennes traditions, qui leur imputaient la responsabilité d'événements funestes, cessent. Il partage encore un certain nombre de représentations avec les persécuteurs de sorcières. Mais que des femmes aient conclu un pacte avec le Diable, qu'elles lui offrent des enfants qui n'ont pas encore été baptisés, qu'elles les tuent et les dévorent, qu'une femme de Constance ait tué quarante et un enfants, ainsi que le rapporte le *Marteau des sorcières* à partir de prétendus aveux : tout cela n'est que crédulité futile, *vana credulitas* [1]. Les nombreux récits de rapports sexuels impliquant des sorcières et des démons sont tous inventés [2].

La divergence profonde avec le *Marteau des sorcières* est manifeste [3]. Wier rejette sur le Diable la responsabilité des actes que les femmes ont réellement accomplis (mais pas la responsabilité de ceux qui leur sont faussement attribués), et il en reste aux limites traditionnelles imposées au pouvoir du Diable : celui-ci ne peut même pas créer une simple mouche [4]. Ses limitations sont déterminées par sa nature d'ange déchu et, accessoirement, par la mission spéciale qui lui est dévolue [5]. Les vols du Sabbat sont des fantasmes humains ou des illusions diaboliques. Mais la capacité à déplacer un corps humain dans les airs, sur une longue distance, est démontrée par le récit de la tentation de Jésus, que le Diable entraîne au sommet d'une haute montagne. Bien qu'il ne puisse rien faire sans la permission de Dieu, les intentions de ce dernier nous demeurent cependant inaccessibles : ainsi, aucun critère concret ne peut en découler concernant ce que le Diable *n'est pas* en mesure d'accomplir. Wier ne remet pas en question la totalité de l'ensemble des représentations du Diable, il accepte le fait que le Diable déplace vraiment des corps dans les airs, et pas seulement de façon métaphorique, ni seulement en imagination, *phantastice* [6].

1. *Ibid.*, l. 3, c. 4, p. 218.
2. *Ibid.*, l. 3, c. 30, p. 316.
3. *Ibid.*, *Epistola*, p. 8.2
4. *Ibid.*, l. 1, c. 23, p. 121 : « Creare nec muscam quidem hic potest… ».
5. *Ibid.*, p. 122.
6. *Ibid.*, l. 3, c. 11, p. 242.

Wier en reste au fait que les sorcières sont réellement possédées par le Diable. En raison de leur nature affaiblie par la mélancolie, Satan peut les tourmenter plus facilement. Il les fait souffrir, de la même façon qu'il a harcelé Job [1]. Satan parvient à modifier le genre sexuel [2], mais il ne peut changer les hommes en loups (en loups-garous !). Il est lié par les formes essentielles des choses naturelles. Si l'on se réfère à l'histoire de Circé, qui a changé les compagnons de l'Odyssée en cochons, il s'agit simplement de superstition, *credula superstitio* [3].

Le livre très détaillé de Wier en arrive à la question des procès intentés contre les sorcières. Il rapporte les récits de femmes innocentes, condamnées pour sorcellerie [4]. Il insiste sur le fait qu'il appartient à la justice non seulement de punir les coupables, mais aussi de préserver les innocents d'une peine injuste. Il invoque un argument semblable à celui qui sera exposé quelques décennies plus tard dans le *Cautio criminalis* de Friedrich von Spee (1631), selon lequel il est difficile, voire à peine possible, d'identifier des sorcières [5]. Leurs aveux sont à peine dignes de foi, d'autant plus qu'ils ont été obtenus sous la torture [6].

Wier connaît les Pères de l'Église et l'ancienne littérature juridique de l'Église, mais son livre appartient aux temps modernes : Wier a été formé par l'humanisme et il cite les historiens antiques à de nombreuses reprises. Il explique, en s'appuyant sur Augustin [7], ce que sont les faunes et les satyres. Il discute les faits miraculeux de Circé évoqués par Augustin [8]. Il connaît l'hébreu et le grec. Il rapporte beaucoup d'anecdotes de l'Antiquité, il cite Virgile

1. J. Wier, *De præstigiis dæmonvm et incantationibus*, *op. cit.*, l. 4, c. 1, p. 348-349.
2. *Ibid.*, l. 4, c. 24, p. 422.
3. *Ibid.*, l. 4, c. 22, p. 414.
4. *Ibid.*, l. 6, c. 13, p. 612-616.
5. *Ibid.*, l. 6, c. 7, p. 588-590.
6. *Ibid.*, l. 6, c. 8, p. 591-592.
7. Augustin, *La Cité de Dieu*, 15, 23, *op. cit.*, volume II/1, p. 285-291.
8. *Ibid.*, 18, 18, p. 471-475.

et fait le récit d'une nouvelle tirée du *Décaméron* [1]. On lui cria : « Cordonnier, reste à ton ouvrage ! », puisqu'il n'était pas censé, en tant que médecin, être compétent pour les questions générales, surtout celles relevant de la théologie. Mais il persista dans son droit, même en tant que médecin, à parler de questions légales, éthiques et religieuses [2].

RENFORCEMENT DU POUVOIR DU DIABLE, AFIN DE SOULAGER LES FEMMES

La grande valeur historique de la contribution de Wier dans l'histoire de la lutte contre la persécution des sorcières est reconnue depuis longtemps par les chercheurs [3]. Il était convaincu de l'innocence des sorcières et il voulait les soustraire à l'autorité du juge. Le point fort de son argumentation résidait dans la description de la dépression [4] et de la situation sociale de ces femmes malades, souvent âgées, même si son analyse de la mélancolie demeure fragile d'un point de vue phénoménologique. Au point que, bien plus tard, des médecins orienteront plutôt leur diagnostic vers l'épilepsie ou l'hystérie. Jean-Martin Charcot (1825-1893) réunit les deux types de maladies et, pour évoquer le cas des possédées, parle d'hystéro-épilepsie. Freud prolongera ces analyses en les adaptant à sa théorie sexuelle.

Wier a élaboré avec soin sa définition des « sorcières », il voulait ainsi être en mesure de les distinguer de façon précise des mages

1. J. Wier, *De præstigiis dæmonvm et incantationibus*, *op. cit.*, l. 3, c. 12, p. 265. Il s'agit de la nouvelle X, 9 du *Décaméron* de Boccace.

2. *Ibid.*, l. 6, c. 1, p. 565-566.

3. H. Lehmann und O. Ulbricht (éd.), *Vom Unfug des Hexen-Prozesses. Gegner der Hexenverfolgung von Johannes Weyer bis Friedrich Spee*, Wolfenbütteler Forschungen Band 55, Wiesbaden, 1992. Dans ce volume, j'ai tiré un profit particulier de l'article de S. Clark, « Glaube und Skepsis in der deutschen Hexenliteratur von Johann Weyer bis Friedrich von Spee », *ibid.*, p. 15-33. Voir aussi S. Clark, *Thinking with Demons. The Idea of Witchcraft in Early Modern Europe*, Oxford, Clarendon Press, 1997.

4. J. Wier, *De præstigiis dæmonvm et incantationibus*, *op. cit.*, l. 4, c. 25, p. 425-426.

et des empoisonneurs. Il rejette surtout l'accusation d'hérésie qui pesait sur elles et qui était devenue particulièrement mortifère depuis le *Marteau des sorcières*. Le fait que sa position scientifique ne puisse se passer d'éléments issus de la tradition s'explique de lui-même, mais il faut ensuite évaluer de quelle manière il utilise ces éléments. Car il retire tout le poids de la culpabilité des épaules de ces femmes malades pour le rejeter sur le Diable, dont il renforce ainsi la position. Il fait des sorcières un instrument aux mains du Diable, afin de les soustraire à la justice. Mais, pour y parvenir, il reprend tous les principes traditionnels des théologiens, qui ont fait du Diable le seigneur du monde visible tout en empêchant son ascension au rang de quasi-divinité. En les suivant de façon conservatrice, il met en évidence tout ce que le Diable *n'est pas* en mesure d'accomplir [1]. Il renforce le pouvoir du Diable face aux mal-portants et il l'affaiblit face à Dieu et à l'humanité. Il devait tirer parti des idées qui se trouvaient à sa disposition et, pour ce faire, la représentation tirée du Nouveau Testament, qui présente le Diable comme le seigneur de ce monde, lui convient très bien. Wier l'utilise afin de disculper les « sorcières ». Auprès des théologiens, il trouve un nombre suffisant de limites au pouvoir du Diable, face au Dieu tout-puissant, même s'il reste difficile d'avoir une idée claire de son rapport au « décret d'autorisation » divin – celui-là même qui est présenté de façon abrupte dans le Nouveau Testament et qui permet à Satan d'agir. Wier ne pouvait absolument pas être intéressé par la déconstruction de la représentation du Diable. Il pensait que celle-ci faisait intégralement partie de la foi chrétienne, à laquelle il accordait, dans son ensemble, une importance supérieure à celle que lui octroyait Pomponazzi. Suivant les habitudes intellectuelles des croyants les plus zélés du nord des Alpes, il voyait dans le Diable le *movens* d'une conception globale de la réalité. Il savait quelle était la misère des femmes détenues dans des geôles sombres, infâmes et froides. L'abrogation de la chasse aux sorcières était une question plus urgente que celle du partage de la sphère de pouvoir

1. J. Wier, *De præstigiis dæmonvm et incantationibus*, *op. cit.*, l. 1, c. 24, p. 123-125.

entre le Dieu du ciel et le dieu de ce siècle. La tradition théologique fournissait suffisamment de formules pour décrire la concurrence que se livraient les puissances de l'au-delà, et Wier y recourait afin d'avoir toute latitude pour assurer la défense des innocents. Il savait d'ores et déjà que, sans même envisager l'abolition du Diable, il s'attirait un bon nombre d'ennemis. On le soupçonnait de remettre en question non seulement la culpabilité des sorcières, mais aussi l'existence du Diable et même celle de Dieu. Il était très loin de tout cela, mais les gardiens de Sion expliquaient que quiconque remettait en question l'ensemble primordial formé par le châtiment des sorcières abandonnait par là-même l'interprétation chrétienne du monde et de la Bible. Wier avait suffisamment à combattre pour que la prise en charge médicale de la mélancolie, comme objet d'un savoir et d'une pratique naturalistes, puisse reprendre au clergé son domaine réservé du contrôle des âmes et de la justice.

Un croyant trop zélé en a conclu qu'il prônait, dans l'ensemble, une philosophie naturaliste. Wier en était très éloigné, comme il le souligne dans l'épilogue de son œuvre, où il prend ses distances avec Pomponazzi. Les péripatéticiens batailleurs, écrit-il, *pugnaces Peripatetici*, sont en train de réduire tous les miracles et les *monstra* à des causes naturelles. Ils contredisent les Saintes Écritures avec un acharnement frénétique. C'est ce qu'a fait le célèbre philosophe mantouan Pietro Pomponazzi dans son livre *De incantationibus*, plein d'une philosophie abstruse qui se substitue aux éléments incontestables de la philosophie chrétienne. Saint Paul, le vase d'élection, met en garde contre le fait de se laisser induire en erreur par la philosophie, qui n'est faite que de conventions humaines. Elle correspond aux éléments du monde, mais elle n'est pas conçue d'après le Christ. Wier avait pourtant entendu dire qu'avant de rendre l'âme, Pomponazzi, en raison d'une miséricorde divine particulière, n'était pas resté athée [1].

Ce texte montre quelles sont les intentions de Wier : contrairement à Pomponazzi, il ne voulait pas considérer la nature

1. *Ibid.*, l. 6, *Epilogus*, p. 675-676.

dans son ensemble comme libérée de l'emprise du Diable, dans une sorte de perspective qui relèverait purement de la philosophie de la nature. Il n'appliquait cela qu'à la seule mélancolie. Loin de le constester, il augmentait plutôt le pouvoir de Satan et ne le limitait qu'en usant de formules modérées, prévues à cet effet. Nul besoin de faire tomber l'ensemble de l'édifice bâti sur la doctrine des démons pour rationaliser le cercle spécifique et restreint des pathologies psychiques. Il aurait ainsi perdu toute son efficacité et aurait fini sur le bûcher, condamné pour hérésie. Il devait contester le fait que les sorcières puissent réaliser tout ce qu'il leur était reproché. Dans l'ensemble, il voulait une philosophie chrétienne qui dépassât aussi bien Platon qu'Aristote. Wier reprend de façon un peu légère l'accusation d'athéisme prononcée contre Pomponazzi, qu'il qualifie par le mot grec d'« *atheos* », ignorant que l'auteur mantouan laisse non seulement de la place à la foi, mais qu'en bon philosophe aristotélicien, il conçoit Dieu comme le premier moteur. Wier devait considérer qu'il était utile de prendre ses distances par rapport au naturalisme universel et au style de pensée italien, dans la mesure où une sensibilité nationale entrait déjà en jeu dans les discussions des érudits. Wier alimente à peine la polémique confessionnelle, mais il veut rester fidèle à la Bible dans sa pensée, c'est-à-dire qu'il ne veut assujettir ni les miracles de Dieu ni les monstres de la nature aux directives des philosophes. Son projet a une portée plus limitée. C'est celui d'un médecin doté d'une formation théologique, philosophique et juridique, et qui souhaite mettre fin à l'injustice criante que constitue la chasse aux sorcières.

PRISE DE DISTANCE PAR RAPPORT À L'UNIVERSITÉ

Le monde des idées du XVIe siècle allemand était un milieu hétérogène en pleine effervescence, avant que la scolastique des Jésuites et l'orthodoxie tridentine et luthérienne ne viennent y réintroduire une certaine discipline. Il est possible de déterminer plus précisément la position de Wier au cœur de cette agitation. Je me contenterai de fournir ici quelques indications. Sa situation biographique nous oriente déjà vers une direction précise : son Duc

Guillaume était en relation avec Érasme et entretenait des rapports avec l'Archevêque de Cologne Hermann von Wied. Celui-ci avait perdu son Électorat parce qu'il avait été le premier évêque à se tourner, dès 1538, vers la Réforme et à avoir de ce fait été démis de ces fonctions.

La relation de Wier avec l'aristocrate de Cologne Heinrich Agrippa de Nettesheim, auprès duquel il avait vécu en tant qu'élève en 1533, était étroite, pour ainsi dire intime. Il a dû dormir dans le même lit qu'Agrippa, seulement séparé de lui par un grand chien noir que nous connaissons grâce au *Faust* de Goethe, et dont on racontait qu'après la mort de son maître à Grenoble, il s'était jeté dans la rivière et avait disparu pour toujours [1]. Le Faust de Goethe porte le prénom d'Agrippa : Heinrich.

Après l'étude des *artes* à Cologne, où ce qu'il restait de l'intérêt qu'Albert le Grand avait porté à la nature demeurait encore vivace, Agrippa avait entrepris en 1510 des études sur saint Paul, à Londres, auprès de John Colet, qui se trouvait lui aussi dans la sphère d'influence d'Érasme. Il appartenait – aussi – au cercle du paulinisme préréformateur et il avait vécu un certain temps à la cour d'Hermann von Wied, à Bonn. Agrippa avait très tôt cherché à entrer en rapport avec l'abbé Jean Trithème, afin de s'entretenir avec lui de magie. Parmi ses œuvres, des notes de lectures seront également publiées, que Trithème lui a fait parvenir à la demande de l'Empereur Maximilien Ier. Elles concernent l'emprise du Diable et des sorcières sur la vie réelle ainsi que l'évaluation politique du danger qu'ils représentaient pour l'Empire [2]. Les réponses de Trithème sont prudemment conservatrices et dotées d'un faible intérêt théorique, mais elles montrent de quelle manière, vers 1500, la question du Diable et des sorcières était aussi à l'ordre du jour dans les plus hautes sphères politiques.

En s'inspirant d'Agrippa, Wier fit sienne l'impulsion philosophique qui cherchait à dépasser le savoir universitaire

1. Rapporté par J. Bodin, *De la démonomanie des sorciers*, V. Krause, C. Martin et E. MacPhail (éd.), Genève, Droz, 2016, p. 440.

2. Heinrich Cornelius Agrippa de Nettesheim, *Opera*, *op. cit.*, volume 1, p. 762.

scolastique, mais aussi l'opposition entre Platon et Aristote. Il choisit la marginalité académique et la spéculation sceptique à la façon néoplatonicienne. Le texte *De occulta philosophia* (1510) d'Agrippa de Nettesheim, dont l'auteur avait déjà discuté avec Jean Trithème durant l'hiver 1509-1510, contenait de grandes parties consacrées au Diable et aux sorcières [1]. Auprès d'Agrippa, Wier entendit vanter les connaissances linguistiques de Reuchlin [2]. Nous sommes ici sur le territoire des humanistes et des cours princières, où Agrippa s'était aussi rendu célèbre avec son ouvrage *De la noblesse et préexcellence du sexe féminin* (*De nobilitate et praecellentia foeminei sexus*), publié à Anvers en 1529. Cette critique humaniste de la misogynie traditionnelle devrait être mise en rapport avec le plaidoyer de Wier en faveur des femmes injustement accusées. La distance d'Agrippa à l'égard du savoir universitaire l'avait éloigné des inhibitions scolaires, mais très progressivement, car personne ne peut se défaire de tout ce qu'il a appris. Et la démonologie était, vers 1560, une construction complexe, une rhétorique hautement perfectionnée, qui offrait aussi un espace libre à ce qui limitait sa propre portée.

La réplique de Jean Bodin

Grand homme de loi et théoricien de l'État, Jean Bodin (né en 1530 à Angers et mort en 1596 à Laon) a probablement été le critique le plus acéré de Jean Wier. Ce penseur de la souveraineté de l'État et ce défenseur de la tolérance a rédigé un *Colloquium heptaplomeres : Des secrets cachez des choses sublimes entre sept scavans qui sont de differens sentimens* [3], une œuvre inspirée par Nicolas de Cues, qui

1. Heinrich Cornelius Agrippa, *De occulta philosophia libri tres*, Vittoria Perrone-Compagni (éd.), Leiden-New York, Brill, 1992, en particulier 3, 20, p. 459-462 et 3, 32, p. 497. Voir aussi la répartition de l'enfer pour les *melefici*, *apostatae* et *infideles* dans la vision d'ensemble du monde en trois parties à 2, 6, p. 262.

2. *Ibid.*, p. 141.

3. J. Bodin, *Colloque entre sept scavants qui sont de differens sentimens des secrets cachets des choses relevees*, F. Berriot, K. Davies, J. Larmat et J. Roger (éd.), Genève, Droz, 1984.

avait cherché *une* religion naturelle parmi la diversité des cultes. Le combat acharné que mène Bodin contre le défenseur des sorcières et contre son irréligiosité (« impiété extrême ») traverse son texte *De la démonomanie des sorciers*, publié à Paris en 1580 [1]. Mais comme si cela n'était pas assez, Bodin ajoute une longue annexe de 68 pages imprimées, exclusivement consacrées à la contestation des thèses de Wier : *Refutation des opinions de Jean Wier.* Son style ne pouvait être plus incisif. Bodin s'excuse à la fin du texte de la tonalité brutale de celui-ci, mais il ajoute aussitôt à ses excuses que chaque homme serait saisi d'une juste colère s'il devait constater à quel point Wier, par des paroles blasphématoires, s'en est pris à l'honneur de Dieu [2]. Il n'écrit pas animé par la haine, mais pour s'opposer à Wier, qui défend les intérêts du Diable. Parce qu'il lance un appel au non-respect du commandement de Dieu ordonnant de supprimer les sorcières. Parce qu'il dédaigne toute la tradition. Parce qu'il offense l'honneur de Dieu, le souverain suprême.

La controverse de Bodin s'appuie sur un discours sévère, mais elle demeure instructive pour le lecteur actuel : un érudit, instruit au plus au point et dont la pensée est autonome, défend ici la chasse aux sorcières contre leur principal détracteur. Il n'y avait donc pas seulement des anti-humanistes animés d'un conservatisme sclérosé et d'un obscurantisme acharné du côté des chasseurs de sorcières. Bodin expose presque tout ce qui a été évoqué *en faveur* de la persécution des sorcières avec une grande clarté. Son texte rassemble les arguments des chasseurs de sorcières de la deuxième moitié du XVI e siècle d'une façon hautement instructive. Bodin n'est pas un théologien mais, comme Servet et Wier, il dispose d'une formation universelle, en particulier dans le domaine de l'exégèse biblique. Il présente les implications de la dissociation d'un domaine isolé de la vie (en l'occurrence : les maladies de l'esprit, en particulier la mélancolie) de la vision d'ensemble dominante du monde. La revendication d'une autonomie méthodologique menace

1. J. Bodin, *De la démonomanie des sorciers*, *op. cit.*

2. *Ibid.*, p. 490.

tout l'édifice intellectuel et social ordonné par la théologie, la philosophie et le droit. Bodin, en tant que juriste, est impressionné par le chaos qui a cours en France depuis 1562 en raison des guerres de religion. Il ne supporte pas la subversion d'un « petit médecin » contre l'ensemble pérenne formé par les règles de vie européennes et le savoir qui y correspond. Il déteste le ton sarcastique employé par Agrippa pour parler de la vacuité du savoir des érudits. Il craint que la revendication visant une autonomie malgré tout limitée, et ne serait-ce que par une analyse des maladies de l'âme purement basée sur la philosophie de la nature, n'entraîne un bouleversement total.

Les sorcières faisaient partie de l'expérience quotidienne du juge Bodin. Celui qui, comme Wier, nie une telle réalité ordinaire, avec son arrière-plan théologique et juridique, conteste probablement aussi, tôt ou tard, l'existence du Diable, et finalement l'existence de Dieu. Il travaille à l'expansion du royaume du Diable. Il ne faut pas seulement réfuter ses opinions, il faut le détruire. Wier mérite bien plus que les sorcières d'endurer la peine dont il veut les protéger. Ici s'exprime aussi l'antagonisme entre le médecin, qui réclame le *traitement* des maladies psychiques au lieu de l'élimination de ceux qui en sont victimes, et le juriste, dont les textes de loi imposent la persécution des enchanteurs, des magiciens et des sorcières. De plus, ce médecin se permet d'insulter les magistrats et les juges qui condamnent les sorcières, en les désignant comme des assassins et des bourreaux [1] parce qu'ils tuent des présumées innocentes. Bodin, penseur de la souveraineté, ne tolère pas que quelqu'un parle ainsi des autorités. L'ami de l'ordre, marqué par le chaos provoqué par les guerres de religion, s'interdit toute empathie envers des criminelles. Le conflit entre les deux professions est aussi un conflit qui oppose deux conceptions divergentes du monde. Wier méprise les manières affectées traditionnelles des savants. Bodin a besoin de calme, son pays recherche la paix. Sur un ton sarcastique, il démontre au médecin que certains éléments de l'ancienne conception du monde sont demeurés dans sa propre doctrine, par exemple lorsqu'il

1. J. Bodin, *De la démonomanie des sorciers*, *op. cit.*, 1580, p. 437-438 et surtout p. 440.

enseigne lui aussi que des démons prennent une forme corporelle [1]. Là où Wier a modéré sa radicalité et limité à l'essentiel la portée de sa révolution médicale, Bodin y trouve des inconséquences et des contradictions, par exemple, lorsque Wier croit le démon capable de déplacer des personnes dans les airs sur de grandes distances [2]. La représentation du monde de Wier n'est donc pas si éloignée de celle des persécuteurs de sorcières.

Bodin procède de façon minutieuse ; il commence son livre par une définition : un sorcier ou une sorcière est « celui ou celle qui met délibérément en œuvre des moyens diaboliques, afin d'atteindre quelque chose » [3]. C'est une définition conceptuelle claire, si l'on sait ce que sont des moyens diaboliques. Bodin reproche à Wier d'avoir échoué à établir cette définition. Toute son entreprise s'effondre ainsi. Car Wier définit la sorcière comme une personne, dont on *suppose* qu'elle a conclu un pacte avec le Diable [4]. Il s'ensuit qu'il n'y a absolument aucune sorcière, il n'y a que des femmes dont on *affirme* qu'elles sont des sorcières. Comme s'il s'agissait d'un accessoire scolaire de la logique formelle, Bodin reproche à Wier d'avoir manqué au devoir de la définition, à savoir fournir l'essence véritable d'une chose (« la vraye essence »). Wier ne dit après tout rien de la réalité véritable de la sorcière. Il définit la sorcière uniquement selon *ce qu'on dit à son propos.* Ce serait pourtant comme si l'on définissait le meurtrier comme celui dont *on dit* qu'il commet des meurtres. Mais la logique exige d'abord de demander *si* quelque chose est, afin de pouvoir seulement ensuite dire *pourquoi* cela est ou *ce* que cela est. À ce conseil scolaire, il convient toutefois d'ajouter la remarque suivante : le défenseur de la chasse aux sorcières exige un sens des réalités, dépourvu d'une once de superstition. Il définit en effet la « réalité » dans le sens de l'opinion générale, qui prétend que les sorcières existent. Wier pourrait répliquer qu'*il* donnait seulement une *définition nominale*

1. *Ibid.*, p. 457.

2. *Ibid.*, p. 462.

3. *Ibid.*, p. 89 : « Sorcier est celuy qui par moyens Diaboliques sciemment s'efforce de parvenir à quelque chose ».

4. *Ibid.*, p. 453.

de la sorcière. Il ne suppose pas, comme Bodin, que son existence est donnée. En ce qui concerne le terme défini, selon Wier, l'appel de Bodin à préciser d'abord « *si cela est* » et dire ensuite « *ce que cela est* » ne va pas de soi, car l'on devrait avoir dans ce cas une idée préconçue de ce dont on affirme l'existence. Sa définition n'en demande pas plus : elle est cependant utile pour distinguer les sorcières des mages. La distinction du « *si cela est* » et du « *ce que cela est* » est une opération logique, dont Bodin se sert pour affirmer, sans argumenter, l'existence réelle de ce qu'il cherche à définir, uniquement dans le but d'en analyser la réalité. Il ne conteste pas le fait qu'il y ait un Diable et des empoisonneurs qu'il faut punir sévèrement. Une définition reposant sur la signification du mot suffit à Wier pour commencer son étude. Bodin conteste la définition de Wier, parce qu'elle ne désigne pas l'essence véritable, c'est-à-dire réelle, qui n'existe pas pour Wier. Bodin concède que Wier ne conteste pas l'existence de toutes les sortes d'esprits et qu'il sait, en tant que philosophe ayant lu Aristote, certaines choses à propos de Dieu. Mais il le place dans le voisinage immédiat des « épicuriens et des athées », qui niaient tous les principes de la métaphysique [1], allant ainsi à l'encontre de la grande tradition philosophique, au sein de laquelle platoniciens, aristotéliciens, stoïciens et Arabes s'accordaient. Bodin entrevoit la possibilité d'une conception du monde *entièrement fondée sur le naturalisme*, dont Wier ne voulait pourtant pas : il fait appel à celle-ci exclusivement dans le cadre de l'analyse de la mélancolie. Bodin, inquiet pour l'ensemble de la société chrétienne et pour son interprétation du monde, reproche à Wier de ne considérer les contenus métaphysiques que selon la perspective de la physique [2]. En employant le terme « métaphysique », il ne pense pas directement à Aristote, mais au monde des anges et des démons, qu'Aristote ne connaissait pas – mis à part les intelligences qui entraînent les sphères célestes. Il veut conjurer le danger représenté par l'épicurisme et par l'athéisme, ce

1. J. Bodin, *De la démonomanie des sorciers*, *op. cit.*, p. 90.
2. *Ibid.*, p. 465-466 et p. 473.

que Wier avait quant à lui reproché à Pomponazzi. Il mentionne les nombreux sceptiques, qui ne croient pas aux essences éternelles ni à leur intervention dans le monde visible. Bodin s'y oppose en invoquant la réalité avérée des « sorcières », telles que l'habitude et la « science » les définissent, alors que Wier attire l'attention sur le « fait » que les accusées sont souvent des femmes âgées et sans défense, qui n'ont aucune formation supérieure et qui ne pensent pas être hérétiques. Bodin, penseur juridique, leur impute d'avoir conclu un pacte avec le Diable, sans penser que la conclusion d'un contrat présuppose un langage commun, des concepts juridiques concordants et une fréquentation réciproque organisée. Celui qui affirmait l'existence de pactes avec le Diable aurait dû démontrer la réalité de ces conditions préalables. Et même si cette réalité était établie, elle serait sans valeur. Wier n'avait pas négligé d'invoquer l'argument épistémologique selon lequel il était difficile, voire impossible en pratique, de démontrer l'existence d'un tel pacte. Il n'avait cependant pas donné à cette réflexion l'importance que des critiques ultérieurs, tels que Friedrich von Spee, auront l'idée judicieuse de lui accorder, afin de contourner les grandes questions de la dogmatique chrétienne. Bodin suppose l'existence d'un pacte qui unit le Diable à la sorcière : il interprète ce pacte comme un nouveau baptême hostile à Dieu et comme une reddition de soi-même à Satan, considéré alors comme le véritable Seigneur. La sorcière porte ainsi atteinte à l'honneur du Seigneur suprême et, pour cette raison, elle mérite la plus lourde de toutes les peines. Sa nocivité sociale, en tant que magicienne, est par contre accessoire. La sorcière pèche contre le Souverain suprême [1]. Elle abjure le Seigneur du monde au cours d'une cérémonie contre-liturgique et porte ainsi atteinte à l'équilibre des forces, décisif pour le monde, entre créateur et créature. Cela explique l'indignation justifiée contre un auteur qui ne veut pas que cette ultime insubordination soit considérée comme un fait.

1. *Ibid.*, p. 469 et p. 473.

Bodin souligne certains points faibles dans l'argumentation de Wier : celui-ci transfert tout le poids de la faute sur le Diable et délivre ainsi les femmes. Mais il ignore leur liberté. Selon la théorie de Wier, elles ne seraient que des instruments aux mains du Diable. Comme si elles n'avaient aucune responsabilité et aucun libre arbitre. Comme si Satan pouvait s'en emparer facilement et les forcer à se mettre à son service. Cela peut surprendre le lecteur moderne : le défenseur de la croyance obsessionnelle aux sorcières n'invoque pas la foi, mais le sens des réalités et, de plus, il exalte le libre arbitre des sorcières. Il les considère comme des sujets « modernes ». Toutefois, il agit ainsi afin d'expliquer que le comportement de ces femmes relève de la justice et qu'il est condamnable. Il tient à leur libre arbitre : c'est seulement ainsi qu'il peut les poursuivre et les exécuter [1]. En tant que médecin de ville, Wier avait examiné physiquement les accusées, il le savait mieux que quiconque : ces femmes étaient si affaiblies et si malades, si angoissées et meurtries, qu'elles ne pouvaient plus choisir librement. Il montrait les beaux discours sur le libre arbitre sous leur vrai jour : ce sont des discours d'autojustification prononcés par d'impitoyables juristes. Aux yeux desquels Wier se situe donc du côté des serviteurs du Diable, et mérite la punition qui leur est destinée.

Le texte de Bodin est significatif pour l'histoire du Diable et des sorcières, parce qu'il montre que les actions cruelles des juges et des bourreaux trouvent leur justification dans des représentations élevées des valeurs, s'appuyant sur le sens des réalités et le libre arbitre de tous les hommes. Réalité et « essence véritable » s'y manifestent comme une sorte de garantie académique. Il considère, selon la pensée du droit naturel, que chaque homme est un sujet autonome, qui détermine la direction de sa vie selon un libre choix et dont il peut être rendu responsable par les autorités. Wier avait mentionné de nombreuses femmes dont la situation existentielle et physique empêchait la libre disposition d'elles-mêmes et qui, pour cette raison, étaient proscrites de la société et cruellement punies.

1. J. Bodin, *De la démonomanie des sorciers*, *op. cit.*, p. 466-468.

Au lieu d'une aide médicale et sociale, c'étaient la prison, la mise en accusation, la torture et la mort sur le bûcher qui les attendaient. Et le penseur Bodin justifiait cela, en premier lieu grâce à l'illusion académique selon laquelle ce qui est compris depuis toujours dans les catégories savantes de la tradition théologique, philosophique et juridique, est bien réel ; et en second lieu, grâce aux présupposés de la philosophie du droit, selon lesquels chaque homme choisit librement, en tant que sujet responsable, de conclure un pacte, ou non, avec le Diable.

La divergence introduite par Wier semblait d'emblée monstrueuse aux yeux de Bodin, parce qu'elle se dressait face à l'ensemble de la sagesse de l'humanité. Bodin enjolivait le passé et le concevait comme un développement harmonieux – pas une dispute continuelle –, et comme un patrimoine fiable. À ses yeux, Wier avait péché contre l'édifice d'une tradition cohérente. Il avait contredit non seulement la théologie, mais tout un savoir humain vieux de trois mille ans. Wier avait isolé quelques éléments de cette image d'ensemble : il ne croyait pas, contrairement aux chasseurs de sorcières formés à l'école humaniste, que les tragédies antiques mettaient en scène des sorcières [1]. Il interprétait le texte carolingien tardif *Canon Episcopi* comme un plaidoyer *contre* la persécution des sorcières, l'Église y définissant comme *hérétique* celui qui tenait pour réelles les simples tromperies que le Diable provoquait, comme les transports dans les airs lors du Sabbat. D'après le *Canon Episcopi*, ce n'étaient là que des illusions provoquées par le Diable [2]. Bodin considère la vision du monde de l'Ancien Testament, de l'Antiquité classique et du christianisme comme un système harmonieux que l'on doit protéger dans son ensemble, et que Wier avait bafoué. Il faisait de la majesté de Dieu la souveraineté suprême et admettait, dans une large mesure, la représentation de Dieu donnée dans l'Ancien Testament. La satisfaction et la colère de Dieu doivent exister. Le dieu de Bodin pardonne mais, pour cette

1. J. Wier, *De præstigiis dæmonvm et incantationibus…*, *op. cit.*, l. 3, c. 1, p. 207.

2. *Ibid.*, l. 3, c. 11, p. 239-242, en particulier p. 241.

raison, il ne fait grâce d'aucun châtiment. Le Diable y joue aussi un rôle dès l'origine. En tant qu'érudit, Bodin savait qu'en des temps plus anciens, on avait pensé les esprits sous une forme corporelle [1], mais il ne prenait cela ni pour une hésitation ni pour une étape du déploiement de la Révélation. En revanche, il opposait plutôt au médecin Wier le bloc homogène que constituaient la vérité biblique, la raison philosophique et la culture antique. Le décomposer ou en amoindrir la portée était, à ses yeux, une impiété, une œuvre du Diable, une dégradation, une malignité et une preuve d'ignorance. Nous autres, « postmodernes », connaissons des formes de christianisme sans sorcières, et même sans Diable. Nous entendons parler des théologiens qui croient en Dieu tout en étant athées. Pour Bodin, la vérité était encore un système d'ensemble dominé par la théologie, dont aucune pièce ne devait être extraite. Comme il ne pouvait s'empêcher de reconnaître l'érudition de Wier, il ne lui restait qu'à exprimer ce jugement : Wier détruit par malveillance. Et pourtant, Wier s'était bien gardé d'attaquer tout le savoir de l'occident chrétien. Il n'avait pas du tout touché à Dieu, ni au Diable. Un peu à l'instar de Bernard de Clairvaux, il lui attribuait tout le Mal présent dans ce monde [2]. Il avait seulement mis en question l'existence des sorcières, leurs envolées au-dessus du Blocksberg et la transformation d'hommes en loups. Toutefois, pour Bodin, un système juridico-philosophique complet d'inspiration chrétienne était inconcevable sans sorcières. C'est dans l'ancienne Babylone que les sorcières ont leur origine et, depuis la Loi des Douze Tables, les juristes ont toujours poursuivi les mages. Celui qui remet tout cela en question remet aussi en doute, en fin de compte, Dieu et les anges. À cause de lui tout se met à vaciller, or le monde est déjà plein de conflits. Nous avons besoin d'une tranquillité réfléchie, qui ne croit pas en tout ce qu'on raconte sur le Diable ni en toutes les histoires miraculeuses, mais qui ne doute pas non plus de tout. Bodin

1. J. Bodin, *De la démonomanie des sorciers*, *op. cit.*, p. 455 et p. 478.

2. J. Wier, *De præstigiis dæmonvm et incantationibus*, *op. cit.*, l. 1, c. 8, p. 57 : « Omnia mundi mala sunt ipsius pravitate conmissa ».

pensait que Wier avait mis en lambeaux l'ensemble esthétique et rhétorique du cadre de représentation philosophique, théologique et juridique du monde, qu'il lui dérobait une pièce unique, irréfutable, tirée de la Bible. La *civitas diaboli* appartenait à la *civitas Dei*, avec toute sa splendeur et son efficience. Wier dérobait un degré à sa hiérarchie. Le contre-monde diabolique était parallèle à la *civitas Dei*, construite selon une hiérarchie de cour princière. Le côté obscur appartenait au monde de Dieu, Satan agissait dans le monde des hommes et c'est avec son aide que les sorcières provoquaient de grands désastres, bien tangibles.

Afin de juger avec justesse la position de Bodin, il faut ajouter qu'il était convaincu que Dieu ordonnait sans ambigüité le meurtre des sorcières. C'était la volonté de Dieu qui commandait à l'homme pieux de ne laisser la vie sauve à aucune d'entre elles. Pourtant Wier avait contesté que cet ordre d'exécution émanant de Dieu s'appliquât aux sorcières : le texte ne mentionnait que les enchanteurs, les mages et les empoisonneurs. Wier était, à vrai dire, un aussi bon connaisseur de la Bible que Bodin. Contre Wier, Bodin affirmait alors que la Bible commandait sans détour le meurtre des sorcières, et cela au verset 22 : 18 du livre de l'*Exode.* La Vulgate, texte de référence qui seul compte pour les catholiques et les luthériens, réitère l'ordre de Dieu dans les termes suivants : *Maleficos non patieris vivere.*

C'est un ordre d'exécution à la concision militaire : il ne faut pas laisser la vie sauve aux « malefici » – mais que désigne ce terme ? Le substantif est de genre masculin. De nos jours, il est devenu habituel de compter également mesdames les députées parmi les « députés », désignés sous la seule forme masculine. Cela était probablement perçu d'une tout autre façon à l'époque. Mais il n'est pas question de sorcières littéralement, au féminin. Wier avait exploité cette ambigüité et rapporté ce mot d'ordre aux mages et aux empoisonneurs, d'autant que la traduction grecque du texte hébraïque, c'est-à-dire la *Septante*, avait traduit l'expression par *pharmakous*, ce qui renvoyait aux hommes malveillants experts en botanique, c'est-à-dire une sorte d'empoisonneur ou de sorcier au sens général. C'est pourquoi la traduction française de *La Bible d'Alexandrie* dit littéralement : « Vous ne laisserez pas en vie *les sorciers* » [1].

Voilà qui est dit avec précaution. Ces traducteurs s'expriment comme s'ils avaient lu Jean Wier. Luther avait traduit avec moins d'indolence : « Tu ne dois pas laisser vivre les *magiciennes* » (*die Zauberinnen*). Ce choix peut s'inspirer d'un modèle présent dans l'une des traditions manuscrites du texte hébraïque. Le substantif y est déjà au féminin : il s'agit ici de sorcières [2]. La traduction œcuménique de la Bible reste sur cette ligne et écrit : « Une magicienne, tu ne la laisseras pas vivre » [3]. Ce qui est pour le moins clair. Et c'est ainsi que Bodin le lisait. Dans la discussion approfondie qui l'oppose à Wier, il défend avec force érudition, à partir du texte hébraïque et dans la perspective de l'histoire de ses différentes traductions, cette lecture à la fois sévère et univoque du rôle des femmes [4].

Pourtant, Bodin surprend à cet endroit. Car il ne partage plus l'idée ancienne qui voudrait que la femme soit, en tant que la part plus sensuelle et plus faible de l'humanité, la porte d'entrée du Diable dans l'histoire humaine. C'est encore ainsi que raisonnait Jean Wier, lui qui avait intérêt à décrire les femmes comme étant sans défense, tristes et tourmentées par des phobies. Il considérait que les femmes étaient plus faibles (*mollior*) et plus influençables. Par ailleurs, il décrit en détail les erreurs de jugement des mélancoliques : elles

1. Exode 22 : 17, *La Bible d'Alexandrie*, vol. 2 : l'Exode, trad. fr. d'A. Le Boulluec et P. Sandevoir, Paris, Cerf, 1989, p. 228-229. Pour le texte grec, voir *Septuaginta*, éd. A. Rahlfs (éd.), Stuttgart, Württembergische Bibelanstalt 1962 (septième éd. ; première éd., 1935), p. 124.

2. Antonino Rubino, de Lecce, m'a rendu attentif à l'entrée « M'Kashefah », mot hébreux pour « sorcière », dans l'ouvrage de W. Gesenius, E. Robinson et F. Brown, *A Hebrew and English Lexicon of the Old Testament*, Oxford, Clarendon Press, 1906 p. 506. Je ne peux établir quand, pour la première fois, le mot *malefica* figure dans la traduction de la Vulgate. Pour des informations complémentaires, j'en appelle ici à mes collègues.

3. Exode 22 : 17, *Traduction oecuménique de la Bible*, Villiers-le-Bel-Paris, Bibli'O-Société biblique française, Cerf, 2010, p. 162.

4. J. Bodin, *De la démonomanie des sorciers*, *op. cit.*, p. 451 et aussi p. 457.

alternent entre se croire plus petites qu'elles ne sont et se sentir ensuite les maîtresses du monde. Elles pâtissent de leurs scrupules et doutent d'elles-mêmes. Elles perçoivent une culpabilité qui n'a pas lieu d'être [1]. Elles sont affaiblies, ne serait-ce que parce que la nourriture les attire trop peu. Il en va tout autrement chez Bodin : il doit les envisager comme étant susceptibles d'être punies et il affirme qu'elles sont plus fortes que les hommes. Il les a vues, inébranlables, lors de procès de sorcellerie. Il rapporte l'histoire d'une femme qui s'était arraché la langue, de façon à ne pouvoir incriminer personne durant les interrogatoires [2].

Je suis à la recherche d'un détail qui permette d'illustrer le conflit entre Bodin le juriste et Wier le médecin. C'est la manière que l'un et l'autre utilisent pour parler des *interrogatoires* de sorcières. Wier maintient qu'il n'y a rien à retirer d'elles. Humiliées et affaiblies, ces femmes disent uniquement ce qu'on leur soustrait en utilisant la force [3]. Wier contredit ainsi le *Marteau des sorcières.* Lorsque Bodin résume les raisons pour lesquelles il est convaincu de l'existence et du caractère dangereux des sorcières, il mentionne en premier lieu l'ordre d'exécution inscrit dans la Bible. Ensuite, le fait que, lorsqu'ils ramènent sur de longues distances les femmes parties pour assister aux orgies sataniques, les démons séparent, avec l'autorisation de Dieu, la chair et l'âme des sorcières, et les assemblent ensuite à nouveau. Troisièmement, la doctrine concordante des grands auteurs comme Augustin et Thomas d'Aquin, mais aussi les païens Plotin et Pline. Quatrièmement, ses expériences lors de nombreux procès sans fin, ces aveux ou « confessions jusques à la mort » [4]. Que ces femmes ne s'écartent pas de leurs aveux, même confrontées à la peur de la mort, cela constitue une preuve irréfutable selon Bodin. Pour Wier, leurs aveux ne sont que la preuve de leur misère et de

1. J. Wier, *De præstigiis dæmonvm et incantationibus*, *op. cit.*, l. 3, c. 7 p. 227 : « Culpam imaginantur ubi nulla est ».

2. J. Bodin, *De la démonomanie des sorciers*, *op. cit.*, p. 449.

3. J. Wier, *De præstigiis dæmonvm et incantationibus…*, *op. cit.*, l. 6, c. 8, p. 591-592.

4. J. Bodin, *De la démonomanie des sorciers*, *op. cit.*, p. 457.

leur dérèglement psychique. Ce qu'elles admettent sert à prouver leur culpabilité, parce qu'en fin de compte elles se considèrent elles-mêmes comme coupables. Elles croient elles-mêmes à ce qu'on leur reproche [1].

SCEPTICISME : REGINALD SCOT, 1584

Au cours des deux dernières décennies du XVIe siècle, la croyance au Diable et les incitations à la haine contre les sorcières gagnèrent en ampleur et connurent un grand retentissement. Le livre de Jean Wier, publié en 1563, n'avait pas empêché cette expansion. Le livre de Jean Bodin l'avait au contraire favorisée. Le thème des sorcières joua un grand rôle dans les conversations quotidiennes et dans le théâtre au temps de Shakespeare (mort en 1616). Peut-être les Anglais considéraient-ils déjà, et depuis plus longtemps, la question d'une façon plus sceptique que les théologiens continentaux. Lorsque Goethe [2] s'en prend à Luther en raison de son satanisme, il lui oppose ainsi la pensée lucide du frère anglais Roger Bacon, mort en 1292. En Angleterre, le débat sur le Diable gagna toutefois en complexité sous l'effet des circonstances suivantes : en 1603, la dynastie des Stuarts (1603-1688) parvenait au pouvoir, succédant aux Tudors (1485-1603). À Londres, le roi Jacques Ier accéda au trône. On le connaissait aussi en tant que Jacques VI, Roi d'Écosse. Il ne se contenta pas de cumuler ces deux titres, il exerça réellement la fonction royale et fut en même temps l'auteur de textes théologiques. Il écrivit aussi sur le Diable. En 1597, il avait publié sa *Daemonologie* à Edimbourg, dans laquelle il défendait les effets concrets du Diable et la capacité de nuisance des sorcières, s'opposant ainsi à deux adversaires principaux : Jean Wier et l'anglais Reginald Scot.

Né vers 1538 dans le comté du Kent, Reginald Scot a poursuivi des études de droit à Oxford et publié *The Discoverie of Witchcraft*

1. J. Bodin, *De la démonomanie des sorciers*, *op. cit.*, p. 458-459.
2. Voir la citation en exergue du présent ouvrage.

en 1584 [1]. Soit quatre ans après le livre sur les sorcières de Jean Bodin, contre lequel il développe la thèse déjà proposée par Jean Wier, visant à disculper les sorcières. L'édition originale de 1584 du livre de Scot est difficile à trouver. Elle est si rare que l'hypothèse selon laquelle le roi Jacques Ier aurait fait rechercher le livre de son adversaire et ordonné de le faire brûler est assez vraisemblable. De nouvelles éditions ont été publiées au cours du XVIIe siècle, à savoir en 1651, 1654 et 1665, de sorte que Scot était toujours présent dans les esprits lorsqu'eut lieu le renversement de la doctrine du Diable [2].

Scot défend la position de Jean Wier qui fait de la mélaconlie la maladie des sorcières. S'opposant à Bodin, il renforce le point de vue de Wier selon lequel il ne faut rien déduire des aveux extorqués lors d'interrogatoires. Mais il va plus loin que Wier. Le médecin personnel du Duc de Clèves avait atténué la culpabilité des sorcières en faisant peser toute la responsabilité sur les épaules du Diable. Les sorcières n'étaient que ses pauvres victimes. Scot conteste toute influence de Satan. L'innovation introduite au XIIIe siècle, affirmant que les anges et le Diable n'ont pas de corps, était alors devenue une doctrine indiscutable pour tous les chrétiens. On avait oublié l'histoire de l'origine et de l'adoption de cette doctrine et Scot en tire alors la conséquence suivante : toutes les histoires sexuelles concernant les incubes et les succubes ont été inventées. Il s'adresse à ses lecteurs et leur rappelle ce qui est entretemps devenu évident : « [...] et je vous fais confiance pour me dire qu'un esprit n'a ni chair ni os, etc. Et qu'il ne boit ni ne mange » [3].

Scot étend ses doutes : il voit la sorcellerie comme une fable funeste et unique en son genre. Wier, malgré sa profession médicale, n'avait pas fait débuter son ouvrage par une argumentation tirée de la médecine, mais par des considérations philosophiques et

1. R. Scot, *La sorcellerie démystifiée*, trad. fr. P. Kapitaniak et J. Migrenne, Grenoble, Jérôme Millon, 2015.

2. S. Clark, *Thinking with Demons. The Idea of Witchcraft in Early Europe*, *op. cit.*, p. 296.

3. R. Scot, *La sorcellerie démystifiée*, *op. cit.*, l. 4, c. 10, p. 189. (« I trust you know that a spirit hath no flesh nor bones, etc., and that he neither dooth eate nor drink. »)

théologiques; de même Scot, juriste de profession, argumente lui aussi selon des raisons théologico-philosophiques. Il réclame de la cohérence et interpelle les démonologues : si la Bible dit que Dieu ordonne que le vent souffle et que la pluie tombe, alors vous ne pouvez pas rendre le Diable responsable des intempéries [1]. La doctrine des démons, renouvelée au XIII e siècle, est contradictoire : la monarchie monothéiste ne supporte pas un second seigneur de type divin pour le monde visible. À l'appui de son raisonnement, et grâce à son érudition, Scot retrouve même un texte d'Augustin qui, à partir d'un point de vue antimanichéen, réprimande les chrétiens parce qu'ils abandonnent totalement le monde sensible aux anges devenus rebelles [2]. Scot était un bon connaisseur de la Bible et des Pères de l'Église. Il citait des arguments précis et des faits vérifiables, parce qu'il considérait que le monde dans lequel il vivait était complètement fou et ensorcelé. Ce monde n'a que Dieu à la bouche, mais lorsque survient une situation où l'homme a besoin de calme et de conseil, on l'envoie plutôt au Diable que vers Dieu, et au lieu d'aller consulter un médecin, on cherche une sorcière [3]. Scot s'occupe de philologie et même de points de détail techniques et pratiques. Au livre XIV, il critique ainsi de façon détaillée l'alchimie; il décrit dans le livre XV, des chapitres 1 à 20, la nécromancie et les incantations adressées au Diable, dont il fait ensuite le procès [4]. Il y dénonce les pratiques magiques, y compris les tours que les prestidigitateurs réalisent sur les marchés. Mais son but n'est pas seulement de contester les théories académiques : il lutte contre un monde qui va à contresens. Il se lance dans la controverse au nom des pauvres vieilles femmes que l'on persécute en tant que sorcières et qui ne peuvent se défendre toutes seules.

1. R. Scot, *La sorcellerie démystifiée*, *op. cit.*, l. 1, c. 1, p. 111.

2. Augustin, « La Trinité », 3, 8, 13, dans *Œuvres de Saint Augustin*, 15, trad. fr. M. Mellet et Th. Camelot, Paris, Institut d'Études augustiniennes, 1991, p. 297 : « Il ne faut pas croire pour autant que les anges prévaricateurs font ce qu'ils veulent de la matière des choses visibles. C'est Dieu, bien plutôt, qui leur octroie cette puissance [...] ».

3. R. Scot, *La sorcellerie démystifiée*, *op. cit.*, l. 1, c. 2, p. 113-114.

4. *Ibid.*, l. 15, c. 21, p. 503.

Même à ce sujet, il entre dans les détails. Il examine à nouveau le passage de l'*Exode* de la Bible hébraïque, déjà discutée par Wier, et qui était compris comme un ordre divin demandant à ne laisser la vie sauve à aucune sorcière. Il veut savoir précisément, selon la philologie, ce que le mot-clé hébraïque « Chasaph » veut dire à cet endroit. Il étudie pour ce faire la *Septante* et en arrive au résultat suivant : ce sont les empoisonneurs qui sont désignés, en particulier les femmes qui éliminent leurs maris en utilisant du poison. Il critique l'usage du terme « sorcière » dans les traductions lorsqu'il s'agit de désigner des époux(ses) meurtriers(ères) et des empoisonneurs(euses) [1]. Réhabilitant l'interprétation faite par Wier de ce passage de l'*Exode*, Scot estime que Wier est philologiquement meilleur que Bodin [2].

Plus encore que Bodin, Scot critique le *Malleus maleficarum*. Cent ans après sa publication, ce livre était toujours d'actualité auprès des calvinistes anglais. Scot s'en prend sans arrêt à ce texte. À la fin de son livre, il s'exclame : « Et Dieu sait que leur livre ne contient que mensonges puants et papisme » [3].

Le *Marteau des sorcières* lui semble être un texte papiste parce qu'il suppose, par une espèce de dépendance aux miracles, des interventions surnaturelles continuelles. On a décrit Scot comme un athée. Je ne puis m'en convaincre. La discussion sur l'athéisme n'était pas nécessaire à la dénonciation de la croyance obsessionnelle aux sorcières; et cette accusation a trop souvent été proférée à mauvais escient. En tout cas, Scot voulait précisément savoir si le Dieu biblique avait décrété l'extermination des sorcières. Le Dieu de Reginald Scot s'était retiré de manière frappante dans son au-delà. Il ne cédait pas son pouvoir à une quelconque créature. C'est là, en partie, un aspect de son penchant antiromain et calviniste, qui est cependant très redevable à son scepticisme philosophique,

1. *Ibid.*, l. 6, c. 1 et c. 2, p. 215-219.

2. *Ibid.*, l. 6, c. 8, p. 226-227.

3. *Ibid.*, l. 16, c. 1, p. 538. (« And yet God knowth their whole booke containeth nothing but lies and poperie. »)

s'inscrivant dans le sillage de Cornelius Agrippa [1]. Il ne s'agit pas, dans ce cas précis, d'un scepticisme de principe, mais d'un scepticisme qui associe l'intérêt porté à la nature et exprimé par Cardan [2] à la reconnaissance de la « magie naturelle », que le *Marteau des sorcières*, avec l'aide de Thomas d'Aquin, avait rejetée en bloc [3].

À cette occasion, Scot fait appel au concept de connaissance développé par Pomponazzi : tout ce qui nous semble étranger, parce qu'il dépasse notre expérience quotidienne de la nature et notre savoir actuel, ne démontre pas une intervention surnaturelle de Dieu ou d'une influence de Satan sur le monde, mais montre seulement les limites de notre connaissance actuelle de la nature [4]. Notre connaissance de la nature n'est pas la représentation exacte de l'essence des choses et de leur division éternelle en choses naturelles et choses surnaturelles, mais un produit humain nécessitant des améliorations, un produit qui peut être et qui doit être perfectionné. Le scepticisme est indéniable chez Reginald Scot. Il s'attaque aux prétentions exagérées de la connaissance scolastique des essences ainsi qu'aux fables que les hommes profèrent sur la nature des choses, et qui nous induisent *aujourd'hui* en erreur [5] de telle sorte que, lorsque quelqu'un tombe malade, on ira traquer des sorcières au lieu de l'envoyer chez le médecin. Ici s'exprime une désillusion à la fois calviniste et philosophique. Scot fait appel aux auteurs antiques, afin de relativiser l'état des connaissances du moment. Dans ce sens, il mentionne le scepticisme de Cicéron vis-à-vis des rêves : il considère l'interprétation des rêves comme une perte de temps [6]; il critique les mythologies et l'arrogance d'un savoir qui met son nez partout; et pour cela il se réfère à Horace et Pline, à

1. R. Scot, *La sorcellerie démystifiée*, *op. cit.*, l. 11, c. 21 p. 308-309 et l. 15, c. 32, p. 523-524.

2. *Ibid.*, l. 12, c. 17, p. 353.

3. *Ibid.*, l. 13, c. 3, p. 380.

4. *Ibid.*, l. 13, c. 16, p. 398-399.

5. *Ibid.*, l. 1, c. 2, p. 113-115.

6. *Ibid.*, l. 10, c. 4, p. 281-282.

Virgile et Ovide. Il n'y a plus de miracles, déclare-t-il en suivant certains pères de l'Église qui pensaient que les miracles se limitaient au temps des Apôtres [1]. Les premiers textes d'Augustin s'inscrivent dans cette tradition. L'esprit du prophétisme s'est dissout dans le christianisme [2]. Dans le quatrième chapitre du livre VIII, où il rapporte que de grands auteurs avaient affirmé que le Diable était mort et que maints hommes sages avaient pensé de même, Scot raconte, à la suite de Plutarque, qu'un marin avait fièrement proclamé, après une traversée heureuse sur une mer déchaînée que « le Grand Pan était mort » [3].

En ce qui concerne l'histoire du Diable et des sorcières aux XVI e et XVII e siècles, il n'y pas de meilleur livre que celui de Stuart Clark, *Thinking with Demons. The Idea of Witchcraft in Early Modern Europe*. Il donne à Scot la place qui lui revient et il montre que ce ne sont pas les sciences de la nature du XVII e siècle anglais qui ont discrédité la croyance obsessionnelle aux sorcières. Pour y parvenir, il fallait réunir bon nombre de facteurs, aussi bien sociaux qu'historiques dans un sens très général, mais aussi des facteurs bibliques, exégétiques et philosophiques, et enfin, d'autres relevant de différentes réflexions méthodologiques et de la restauration humaniste des sources antiques. Je trouve qu'il y a, malgré tout, chez Stuart Clark un certain nombre de caractérisations de la position de Reginald Scot qui ne sont pas très heureuses. Il parle de son *almost total scepticism* [4]. Mais cela ne vaut que pour toutes les fables liées aux sorcières et pour la prétention au savoir revendiquée par la philosophie de la nature, dont le *Malleus maleficarum* et bien

1. *Ibid.*, l. 8, c. 1, p. 258-259. Se référer aussi à J. Calvin, *Institution de la religion chrestienne*, l. 4, c. 19, 18, J.-D. Benoit (éd.), Paris, Vrin, 1957. Pour considérer ce développement dans son ensemble, voir D. P. Walker, *The Decline of Hell*, Chicago, University of Chicago Press, 1964 ; K. Thomas, *Religion and the Decline of Magic*, London, Weidenfeld and Nicolson, 1971 ; L. Daston et K. Park, *Wonders and the Order of Nature*, New York, Zone Books, 1998 ; J. Shaw, *Miracles in Enlightment England*, New Haven-London, Yale University Press, 2006.

2. R. Scot, *La sorcellerie démystifiée*, *op. cit.*, l. 8, c. 2, p. 259-261.

3. *Ibid.*, l. 8, c. 4, p. 264.

4. S. Clark, *Thinking with Demons*, *op. cit.*, p. 518.

d'autres démonologues s'étaient parés. Scot considérait qu'il était plus raisonnable de consulter le médecin plutôt que de faire la chasse aux sorcières, même s'il en avait assez appris sur la *vanitas* du médecin auprès d'Agrippa de Nettesheim. Pétrarque ne s'était-il pas déjà moqué des médecins ? « Ils couvrent leurs erreurs avec de la terre », disait-il. Scot savait que la médecine comme les sciences naturelles, bien qu'elles s'égarent en suivant beaucoup de fausses pistes et qu'elles se définissent en fonction des traditions scolaires, devaient être conçues en général comme des processus ouverts à la discussion et non comme des dogmes intemporels. Clark poursuit : les thèses de Scot sont plutôt issues de positions théologiques que d'une hétérodoxie (*unorthodoxies*) née des sciences naturelles [1]. Mais ce n'est pas la seule alternative : il y avait aussi des philosophes comme Cicéron, Pomponazzi et Agrippa. Scot avait lu les poètes antiques, qui n'étaient ni des calvinistes ni des naturalistes anglais, et il en avait retiré une certaine mise à distance de la confiance en soi excessive arborée par les sciences de la nature. Il en découle, chez Clark, une accentuation un peu exagérée de l'incontestable influence du calvinisme, qui n'est pas indispensable pour admettre que les démons, dépourvus de corps, n'ont probablement pas besoin de sorcières pour des rapports sexuels. Ce n'est pas le calvinisme, mais la philologie humaniste à la façon de Lorenzo Valla et d'Érasme, qui conduit à traduire correctement le passage biblique crucial, tiré de l'*Exode*, ordonnant de tuer les sorcières. Quant au scepticisme de Reginald Scot, Stuart Clark ironise à son propos : c'est en raison de son excessive facilité à croire en d'autres opinions que Scot était sans doute devenu sceptique à l'égard des sorcières [2]. Cela suggère que Scot aurait donc critiqué la croyance obsessionnelle à l'existence des sorcières seulement parce qu'il n'avait pas été assez critique dans d'autres domaines. Mais quelle forme de crédulité pouvait-il y avoir dans le fait de révéler les contradictions entre la monarchie du Dieu biblique et le pouvoir complexe du Diable sur la

1. S. Clark, *Thinking with Demons*, *op. cit.*, p. 296.
2. *Ibid.*, p. 238.

nature, ou entre le caractère hautement intellectuel du Diable et les innombrables récits de coucheries avec des sorcières ?

Clark parle comme si Scot avait seulement opté pour une autre croyance que celle qui était commune à l'époque. Comme si la croyance en la sorcellerie n'avait pas coûté la vie à plusieurs milliers de pauvres vieilles femmes. Scot n'a pas tranché entre deux hypothèses académiques de valeur égale : il voulait échapper, par sa pensée, à un monde aberrant.

UNE CRITIQUE DU SATANISME : BALTHASAR BEKKER

QUE CONTESTE-T-ON ?

Les fondamentalistes, issus de différentes traditions chrétiennes, ne veulent pas renoncer à Satan. Ils ont besoin de lui pour le cœur, pour les comportements sociaux, en particulier ceux des plus démunis, et pour leurs dogmes. C'est pourquoi l'abolition chrétienne du Diable s'est déroulée et se déroule encore de façon hésitante, et jamais sans oppositions. Personne ne remet en question les atrocités abominables commises au nom de la persécution des sorcières, personne n'ignore leur lien avec l'hypothèse de l'existence du Diable, mais tout le monde ne considère pas que cette hypothèse ait été par là-même réfutée. Aujourd'hui encore, il n'y a pas vraiment d'unanimité chez les chrétiens à ce sujet : beaucoup se contentent de passer sous silence l'existence du mal. Il y a pourtant eu de grandes voix théologiques à s'élever contre l'idée de l'existence du Diable et, comme je l'ai montré, elles pouvaient aussi en anticiper les obstacles, en raison des difficultés éprouvées par les démonologues scolastiques. Les succès remportés par une connaissance de la nature cohérente et par la pratique médicale les ont confortées. Avant que je ne m'attarde sur les objections théologiques contre le satanisme, je dois formuler deux brèves clarifications : en premier lieu, il ne s'agit pas ici des termes métaphoriques « Diable » ou « le Mal dans le monde », mais du Diable en tant que personne propre, une créature purement intellectuelle, une *substantia separata*, telle que l'orthodoxie catholique traditionnelle et la foi protestante l'ont dépeinte. C'est pourquoi – en deuxième lieu – il ne s'agit pas de savoir s'il faut évaluer le monde de façon optimiste ou pessimiste, et si nous pouvons compter ou non sur un « progrès ». Celui qui doute de l'existence du Diable en tant que substance ou personne n'a besoin d'aucun éclaircissement sur la condition misérable de la vie humaine. Seule la rhétorique apologétique populaire le présuppose. Elle n'a rien à voir avec l'examen sérieux de la question.

On a probablement commencé à mettre en question l'existence réelle de Satan en arrêtant de le prendre au sérieux. Un masque orné de cornes a surgi lors du carnaval et il a joué le rôle du Diable. Ou alors, il est monté sur scène et en a fait rire beaucoup. Un théâtre de marionnettes le présente comme un incapable. Une histoire raconte comment le Diable a été dupé. Ou encore, dans une nouvelle du XIVe siècle, au lieu de « rapports sexuels », un ermite pieux parle simplement de « renvoyer le Diable en Enfer », faisant ainsi du sexe une activité que Dieu approuve [1]. L'auteur de ce récit commence à dissoudre le lien entre œuvre du Diable et vie sexuelle, lien auquel il s'était trouvé confronté. Avant même que l'existence du Diable n'ait pu être contestée, celui-ci était donc devenu une figure comique. Il était devenu une matière à histoires, une formation lexicale et un esprit cauchemardesque de la nuit. On affirmait sa réalité et il appartenait pourtant à l'imaginaire et à la superstition.

De très sérieux livres de théologie ont suivi. Ils avaient toujours le choix, soit de renforcer le Diable, c'est-à-dire mettre son rôle en évidence, soit de le faire battre en retraite. Que le mot « diabolus » apparaisse 2615 fois dans l'œuvre de saint Augustin – alors qu'il avait, pour désigner le mal, bien d'autres noms –, et qu'il soit perturbé par le fait que les mots *diabolus* et *deus* commencent tous deux par la lettre « d » ne nous laisse rien présager de bon. D'autres théologiens ont fait un usage moins important de cette dangereuse créature. Après 1500, dans certaines régions, le Diable refait surface dans des textes imprimés, et il est bien plus puissant que dans les écrits du XIIIe siècle. Nicolas de Cuse n'a pas contesté son existence, mais il n'en trace pas un portrait glorieux. Vers 1700, un pasteur protestant se plaignait que les livres de ses coreligionnaires manifestent plus d'attention envers le Diable que ceux des papistes.

1. Boccace, *Décameron*, III, 10.

Qui fut le premier à contester directement son existence ? Où et depuis quand y eut-il des « a-satanistes » ? Naturellement, ils ne devaient pas forcément être a-thées pour autant.

Le pasteur réformé néerlandais Balthasar Bekker (1634-1698) fit une percée courageuse avec son livre *De betoverde weereld*, publié de 1691 à 1693 [1]. Ce texte fut tout de suite traduit et publié en allemand [2] et en français, sous le titre : *Le monde enchanté, ou Examen des communs sentiments touchant les esprits, leur nature, leur pouvoir, leur administration et leurs opérations et touchant les effets que les hommes sont capables de produire par leur communication et leur vertu* [3].

Le pasteur Bekker vivait dangereusement : il avait perdu sa charge administrative, il luttait contre la peur du Diable. En tant qu'esprit éclairé, il constatait qu'on attribuait beaucoup de choses exagérées au Diable, et de façon inconsidérée. Il se lamentait du fait que non seulement les papistes, superstitieux de toute façon, mais aussi les protestants aient conçu un Dieu manichéen à partir du Diable biblique [4].

> Car je ne trouve presque aucun Papiste, qui ayent plus écrit de prodiges à l'égard du Diable & des Enchanteurs, que Danaeus, Zanchius, & leurs semblables. Par ou l'on peut voir le deplorable état de l'Eglise, dans laquelle un aussi terrible monstre d'opinions, n'est pas seulement soufert, mais de plus caressé [5].

Bekker contestait les « preuves » et les légendes. Mais il n'était pas *a-sataniste*. Il ne pensait pas pouvoir démontrer l'existence des

1. Balthasar Bekker, *De betoverde weereld, Zynde een Grondig Ondersoek van't gemeen gevoelen aangaande de Geesten, deselver Aart en Vermogen, Bewind en Bedrijf : als ook't gene de Menschen door derselver kraght en gemeenschap doen*, 4 volumes, Amsterdam, Daniel van den Dalen, 1691-1693.

2. Balthasar Bekker, *Die bezauberte Welt, Oder Eine gründliche Untersuchung des Allgemeinen Aberglaubens, Betreffend die Art und das Vermögen, Gewalt und Wirckung Des Satans und der bösen Geister über den Menschen*, 4 volumes, Amsterdam, Daniel von Dahlen, 1693. Bekker était né à Bielefeld et, de ce fait, la version allemande de son livre ne semble pas être une traduction.

3. Publié en 4 volumes à Amsterdam (Pierre Rotterdam, 1694).

4. Balthasar Bekker, *Le monde enchanté*, *op. cit.*, l. 2, c. 22, p. 369-370.

5. *Ibid.*, l. 3, c. 19, p. 386.

anges, mais il croyait en eux en tant que « substances pensantes » [1]. En bon lecteur de la Bible, il pouvait affirmer que Satan se trouvait enchaîné dans les enfers, il ne voulait pas contester son existence. Il lui suffisait de savoir que le Diable était à présent emprisonné : « Un prisonnier, qu'est-ce qu'il a à dire je vous prie ? » [2]. Bekker limite donc son pouvoir. Il ne le laisse être ni la cause de l'écart de conduite d'Adam [3] ni celui qui soumet le Sauveur à la tentation dans le désert [4]. Il procède en s'appuyant sur une philologie érudite, il lit la Bible avec précision et observe à juste titre que le récit du péché originel, dans le troisième chapitre de la *Genèse*, ne mentionne pas du tout le Diable. Il raconte même avoir présenté pendant plus de vingt ans l'interprétation traditionnelle du péché originel dans ses cours de catéchisme [5]. Il attire l'attention sur le fait que, dans la Bible, le mot *diabolos* ne signifie pas toujours « diable », mais « adversaire » en général, celui qui trompe et calomnie. De même, le mot *angelos* ne signifie pas toujours « ange », mais parfois « messager » et il désigne souvent un homme auquel on a confié une mission. Il remarque que la Bible ne raconte ni la création des anges ni leur déchéance [6]. Elle ne contient que ce qui est nécessaire à notre Salut, aucune connaissance de la nature, aucune ontologie, aucune cosmologie et aucune dogmatique. Bekker assainit l'horizon culturel de son temps : il critique les récits, en circulation à l'époque, sur les miracles réalisés par le Diable et les ensorcellements, il ne laisse aucune marge de manœuvre au Diable dans la vie des chrétiens. Il lui retire l'attention dont il avait bénéficié jusqu'alors. Il réduit sa présence dans la Bible : celle-ci ne dit presque rien

1. Balthasar Bekker, *Le monde enchanté*, *op. cit.*, l. 2, c. 1, p. 22.
2. *Ibid.*, l. 2, c. 18, p. 292.
3. *Ibid.*, l. 2, c. 20, p. 314, chapitre intitulé : « La seduction du premier homme par le Diable, est difficile à comprendre ».
4. *Ibid.*, l. 2, c. 21, p. 344, chapitre intitulé : « La tentation que notre Seigneur a souffert du Diable, étant expliquée selon l'Ecriture & selon la raison, ne prouve aussi rien du tout ».
5. *Ibid.*, l. 2, c. 20, § 8, p. 322.
6. *Ibid.*, l. 2, c. 8, p. 128.

sur le Diable [1] et le peu qu'elle en dit n'est pas à comprendre « littéralement » [2]. Ce que Jésus dit à propos des possédés et de l'exorcisation des mauvais esprits est une façon de se conformer à l'opinion populaire dominante, ce n'est pas sa propre pensée [3]. Par conséquent, Bekker ne donne pas suite à la question de l'*existence* du Diable, et consacre toute son attention aux individus que l'on considère comme magiciens et sorcières. Friedrich von Spee avait procédé de façon semblable. Il ne disputait pas de l'existence des sorcières : celle-ci était attestée dans la Bible hébraïque. S'y opposer revenait à professer ouvertement une hérésie. Il se limitait donc à dire à quel point il est difficile, voire impossible, de démontrer d'un point de vue juridique que le Diable intervient dans l'activité des sorcières. Ce mode d'argumentation pragmatique va rencontrer un grand succès au XVIIIe siècle : la croyance en l'action exercée par le Diable sur les magiciens et les sorcières finira par s'étioler dans les milieux cultivés.

Aspects bibliques

Bekker ébranla le système démonologique par un grand nombre de remarques savantes sur la Bible. « Le Pacte des Sorciers & des Sorcieres avec le Diable n'est qu'une fiction, il n'est nullement connu dans l'Ecriture, il combat également l'Alliance & la Parole de Dieu, il est absolument impossible, & c'est l'abomination la plus absurde, & que les Poëtes Payens n'ont jamais inventée. » [4]. Le pacte avec le Diable est une légende plus tardive. Bekker estime que la tutelle exercée par la croyance en Satan pèse comme une charge sur toute la chrétienté. Il proteste. Cela ne se justifiait ni par la raison ni par l'Écriture. Conclusion générale : « Tout est ici hors de la raison, contre la raison, oposé en partie à l'Ecriture, & en tout hors de l'Ecriture. On ne trouve par la raison humaine, ni Diable, ni Ange, ni Esprit ; on n'est pas assuré qu'ils soient en être ; on sait

1. *Ibid.*, l. 2, c. 9, p. 134 et l. 2, c. 17, p. 266.
2. *Ibid.*, l. 2, c. 18, p. 292.
3. *Ibid.*, l. 2, c. 28, p. 496.
4. *Ibid.*, l. 3, c. 19, p. 385.

encore moins ce que chacun d'eux peut faire, & on ne connoit en aucune maniere ce que les uns & les autres font éfectivement »[1].

L'ouvrage de Bekker, qui est très vaste et composé de quatre parties, présente trois types d'arguments : en dehors des études philologiques de la Bible, que les traductions ne facilitent pas non plus, et des analyses critiques des légendes, on y trouve des réflexions philosophiques cartésiennes. Il souligne sans cesse que ses arguments sont issus de la raison et de l'Écriture, et il distingue consciencieusement l'une de l'autre. Grâce à Descartes, il a appris à démasquer les préjugés et à ne pas craindre l'isolement du critique qui se tient en dehors de l'opinion majoritaire. Le Diable et les anges sont de purs esprits : ce constat médiéval est pour lui indéniable, mais il lui associe la différence cartésienne entre esprit et matière, entre *res cogitans* et *res extensa*. Ce concept plus strict d'esprit ne tolère ni les accusations à l'encontre des pratiques magiques ni les histoires de fornication avec le Diable. Le concept philosophique de Dieu contredit aussi, dans sa version cartésienne, la croyance en l'influence de Satan : le Dieu de Descartes est *unique* et il est tout puissant. Il est l'unique « substance » – telle sera aussi la conclusion de Spinoza à partir de la métaphysique de Descartes – il n'y a aucun adversaire puissant à ses côtés. Bekker l'affirme également selon les termes de la Bible : si Dieu « est tout dans tous », il n'y a pas de place pour Satan. Seule l'exégèse allégorique de la Bible peut alors lui venir en aide[2].

Autant les études exégétiques de la Bible et les réflexions philosophiques de Bekker sont fondamentales dans sa protestation indignée contre le satanisme, autant est grande son aversion contre l'emprise des croyances diaboliques, celles-là mêmes qui étaient en vigueur au sein de la communauté protestante, revendiquant une « doctrine et un culte divin purifiés ». Bekker consacre une partie entière[3] aux dommages intellectuels, éthiques et religieux causés

1. Balthasar Bekker, *Le monde enchanté*, *op. cit.*, l. 3, c. 19, p. 385.
2. *Ibid.*, l. 2, c. 10, § 18-20, p. 169-172.
3. *Ibid.*, l. 1, c. 22, p. 322-344.

par la hantise du Diable au sein de cette communauté. Ils ont plus peur de Satan que confiance en Dieu. Il écrit :

> On entend ordinairement le Peuple faire beaucoup de raisonnemens touchant les aparitions, les Fantômes, les Sortilèges, & toutes les autres choses de cette nature. Il croit en général que les Anges ont été au commencement tous créés de Dieu, desquels une partie s'étant révoltée contre lui, ils sont devenus des Diables. Mais ensuite en continuant de parler du Diable, on en parle comme d'un seul, qui comme ennemi du Genre Humain, & principalement des Fidèles, rode & cherche continuellement l'ocasion de leur mal-faire. On a partout une haute opinion de son intelligence, de son pouvoir, & de ses actions. On le conçoit, ou du moins on parle de lui comme étant unique, & cependant on le fait présent en tous lieux ; il agit partout ; il épie tout ; il met la main à tout [1].

> On lui atribuë une cônoissance si extraordinaire, qu'on prétend qu'il entende mieux tous les Mistéres de l'Evangile, que ne font tous nos Théologiens les plus sâvans & les plus éclairés ; qu'il observe toutes nos pensées ; qu'il intervient, qu'il agit en elles ; que c'est de lui que procédent les aparitions & les présages, par lesquels les hommes sont avertis des choses futures avant qu'elles arrivent, surtout lors qu'ils sont menacés de la mort de quelqu'un de ceux qui leur apartiennent ou de quelque autre facheux accident. On croit de plus qu'une Devine peut déclarer où l'on trouvera ce qu'on a perdu ; si un homme est ensorcelé, & qui est l'Auteur du Malefice ; quel moien il y a de l'en délivrer ; & plusieurs autres choses à-peu-près semblables [2].

> On a poussé sans doute jusques à l'excès l'opinion qu'on a de la puissance du Diable : car ni dieu ni N. S. J. Christ n'ont jamais rien fait de grand & de merveilleux, que le Peuple n'en fasse opérer autant par le Diable. J'ai fait voir en quelque façon ci-dessus chapitre 18, § 6 que de telles pensées procèdent des Manichéens. Lors que Dieu le permet il peut s'aparoître aux hommes en toutes sortes de figures, nonseulement en celles des hommes bons & méchants, vivans & morts, mais aussi en celles de diverses bêtes.

1. *Ibid.*, l. 1, c. 22, § 2, p. 324.
2. *Ibid.*, l. 1, c. 22, § 3, p. 324-325.

> De ce même Principe vient la créance qu'on a encore, que des gens méchans & perdus se transforment aussi par la puissance du Diable, & en se servant des moiens destinés pour cet éfet, en plusieurs figures de bêtes, comme de lous, mais particuliérement en celles de chats, & qu'étant ainsi transfigurés, ils passent par une losange, ou par le trou de la corde d'une sonnette pour aller la nuit au Sabbat, comme nous l'avons déja dit ; ou bien ils y vont à cheval sur un baton par la cheminée, & cette créance ne peut encore aujourd'hui parmi nous être déracinée de l'esprit du Peuple. Deplus on s'imagine que ces mêmes gens peuvent avec la coopération du Diable, exciter des tempêtes, enfermer le vent dans un mouchoir, & l'en laisser sortir quand ils veulent [...] [1].

En tant que pasteur, Bekker connaissait le fonctionnement interne des communautés réformées du XVIIe siècle. Il était effaré par leur superstition et c'est pour cette raison qu'il avait mené son combat contre les érudits qui la diffusaient et qui, souvent, l'avaient fait naître. Il ne pouvait abolir le Diable, tellement Satan faisait partie de l'organigramme de l'ancienne théologie. Mais il pouvait lui soustraire sa signification existentielle, en particulier grâce à la critique de la magie et de la sorcellerie.

LES AMBIVALENCES DE LA CRITIQUE DE SATAN : PHILIPP VAN LIMBORCH

Balthasar Bekker s'est heurté à de violentes critiques provenant de ses propres rangs réformés. Philippus van Limborch (1633-1712) était l'un des penseurs significatifs de leur aile libérale, un courant que l'on appelle l'arminianisme. Il en a élaboré la doctrine théologique principale dans la *Theologia christiana*, ouvrage d'abord paru à Amsterdam en 1686 et que j'utilise ici dans la quatrième édition augmentée, publiée à Amsterdam en 1715 [2]. En

1. Balthasar Bekker, *Le monde enchanté*, *op. cit.*, l. 1, c. 22, § 4, p. 325-326.

2. Philipp van Limborch, *Theologia christiana,* ad *praxin pietatis ac promotionem pacis Christianae unice directa*, Amsterdam, Rodolph & Gerhard Wetstenios, 1715 (4e éd. ; 1re ed., 1686). Pour les explications à propos des *angeli mali* voir *ibid.*, l. 2, c. 20, § 23-29, p. 118-125.

effet, cette édition présente, dans le chapitre consacré au Diable et à ses sbires, un ajout concernant « un livre récemment paru dans notre ville » [1] qui conteste l'influence du Diable sur les hommes. Sans que le nom soit évoqué, il est cependant clair que Limborch parle de Bekker. Limborch défend le libre arbitre humain face à l'image d'une quasi-toute-puissance diabolique : personne n'appartient au royaume de Satan sans le vouloir. Les hommes choisissent librement Satan en tant que maître. Tout comme Bekker, Limborch rejette le déterminisme diabolique. Comme lui, il récuse le culte des anges. Mais il ne peut comprendre qu'un théologien puisse remettre en question l'existence des anges et du Diable en raison du fait qu'on ne puisse démontrer leur influence. Car, en fin de compte, ce genre d'argument pourrait aussi être invoqué pour mettre en question la preuve de l'existence de Dieu. Celui qui conteste l'existence des anges prend le chemin de l'athéisme [2].

Limborch s'attaque à la prémisse philosophique de Bekker, selon laquelle l'esprit ne peut agir sur les corps. L'expérience humaine fournit beaucoup de contre-exemples : notre corps influence l'esprit, notre âme influence le corps. L'expérience quotidienne réfute l'hypothèse cartésienne de la différence radicale entre la pensée (*cogitatio*) et l'extension (*extensio*), qui n'auraient rien à voir l'une avec l'autre.

Bekker ne peut pas non plus maintenir sa thèse relative à la Bible qui, d'après lui, ne dirait presque rien sur le Diable. Que faire alors des innombrables passages où il est question des exorcismes réalisés par Jésus ? Limborch était tout à fait prêt à éliminer certaines anciennes positions dogmatiques. Ainsi, il considérait qu'il était prétentieux d'affirmer quoi que ce soit au sujet des péchés de Satan ; il rejetait la double nature de Jésus, la prédestination et la Trinité et, pour cette raison, on l'a accusé de socinianisme ; mais, selon lui, celui qui croit ce que dit la Bible ne peut nier l'existence des anges et du Diable. Bekker soutenait que, d'après la doctrine de l'Église, la chute du Diable avait eu lieu *avant* le péché originel d'Adam

1. *Ibid.*, l. 2, c. 20, § 25, p. 119.
2. *Ibid.*, l. 2, c. 20, § 2, p. 114.

et que le Mal aurait été auparavant enchaîné dans les enfers. Mais on trouve des passages bibliques qui contredisent cette version et d'après lesquels le Diable rôde toujours dans le monde comme un lion rugissant. Limborch était en relation avec Jean LeClerc et John Locke, il passe pour un auteur qui se tient à l'aube des Lumières ; mais un christianisme sans Diable, il ne pouvait se l'imaginer. Il se trouvait face à une alternative : soit l'athéisme, soit le christianisme avec ses anges et ses diables. En la matière, Bekker n'avait pas procédé de façon cohérente, comme Limborch le lui reprochait : « Verum nec ipse ille auctor ad fundamenta sua semper respicere videtur [...] » [1].

1. « Il semble vraiment que cet auteur ne prenne pas toujours en considération ses propres principes [...] », Philipp van Limborch, *Theologia christiana*, *op. cit.*, l. 2, c. 20, § 25, p. 121.

CENT ANS DE BOULEVERSEMENTS : DE DESCARTES À LEIBNIZ

Descartes est mort en 1650, Leibniz en 1716. L'un et l'autre ont fait évoluer la situation du Diable. Le XVIIe siècle a tout d'abord consolidé la position de Satan en Europe. Au début du siècle, la science jésuite édifiait son imposante démonologie systématique, grâce à Bellarmin et Suárez, dont le *De angelis* a été publié en 1620. Parallèlement à cela, dans de grandes sommes quasi scolastiques, la théologie luthérienne assignait au Diable une place soigneusement soupesée : ainsi dans les neuf volumes des *Loci theologici* de Johann Gerhard, publiés de 1610 à 1622. La théologie protestante a longtemps suivi cette voie, notamment quelques années plus tard avec la monumentale *Theologia didactico-polemica* de Johann Andreas Quenstedt, publiée à Wittenberg en 1685. Trois ans auparavant, en 1682, la France avait aboli les procès intentés à l'encontre des sorcières. En Allemagne, la dernière sorcière sera exécutée en 1749 à Würzburg. En Allemagne toujours, les confessions chrétiennes protégeaient leur Diable par la théologie : elles lui octroyaient une place assurée dans le système et elles pouvaient dès lors savoir quels étaient ceux qui régnaient aux côtés de l'ennemi. Durant toutes ces longues décennies, les principales œuvres de démonologie se démarquaient la plupart du temps des sommes théologiques du XIIIe siècle par quelques vétilles confessionnelles. D'autant plus que Suárez avait pu gagner une influence considérable dans les universités protestantes allemandes grâce à une conception de la science et à une métaphysique aristotéliciennes. Pourtant, déjà, la situation intellectuelle mettait en danger les idées sur le pouvoir du Diable : l'ensemble du savoir humaniste avait accordé une prépondérance marquée aux sources antiques, qui incitaient à expliquer la « possession » selon des critères naturels et médicaux. La médecine antique avait été étudiée en profondeur et était déjà dépassée dans certaines disciplines spécifiques – comme en anatomie, par les travaux de Léonard de Vinci et d'André Vésale dans son *De humani corporis fabrica libri septem* publié en 1543. Pomponazzi avait énoncé la règle suivante : étudier selon des raisons naturelles ce qui relève de la nature. Cela s'inscrivait dans une tradition aristotélico-scolastique – appliquée de façon plus ou moins conséquente.

Au XVII e siècle, philosophes et physiciens rehaussèrent les normes méthodologiques. Avec le renouveau du scepticisme antique et la critique des constructions de la scolastique tardive, les objections sceptiques s'étaient propagées. Le terme de « méthode » devint un mot-clé décisif. Tout cela se cristallisa en particulier autour de la figure de Descartes (1596-1650). Commençant par le doute radical et, tout en gardant le Diable à l'esprit, il développa son concept strict de méthode, qu'il mit à disposition des disciplines scientifiques, aussi bien la physique que la médecine. Il pensait qu'il pouvait, ou même qu'il devait, douter de tout, de tout ce qu'il avait auparavant considéré comme certain. Les perceptions mentent, les rêves font miroiter des simulacres d'expériences. Notre mémoire nous abuse, les témoignages sont peu fiables. Jusqu'où devons-nous aller dans cette suite d'incertitudes ? L'idée la plus extrême : supposons que ce ne soit pas un Dieu bon, que ce ne soit pas la « source de la vérité » qui gouverne le monde, mais un mauvais esprit, extrêmement puissant et astucieux, dont le seul but est de me tromper. Le ciel, la terre, les couleurs, les formes et les sons ne sont-ils peut-être que des illusions issues d'un songe ? Mes mains et tout mon corps ne sont-ils que des apparences insaisissables ? Descartes n'appelle pas le Diable par son nom. Il nous place devant l'abîme ultime de l'incertitude. Mais il amorce également un tournant décisif dans l'analyse de ce qui est soumis au doute. Car admettons que le Diable nous trompe, alors je pense, malgré tout, qu'il me trompe. Il est alors vrai que je pense. Et si je pense, alors je suis. Ce sont là la première et la deuxième des *Méditations cartésiennes*. Dans la confrontation avec le Diable, au cœur du doute radical concernant toute chance d'atteindre la vérité, Descartes obtient un point de départ assuré pour la philosophie et pour toute science. Il forge une nouvelle conscience méthodologique [1].

Les procédures démonstratives avaient déjà été abordées en tant que thème à part entière, en particulier chez les médecins et les juristes. Dans sa *Cautio criminalis*, publiée anonymement à Rintelen en 1631, Friedrich von Spee avait envisagé le problème des sorcières en suivant la voie juridique et celle des enquêtes policières. Il n'avait pas contesté le fait qu'il y eût un Diable et que les sorcières fussent en contact avec lui. Il montrait seulement qu'il était difficile, voire presque impossible, de le démontrer, et qu'il ne pouvait donc y avoir à ce sujet aucun, ou pratiquement aucun, verdict équitable.

C'était là, en premier lieu, une critique de la méthodologie juridique. Mais l'objection était désormais connue de tout le monde : il est difficile, voire impossible, de démontrer l'influence directe des puissances de l'au-delà – que ce soit le Diable ou Dieu – sur ce qui se produit sur terre. Beaucoup continuèrent à percevoir la présence de Dieu dans l'histoire – comme par exemple Bossuet (1627-1704) – ou son influence sur la nature, mais le doute s'était propagé, surtout en Angleterre, en particulier chez les médecins et les juristes. Comment un confesseur consciencieux devait-il évaluer l'influence du Diable sur la tentation qui conduisait au péché, que le fidèle venu se confesser admettait en espérant obtenir l'absolution ? C'est pourquoi ce furent les juristes et les médecins qui portèrent le plus grand préjudice à la reconnaissance du pouvoir du Diable, eux qui examinaient *méthodiquement* la peine à infliger aux magiciens et aux sorcières et qui étudiaient l'attitude des docteurs envers la possession. S'estompait peu à peu la conviction selon laquelle

1. Descartes, « Les Méditations métaphysiques », dans *Œuvres*, vol. 9, C. Adam et A. Tannery (éd.), Paris, Vrin, 1996, p. 13-26. À ce sujet, voir T. Gregory, *Genèse de la raison classique de Charron à Descartes*, Paris, P.U.F., 2000.

les événements naturels, comme les tremblements de terre et les épidémies, étaient l'œuvre d'une intelligence semblable à celle des hommes et qui voulait, par ces événements, nous dire quelque chose. Les concepts de nature et de science de la nature se consolidèrent. Le rôle du Diable dans les considérations sur la *nature* recula de manière significative. Mais les initiatives amorales de Satan, les tentations conduisant au péché, demeurèrent son privilège attitré bien plus longtemps. Elles étaient difficiles à réfuter. Elles étaient bien plus importantes pour les luthériens et les calvinistes que les dégâts plus rudimentaires infligés par le Diable, selon la vision catholique, à la santé, au bétail ou aux récoltes.

Des théologiens spéculatifs et des métaphysiciens de l'âme spirituelle s'employèrent également à réduire le pouvoir de Satan. Calvin avait entrepris une petite réforme du Diable : il avait abrogé la représentation suivant laquelle le Diable devait demander la permission à Dieu avant de commettre ses méfaits, autorisation qu'il obtenait effectivement, suite à sa demande. Selon cette perspective, Satan n'avait simplement qu'à obéir aux ordres que Dieu lui donnait. Considéré du point de vue des principes, le Diable perdait ainsi son utilité dans le cadre d'une explication du monde et dans celui de l'exonération de la responsabilité de Dieu.

Le XIII e siècle avait assigné au Diable et à ses anges le grand privilège d'une pure spiritualité. Depuis Descartes, le relèvement de leur rang les mettait précisément dans une situation intenable du point de vue logique. Car Descartes expliquait qu'on ne voyait pas comment un pur esprit pouvait agir sur le monde corporel. Il entendait l'esprit selon une acception si « purement spirituelle » que l'opposition entre *res cogitans* et *res extensa* rendait invraisemblables les interventions diaboliques sur la nature et sur la chair des hommes.

Dans son *Leviathan*, publié en 1651, Thomas Hobbes montrait qu'il n'y avait aucun pur esprit. Que les possédés étaient des malades. Par conséquent, soit il n'y avait pas de Diable, soit c'était une substance corporelle, bien qu'invisible, autrement dit une substance constituée d'air. À la fin du siècle, Balthasar Bekker tira les conséquences de ces développements, qu'il présenta dans son *Monde enchanté*, publié en 1693. Il leur donna une nouvelle impulsion en s'autorisant une plus grande liberté, alors balbutiante, dans l'exégèse biblique. On a beaucoup lu Bekker, mais plus souvent dans le but de le réfuter que d'apprendre de son travail. Son livre était certes un symptôme caractéristique du fait que, depuis le XVII e siècle finissant, le scepticisme vis-à-vis des démonologues grandissait. Mais les nombreuses critiques le prouvent : la réfutation du satanisme ne devint la cause commune des Européens cultivés ni au XVII e siècle, ni même avant 1760-1770. Leur monde intellectuel était divisé face au Diable. La situation était divergente de part en part.

Le débat sur l'existence de purs esprits, fusionna avec la discussion concernant l'athéisme et sa dangerosité politique, en particulier en Angleterre, dans la période comprise entre la « première révolution anglaise » et la « Glorieuse révolution » (1648-1688). Henry More déclara que s'il n'y avait aucun esprit, alors il n'y avait aucun Dieu. Les démonologues annonçaient la crise, en s'avançant parfois un peu trop : dans le titre de son livre *Saducismus triumphatus* publié en 1681, Joseph Glanvill déclarait déjà la défaite du Saducisme, autrement dit la défaite de la négation des purs esprits. Le presbytérien anglais Richard Baxter réagit à l'inquiétude croissante en affirmant *The Certainty of the World of Spirits* en 1681. Les auteurs qui croyaient au Diable, savaient que désormais des preuves expérimentales leur seraient demandées, non de pures et simples spéculations. Ils développèrent alors une démarche consistant à démontrer la réalité du monde des esprits de façon « empirique », en racontant des histoires de possédés, dont la voix sortant de leur bouche était celle de Satan lui-même. Par ailleurs, seul un diable pouvait avoir placé en eux, par une opération magique, tous les clous, aiguilles et grands morceaux de pierre ou de charbon que les possédés vomissaient.

Cela paraissait contenter tout le monde. Mais en même temps, le fait de savoir si le Diable existait encore vraiment était discuté et le résultat paraissait de plus en plus incertain.

Le doute s'exerçait dans toute une série de champs spécifiques, avec ses raisons et ses auteurs. Je ne mentionne ici que Jean Wier, Reginald Scot et Spinoza. Thomas Hobbes joua également un rôle important, grâce à son *Léviathan.* « Léviathan » est l'un des noms bibliques du Diable, mais bien que le célèbre livre de 1651 traite aussi en profondeur du Diable et de ses anges, il ne s'agit pas de son sujet principal. Celui-ci concerne plutôt un État idéal qui réunit en lui le pouvoir temporel et spirituel, non pas en vue de vénérer l'État en tant que Dieu concret, mais afin de pouvoir garantir la protection des individus les uns par rapport aux autres. Il doit être doté d'une puissante souveraineté, afin de pouvoir maîtriser l'égoïsme des individus et celui des groupes d'individus, en particulier l'égoïsme des confessions religieuses en conflit. Il est d'une puissance si impérieuse, que la citation biblique peut lui être appliquée : « Il n'a point son pareil sur la terre » [1]. Lui seul pouvait assurer la paix dans les guerres de religion du XVII e siècle. C'est là le thème principal du livre, mais en raison de l'interdépendance étroite de la politique et de la religion, Hobbes aborde de façon savante les questions particulières de théologie et d'Église, parmi lesquelles la question du Diable et même celle des « esprits ».

Hobbes ne se définit pas lui-même comme un athée, mais comme un penseur chrétien, il conteste cependant qu'il y ait vraiment de « purs esprits ». Toute chose doit être corporelle. « Et ce qui n'est pas un corps n'est pas une part de l'Univers » [2]. Il constate avec justesse qu'il manque à la Bible le concept de pur esprit. Il n'y a dans la Bible aucun être entièrement dépourvu de

1. Job 1 : 8, BJ p. 828.

2. Thomas Hobbes, *Leviathan*, c. 46, N. Malcolm (éd.), vol. 3, Oxford, Clarendon Press, 2012, p. 1076. [Cette citation figure dans le texte anglais publié en 1651, mais elle est absente de la version latine de 1668, qui présente un certain nombre de variantes. De ce fait, on ne la retrouve pas dans la traduction française suivante, qui repose sur le texte latin : Thomas Hobbes, *Léviathan*, trad. fr. F. Tricaud et M. Pécharman, Paris, Vrin-Dalloz, 2004. Nous renvoyons donc par la suite au texte anglais avec, lorsque cela est possible, une référence au passage du texte français qui correspond approximativement à la citation. N.d.T.]

matière [1]. Hobbes reconnait que l'idée selon laquelle les anges et le Diable sont de purs esprits, est une importation philosophique plus tardive, fortement empreinte d'aristotélisme. Par « aristotélisme », il comprend seulement l'inclination pour une terminologie abstraite et pour l'organisation des objets de la pensée en hypostases, et non les passages concernant l'« esprit » tirés du douzième livre de la *Métaphysique* et du troisième livre du *De anima*. La philosophie scolastique avait corrompu la pensée chrétienne par son littéralisme et par la tendance à considérer de pures pensées et des propriétés comme des choses, des substances. C'est ainsi qu'elle fait erreur en introduisant les « substances séparées » [2]. Hobbes établit avec une rigueur catégorique qu'en raison de l'accommodation philosophique du Diable et des démons antiques, l'idée selon laquelle on les laisse souffrir dans un feu réel est devenue contradictoire.

« Si elles doivent justifier de quelle manière une substance incorporelle est capable d'éprouver de la douleur et peut être tourmentée dans le feu de l'Enfer ou dans celui du Purgatoire, alors elles n'ont pas beaucoup plus à objecter au fait qu'on ne peut savoir comment le feu peut brûler les âmes » [3]. Si le Diable et les anges existent vraiment, ce sont des créatures aériennes, et le feu de l'Enfer doit en tout cas être interprété de façon allégorique [4]. La pensée chrétienne doit surmonter l'erreur induite par le langage

1. *Ibid.*, c. 12, N. Malcolm (éd.), vol. 2, Oxford, Clarendon Press, 2012, p. 166-168 ; *ibid.*, c. 34, vol. 3, p. 610-630 ; *ibid.*, c. 45, vol. 3, p. 1012-1022. Voir aussi *ibid.*, trad. fr. F. Tricaud et M. Pécharman, c. 12, p. 96-97 ; *ibid.*, c 34 p. 287-297 ; *ibid.*, c. 45 p. 449-468.

2. *Ibid.*, c. 8, N. Malcolm (éd.), vol. 2, p. 122 ; *ibid.*, vol. 3, c. 46, p. 1082-1084. Voir aussi *ibid.*, trad. fr. F. Tricaud et M. Pécharman, c. 8, p. 72-73 ; *ibid.*, c. 46, p. 488.

3. *Ibid.*, c. 46, N. Malcolm (éd.), vol. 3, p. 1084. Voir aussi *ibid.*, c. 34, vol. 3, p. 628.

4. Les anges sont des fantaisies surnaturelles, des productions de l'esprit des hommes. Par « diables » il faut souvent comprendre « les ennemis de l'Eglise ». Mais la Bible, remarque Hobbes, mentionne les anges et le Diable d'une façon si tenace qu'il faut peut-être bien supposer qu'il y a « des anges matériels et permanents », qui ne seraient pas aussi vagues que les visions individuelles, *ibid.*, c. 34, N. Malcolm (éd.), vol. 3, p. 628-630.

de la scolastique et se séparer de l'accumulation de croyances superstitieuses païennes et juives amassées dans la magie et la sorcellerie :

> Des hommes, des femmes, un oiseau, un crocodile, un veau, un chien, un serpent, un oignon, un poireau ont été érigés en dieux. Par ailleurs, on emplissait tous les lieux avec des esprits, qui étaient appelés *démons* : les plaines avec *Pan* et des *petits Pans*, ou satyres, les forêts avec des faunes et des nymphes [...] L'Enfer avec des revenants et des agents du monde des esprits tels que *Charon*, le *Cerbère* et les *furies* [...] [1].

Hobbes aspirait à un christianisme renouvelé qui, contrairement au « papisme », ne ferait aucun compromis avec les superstitions romaines et juives, la fascination scolastique pour le langage ou les naïvetés dans l'exégèse biblique. C'était un érudit, expert de la Bible. Il fut parmi les premiers à admettre que tout ne pouvait provenir de Moïse dans les cinq premiers livres de la Bible, car on y parlait de sa mort et de sa sépulture [2]. Au temps des guerres confessionnelles, Hobbes n'avait certes pas mené la souveraineté de l'État jusqu'à en faire une incarnation de l'État totalitaire, mais il l'avait conduit à répondre à l'exigence des religions de promouvoir la paix. Il avait voulu un État fort au point que les partis religieux ne puissent plus mener de guerres de religion. Les religions devaient faire naître l'obéissance et la paix. Il mettait ses bonnes connaissances de la théologie chrétienne au service de cette conception de la paix. Dans cette situation, le Diable et ses anges ne pouvaient que déranger. Il s'adresse à lui-même cette objection : lorsqu'il chassait les esprits, « notre Sauveur » ne s'était-il pas directement adressé à eux ? N'était-il pas convaincu que les démons s'étaient introduits dans les possédés ? Pourquoi n'avait-il pas expliqué aux personnes guéries qu'il les avait seulement guéries d'une maladie ? Hobbes répond :

1. Thomas Hobbes, *Leviathan*, *op. cit.*, N. Malcolm (éd.), c. 12, vol. 2, p. 172. Voir aussi *ibid.*, trad. fr. F. Tricaud et M. Pécharman, c. 12, p. 99.

2. *Ibid.*, N. Malcolm (éd.), c. 33, vol. 3, p. 590-592. Voir aussi *ibid.*, trad. fr. F. Tricaud et M. Pécharman, c. 33, p. 277.

si cela veut dire qu'il a donné l'ordre au Diable de quitter un corps, c'est alors une façon de parler, comme lorsqu'il affirme qu'il a demandé au vent ou à la fièvre de disparaître. Le sens de la Bible n'est pas de faire du vent une substance ou de décider s'il existe des esprits sans matière, mais plutôt d'exiger la paix et l'obéissance vis-à-vis de l'autorité qui a instauré la paix [1]. Afin de réunir en elle ce pouvoir temporel et spirituel, un philosophe doit lui dire quel est le véritable, le vrai christianisme réformé. C'est pourquoi la Partie III du *Léviathan* est consacrée à la « communauté chrétienne » et la Partie IV, tout aussi importante, au « royaume de l'obscurité », *civitas Dei* et *civitas diaboli*. Cette discussion sur le Diable devait être résolue selon des procédés issus de la critique philosophique et de la philologie biblique, mais en même temps, elle était au cœur d'une polémique politique : Jean Wier et Jean Bodin s'en étaient déjà bien rendu compte.

LE DIABLE DANS LE MEILLEUR DES MONDES : LEIBNIZ (1646-1716)

La révocation du Diable au XVIII e siècle fut un processus si global qu'on ne le doit pas à une seule discipline du savoir en particulier, et encore moins à une œuvre unique. Mais s'il y a un livre qu'on ne peut omettre de mentionner à ce propos, ce sont bien les *Essais de Théodicée sur la bonté de Dieu, la liberté de l'homme et l'origine du mal* de Leibniz, publiés à Amsterdam en 1710. Le problème du mal est déjà mentionné dans l'intitulé. Et Leibniz ne connaissait que trop bien le verset du Nouveau Testament qui fait du Diable le père du mal dans le monde, « meurtrier dès le commencement » [2]. Il essaie d'interpréter ces passages de manière à ce qu'ils fassent l'apologie de la liberté humaine et ne contrarient pas son système fondé sur l'harmonie universelle. Il a tout à fait

1. *Ibid.*, N. Malcolm (éd.), c. 45, vol. 3, p. 1016-1022. Voir aussi *ibid.*, trad. fr. F. Tricaud et M. Pécharman, c. 45, p. 470-473.

2. G. W. Leibniz, *Essais de Théodicée, Sur la bonté de Dieu, la liberté de l'homme et l'origine du mal*, J. Brunschwig (éd.), Paris, Flammarion, 1969, § 273-274, p. 281-282 : « Le diable est le père de la méchanceté, meurtrier dès le commencement, et n'a point persévéré dans la vérité (Jn 8 : 44) ».

perçu la gravité du problème : comment se peut-il que l'homme, qui provient d'une cause unique et homogène, une cause divine qui est bonne, intelligente et puissante au plus haut degré, soit soumis à tant de maladies, comment se peut-il qu'il doive supporter la faim, la soif, la chaleur et le froid ? Comment un principe souverain et sacré peut-il donner naissance à des êtres comme les hommes, qui commettent de nombreux crimes ? [1]

Leibniz ne manque pas de constater la présence du mal dans le monde. Seulement, il l'explique à sa manière : Dieu, en tant qu'être pensant, bienveillant et tout puissant ne pouvait créer un monde qui ne comportât aucune limitation, c'est-à-dire aucun défaut. Même pour lui, le chemin le plus court entre deux points est une ligne droite. Il ne pouvait ainsi y avoir aucun monde sensible sans opposition ni conflit. S'il voulait créer des êtres finis, il ne pouvait éviter les effondrements, les pertes et les douleurs. Soucieux de nous, il a créé de façon providentielle le meilleur monde qu'il est possible de créer. Mais il appartient à ce monde de comporter un certain degré d'imperfection et de mal. Nous devons compter avec cela. La souffrance réelle de l'homme s'explique donc.

Certains orthodoxes, poursuit Leibniz, tentent de résoudre le problème en affirmant que le Diable est l'auteur du péché. Mais le péché a une origine bien plus lointaine, à savoir la limitation et l'imperfection originaires des créatures. C'est cela qui rend les hommes *capables* de pécher et, sous certaines conditions déterminées, les hommes, de leur propre chef, réalisent cette possibilité [2]. Leibniz ne nie donc pas l'existence du Diable : il lui ôte une part de son pouvoir. Le Diable n'est ni la racine de tout ce qui est funeste ni ce qui prive l'homme de sa liberté. Il est l'une des nombreuses contingences qui peuvent inciter les hommes à faire librement le mauvais choix. Ce n'est pas un principe du monde, car le mal repose sur la privation [3]. Balthasar Bekker a eu raison

1. G. W. Leibniz, *Essais de Théodicée*, *op.cit.*, § 151, p. 201-202.
2. *Ibid.*, § 156, p. 204-205.
3. *Ibid.*, § 153, p. 203-204.

de contester l'idée que le Diable ait une puissance et une autorité parallèles à celles de Dieu. Au demeurant, si les affirmations de la Bible ne sont pas particulièrement claires, « l'opinion commune » convient pourtant le mieux au texte sacré [1]. Mais quelle était encore, vers 1700, « l'opinion commune » ?

Dans ce passage, Leibniz distingue entre la cause du péché, son auteur, le Diable, et l'origine du mal. Leibniz ne veut pas chercher un principe pour chacun d'entre eux. Le Diable n'est en aucun cas le principe du mal. Il n'est pas son origine et il ne peut pas vraiment être considéré comme son « auteur » parce qu'il ne peut abolir la liberté des hommes. Il est marginalisé. Leibniz s'engage dans une dispute avec Pierre Bayle, qui trouvait plausibles les raisons des manichéens et reprenait l'idée de Calvin selon laquelle Dieu *voulait* aussi ce qu'il laissait faire. Dieu avait-il donc *voulu* la chute d'Adam ? Leibniz cherche à mettre en évidence le fait que Calvin ne prétend rien d'autre que Dieu a voulu la chute d'Adam, pour une raison qui nous est inconnue. La tournure de la proposition « Dieu permet le mal » signifie seulement qu'il ne peut l'empêcher sans aller à l'encontre des règles fondées dans son essence [2]. Et finalement, Dieu fait du péché d'Adam une *felix culpa*, une heureuse faute. Sa sagesse fait en sorte que le mal soit au service d'un bien plus grand [3].

Cette rhétorique sauve l'harmonie du système en faisant appel à une vision du monde commune, qui était en train de se décomposer et qui, par ailleurs, présupposait un vaste univers dont l'ordre ne fît l'objet d'aucun doute. Leibniz reconnaît toutefois que son explication est adéquate pour répondre aux objections, mais pas pour comprendre la chose elle-même : « Cette explication

1. *Ibid.*, § 156, p. 204-205.

2. *Ibid.*, § 160, p. 206-207.

3. *Ibid.*, § 147, p. 199-200 : « Ainsi les difformités apparentes de nos petits mondes se réunissent en beautés dans le grand, et n'ont rien qui s'oppose à l'unité d'un principe universel infiniment parfait ; au contraire, ils augmentent l'admiration de sa sagesse, qui fait servir le mal au plus grand bien ».

imparfaite [...] est suffisante pour la solution des objections, mais non pas pour une compréhension de la chose » [1].

LE PÉCHÉ ORIGINEL SANS SATAN : HERDER (1744-1803)

À partir de la deuxième moitié du XVII e siècle, l'intense intérêt historique affaiblit également la démonologie. La nouvelle philologie biblique, en particulier celle de Richard Simon (1638-1712), relativisa l'interprétation augustinienne de la Bible hébraïque. La nouvelle appréciation de la transformation du monde par l'homme et des connaissances qui l'accompagnaient éloignèrent les anciennes interférences des textes bibliques. Philosophes et historiens s'interrogeaient sur le début de l'histoire humaine et ils se heurtèrent aux revendications des théologiens : Dieu avait lui-même décrit ce début, d'une façon fidèle, dans les chapitres 1 à 11 de la *Genèse*. Dans ce contexte, une série de tentatives fut mise en œuvre afin d'interpréter le récit de la chute et de l'expulsion hors du Paradis comme une vérité, et pour ainsi remplacer l'interprétation surnaturelle par une lecture centrée sur l'homme et la nature. La perte du Paradis n'était alors plus la réussite d'une tentation diabolique, mais elle faisait partie du développement naturel de l'homme. S'ils étaient demeurés des animaux, les êtres humains n'auraient pas quitté le Paradis. Le Diable devenait donc superflu dans le récit du début de l'histoire humaine. Le commencement de l'histoire humaine n'avait peut-être pas eu lieu en Palestine, mais en Afrique, en Égypte ou en Chine. Peut-être le développement de l'homme avait-il duré plus longtemps que les 5000 ou 6000 ans de la chronologie biblique. Des recherches géologiques renforçaient également ce soupçon, qui se présentait d'ailleurs sous des formes multiples : moquerie caustique, philologie précise ou science naturelle empirique, avec l'étude des fossiles. L'une des voix importantes était celle de Voltaire qui, en 1756, avait réuni deux de ses textes les plus anciens dans l'*Essai sur les mœurs et l'esprit des nations*. Il remettait en question l'idée que le texte hébraïque de la

1. G. W. Leibniz, *Essais de Théodicée*, *op.cit.*, § 145, p. 198.

Genèse fournît la plus ancienne information historique. Il s'attaquait ainsi au système chronologique de la tradition.

Au cours de la deuxième moitié du XVIIIe siècle, certains théologiens protestants allemands, qui avaient pris parti pour l'abandon de la scolastique rigide des théologiens universitaires, suivirent les incitations aux études historiques provenant de France, des Pays-Bas et de l'Angleterre déiste. Au premier rang, on y trouvait Johann Gottfried Herder (1744-1803). Il travailla, au plus tard à partir de la fin des années soixante, à une nouvelle exégèse de la Bible. Il considérait l'Ancien Testament comme une fiction et discernait dans les premiers chapitres de la *Genèse*, la présentation poético-mythologique des plus anciens récits populaires hébraïques. Ceux-ci se présentaient sous forme de chants, et ce n'était qu'ultérieurement qu'un rédacteur, peut-être du nom de Moïse, les avait rassemblés [1]. Contre Voltaire, Herder défendait l'ancienne chronologie. Il insistait en outre sur le fait que les chapitres désignés sous le terme de « Genèse » comptaient parmi les textes les plus anciens de l'humanité, plus anciens que la culture égyptienne. Sur ce point, les recherches futures ne purent pas le suivre. Mais l'opération consistant à affirmer qu'il s'agissait de poésie s'avéra féconde.

Herder insiste : l'interprétation orthodoxe et dogmatique alourdit et altère la poésie savante orientale, par l'adjonction d'une immortalité qui est refusée aux hommes. Dans le texte, le serpent est un serpent véritablement poétique et il sera, comme tous les serpents à venir, poétiquement puni. Se demander si tout cela est compatible avec la justice de Dieu, si un animal peut être reconnu coupable et s'il peut transmettre héréditairement la culpabilité, c'est là quitter le domaine poétique. « Toute autre explication, qui se pose trop de questions, nuit à l'innocence du texte » [2]. Herder balaie d'un seul geste toutes les interprétations allégoriques du récit de la chute originelle, où le serpent y incarnait totalement ou en

1. J. G. Herder, « Über die ersten Urkunden des Menschlichen Geschlechts », in *Schriften zum Alten Testament*, R. Smend (éd.), Frankfurt-am-Main, Deutscher Klassiker Verlag, 1993, p. 9-178.

2. *Ibid.*, p. 104, p. 110 et p. 114.

partie le Diable. Dans les chants les plus anciens, le Diable n'a été qu'une importation européenne au sein d'un contexte qui lui est étranger. L'Europe voulait connaître les causes physiques, pas les causes poétiques. Le poème expliquait à sa manière les raisons pour lesquelles les serpents font l'objet d'un tel dédain et pourquoi ils sont si hostiles. Cela n'a pas été compris. Herder désavoue l'acte de violence herméneutique commis par l'ensemble de l'Europe. Le serpent poétique ne peut pas être plus semblable à un serpent que dans ce récit poétique. La conception dogmatique et littérale du Diable n'était dès lors plus fondée sur la Bible, mais « l'Europe n'a pas voulu comprendre, durant des siècles » le symbole poétique et naturel [1]. Les discussions sur le serpent et le Diable nous ont détourné du contenu crucial du poème : « Arbre de la connaissance ! Nudité ! Pudeur ! Femme ! Homme ! Arbre de vie ! Vêtements ! Des idées appartenant toutes à la sagesse sacrée orientale et des révélations concernant les phénomènes les plus importants de l'humanité ! Les documents les plus philosophiques de l'Antiquité » [2].

Herder décrit sa propre lecture : « j'écris selon des intonations orientales. Car j'interprète un fragment oriental venu des temps les plus anciens » [3]. Le philosophe, écrit encore Herder en 1785, isole de la simple légende, la superstructure de l'augustinisme tardif, à savoir la théorie du péché originel et la démonologie [4]. Pourtant la critique que Rousseau adresse à la déchéance moderne s'insinue dans la description du péché originel faite par Herder : les hommes sont allés au delà des limites de leur nature innocente et candide. Ils voulaient améliorer leur milieu de vie et augmenter la force de leurs âmes, en bref : ils voulaient accroître leur bonheur. Ils ont ainsi augmenté leurs besoins et leur avidité et, de cette façon, ils sont devenus misérables. Leur punition consistait en ceci : ils constataient

1. J. G. Herder, *Über die ersten Urkunden des Menschlichen Geschlechts*, *op. cit.*, p. 103, voir aussi p. 95-116.

2. *Ibid.*, p. 105.

3. *Ibid.*, p. 102.

4. J. G. Herder, *Idées sur la philosophie de l'histoire de l'humanité*, l. 10, c. 6, trad. fr. E. Quinet, Paris, Presses Pocket, 1991, p. 224.

leur manque, ce qui provoquait encore plus d'inquiétude et plus d'avidité. Ils se sont procuré les « apparences de la prospérité » et les ont considérées à tort comme leur bonheur. Mais de cette manière, ils ont suscité les uns auprès des autres des besoins toujours plus grands, des désirs toujours plus immodérés, toujours plus exubérants et extraordinaires. Le récit de la chute originelle raconte, d'une façon à la fois orientale et simple, la « naissance première des pulsions » qui « sont composées de fantaisies raffinées et inutiles, d'illusions chimériques » [1].

Tout en retirant la portée dogmatique du récit de la chute originelle, Herder a écarté le démon des premières scènes de l'histoire humaine. Kant n'a pas suivi la poétisation, mais bien la naturalisation opérée par Herder : dans les *Conjectures sur les débuts de l'histoire de l'humanité*, il est beaucoup question de l'abandon du Paradis, mais le Diable n'y apparaît plus. Kant ne veut parler des premiers débuts que comme « l'œuvre de la nature » [2]. Il ne place pas trop haut les prétentions visées par ses conjectures. Ce qu'il livre prend sa source dans « l'imagination accompagnée de la raison ». Son travail n'est rien de plus qu'un « délassement » [3]. Mais ce n'est pas non plus un pur roman. Il s'oriente grâce à l'« analogie avec la nature ». Kant considère que, d'après le récit biblique, l'homme peut déjà marcher et se tenir debout lors de la chute originelle et, pour cette raison, une longue durée devait avoir précédé cet épisode. Kant soupçonne l'existence d'un temps d'avant l'histoire, long de plusieurs millénaires. La transition vers l'usage de la raison a commencé – comme dans la Bible et comme chez Herder – par l'élargissement des connaissances concernant les produits alimentaires. L'homme ne se laisse plus prescrire son alimentation

1. J. G. Herder, *Über die ersten Urkunden des Menschlichen Geschlechts*, *op. cit.*, p. 102, aussi p. 98 et 101. C'est comme si Adam et Eve étaient passés de leur tranquille condition agraire à une société industrielle moderne avec ses machines à multiplier les besoins.

2. Kant, « Conjectures sur le commencement de l'histoire humaine », dans *Œuvres philosophiques*, vol. 2, trad. fr. L. Ferry et H. Wismann, F. Alquié (éd.), Paris, Gallimard, 1985, p. 504.

3. *Ibid.*, p. 504.

par l'instinct et l'habitude : il la *choisit*. En commençant à chercher librement son mode de vie, il se trouve alors devant un abîme : comment se décider face à un nombre infini de possibilités [1]. Il apprend à connaître la peur du lendemain et les soucis. Il doit penser au futur proche et lointain [2]. Il commence à se concevoir lui-même comme une fin en soi. C'est sa sortie du sein maternel de la nature, son passage à un état de liberté [3]. Il n'est plus question de péché et de Diable. Herder polémiquait encore contre l'aliénation de la plus ancienne poésie par la démonologie ; chez Kant cette aliénation n'a tout simplement plus lieu. Elle est complètement absente du libre ralliement « présumé » de Kant au récit de la *Genèse* 3. L'élaboration européenne du mythe du Diable atteint ici une sorte de conclusion : on commence à « oublier » l'héritage d'Augustin. L'essai de Schiller, *Quelques considérations sur la première société humaine, en prenant pour guide le témoignage de Moïse*, résume le premier stade du développement de ce temps sans Diable : l'humanité est en transition, du « paradis d'ignorance et de servitude » au « paradis de connaissance et de liberté » [4].

1. Kant, « Conjectures sur le commencement de l'histoire humaine », *op. cit.*, p. 507.

2. *Ibid.*, p. 508-509.

3. *Ibid.*, p. 511.

4. F. von Schiller, « Quelques considérations sur la première société humaine, en prenant pour guide le témoignage de Moïse », dans *Œuvres complètes*, vol. 5, trad. fr. A. Régnier, Paris, Hachette, 1872, p. 428.

CHANGEMENT DE CLIMAT : ROUSSEAU

« Religion naturelle »

À partir de la seconde moitié du XVIII e siècle, le Diable ne se portait plus très bien en Europe occidentale. Certains théologiens voulaient s'en débarrasser. Les exégètes bibliques ne croyaient pas tous en son existence. Le chapitre suivant étudiera leurs arguments, mais bien plus que toutes ces constructions érudites, c'est le changement de climat intellectuel en général qui mit le Diable à rude épreuve. À la fin du siècle, la grande Révolution et le Général corse apprirent de nouveau aux hommes à avoir peur mais, jusqu'alors, la confiance dans les pouvoirs des individus avait pris de l'ampleur : confiance dans la raison et la technique, dans la nouvelle politique et la médecine. De nombreux bourgeois parvenus ne voulaient pas renoncer à la religion, mais ils voulaient constituer leur propre religion. Ils examinaient, à titre préalable et de façon critique, ce qui devait posséder pour eux valeur et autorité. Beaucoup d'entre eux estimaient que le Diable appartenait à des temps révolus. À la seconde moitié du XVIII e siècle, on ne le trouvait guère plus, semble-t-il, que dans les « livres de fables ».

Un changement aussi important que la progression du sentiment d'individualité, le renforcement de la conscience de soi bourgeoise, l'assurance affichée par la morale rationnelle et l'acceptation de ce bas monde, n'a jamais une seule cause. Il advient à partir d'origines multiples. Tant de preuves indiquent ce changement de climat qu'il serait facile d'en démontrer la réalité. On pourrait les chercher du côté des déistes anglais, ou chez Diderot et Voltaire. Face à l'embarras du choix, il me semble judicieux d'arrêter notre attention sur Jean-Jacques Rousseau (1712-1778). Dans sa *Profession de foi du vicaire savoyard* [1], il a donné une forme classique à cette pensée nouvelle et il en a assuré la diffusion à travers l'Europe. Ce texte figure au quatrième livre de son roman de formation l'*Émile*, publié en 1762. La *Profession de foi* elle-même a cependant dû être achevée dès 1758.

Les représentations communes sur Rousseau appartiennent à la culture générale, mais elles insistent souvent sur le rôle du « sentiment » dans sa conception de la religion. Rousseau *analyse* l'opposition entre sentiment et raison. Pour nous, exister veut dire : sentir, percevoir [2]. Mais s'il s'agit de conscience et que cela repose sur le sentiment, le sentiment ne veut alors pas simplement dire « sensation affective », mais perception des données fondamentales naturelles des êtres humains, comme l'expérience du « je », l'aspiration au bonheur et le refus de la mort. La raison n'appartient pas simplement et pas toujours au monde devenu étranger, si souvent critiqué, de la science et de la civilisation. Sans raison, il n'y a pas de connaissance de Dieu, de l'homme ni de la nature. Rousseau oppose l'expérience propre au monde des constructions purement conceptuelles ; il n'oppose pas le « sentiment » au « concept ». Sa critique des Lumières est dirigée contre l'optimisme historique et philosophique de la pensée du progrès. Mais il veut bien plus, à savoir dépasser une éducation et un enseignement coupés de la nature (c'est l'objet de l'*Émile*). Il plaide pour l'abolition de la politique, qui se dresse contre les intérêts du peuple (c'est l'objet du *Contrat social*). Il ne s'agit de rien de moins qu'une réforme de l'ensemble de la vie publique et privée. Rouseau ne voulait pas revenir à la nature, mais plutôt aller de l'avant, vers une vertu réconciliée avec la nature. Son Émile ne devait pas devenir un sauvage, mais uniquement ne pas se laisser emporter par l'agitation du monde, par les passions et les préjugés des hommes. Il devait voir de ses propres yeux. C'est dans ce contexte que s'inscrit sa philosophie

1. Il en existe de nombreuses éditions. Je me réfèrerai à Jean-Jacques Rousseau, *Profession de foi du vicaire savoyard*, B. Bernardi (éd.), Paris, Flammarion, 2010.

2. J.-J. Rousseau, *Profession de foi du vicaire savoyard*, *op. cit.*, p. 89.

de la religion, telle qu'il la présente dans la *Profession de foi du vicaire savoyard*. Elle se rallie à deux points de vue prédominants : elle soutient d'abord les grandes lignes de la « religion naturelle ». Et elle critique ensuite les revendications d'une révélation isolée, que Dieu aurait communiquée à un groupe d'hommes choisis, qui se considèrent en possession de la seule vraie religion. Rousseau fournit une critique détaillée de la dogmatique chrétienne. Il rejette les doctrines du Diable et des peines infernales éternelles.

La religion naturelle ne se fonde pas sur des livres et des traditions. Si c'était le cas, elle ne rapporterait que des contenus par ouï-dire. Elle repose plutôt sur l'idée de nature, que Dieu montre à l'humanité, en tant que sage ordonnateur et bon père. La relation avec Dieu doit surgir spontanément et elle doit sans cesse être ravivée. À cette fin, elle est clairement instaurée par l'ordre de la nature, qui démontre la providence divine. Rousseau combat, d'une part, les matérialistes et les critiques de la religion comme Helvétius et Holbach, et, d'autre part, les défenseurs dogmatiques des religions révélées. Il argumente contre le sensualisme : les idées propres et les impressions directes sont pour nous essentielles, elles constituent la base de notre connaissance, mais la capacité de comparer et de penser en constitue le niveau supérieur [1]. Celui qui compare et pense s'affirme comme un être actif et productif. Les matérialistes ne comprennent pas la matière. Ils sous-estiment le fait qu'elle est inerte et que, pour être en mouvement, elle présuppose une puissance de la volonté. Contre les athées de son temps, Rousseau prolonge la démonstration téléologique de l'existence de Dieu tirée des anciens stoïciens [2], mais il souligne encore et toujours à quel point cette connaissance est limitée et obscure. Il trouve qu'elle se déduit de façon convaincante à partir de la régularité des phénomènes naturels : la puissante volonté d'un être pensant dirige la nature. Il ne fonde par ce biais aucun système théologique, il défend uniquement le sentiment naturel de vivre dans un monde ordonné par Dieu et le fait d'en ressentir de la gratitude. Il n'est

1. *Ibid.*, p. 89.
2. *Ibid.*, p. 65-66.

que trop conscient de l'insuffisance de sa pensée pour réfléchir sur *l'essence* de Dieu [1]. Cette connaissance est bénéfique pour l'homme : il est en droit de se concevoir lui-même comme la finalité de toute la nature. Rousseau réhabilite l'ancien anthropocentrisme : le monde est fait pour l'homme, il est le roi de la terre [2]. Une misérable philosophie le situe au même niveau que les animaux, mais l'homme se comporte librement, il s'est soustrait à la pression du monde extérieur. La liberté de l'homme explique le mal dans le monde. L'homme n'a pas besoin d'en chercher l'auteur : c'est lui-même [3]. Rousseau ne renoue pas seulement avec l'antique preuve de l'existence de Dieu tirée de l'ordre de la nature – son ordre est aussi peu redevable au hasard que la composition de l'*Enéide* ne l'est à un mélange arbitraire de lettres. Comme certains scolastiques, il démontre l'immortalité de l'âme à partir de son caractère spirituel. L'âme étant immatérielle, elle survit au corps.

La vaine ratiocination des philosophes matérialistes des Lumières conteste la dignité et la spécificité de la vertu, mais l'âme éprouve selon sa nature que le Bien possède une valeur en lui-même, et qu'il ne peut être réduit aux bénéfices des seuls individus.

Toute cette série d'arguments soutient la doctrine de la foi chrétienne. Elle semble être établie pour en assurer la défense. Chez Rousseau, la défense de la doctrine de l'immortalité fait bien plus référence à l'au-delà que le néoplatonisme chrétien : la vie de l'âme commence par la mort du corps [4]. La vie terrestre est une vie en prison. Dieu serait injuste s'il ne nous offrait pas une vie meilleure dans l'au-delà. Mais celle-ci ne sera pas non plus une partie de plaisir, car Rousseau veut nous occuper pour l'éternité, à comparer ce que nous avons fait avec ce que nous aurions dû faire [5]. Cependant, ce que Rousseau défend, c'est uniquement la religion naturelle, qu'il érige en critère pour récuser tout ce qui, dans les religions révélées, n'est

1. J.-J. Rousseau, *Profession de foi du vicaire savoyard, op. cit.*, p. 69.
2. *Ibid.*, p. 69.
3. *Ibid.*, p. 76.
4. *Ibid.*, p. 78.
5. *Ibid.*, p. 79.

pas garanti par elle. Elle repose uniquement sur la contemplation naturelle et rationnelle de l'harmonie de la nature, qui était devenue bien douteuse pour bon nombre d'anciens optimistes, depuis le tremblement de terre de Lisbonne de 1775. Elle ne se réfère à aucun moment à la Bible ou aux autorités de l'Église, car elle ne serait alors qu'une religion par ouï-dire. Rousseau entame ainsi sa critique de toutes les religions révélées. Celles-ci sont superflues, elles ne provoquent qu'incertitude, intolérance et autoritarisme infondé. Car la raison naturelle nous persuade, même si nous tremblons de peur, de tout ce qui est important : de la présence de Dieu dans le monde, de l'immortalité de l'âme et de la force contraignante de la vertu. Les religions révélées, par leur anthropomorphisme, humanisent Dieu [1]. Elles le font réclamer des prières et des postures protocolaires, alors que le seul culte qu'il exige est le culte du cœur.

CONTRE LA RÉVÉLATION

Ce que Dieu a dit aux autres hommes n'est pas clair pour nous : nous ne pourrons jamais le savoir avec certitude. Des hommes s'immiscent toujours entre lui et nous, avec leurs propres intentions et leurs erreurs. Le vicaire savoyard conseille de s'en tenir à l'Évangile, non à la doctrine de l'Église. Le fait de ne demeurer accessible qu'à un petit nombre d'hommes ne peut être conforme au sens de la Révélation de Dieu. Bien que les chrétiens affirment que leur religion s'est propagée sur toute la Terre, ce n'est cependant pas vrai aujourd'hui, et ce l'est encore moins par le passé.

Rousseau critique toutes les révélations, surtout la révélation chrétienne, mais il admire la magnificence de l'Évangile. Même si la vie et la mort de Jésus relèvent du divin, elles restent cependant dans l'obscurité, alors que l'action morale a une ligne directrice claire. L'Évangile contient trop d'invraisemblances. Les différentes religions s'opposent les unes aux autres, elles font varier le concept central de nature selon des acceptions antagonistes. Leur diversité et leurs divergences par rapport à la religion naturelle résultent du

1. *Ibid.*, p. 98.

climat et des mentalités des peuples. Les religions révélées méritent le respect pour autant qu'elles ne contredisent pas la religion naturelle, contrairement à ce terrible principe d'intransigeance qui affirme qu'il n'y a point de Salut hors de l'Église.

Dieu s'exprime depuis la nature, sans pour autant nous inviter à faire des spéculations en ce qui concerne son essence. La nature n'a besoin d'aucun ajout surnaturel. Dieu ne produit aucun miracle. Nous ne connaissons pas assez la nature pour pouvoir dire avec certitude ce qui est « surnaturel » [1]. Les gens qui attribuent des miracles à Dieu affirment par ailleurs que le Diable imite ces mêmes miracles accomplis par Dieu. De plus, ils prouvent d'abord la vérité de leur doctrine de la foi par un miracle et, ensuite, la réalité de leur miracle par la doctrine – ce qui rend impossible la reconnaissance du miracle divin [2]. La doctrine des religions révélées contredit par ailleurs la connaissance certaine de la religion naturelle, selon laquelle Dieu est bienveillant et sage. Le Dieu de la Révélation est colérique et rancunier, il est jaloux, partial et déteste certains hommes. C'est un Dieu de la guerre et de la punition [3]. Il punit même les innocents. C'est un Dieu terrible [4]. Il faut ici choisir : le Dieu flanqué d'un diable et d'un système organisé de tortures ne convient pas à la religion naturelle. Le Dieu qui condamne la plupart des hommes aux peines éternelles de l'Enfer n'est pas le Dieu bon, celui que ma raison me désigne [5]. Le vrai Dieu n'a pas créé les hommes afin de les faire éternellement souffrir [6]. Rousseau ne veut pas vraiment se prononcer sur les supplices par le feu, mais il ne croit pas à leur existence. Il déteste la vaine curiosité qui se tapit sous de telles questions. Si la justice divine connaît vraiment la vengeance, alors elle se vengera dans cette vie-ci. Elle utilise pour ce faire les souffrances que nous, les hommes, nous infligeons les

1. J.-J. Rousseau, *Profession de foi du vicaire savoyard*, *op. cit.*, p. 101-103.
2. *Ibid.*, p. 103 *sq.*
3. *Ibid.*, p. 104-105.
4. *Ibid.*, p. 105.
5. *Ibid.*, p. 105.
6. *Ibid.*, p. 79.

uns aux autres. Par ce biais, la perspective d'un lieu dans l'au-delà qui serait voué à la sanction et à la récompense devient caduque. L'Enfer n'advient pas dans une vie prochaine : il se trouve au cœur des personnes malveillantes. Mais comment pourraient-elles être encore malveillantes, si elles n'ont plus de corps, plus de besoins momentanés ? Ainsi, seul le bien demeurera [1]. Car c'est le corps qui nous rend égoïstes. La conscience est la voix de l'âme, les passions sont la voix de la chair [2].

Pour Rousseau, l'idée d'une justification historique et savante de la foi est une vision d'horreur, mais il sait parfaitement qu'il existe une connaissance *rationnelle* de Dieu. Le rôle des sentiments chez Rousseau n'exclut en aucune façon que la raison, inspirée par la nature, n'aboutisse pas par ses propres moyens à des connaissances essentielles sur nous-mêmes et sur la divinité. Les plus grandes idées de la divinité nous viennent par la raison seule [3]. Cette conclusion conduit à rejeter un dieu qui soit prêt à envoyer les hommes en Enfer parce qu'ils n'ont jamais eu connaissance du Christ et qu'ils ne sont pas baptisés [4]. Comment ce Dieu peut-il damner tous les hommes qui ne croient pas à ces sombres mystères? Cette conception est bien trop étrange pour pouvoir être crédible [5]. Et si c'était ce que Dieu voulait vraiment, l'homme devrait alors passer sa vie à étudier et à comparer toutes les religions à partir de leurs sources. Cela amènerait à la paralysie de la vie humaine normale. Combien de langues, combien de livres viendraient alors s'interposer entre mon Dieu et moi ! Dieu exigerait alors, sous peine de l'Enfer, que l'on devienne savant, afin que nous puissions apprendre à le connaître [6], or le caractère artificiel et factice du monde des érudits est démontré depuis longtemps. Le rapport religieux doit émaner de l'intérieur des hommes, et non pas d'affirmations inscrites dans l'histoire, au

1. *Ibid.*, p. 80.
2. *Ibid.*, p. 83.
3. *Ibid.*, p. 98.
4. *Ibid.*, p. 114.
5. *Ibid.*, p. 115.
6. *Ibid.*, p. 117.

sujet desquelles il y a toujours des opinions controversées. Si Dieu ne communiquait sa vérité qu'à un groupe restreint, il rendrait leurs adeptes orgueilleux et injustes. Ceux-ci diraient aux groupes exclus : « vous êtes damnés » [1]. Ils deviendraient intolérants et cruels.

Rousseau écrit tout ceci avec sévérité et sans compromis, mais il ne fait pas d'Émile un critique de la religion. Il ne doit pas argumenter, car cela ne se fait jamais sans injustice. Il doit transcender les formes religieuses artificielles et parvenir, grâce à un comportement juste, à la croyance en la religion naturelle. C'est la seule chose qui importe. Émile doit faire face avec un « doute respectueux » [2] aux raisons pour lesquelles les religions révélées s'écartent les unes des autres et s'éloignent de la religion naturelle. Avant tout, il ne doit provoquer aucune dispute. Il ne doit pas défendre avec acharnement les objections contre toute Révélation. Que Dieu punisse malgré tout les méchants pour l'éternité, alors Rousseau ne pourra qu'annihiler sa raison pour tout ce qui touche à la justice. Mais les reproches que les méchants s'adressent à eux-mêmes s'émousseront au fil du temps. Dès qu'ils seront arrachés à la misère de la vie sur terre, le mal s'amenuisera également. S'ils parviennent tous à la paix éternelle, alors ils loueront Dieu [3]. C'est de cette façon, dépourvue de prétention, que Rousseau va se débarrasser du Diable et de l'Enfer. Il exalte la disposition de la raison à s'effacer devant l'infini qui lui demeure inconcevable, tant elle est submergée par sa grandeur [4].

La religion naturelle de Rousseau visait-elle à défendre les convictions religieuses dominantes ? En ce cas, celles-ci se sont montrées bien ingrates envers lui. Les libres-penseurs, critiques à l'encontre de la religion, considéraient que Rousseau avait fait preuve de naïveté et se moquaient de lui, alors même qu'ils l'avaient longtemps considéré comme un des leurs (Rousseau avait écrit des articles sur la musique pour l'*Encyclopédie*). L'Église et l'État

1. J.-J. Rousseau, *Profession de foi du vicaire savoyard*, *op. cit.*, p. 121.
2. *Ibid.*, p. 118.
3. *Ibid.*, p. 80-81.
4. *Ibid.*, p. 83.

s'acharnèrent contre lui : l'*Émile* avait rencontré une très large diffusion, et l'année même de sa parution, en 1762, une traduction allemande était déjà disponible. Mais, dès le 9 juin 1762, l'*Émile* fut déchiré et brûlé en place publique. Christophe de Beaumont, évêque de Paris, rédigea une lettre pastorale contre lui. On allait l'arrêter : Rousseau s'enfuit de Genève. Même les Bernois ne le tolérèrent pas, lorsqu'il voulut s'installer à Yverdon. Il se rendit à Môtiers dans le canton de Neuchâtel, qui appartenait alors aux Prussiens. Frédéric II l'accueillit. David Hume l'invita en Angleterre en 1766, mais des discordes éclatèrent aussi entre les deux hommes. S'ensuivirent des années d'errances effrénées. Rousseau rentra à Paris en 1770, où il mourut en 1778. Le jeune Goethe soulignera avec ironie : en guise de remerciement, ce que la grande Nation française aura accordé à son écrivain est de le laisser vivre les dernières années de sa vie à Paris, libre et esseulé.

Influences

Quiconque écrit sur Rousseau ne se défait pas facilement de lui. Son art de l'éloquence accroche le lecteur. Il y a tant de nuances à découvrir, tant de développements corollaires à mentionner, tant d'appréciations contradictoires à discuter. Il a eu une grande influence sur l'époque du *Sturm und Drang* allemand, il a marqué Herder et Goethe, en particulier le Goethe des années de Werther. Il a influencé Schiller et Kant. Il a rendu possible le romantisme aussi bien français qu'allemand. Son style, ainsi que la référence de toutes les cultures au « je » introspectif, eurent un effet jusqu'au XXe siècle, y compris là où son individualisme suscitait des critiques. La nature est bonne, seulement l'homme corrompt beaucoup de choses en elle. Cela devint désormais une perspective possible pour l'ensemble de la culture occidentale. Comme l'écrit Goethe, il y eut en Allemagne, rassemblée autour du nom de Rousseau, « une communauté secrète [qui] s'était ensemencée au loin sous l'égide de son nom » [1]. Le

1. J. W. von Goethe, *Poésie et vérité, souvenirs de ma vie*, 3e partie, livre 13, trad. fr. P. du Colombier, Paris, Aubier, 1991 (2e éd. ; 1re éd. 1941), p. 357.

fait que la nature soit la voix de Dieu, et sa seule voix, ne tolèrant pas à ses côtés la présence du Diable comme autre seigneur de ce monde, voilà qui était largement accepté dans la religion des classes cultivées. Cette idée s'immisça, au cours du XIXe siècle, dans les sciences et la vie quotidienne; elle exerça aussi une influence sur la théologie et provoqua un certain nombre de crises récurrentes, sans toutefois les déterminer totalement. Les idées de Rousseau eurent « une action générale sur tout le monde cultivé » [1]. Il ne restait qu'une place marginale pour le Diable.

Goethe théologien

Tombé gravement malade pendant ses études à Leipzig, Goethe revint à Francfort, sa ville natale, en 1768. Pendant l'année de convalescence 1769, il se rapprocha de Susanne de Klettenberg et du piétisme protestant. Son année universitaire 1770-1771 fut plus laïque : étudiant en Droit à Strasbourg, amoureux de Friederike Brion, fille du pasteur de Sesenheim, il découvrit Rousseau en compagnie de Herder.

« Car Rousseau nous avait vraiment plu » [2] : cela figure tel quel dans *Poésie et vérité*. Goethe admet l'idée qu'il s'agit ici de retrouver une éducation et une politique plus proches du peuple. Il découvre les chants populaires, la cathédrale de Strasbourg et Shakespeare. Il lit la Bible et Homère, à travers les yeux de Herder. Durant l'été 1772, il travaille au Tribunal de la Chambre du Reich à Wetzlar et tombe amoureux de Charlotte Buff, la fiancée de son ami Kestner. C'est alors que Karl Wilhelm Jerusalem, son ami et secrétaire de la légation, se donne la mort par arme à feu le 30 octobre 1772, suite à une déception amoureuse. Goethe donnera forme à son expérience de Wetzlar dans *Les souffrances du jeune Werther*, roman publié en 1774 et qui deviendra un succès mondial. À l'automne 1772, Goethe, abattu, revient de Wetzlar à Francfort. Mais, en décembre, il a déjà de nouveaux projets. Il écrit à Kestner :

1. J. W. von Goethe, *Poésie et vérité, souvenirs de ma vie*, *op. cit.*, 3e partie, livre 14, p. 386.

2. *Ibid.*, 3e partie, livre 11, p. 313.

« Me voici de retour à Francfort. Je rumine sur de nouveaux plans, sur de nouvelles fantaisies, toutes choses que je ne ferais point si j'avais une maîtresse » [1]. Nous pouvons penser à Götz et à Werther, et à Faust aussi. Parmi ces « fantaisies », il peut avoir compté les deux petits livres théologiques, dont il rédigea une ébauche durant les derniers jours de l'année : l'un est une étude sur ce qui avait pu être inscrit sur les tables de la loi de Moïse et ce que l'expression biblique « parler en langues » signifie. Le deuxième porte le titre : *Lettre du pasteur de au nouveau pasteur de Traduit du français en 1773* [2].

Ce petit livre parut sous forme anonyme et fut vraisemblablement imprimé à Darmstadt. Il est publié en janvier 1773. Goethe a beaucoup fait pour lui donner l'apparence d'un livre qui vient de très loin : il est même supposé avoir été traduit du français. Mais le fait que Goethe en soit l'auteur ne fait aucun doute : il l'évoque dans *Poésie et vérité* [3] et aussi ailleurs. Johann Kaspar Lavater en a d'emblée reconnu l'auteur.

Le jeune Goethe, âgé d'à peine 23 ans, se fait passer pour un pasteur de campagne de l'Église luthérienne, qui vient saluer le nouveau pasteur de la commune voisine. Et il lui décrit le dépit qu'il avait jadis éprouvé à l'égard de son prédécesseur à l'orthodoxie rigoureuse, en particulier à cause de son sectarisme. Celui-ci prêchait le Diable et l'Enfer, le péché originel et les peines éternelles pour tous les païens. Devenu vieux, le pasteur qui rédige la lettre est parvenu à une réflexion libre et il rapporte les obstacles qu'il a dû surmonter. Il confronte les jeunes générations de chrétiens à la rigoureuse théologie luthérienne de la plupart de

1. *Goethe et Werther. Lettres de Goethe aux Kestner*, 34 (lettre reçue le 13 décembre 1772), édition allemande recueillie au XIXe siècle par A. Kestner, trad. fr. L. Parade, Paris, Klincksieck, 2003, p. 140-141.

2. Goethe, « Brief des Pastors zu *** an den neuen Pastor zu ***, Aus dem Französichen 1773 », in *Sämtliche Werke nach Epochen seines Schaffens*, Münchner Ausgabe, volume 1.2, Munich, Carl Hanser Verlag, 1987, p. 423-434.

3. J. W. von Goethe, *Poésie et vérité*, *op. cit.*, 3e partie, livre 12, p. 328 : « Cependant, je m'étais assez bien assimilé la terminologie de cette doctrine, et je m'en servis dans une lettre que je m'amusai à adresser, sous le masque d'un pasteur de campagne, à un nouveau confrère ».

leurs prédécesseurs. Il veut un christianisme tolérant et opposé au dogmatisme. Il a lu Rousseau.

La lettre du vieux pasteur de campagne est rédigée dans le style passionné de la première ébauche de Werther : ce n'est pas un écrit doctrinal, mais plutôt une confession à cœur ouvert. Pas un traité pieux, mais plutôt un réquisitoire ironique. C'est un « je » qui s'exprime et qui revient sans cesse. Le style de la lettre exprime à lui seul que la religion consiste en la prise de conscience de son bonheur propre, en la garantie d'une béatitude durable, en la quiétude dans l'amour de Dieu. Le vieux pasteur jette un regard rétrospectif sur ses propres combats. Ses adversaires sont encore au pouvoir. Il parle d'eux avec ironie et dérision. Ce « je » parle beaucoup de lui et de son « cœur », mais la tonalité discursive dominante n'est pas celle d'une vive émotion piétiste, plutôt celle d'un réquisitoire au service de la désacralisation. Le jeune pasteur voisin, auquel la lettre s'adresse toujours d'une façon fraternelle – « Cher confrère » – est déjà sur la bonne voie, mais, pour lui, il ne doit faire aucun doute, les anciennes forces qui empêchent de mener une vie fidèle au modèle de Jésus sont encore à l'œuvre. Cette Église ne tolère aucune vie conforme à l'exemple du Christ. La lettre exprime tout cela d'une façon amicale, mais avec une tonalité à la fois critique et enflammée à l'encontre de l'Église. Goethe fait tout pour éviter le style de la solennité pieuse, ponctuée d'une sagesse antique et sereine, propice aux soins intimes de l'âme. Lorsqu'il évoque, à titre préliminaire, le pasteur décédé, il réduit à néant toute parole édifiante : avec froideur, il désigne sa mort comme un « changement dans mon voisinage ». Il avoue s'en être « réjoui de tout son cœur ». Il résume ainsi le rapport avec son vieux pasteur voisin : « Votre prédécesseur, il ne pouvait supporter personne, et que Dieu me pardonne de n'avoir pas pu non plus le supporter »[1]. Aucun piétiste résigné ne s'exprimerait d'une façon aussi désinvolte et dépourvue de regrets si son voisin, qui est tout de même aussi un confrère, venait tout juste de mourir. Dans le choix des mots et

1. J. W. von Goethe *Brief des Pastors zu *** an den neuen Pastor zu ****, *op. cit.*, p. 423.

la construction des phrases, l'auteur de la lettre plonge la solennité propre à la discussion théologique et au langage des pasteurs dans la trivialité de l'ordinaire et du ridicule. Il démythifie : il y a là des pasteurs, écrit-il, qui pensent être les bergers d'un troupeau, mais ce n'est pas « à l'avantage du troupeau, lorsque le berger est un mouton » [1]. La lettre décrit même les actions du Rédempteur dans des termes manifestement dépourvus de toute gravité. Il dit à son propos, en fanfaronnant : « Il voulait frapper à la porte et ne pas la fracasser » [2]. La demoiselle de Klettenberg n'aurait pas parlé de son Jésus dans un langage si populaire. C'est plutôt la façon de parler du mercenaire Götz de Berlichingen. L'auteur s'en tient au style épistolaire privé. Il suit de soudaines impulsions et ajoute encore, en conclusion, par le biais d'une tournure dépourvue de solennité, un propos qu'il avait oublié : « Encore une chose, cher frère… » [3]. On ne parle pas ainsi dans les administrations et du haut des chaires. Mais la lettre s'adresse bien plus à ceux qui les fréquentent qu'à ce jeune confrère. Il crie à ses professeurs de théologie : « Ô Messieurs, votre dogmatique a encore bien des lacunes » [4]. L'écriture de la lettre est irrévérencieuse et impudente. Sur un ton décontracté, il y décrit la scène biblique empreinte de gravité et présentée dans l'Évangile de Jean, où Jésus fait son discours d'adieu : « Il tient un trop long discours, y compris sur le Sacrement de l'Autel. Jean s'est penché sur sa poitrine et n'avait pas besoin du pain pour se convaincre de son existence vivace. Les apôtres avaient la tête retournée par ce long discours, dont ils n'avaient pas saisi un seul mot » [5].

Ou encore, lorsqu'il évoque la scène d'exorcisation décrite au cinquième chapitre de l'Évangile de Marc : Jésus chasse des esprits impurs hors du corps de possédés. À leur demande, il les autorise à pénétrer dans l'énorme troupeau de cochons. Les quelque deux mille cochons s'abîment dans la mer. Puis arrivent les agriculteurs qui lui demandent de quitter la région. Jésus s'en va, sans se mettre

1. *Ibid.*, p. 423.
2. *Ibid.*, p. 429.
3. *Ibid.*, p. 431.
4. *Ibid.*, p. 431.
5. *Ibid.*, p. 430.

en colère. La lettre en conclut que le pasteur ne devrait pas se révolter contre les gens qui ne veulent pas de lui. Il se satisfait de ceux qui désirent atteindre le Salut. Il laisse aux autres « leur Diable et leurs cochons » [1]. À travers ce récit, l'auteur de la lettre justifie la tolérance de sa pratique pastorale : il respecte la volonté de ceux qui ne suivent pas son chemin. Il ne se permet pas d'exprimer le jugement de Dieu à leur égard.

Dans cette lettre de bienvenue, il ne s'agit pas seulement de la critique des mauvaises habitudes d'un pasteur, l'auteur y expose la seule vraie compréhension qu'il faut avoir de la religion. Il s'agit de « ressentir directement dans le cœur ce qu'est la religion » [2]. Le pasteur devrait laisser chacun selon ce qu'il ressent, car, à y regarder de plus près, chacun a sa propre religion. Les esprits dogmatiques qualifient d'« individualiste » ce concept de piété personnelle. Mais il pense : la religion chrétienne doit être *intérieure*, sinon elle n'est rien du tout. « Il n'y a jamais eu une Église visible sur Terre » [3]. Cela ne veut pas dire qu'elle doit être « purement spirituelle » ou immatérielle. « Car le corps demeure toujours une part étrange de l'homme » [4]. Celui-ci revendique aussi son droit au sein de la religion. C'est pourquoi l'auteur de la lettre se rapproche de la compréhension catholique des sacrements : il croit que ce sont des signes, mais il ne croit pas que ce ne sont *que* des signes. Ce n'est pas, pour lui, qu'une question de sacrements, il s'agit du véritable concept de Dieu : il veut rendre concevable le fait que « Dieu et Amour sont synonymes » [5]. Il est amour infini. En tant qu'infini, il demeure, pour nous, inconnu. Nous ne savons pas ce que Dieu fait. Mais la « foi » est la certitude d'être aimé de Dieu. La religion est la conscience du bonheur ou la recherche d'une vie dans l'amour de Dieu. Tout ce qui est contraire à ce principe doit être écarté de la

1. J. W. von Goethe, *Brief des Pastors zu *** an den neuen Pastor zu ****, *op. cit.*, p. 427.
2. *Ibid.*, p. 429.
3. *Ibid.*, p. 430.
4. *Ibid.*, p. 430.
5. *Ibid.*, p. 424.

religion. Ce qui s'avère neutre par rapport à lui doit être considéré comme indifférent. En suivant cette règle, l'auteur explore toutes les religions existantes. Dans tous les cas, l'amour de Dieu est en leur cœur, et il s'est manifesté sur la Terre à travers le Christ. Celui qui conçoit cela, considère avec un amour fraternel toutes les sectes et tous les partis, et se réjouit du fait que Dieu, c'est-à-dire l'amour, se manifeste de la manière la plus variée. Plus les religions sont nombreuses et diverses, mieux c'est. Réalisant un écart anti-catholique, l'auteur de la lettre explique qu'il ne voudrait en aucun cas échanger cette conscience du bonheur contre l'infaillibilité. Avec son goût caractéristique pour la clarté et la familiarité, il l'exprime de la façon suivante : « Quelle exaltation à l'idée de penser que le Turc, qui me considère comme un chien, et le Juif, qui me prend pour un porc, vont un jour se réjouir d'être mes frères » [1].

Il unit religion et tolérance, sans aucun indifférentisme ou relativisme, contrairement à ce qu'insinue le reproche formaliste adressé par les théologiens dogmatiques. Le pasteur luthérien identifie cette conscience de Dieu au concept de foi défini par Luther, une foi qui se justifie par elle-même sans avoir besoin de recourir aux textes. Il vit dans cette croyance, mais il lui donne une forme nouvelle, il la simplifie et la dépoussière en suivant le critère qui établit que Dieu et Amour sont synonymes. À cette occasion, beaucoup de choses deviennent caduques.

En premier lieu, tout ce sur quoi reposait le christianisme de l'ancien pasteur décédé et qui menaçait d'empiéter sur la paroisse de l'auteur de la lettre : le fait que quelqu'un puisse croire qu'il sera heureux dans sa foi seulement lorsque « tous les païens seront rôtis pour l'éternité ». Il choisit une nouvelle fois le niveau stylistique le moins élevé et ridiculise les horribles pensées concernant les peines éternelles de l'Enfer, en les attirant du côté de la cuisson culinaire quotidienne et banale. Il se plaint, car les peines éternelles de l'Enfer ne sont pas la seule doctrine qu'il faut s'abstenir d'interroger. Il remercie Dieu à la fin de chaque semaine, car il ne veut tromper

1. *Ibid*, p. 427.

personne par de simples mots. Ils sont pourtant inévitables, lorsque quelqu'un défend les fragments d'une doctrine morte, qu'on ne réfute pas mais qu'on se contente simplement d'éviter. Car il passe rapidement outre la « doctrine de la damnation des païens », « comme sur du fer chauffé à blanc » [1]. Elle figure dans le catéchisme qu'il est supposé expliquer. C'est là que figurent toutes les réflexions concernant les péchés, le péché originel, le Diable et les peines éternelles de l'Enfer. Ce n'est un secret pour personne parmi les pasteurs : les esprits tolérants et compatissants tels que lui partagent la doctrine de la réconciliation universelle d'Origène, bien que leur Église l'ait rejetée : « Vous savez, mon cher confrère, que beaucoup de gens, qui étaient aussi charitables que moi, sont tombés sur l'Apocatastase, et je vous assure que c'est la doctrine grâce à laquelle je me réconforte en secret. Mais je le sais bien, il n'est pas question de prêcher à ce sujet » [2].

C'est une étrange concession : entre pairs, les pasteurs luthériens concèdent qu'ils trouvent un réconfort secret dans la doctrine d'Origène et la réconciliation universelle, y compris avec le Diable, et ils admettent qu'ils doivent prêcher d'une manière divergente par rapport à ce qu'ils pensent. Il y a un ensemble systématique de règles comprenant plusieurs points doctrinaux sur l'Évangile (et désignés comme « matières » dans les manuels), qui sont incompatibles avec la thèse principale au cœur de ce dernier, à savoir que Dieu et Amour sont synonymes. La lettre explique pourquoi le pasteur maintient cette hypocrisie : il veut éviter les conflits. Le message de paix ne doit pas devenir le sujet de controverses parmi les chrétiens. La désunion des chrétiens n'est pas compatible avec les sermons qui prônent l'amour. Il s'autorise l'ambiguïté et signale à l'occasion que nous ne savons pas tout ce que Dieu fait. Par ailleurs, un pasteur philanthrope a bien trop de choses temporelles à faire sur terre pour pouvoir discuter de l'éternité. Mais de temps à autre,

1. J. W. von Goethe, *Brief des Pastors zu *** an den neuen Pastor zu ****, *op. cit.*, p. 424.

2. *Ibid.*, p. 425.

il doit expliquer l'Enfer : si je prétends « qu'il existe un Enfer, alors j'en parle comme l'Écriture en parle, et quoi qu'il en soit, je le dis éternel ! » [1]. Dans sa prédication, il s'en tient à l'Évangile, qui mentionne l'Enfer éternel ; en secret il se réconforte avec la doctrine de l'apocatastase d'Origène. À propos d'Origène, le jeune Goethe avait lu dans le livre de Gottfried Arnold *Unpartheyische Kirchen- und Ketzer- Historie* [2], que « son esprit avait été sincère avec Dieu ». Juste après sa mort, on l'avait condamné, par jalousie et incompréhension. Il avait enseigné qu'« à la fin, le Diable aussi bien que les impies quitter[aient] l'Enfer » [3]. L'auteur de la lettre appartient à une Église invisible et sans organisation, qui peut trouver son réconfort dans la doctrine de l'apocatastase, parce qu'elle a créé les conditions de son existence grâce à la généreuse érudition de Gottfried Arnold. Goethe prête encore au pasteur, en proie au conflit intérieur, une deuxième justification, de sorte que celui-ci peut encore prononcer à haute voix la parole foudroyante « éternel ! » : personne ne le comprend [4]. Lorsqu'on parle de choses que de toute manière personne ne comprend, il « importe peu quels mots on utilise » [5]. Cette explication bienveillante se situe à la limite de la moquerie. Il existait des esprits libres qui l'appliquaient à l'ensemble de la théologie et à tous les sermons : de toute manière, lorsque personne n'y comprend rien, chacun peut dire ce qu'il veut ou répéter ce qu'une autorité ordonne. La libération de la conscience opérée par Luther – « il a redonné au cœur sa liberté » – et sa fidélité au texte biblique deviennent obsolètes. L'enseignement du Christ est enterré sous une masse de termes qui ont perdu leur

1. *Ibid.*, p. 423 *sq.*

2. G. Arnold, *Unpartheyische Kirchen- und Ketzer- Historie*, volume 1, Frankfurt-am-Main, Thomas Fritschen, 1729, p. 103a.

3. *Ibid.*, p. 103b.

4. [Référence au cantique de Johann Rist (1607-1667), *O Ewigkeit, Du Donnerwort* (*Ô éternité, toi parole foudroyante*), qui faisait partie des *Himmlische Lieder* (1641-1642) et qui a été repris en 1724 par Johann Sebastian Bach dans une cantate du même titre (BWV 20).]

5. J. W. von Goethe, *Brief des Pastors zu *** an den neuen Pastor zu ****, *op. cit.*, ligne 2, p. 426.

sens. L'auteur de la lettre considère que le cœur de l'Évangile est recouvert de formules creuses. Il ne lit plus aucun livre exégétique ou dogmatique : il s'en tient à la seule certitude présente en son cœur. Nous tous ne comprenons rien à la prédestination, pourtant si discutée [1]. Il n'attend la vérité ni des auteurs catholiques ni des protestants. L'Église visible n'est pas la véritable Église : celui qui, demeuré en son sein, a respecté l'enseignement du Christ, a été persécuté. Nulle part cet enseignement n'a été plus opprimé que dans l'Église [2]. Curieusement, les professions de foi sont des créations incompréhensibles, de pures formules creuses, qui ne rassurent que leurs auteurs. Les perceptions sont individuelles, les formes sont générales : elles ne s'accordent pas ensemble.

« Il y a des gens étranges, les théologiens, qui prétendaient faire ce qui n'est pas possible : contraindre la religion chrétienne dans une profession de foi, ô vous bonnes gens ! » [3]. La véritable vie chrétienne s'écoule dans les flots de vie issus de l'esprit de Dieu. Cela reste inexpliqué, comme le don de « parler en langues » (glossolalie). En son sein, un seul instant décide souvent pour toute la vie. Aucune formule ne peut saisir cela. Mais un jour, l'Esprit de Dieu a cessé de « prêcher dans les cœurs ». S'adressant directement aux théologiens, ses véritables destinataires, la lettre poursuit habilement : à présent « il revient à vos discours insipides de témoigner de la venue du Royaume de Dieu » [4]. La lettre tire de tout cela un plaidoyer pour la tolérance : Juifs et Turcs ne sont pas des enfants du Diable, et les catholiques eux-mêmes ne sont pas aussi mauvais que l'affirment les pasteurs luthériens. Ils n'ont que quelques thèses, un petit nombre seulement, qui ne renvoient pas au véritable divin. Ils ne méritent ni le dégoût ni le mépris [5]. Les calvinistes eux aussi ont des qualités :

1. J. W. von Goethe, *Brief des Pastors zu *** an den neuen Pastor zu ****, *op. cit.*, ligne 13, p. 429.
2. *Ibid.*, ligne 6, p. 432.
3. *Ibid.*, lignes 2-4, p. 430.
4. *Ibid.*, lignes 33-35, p. 431.
5. *Ibid.*, lignes 25-29, p. 428.

leur doctrine de la Communion est plus proche du récit biblique que la doctrine luthérienne.

Goethe prétend, dans le sous-titre de la lettre, que celle-ci a été écrite en « langue française ». Cette origine fictive revêt une double signification : la lettre a la forme des pamphlets français et, par son style, elle se situe plus près de Voltaire que des piétistes allemands. Les expressions quotidiennes empêchent le pathos élevé des textes polémiques théologiques. Mais il s'agit bien ici d'un tel écrit : nous lisons le récit d'une évolution individuelle. Et ce genre d'entreprise provient également de la tradition française. Il adapte la *Profession de foi du vicaire savoyard* pour l'intégrer au terreau allemand. Goethe connaissait ce texte et il le cite même [1]. Une entrée de son journal, datant du début de l'année 1770, dit à quel point ce livre de Rousseau l'a préoccupé : il y mentionne la réponse faite par Rousseau au texte de l'Archevêque de Paris contre l'*Émile* [2].

Ceci témoigne de la proximité, quant au contenu, que la lettre de 1772 entretient avec le vicaire savoyard : ce dernier met à l'épreuve le christianisme traditionnel et cherche à déterminer jusqu'à quel point il peut s'appuyer sur la religion naturelle. Il passe en revue les arguments philosophiques qui plaident en faveur d'un Dieu considéré comme premier moteur, comme toute-puissance et bonté. Il n'accepte, dans toute la tradition, que ce qui est compatible avec la religion naturelle. Beaucoup de choses provenant de la tradition semblent caduques, en particulier tout ce qui met en scène un Dieu cruel et vindicatif, et c'est le cas de l'ensemble thématique que forment l'Enfer et le Diable, la prédestination arbitraire et le péché originel. C'est-à-dire, le noyau de l'augustinisme tardif qui se trouve au cœur de la dogmatique de l'Église. Voilà toute la part sombre qui mène à l'intolérance et aux comportements autoritaires, le thème préféré du pasteur de campagne défunt. Le vicaire savoyard place

1. *Ibid.*, p. 427.

2. J. W. von Goethe, « Ephemerides », Januar-März 1770, *in* W. Große (éd.), *Goethe von Frankfurt nach Weimar*, Frankfurt, Deutscher Klassiker Verlag, 1997, p. 197.

l'examen philosophique des doctrines chrétiennes sous le critère de la vérité individuelle, et l'auteur de la lettre s'y tient également. Il s'accorde le droit de passer rapidement sur certaines « matières » dogmatiques, comme s'il s'agissait « de fer chauffé à blanc ». Parce qu'il déteste les controverses, il ne veut rien « démontrer ». Il ne réfute pas la démonologie. Il glisse rapidement sur elle. Il les traite comme des formules abstraites mortes. Il n'argumente pas philosophiquement comme Rousseau qui, tel un scolastique, déduisait de façon formelle ses quelques dogmes de l'observation de la nature sensible. Tandis que le pasteur luthérien ne possède qu'un très vague « évangile » et sa propre sagesse, il a pourtant atteint la connaissance du Christ, ce qu'il ne peut ni ne veut évoquer par des arguments. En théorie, sa position plutôt impressionniste est plus faible que celle du vicaire. Elle trahit encore son origine, qui remonte au piétisme, qu'il a quittée au profit de son église réformée invisible. En elle, il n'y a vraiment aucune hiérarchie, comme il l'écrit à plusieurs reprises avec passion. Même cet idéal d'égalité, qu'il considère comme un trait du christianisme originel, provient « des Français ». Dans l'Église invisible, aucune profession de foi n'a de valeur. Les formules théologiques n'y sont que du vent. Celui qui est véritablement pieux possède sa religion privée, qui pense et aime Dieu et l'Amour en tant que synonymes. Il n'y a là aucune intimidation ni aucune menace d'être soumis aux peines de l'Enfer.

Le jeune Goethe a toutes sortes d'intérêts et il se reproche parfois sa tendance à se laisser distraire. Mais très tôt, et pour longtemps encore, il aime les spéculations religieuses. Il cherche une ligne plus libre à l'intérieur de l'histoire du christianisme, comme il le fait aussi dire à l'auteur de la lettre. Il a lu très tôt le livre de Gottfried Arnold *Unpartheyische Kirchen- und Ketzer- Historie* : « Ses opinions s'accordaient fort bien avec les miennes, et ce qui me fit particulièrement plaisir dans son ouvrage, c'est qu'il me donna une idée plus avantageuse de plusieurs hérétiques qu'on m'avait représentés jusqu'alors comme des fous ou des impies. L'esprit de contradiction et le goût du paradoxe s'abritent en nous tous. J'étudiais attentivement les diverses opinions, et comme j'avais entendu répéter souvent qu'au bout du compte chaque homme a sa religion, rien ne me sembla plus naturel que de former la mienne, et je le fis avec beaucoup d'agrément » [1].

C'est de ce contexte qu'est issue la lettre d'un pasteur de campagne, rédigée par Goethe. Dans sa religion, il n'y a plus de Diable. En tant qu'élément du monde des fables, il demeure indispensable. D'un point de vue poétique, il montre – sous sa forme vétérotestamentaire modérée, non pas en tant que seigneur de l'Enfer – le pouvoir de l'ensorcellement érotique. Il met au jour la dépravation des puissants et l'escroquerie que constitue l'expansion du papier-monnaie. Il encourage la brutalité toujours plus grande de la colonisation.

1. J. W. von Goethe, *Poésie et vérité*, *op. cit.*, 2 e partie, livre 8, p. 226.

QUERELLES DE THÉOLOGIENS

BEKKER DEMEURE SEUL

La critique du Diable formulée par Balthasar Bekker en 1693 ne s'imposa dans aucune des théologies confessionnelles avant 1760. Au sein de la théologie protestante allemande, elle demeura une prise de position isolée et marginale jusqu'au dernier tiers du XVIII e siècle. Mais le thème se propagea à travers le monde, il n'était plus seulement circonscrit à la sphère des théologiens. Le système culturel dans son ensemble était touché. Les questions pratiques du quotidien y faisaient souvent référence – lors des discussions entre juristes, médecins et pasteurs à propos de persécution des sorcières et de pénalisation de la magie. L'écrasante majorité des théologiens protestants d'avant 1760, comme on pouvait s'y attendre, engagea une polémique contre Balthasar Bekker. Beaucoup disaient – déjà de son vivant – qu'il était de mèche avec le Diable. Qu'il était un porte-parole des sorcières. On invoquait aussi des arguments plus sérieux : en fin de compte les textes de la Bible qui faisaient autorité parlaient contre lui, que ce soient le Nouveau Testament, les Pères de l'Église, en particulier Augustin, Luther ou les textes confessionnels.

JOHANNES GERHARD

Les théologiens évangéliques les plus orthodoxes du XVII e siècle envisageaient les bons et les mauvais anges dans le style des théologiens du Moyen Âge. Ainsi Johannes Gerhard (1582-1637), dans la partie consacrée aux anges et aux démons, dans son ouvrage

Loci theologici [1] : ce n'est qu'avec un soupir de désarroi provoqué par la faiblesse de l'intellect humain qu'il laisse entendre que la Réforme a bien eu lieu. Sa lamentation, toute empreinte d'humilité, sur les pauvres vers de terre qui rampent sur le sol – *nos humi reptantes vermiculi* – ne l'empêche nullement de dénombrer les anges avec une certaine assurance : il parvient à en compter 81 960 [2]. Malgré la polémique anti-romaine, son « système » n'est pas très différent de celui des jésuites Suárez et Bellarmin, qui vivaient à la même période. Il insiste cependant sur le principe d'attachement à l'Écriture, considéré comme une opinion anti-romaine. Il reproche aux papes le fait que, parmi eux, certains ne croient déjà plus à l'existence de Satan [3]. Son interprétation de l'Écriture est plus littérale que celle de la plupart des théologiens médiévaux. Pour Gerhard, la théologie est une science et il le souligne en ayant recours à la doctrine aristotélicienne des quatre causes, en particulier dans la partie consacrée à la doctrine de Dieu. Il atteste de son orthodoxie luthérienne en concevant l'Écriture comme seul principe de connaissance théologique. Il tient la Bible pour un texte inspiré, au sens strict, par Dieu. Pour ce qui relève de la compréhension métaphysique et scientifique, il trace son chemin en s'appuyant sur Aristote. Sa position est proche de celle des jésuites de son temps, dont l'organisation des études avait une fois encore, en 1593, donné la priorité à Aristote. Gerhard partage la conception de la liberté qu'Olivi et Duns Scot avaient critiquée, suivant laquelle une volonté renforcée dans le Bien au point qu'elle ne peut plus pécher, est

1. Les *Loci Theologici* ont tout d'abord été publiés en neuf volumes in-quarto de 1610 à 1622. J'utilise l'édition suivante : Johann Gerhard, *Loci Theologici*, 20 vol., Tübingen, J. G. Cotta, 1762-1781.

2. J. Gerhard, *Loci Theologici*, *op. cit.*, Locus 6, *De creatione* : les vers de terre rampent au volume 4, section 5, § 47, p. 22b, le recensement des habitants du Ciel figure à la section 18, § 88, p. 48b (attention, la numérotation des pages de cette édition est fautive !).

3. *Ibid.*, Locus 31, section 2, § 24, volume 20, p. 274b.

plus libre que toute autre. Il reprend cela d'Augustin [1], d'Anselme et de Thomas. Il se retranche ainsi loin derrière des positions du XIVe siècle que le Jésuite Suárez a lui-même suivies. Son chapitre sur le Diable se trouve dans le traité sur la création du monde, un emplacement similaire à celui occupé dans la *Somme théologique* de Thomas d'Aquin : cela reste, pour la théologie luthérienne, un mode d'enseignement théologique invariable jusqu'au XVIIIe siècle tardif. Ce n'est donc pas la Réforme, mais le bouleversement intellectuel ayant eu lieu au cours de la deuxième moitié du XVIIIe siècle qui a fait de la démonologie traditionnelle, sinon une croyance impossible à endosser, du moins le signe distinctif du parti des théologiens conservateurs.

Bien que Gerhard reprenne avec prudence certains points de détail médiévaux relevant de la doctrine des démons, il refuse de réouvrir la vieille question du mode de communication dont les anges font usage pour parler entre eux. La Bible ne dit rien à ce sujet et Augustin avoue lui aussi son ignorance [2]. Comme Thomas, il enseigne que le démon n'est sujet ni aux remords ni au repentir, mais il ne justifie plus cela en invoquant son caractère d'*intellectus* : la volonté du Tout-puissant lui semble être une raison suffisante [3]. À la question de savoir si les démons peuvent pénétrer dans les âmes et dans les corps des hommes, il cite en détail les scolastiques qui le nient, mais sans se ranger de leur côté. Il affirme simplement ne pas le savoir [4]. Il considère les récits de possession dans le Nouveau Testament comme la parole littérale de Dieu, et ne soulève aucune objection d'ordre épistémologique. Sa théologie entérine le caractère factuel de la possession et de la sorcellerie.

1. Augustin, *Enchiridion* ad *Laurentium de fide et spe et caritate*, 15, 55, Corpus Christianorum Series Latina 46, M.P.J. van den Hout, E. Evans, J. Bauer, R. Vander Plaetse, S.D. Ruegg, M.V. O'Reilly, R. Vander Plaetse, C. Beukers (éd.), Turnhout, Brepols, 1969, p. 79.

2. J. Gerhard, *Loci Theologici*, *op. cit.*, Sectio 19, § 79, volume 4, p. 48.

3. *Ibid.*, Locus VI, De creatione, Sectio 12, § 60, volume 4, p. 34.

4. *Ibid.*, Sectio 19, § 81, volume 4, p. 49.

Franz Budde

La dogmatique de Johann Franz Budde (1667-1729) a été écrite cent ans après l'œuvre maîtresse de Gerhard et a été publiée en 1723 à Leipzig. C'était le siècle de la guerre de Trente Ans, de la pénible reconstruction suivie de nouvelles guerres. Des changements s'annonçaient : l'évidence de la métaphysique aristotélicienne reculait face à une position philosophique particulière appelée alors « éclectisme », sans la connotation péjorative que l'expression peut avoir aujourd'hui. Le projet global de Budde était moins scolastique : il faisait preuve d'un intérêt considérable pour l'Histoire, il fit l'éloge de l'historien Jean Leclerc. Cependant, célèbre professeur à Halle puis à Iéna, Budde préserva les positions de l'orthodoxie protestante telles que Gerhard les avait présentées, y compris dans la doctrine du Diable. S'il n'appartenait pas au mouvement piétiste, celui-ci se fait pourtant sentir dans le grand intérêt dont témoigne sa théologie pour la vie pratique. L'intérêt subjectif compte pour lui plus que pour Gerhard, même si celui-ci n'y était en aucune façon indifférent. Budde s'interroge toujours sur « l'usage » qu'un chrétien peut faire de son enseignement. Sa théologie est censée nous améliorer, nous autres pécheurs, en tant qu'êtres humains. Elle ne représente pas la connaissance de Dieu ; elle a seulement le devoir de nous transmettre les connaissances qui nous sont nécessaires [1]. Ce sont là des nuances nouvelles.

Budde commence sa présentation systématique par l'explication suivante : la conscience générale que l'homme a de Dieu précède toute théologie. Que Dieu soit la cause du monde, qu'il soit bon et sage, que par sa toute-puissance il oriente le cours du monde, qu'il rende la justice dans l'au-delà, qu'il récompense ceux qui se sont bien comportés et punisse ceux qui ont mal agi, tout cela, nous le *savons*. C'est inscrit dans le cœur des hommes, en tant que religion naturelle. Mais puisque ce savoir ne suffit pas à donner confiance

1. F. Budde, *Institutiones theologiae dogmaticae : variis observationibus illustratae*, l. 1, c. 1, § 38, Frankfurt-Leipzig, éditeur non mentionné, 1741 (première édition, Leipzig, Thomas Fritsch, 1723), p. 50.

aux pécheurs, il a besoin de la Révélation chrétienne. Budde tient la vérité de la religion chrétienne pour démontrable, si l'on distingue seulement entre les articles fondamentaux et ceux qui ne le sont pas. Il présuppose la religion naturelle, la considère comme un critère négatif : aucune proposition entrant en contradiction avec elle ne peut être reconnue comme étant issue de la Révélation divine. Cette proposition, à elle seule, institue la pensée naturelle en tant que juge de toutes les prétentions de la Révélation. Toutefois, Budde pose une limite étroite à ce principe : sa *dogmatique* ne relève pas de la théologie naturelle, mais plutôt de la théologie de la Révélation, dont le principe de connaissance est l'Écriture sainte. Il polémique contre ceux qui accordent une trop grande place à la raison. On les reconnaît au fait qu'ils considèrent la *satisfactio Christi* comme un point de doctrine superflu. Ce dont il s'agit ici est le fait que le Christ, à travers la Passion, a apaisé la colère de Dieu et a ainsi donné accès à l'espoir du pardon des péchés. Le christianisme de Budde est une religion exclusive de la Rédemption. Celui qui, comme les sociniens, les arminiens et les déistes anglais, ouvre le Salut éternel aux *païens*, renie la foi chrétienne. Il est essentiel à la foi chrétienne qu'il n'y ait de Salut que dans le Christ, car lui seul nous réconcilie avec le Père [1]. Certains pères grecs ont ouvert le Ciel aux païens. Contrairement à eux, Augustin montre la voie juste [2]. S'il doit y avoir une orthodoxie, autant qu'elle soit l'orthodoxie augustinienne et luthérienne la plus stricte ! C'est là toute la dogmatique que Goethe attribuera à son défunt pasteur de campagne.

Budde utilise la sévérité exclusive de son christianisme dans un but de polémique confessionnelle : personne n'a fait plus de concessions au pélagianisme que les papes romains. Ils ont ainsi ouvert un passage au naturalisme [3]. En ce qui concerne le Diable, cela veut dire que Budde s'oppose frontalement à Balthasar Bekker. Il ne ménage pas les exclamations indignées et méprisantes, mais il procède de façon systématique, comme avant lui Suárez et Gerhard.

1. *Ibid.*, l. 1, c. 1, § 18, p. 16 ; § 47, p. 59 *sq.* ; *ibid.*, § 32, p. 40.
2. *Ibid.*, l. 1, c. 1, § 53, p. 75.
3. *Ibid.*, l. 1, c. 1, § 53, p. 71a.

Il démontre tout d'abord l'existence du Diable. Il avance deux types de preuves : en premier lieu, il établit que c'est à ses adversaires de démontrer au préalable que l'existence du Malin est impossible. La raison enseigne que son existence n'est pas impossible [1]. Car si le Diable est « une substance dépourvue de matière » – Budde présuppose simplement cette conclusion à partir des auteurs du XIIIe siècle – pour quelle raison quelque chose de ce genre ne pourrait-il pas exister ? Nous, les hommes, ne sommes pourtant qu'un esprit (*mens*) simplement uni au corps, pourquoi ne serait-il pas possible qu'il existe également des esprits dépourvus de corps ?

Pour un philosophe, voilà un argument pour le moins singulier. C'est comme si quelqu'un contestait l'existence des licornes et qu'un interlocuteur croyant aux licornes exigeât de lui qu'il démontre d'abord l'impossibilité de leur existence. Par ce moyen, il renverse simplement la charge de la preuve pour les arguments liés aux jugements existentiels. Cependant, même si la possibilité de l'existence était démontrée, ce ne serait pas d'une grande aide. Il y a un nombre infini de choses possibles qui, *de facto*, n'existent pas. Budde le reconnaît bien, et poursuit son argumentation : si l'on concède qu'il *peut* y avoir des êtres spirituels dépourvus de corps, alors personne ne devrait rejeter par des arguments téméraires la preuve apportée par celui qui rend compte de leur existence à partir de sa propre expérience. Sinon, il faudrait reprocher à bien des hommes de toutes les époques de s'être laissé tromper ou d'avoir dupé leurs semblables. Qui peut croire cela ? Cela demanderait une capacité de croyance plus grande encore que celle engagée dans la croyance en l'existence des démons. Certains peuvent bien s'être trompés ! Quelques-uns de ces témoins peuvent bien avoir été des escrocs ! Mais on ne peut tous les accuser de mensonge. Toute une série de témoins a pu vouloir dire et avoir dit la vérité, il faut les croire.

Le témoignage le plus sûr à propos des face-à-face avec le Diable est offert par la Sainte Écriture : elle démontre *evidentissime*

1. F. Budde, *Institutiones theologiae dogmaticae*, *op. cit.*, l. 2, c. 2, § 21, p. 370a.

que le Diable existe, qu'il exerce une influence sur les hommes [1]. Budde, tout comme Gerhard avant lui, mentionne plusieurs passages bibliques qui excluent tout doute concernant l'existence du Diable. Il commence par le récit de la Chute originelle rapportée dans la *Genèse* 3, dans lequel on ne rencontre toutefois qu'un serpent doué de parole, mais aucun Diable. Même si l'on concède qu'il s'agit pourtant bien ici du Diable – Budde pourrait invoquer le fait que son concept de religion naturelle exclut qu'un serpent puisse parler, et enseigner que si quelque chose parle, il doit s'agir d'une substance spirituelle –, on n'a fait que montrer que la Bible enseigne l'existence du Diable. Or ce n'est pas la question du caractère factuel de cette doctrine qui est posée, mais bien celle de sa *vérité*. Budde poursuit alors : la possession existe, car la Bible atteste de l'existence d'exorcismes de possédés. Celui qui nie la possession conteste l'ensemble de la foi chrétienne [2]. Budde reconnaît toutefois que le pouvoir d'exorciser, qui avait été donné aux Apôtres, s'est aujourd'hui éteint [3]. Les exorcismes pratiqués par les catholiques ne sont que des superstitions. Contre l'intrusion du Diable, seule la prière est d'une aide véritable. Si l'on se rapporte au texte biblique, les Apôtres ont cru aux effets magiques qui dépassent les capacités humaines, et ces effets magiques existent donc. Bible à l'appui, Budde atteste que toutes les attaques diaboliques contre des gens pieux sont des faits avérés [4].

En l'an 1720, l'ancien satanisme semblait ravivé dans le cercle des théologiens allemands et il semblait avoir acquis une validité nouvelle face au monde des sceptiques. De petites concessions à la raison étaient accordées : on encourageait une saine méfiance à l'égard des récits des manifestations du Diable. On autorisait de légères atténuations apportées à l'enseignement de la Bible. Budde pouvait affirmer que les démons étaient tourmentés, en Enfer, par un

1. *Ibid.*, l. 2, c. 2, § 53, p. 370a.
2. *Ibid.*, l. 2, c. 2, § 39, p. 395b.
3. *Ibid.*, l. 2, c. 2, § 39, p. 396a.
4. *Ibid.*

véritable feu, mais que ce feu était différent de *notre* feu [1], sans pour autant que nous sachions pourquoi ce « feu » magique mérite encore le nom de notre feu. Il faut recommander une certaine retenue, dit-il, à l'heure de déterminer le type de péché commis par le Diable. Nous n'avons pas besoin de le définir plus précisément que la Bible ne le fait [2]. Budde ne doute pas de l'éternité des peines de l'Enfer [3]. Il sait qu'il existe des objections, mais les témoignages de la Bible sont bien trop clairs. Budde conçoit sa théologie comme un savoir pratique, mais la persécution des magiciens par voie judiciaire et la condamnation des sorcières au bûcher ne lui posent aucun problème. Les théologiens protestants lurent encore les œuvres de Gerhard et de Budde jusqu'à la fin du siècle. Ils étaient peu préparés à réfuter les doutes qui avaient entre-temps surgi de toutes parts. La voix de Bekker était couverte, mais elle n'était pas contredite.

La dogmatique de Budde présente néanmoins un grand intérêt. Le protestantisme allemand restaure ici, une fois encore, son orthodoxie. Son œuvre possède un caractère déterminé digne de respect : celui qui croit à l'inspiration par le *Verbe* doit accepter l'ensemble du système. En même temps, Budde a pris en compte la sensibilité piétiste et les débats entre philosophes de tous les pays. Il a laissé en place les murs de l'orthodoxie, mais son œuvre est animée d'un souffle différent de celui qui traverse les textes de Gerhard. C'est précisément cela qui rend compréhensible la suite de ces développements, entre 1720 et 1780 : avec Budde, les problèmes généraux de la philosophie occidentale commencent à troubler les théologiens allemands. Budde cite Descartes et Hobbes, il connaît Leibniz, Bayle et Wolff. Il se plaint des trop nombreuses controverses des théologiens et il en déclenche lui-même aussitôt de nouvelles, en combattant Spinoza avec passion, qu'il considère comme le meneur des athées [4]. Il se tient pleinement informé du marché international du livre et de ses produits présumément ou réellement antichrétiens.

1. F. Budde, *Institutiones theologiae dogmaticae*, *op. cit.*, l. 2, c. 3, § 16, p. 458.
2. *Ibid.*, l. 2, c. 2, § 35, p. 391b.
3. *Ibid.*, l. 2, c. 3, § 17, p. 460-468.
4. *Ibid.*, l. 2, c. 2, § 39, p. 396a.

Cela accroît le nombre des controverses, car il combat les sociniens et les arminiens. Il trouve que l'on malmène le christianisme plus que jamais [1]. C'est pourquoi son système obtient, grâce à une claire terminologie et à une remarquable prudence historique, son caractère apologétique. À la propension au rétrécissement dans l'apologie, il oppose son sens philosophique, ainsi que le savoir issu des sciences voisines dont les résultats concernent aussi les questions de théologie, par exemple les questions étudiées par les historiens, les orientalistes, les philologues classiques.

JEAN PAUL

À la fin du siècle, les choses ne se passaient pas particulièrement bien pour le Diable en Allemagne, sauf en Bavière. C'est ce que montre le recueil d'extraits qu'un étudiant de théologie protestante constitua en 1780. Dans sa jeunesse, Friedrich Richter, que nous connaissons surtout sous le nom de Jean Paul, avait accès à la bibliothèque relativement fournie de son directeur spirituel, le pasteur Vogel, qui habitait à Rehau. Richter n'avait pas d'argent pour s'acheter des livres, c'est pourquoi il recopiait de nombreuses pages tirées de ces ouvrages de philosophie et de théologie. Parfois, il les commentait. Le premier extrait provient du *Journal für Prediger* (*Journal pour pasteur*) [2] publié en 1770 et traite de l'éternité des peines de l'Enfer. Dans son bref commentaire, Friedrich Richter les rejette. L'entrée suivante concerne l'influence du Diable, et Richter la rejette ici aussi : le Diable ne peut être coupable de tous les péchés, sinon il serait omniprésent. Mais Jean Paul va plus loin et commente : « Il n'est pas nécessaire de croire que le Diable existe. Je vais bientôt le démontrer » [3].

C'est là une critique sans appel à l'encontre de l'orthodoxie protestante, et en particulier de ce que son père prêchait et de la méthode d'éducation qu'il préconisait. Il ne s'agit plus ici

1. *Ibid.*, l. 1, c. 4, § 53, p. 76b.

2. *Journal für Prediger*, Halle, C. C. Kümmel, 1770.

3. H. Pfotenhauer, *Jean Paul. Das Leben als Schreiben*, Munich, Carl Hanser Verlag, 2013, p 37.

du caractère démontrable des interventions du Diable, mais de l'existence de celui-ci. Et Friedrich annonce qu'il travaille lui-même à la démonstration de sa non-existence.

JOHANN SALOMO SEMLER

Au XVIII e siècle, les intentions critiques à l'encontre du Diable, demeurées souterraines au cours des siècles précédents, passèrent soudain au premier plan. Mais sûrement pas au sein de la théologie romaine qui, au XVII e siècle, pouvait encore fêter quelques succès dans le domaine de la théologie historique (succès que l'on doit notamment à Denis Pétau, Jean Mabillon et aux mauristes), de même que la théologie luthérienne avant 1750. Le paysage intellectuel était et demeurait accidenté. Nous ne devrions pas nous représenter le XVIII e siècle comme isolé des périodes précédentes : Descartes et Spinoza exerçaient encore leur influence, tout comme l'impulsion initiée par les critiques français de la Bible (Jean Astruc et Richard Simon), la philosophie expérimentale anglaise et la critique de la superstition. L'effet du déisme était considérable. Balthasar Bekker n'était pas tombé dans l'oubli. Johann Salomo Semler (1725-1791) en republia l'œuvre en 1781-82. À Halle, la ville dont il avait fréquenté l'université, on se souvenait encore du livre de Christian Thomasius consacré à la magie en tant que crime, publié d'abord en latin en 1701. De 1738 à 1741, à Lemgo, le superintendant Eberhard David Hauber avait rendu public trois volumes hostiles à la croyance en l'existence du Diable qui avaient pour titre : *Bibliotheca, Acta et scripta magica* [1].

Même s'il existait des opposants à l'idée de Diable, l'orthodoxie protestante a longtemps lutté pour préserver son propre satanisme. La Bible, en tant que parole inspirée par Dieu, permettait d'inférer une doctrine du Diable et de la possession. De la même manière que les scolastiques, l'orthodoxie protestante avait parfaitement

1. E. D. Hauber, *Biblioteca, Acta et scripta magica. Gründliche Nachrichten, Auszüge und Urtheile von solchen Büchern und Handlungen, welche die Macht des Teuffels in leiblichen Dingen Betreffen*, 3 volumes, Lemgo, J. H. Meyer, 1738-1741.

établi le Satan d'une façon systématique. On l'avait accueilli de façon « scientifique ». Son action sur le quotidien des collectivités (sorcellerie et magie, possession et péchés privés) était réglementée par l'ordre théologique, juridique et policier. Face à une résistance considérable, l'orthodoxie protestante affirmait avec assurance l'existence du Diable et elle poursuivit les discussions à ce sujet durant plusieurs décennies. D'autres travaillaient à l'héritage augustinien, opposé à Origène et renouvelé par Luther, ainsi qu'au rejet de la doctrine de l'apocatastase. Ce fut un long processus, qui mérite une présentation spécifique. Alors que Goethe rédigeait le préambule de la première partie de *Faust* en 1788-1790, le Diable appartenait déjà, depuis longtemps et pour un grand nombre, « aux livres de contes et aux fables », du moins à Weimar et à Francfort. Les théologiens protestants allemands discutaient encore continuellement pour savoir s'il existait vraiment, en particulier depuis le cas spectaculaire de possession qui s'était produit en 1759 à Kemberg, près de Wittenberg, et qui avait affligé la jeune Anna Elisabeth Lohmann, âgée de 21 ans. Afin de proposer un aperçu de ces discussions, je me tournerai vers Johann Salomo Semler, qui était alors professeur à Halle. Son œuvre riche et variée est, depuis peu, relativement bien explorée [1]. Je me limiterai ici aux grandes lignes de ses recherches sur le Diable.

Semler fut, à l'opposé des piétistes et des esprits libres radicaux, l'un des fondateurs de l'interprétation historique et critique de la

1. M. Schröter, *Aufklärung durch Historisierung. Johann Salomo Semlers Hermeneutik des Christentums*, Berlin, De Gruyter, 2012, avec un excellent index des œuvres ; D. Fleischer (éd.), *Teufelsstreit in der Spätaufklärung. Ein Quellenband*, Nordhausen, Traugott Bautz, 2013, avec une abondante bibliographie. Je me limite aux titres suivants : J. S. Semler, *Hugo Farmer's Briefe an D. Worthington über die Dämonischen (1783)*, D. Fleischer (éd.), Waltrop, Harmut Spenner, 2000 ; J. S. Semler, *Über historische, gesellschaftliche und moralische Religion der Christen (1786)*, D. Fleischer (éd.), Nordhausen, Traugott Bautz, 2009 ; J. S. Semler, « Königlich Großbritannische Aufgabe von der Gottheit Christi (1787) », in *Christologie und Soteriologie*, G. Hornig et H. R. Schulz (éd.), Würzburg, Königshausen & Neumann, 1990 ; J. S. Semler, *Letztes Glaubensbekenntnis über natürliche und christliche Religion (1792)*, D. Fleischer (éd.), Nordhausen, Traugott Bautz, 2012.

Bible en Allemagne [1]. Pour une question aussi disputée que celle de l'existence du Diable, il ne partait plus du canon biblique dans son ensemble, mais de textes individuels, dont il fallait explorer les particularités distinctives. Il ne voulait pas jeter les bases d'un système dogmatique stable et intemporel. Il pratiquait la théologie comme une science historique et interrogeait la provenance et la fonction précise du Diable et des esprits impurs. Son but, qui s'inscrivait dans la continuité de l'esprit des Lumières, consistait en la libération de la foi chrétienne de la superstition, dont il situait avant tout l'origine dans le Judaïsme ancien. Il recherchait ce qui était neuf et divergent dans le christianisme, par rapport au Judaïsme et à l'hellénisme. Tout ce qui lui déplaisait dans le luthéranisme lui semblait dû à cet environnement impur. Chemin faisant, il mit en évidence le caractère rationnel de l'interprétation moderne du christianisme. Le christianisme ne perd rien à renoncer à la doctrine du Diable.

Il dut aussi interpréter le rôle du Diable dans le Nouveau Testament et les récits d'exorcisation. Il était trop philologue pour écarter du texte biblique les nombreux passages sur le Diable et les démons, comme s'il s'agissait de corps étrangers. Il ne considérait simplement plus que chaque mot de ces textes fût le fruit d'une inspiration [2]. Il contestait qu'ils fussent un élément stable et essentiel de la doctrine chrétienne. Paul et Jean ne mentionnaient pas l'exorcisation accomplie par Jésus. Ils apportaient la preuve que le christianisme existait aussi sans ces superstitions juives. Les récits des Évangiles synoptiques mentionnaient les exorcismes d'un trait, au milieu d'autres guérisons de malades ; ils comprenaient les maladies dans le cadre plus étroit des connaissances médicales de leur temps. Mais Semler en voulait plus. Il recherchait une forme épurée de la foi chrétienne. Il voulait penser le monothéisme de

1. J. S. Semler, *Abhandlung von freier Untersuchung des Canon : nebst Antwort auf die tübingische Vertheidigung der Apocalypsis*, H. Scheible (éd.), Gütersloh, Haus Mohn, 1967 (première édition, 1771).

2. Pour un concept amélioré de l'inspiration, voir J. S. Semler, *Hugo Farmer's Briefe an D. Worthington über die Dämonischen (1783)*, *op. cit.*

façon conséquente, c'est-à-dire le libérer du dualisme propre au judaïsme tardif. Le croyant ne tolère, aux côtés du Dieu chrétien tout-puissant, aucun démon supérieur en tant que dieu de ce monde. Il demeure quelques passages, tels que *Matthieu* 8 : 28-32, la guérison des possédés de Gadara, ou *Matthieu* 9 : 32, 10 : 1 et 17 : 14-18, qui montrent que Jésus était lui-même convaincu de l'existence du Diable et qu'il était persuadé de l'efficacité de ses propres exorcisations de possédés. Jésus affirmait que les malades étaient possédés par le Diable et il s'adressait directement aux démons [1]. Semler renonce à cette concession faite à la lecture orthodoxe après 1776, suite à l'objection formulée par Hugh Farmer. Semler voulait libérer le nouveau christianisme de la croyance superstitieuse dans le Diable et dans l'envoûtement, sans faire de concession à l'orthodoxie. Celle-ci voyait dans les exorcisations les plus récentes la preuve que, même de nos jours, Dieu nous mettait en garde, à travers elles, contre le pouvoir de Satan. Semler expliquait que les déclarations de Jésus constituaient une accommodation à laquelle il consentit afin de correspondre au mode de pensée de ses simples auditeurs. Les malades pensaient que leurs symptômes provenaient du Diable qui résidait en eux et Jésus les laissait dans l'erreur. Leur donner des explications supplémentaires ne relevait pas de la mission de Jésus, qui était d'annoncer la Bonne Nouvelle.

Avec les principes herméneutiques de la Bible exposés par Semler, son idée de la technique d'adaptation pratiquée par Jésus fut l'un des points les plus litigieux dans la controverse sur le Diable : le Sauveur, qui revendiquait le fait d'être la vérité elle-même, avait-il tenu un discours différent de ses pensées ? La théorie de l'accommodation ne rompait-elle pas avec le principe consistant à interpréter chaque texte selon son temps, sa langue et sa vision du monde ? Semler ne poursuivait-il pas ici un idéal anhistorique par des moyens historiques, à savoir extirper l'ensemble Diable – Enfer – Exorcisme hors du Nouveau Testament ? Il s'agissait là de la dévaluation théologique des termes que le pasteur

1. À ce sujet voir M. Schröter, *Aufklärung durch Historisierung*, *op. cit.*, p. 314.

mis en scène par Goethe avait menée à bien. Elle conduisait à avancer l'hypothèse des deux niveaux de la foi chrétienne : au niveau supérieur, le croyant comprend l'accommodation en tant que telle ; au niveau inférieur, le fidèle est renforcé dans sa croyance. Semler pouvait se référer au fait que, dans le Nouveau Testament, ce type de doctrine à deux niveaux était mis en place pour les croyants, dans *Matthieu* 13 : 10-17 et *Jean* 16 : 12. De tels passages démontraient selon lui qu'aucun de ceux qui croient en Jésus n'avait encore à craindre les attaques physiques du Diable et de ses démons. Si le Nouveau Testament admettait la réalité de la possession, c'était toutefois dans un nombre de cas restreint, et le texte se limitait exclusivement aux soins thérapeutiques que Jésus et les Apôtres avaient apportés à des hommes qui n'étaient pas encore chrétiens. Aucune personne baptisée n'avait jamais été possédée par le Diable.

Semler a été impliqué dans des débats sur des questions concrètes. Le surintendant Gottlieb Müller avait publié un ouvrage sur la possession d'Anna Lohmann, il avait eu recours aux anciennes méthodes de l'exorcisme et il avait mis Semler au défi de prendre position sur ce sujet. Semler replaçait les miracles dans leur situation historique : ils étaient un moyen, pour Dieu, d'authentifier un christianisme alors en expansion. Les miracles n'appartenaient plus au temps du christianisme triomphant. Lors de la cérémonie publique d'exorcisme qui réunit plus de 300 spectateurs, Gottlieb Müller engagea Semler à s'assurer par lui-même de l'efficacité du rituel, lui qui jugeait de manière bien trop théorique. Semler répondit que cette expérience était superflue. Il ne s'agissait pas de considérer le fait en lui-même, mais sa signification. Car il voyait, dans la « possession », non pas la hantise par des démons, mais plutôt une maladie d'origine naturelle.

Une deuxième querelle du diable

Une deuxième querelle concernant le Diable eut lieu en 1774-1775, lorsqu'on apprit qu'un propriétaire de café conjurait les démons et que, dans le sud de l'Allemagne, le religieux catholique

Gassner guérissait les malades par des exorcismes [1]. Lavater se déclara publiquement en faveur de Gassner. Il demanda que Semler, le si célèbre critique du Diable, s'assurât de ses propres yeux des succès de Gassner. Ce que Semler refusa [2].

Après 1775, la « mode » était de « se déclarer soit un ami soit un ennemi du Diable » [3]. Dans cette querelle du Diable, les diabolistes faisaient face aux anti-diabolistes. Les diabolistes insistaient sur le fait que le Diable était un individu, une substance personnelle. Il était bien plus qu'une allégorie, un symbole ou un signe pour désigner le mal en l'homme. Les anti-diabolistes ne remettaient pas tous en question l'existence individuelle de Satan en tant que personne, ou pas de façon aussi radicale que le pasteur Christian Wilhelm Kindleben. Celui-ci expliquait « que toute la doctrine du Diable [était] une chimère, une véritable superstition » [4]. Certains parmi les anti-diabolistes, comme auparavant Balthasar Bekker, refusaient seulement l'influence *physique* du Diable sur le monde sensible. Ils décrivaient de façon d'autant plus dramatique son influence destructrice sur la morale. Par cette réduction individualiste et morale de l'ancienne croyance en l'existence du Diable, il s'agissait en premier lieu d'éloigner la sorcellerie et la magie de la vie des chrétiens, toutes deux perçues comme une influence diabolique et un crime condamnable.

Les anti-diabolistes, à l'instar de Semler, disposaient de deux types d'arguments. En premier lieu, ils interprétaient à nouveaux frais les nombreuses preuves de la croyance dans le Diable issues du

1. À ce sujet, voir les indications bibliographiques fournies par le texte suivant, paru de façon anonyme : G. W. Zapf, *Zauberbibliothek*, Augsburg, 1776 ; J. S. Semler, *Sammlungen von Briefen und Aufsätzen über die Gaßnerschen und Schröpferischen Geisterbeschwörungen*, 2 volumes, Halle, C. H. Hemmerde, 1776. Voir aussi D. Fleischer (éd.), *Teufelsstreit in der Spätaufklärung*, *op. cit.*

2. Pour les références voir M. Schröter, *Aufklärung durch Historisierung*, *op. cit.*, p. 298-300.

3. *Cf.* D. Fleischer (éd.), *Teufelsstreit in der Spätaufklärung*, *op. cit.*, p. 105.

4. C. W. Kindleben, *Über die Non-Existenz des Teufels*, Berlin, G. A. Lange, 1776 ; à ce sujet voir D. Fleischer (éd.), *Teufelsstreit in der Spätaufklärung*, *op. cit.*, p. 47-101, la citation figure p. 73.

Nouveau Testament. Ces textes n'attestaient pas les enseignements de Jésus, mais plutôt certaines croyances populaires juives. Le Diable et ses anges ne constituaient pas un élément essentiel de la foi chrétienne. Le Diable avait été vaincu ou n'avait jamais existé : de ce point de vue, il y avait des positions variées au sein des anti-diabolistes. Un deuxième type d'argument affirmait que le monothéisme chrétien était incompatible avec l'idée d'un Satan qui serait le dieu de ce monde. Que le Diable existe en tant que personne ou non, en aucun cas il ne méritait l'attention particulière du chrétien, qui donne à sa vie une orientation en fonction de Dieu seul.

Les diabolistes comme Heinrich Martin Gottfried Köster, professeur d'histoire à Giessen et fils d'un pasteur exerçant dans la Hesse rhénane, s'en prennent au caractère artificiel de l'exégèse des anti-diabolistes [1]. Celle-ci se situe bien trop loin de la majorité des chrétiens, et elle est en particulier trop éloignée de la tradition luthérienne. La thèse de l'accommodation est inacceptable : elle fait du fils de Dieu un imposteur qui trahit le peuple. Ils défendent « l'intégrité du Christ ». Les arguments que le théisme chrétien tire de la nature n'ont aucune valeur dès lors qu'il est établi que l'influence du Diable survient dans l'expérience et qu'elle se manifeste dans la magie et la possession. C'est un non-sens que de vouloir déduire à partir du concept de Dieu, que quelque chose est inexistant ou sans aucun pouvoir, alors qu'il existe *de facto*. En outre, l'affirmation de l'existence du Diable en tant que personne est si étroitement liée à l'ensemble de la foi chrétienne, que sa négation menace la foi dans son ensemble. On pourrait alors s'attendre à ce que le Salut, en tant que satisfaction de Dieu, la divinité du Christ, le péché originel et finalement l'Enfer, soient également menacés.

Diabolistes et anti-diabolistes se sont combattus avec acharnement et se sont disputés par d'incessantes railleries. Les deux groupes percevaient la menace qui pesait sur le christianisme. Les anti-diabolistes voulaient libérer le christianisme de la superstition et

1. H.M. G. Köster, *Demüthige Bitte um Belehrung, an die großen Männer, welche keinen Teufel glauben, Gießen*, éd. non mentionné, 1775 ; à ce sujet voir D. Fleischer (éd.), *Teufelsstreit in der Spätaufklärung*, *op. cit.*, p. 1-46.

de la croyance obsessionnelle aux sorcières, afin qu'il puisse encore recueillir le consentement du monde moderne. Ils considéraient comme possible le progrès de la connaissance humaine portant sur le christianisme. Ils supposaient la perfectibilité de l'esprit humain. L'antiquité chrétienne n'était pas, pour eux, un idéal définitif. De leur point de vue, elle se confondait trop avec les superstitions du judaïsme ancien et avec celles du monde païen. De plus, la position des diabolistes reposait sur l'ancienne doctrine de l'inspiration littérale de la Bible, qu'on était en droit, pour d'autres raisons, de critiquer.

Les anti-diabolistes pensaient au futur de l'Église, les diabolistes à son passé, et plus encore à l'éternité. Les fondations de l'Église, faites de doctrines chrétiennes, avaient été posées pour toujours. Ils se trouvaient face à une mode rationaliste et prédisaient son caractère fugace. Ils reprochaient à leurs adversaires de transformer la religion en simple morale. Si Dieu tolérait que le Malin fût le seigneur de ce monde, personne n'était habilité à se mêler des affaires des seigneurs du monde. Ils se sentaient dans l'obligation d'engager le combat avec Satan, un combat dont ils avaient la charge et dans lequel, à leurs yeux, ceux qui le niaient étaient au service du Diable.

Les diabolistes pensaient de façon trop rigide, les anti-diabolistes d'une façon trop inconstante et trop conforme à la mode du temps. Les diabolistes étaient satisfaits par la perception que l'orthodoxie luthérienne avait d'elle-même en tant que doctrine chrétienne, les anti-diabolistes voulaient bannir loin d'eux cette image et ils se heurtaient à des résistances. À l'intérieur de ce *statu quo*, les diabolistes semblaient plus cohérents : celui qui admettait la foi chrétienne devait l'admettre totalement et ne pas en arracher des éléments essentiels. Ils considéraient la Réforme de Luther comme le renouveau ultime du christianisme. Les anti-diabolistes voulaient une nouvelle réforme, mais ils remettaient en question la doctrine de la *sola scriptura* et prescrivaient au Dieu tout-puissant ce qu'il pouvait tolérer de mal. Les diabolistes pressentaient qu'on ne pouvait se débarrasser du Diable que si l'on renonçait aussi à Dieu.

Restons encore un instant auprès de l'anti-diaboliste Semler. Sa critique du Diable consistait avant tout dans la contestation de l'influence physique du Diable sur les personnes baptisées. On ne devait plus considérer les exorcismes comme la guérison des possédés. Semler conserve le Diable, envisagé comme une instance morale antagonique. Satan possède une mainmise seulement là où un homme, suivant sa libre décision, s'ouvre à lui. Lorsqu'elle devient malfaisante, la volonté humaine légitime le Diable.

Semler a limité la présence du Diable, il ne l'a pas abolie. Il a épuré le Diable et il lui a donné une dimension morale. Tout ce qui pouvait paraître rudimentaire en lui, Semler l'attribue à l'influence de l'environnement païen, à celle des textes bibliques apocryphes, comme celui d'Hénoch, et, surtout, aux superstitions juives et à celles de la papauté. Le protestantisme doit demeurer pur. Il faut le démontrer à travers l'histoire. Dans cette controverse diabolique, des voix reconnurent l'érudition de Semler mais trouvèrent sa position théorique trop timorée. Elle était de surcroît liée à une interprétation peu conventionnelle de la religion, de l'Église et de l'État. Il distingue la religion chrétienne privée, c'est-à-dire la foi personnelle, de la théologie, entendue comme le savoir, en permanente mutation, de la doctrine ecclésiastique et de son orientation politique dans l'Église. La religion est une conviction et une pratique personnelles. Elle est une disposition active du cœur, une religion privée. En elle, le chrétien reconnaît la dignité morale de Dieu, active par elle-même en tant que dignité vivante [1]. Il fait l'expérience, en lui-même, de la puissance transformante de l'esprit de Dieu. Il est le propre objet de son labeur, c'est-à-dire qu'il travaille à son perfectionnement durable sur le plan intellectuel et moral. La caractéristique déterminante que Semler met en évidence est l'indépendance de la religion par rapport à l'Église et aux professions de foi. Les théologies dogmatiques sont les conventions du langage de l'Église. Elles relèvent de l'autorité d'un souverain. Y obéir relève de l'obéissance civile, y compris pour les pasteurs, qui n'ont pas le droit de dire ce que la

1. J. S. Semler, *Letztes Glaubensbekenntnis über natürliche und christliche Religion* (*1792*), *op. cit.*, p. 139.

foi de leur cœur leur dicte. Ils sont liés aux injonctions provenant de l'autorité absolutiste de la Réforme. La religion publique obéit à des règles strictes ; la religion individuelle, en tant que relation qui unit une personne seule à Dieu, n'est soumise à aucune directive. Les professions de foi régissent le langage de l'Église. Elles ne sont pas contraignantes pour les individus, elles le sont cependant pour le pasteur, puisqu'il est le serviteur de son Église et ainsi de l'autorité, c'est-à-dire du gouvernement local. Le pasteur appartient à la religion publique, dont la conformité aux normes est l'objet d'une attention légitime de la part des États, parce qu'elle encourage la concorde et la prospérité. Le seigneur local associe, à juste titre, les pasteurs et les enseignants aux textes confessionnels : la religion du cœur et la théologie, en tant que savoir, sont libres [1]. Les textes confessionnels – comprenant naturellement le Diable et l'Enfer – sont une obligation imposée en Prusse. Ils sont garants du calme et de l'ordre. La religion publique ne peut être modifiée par des personnes privées, qui ne sont pas même en mesure de réclamer son amendement. La religion morale et individuelle est leur affaire ; celle-ci doit être strictement distinguée de la théologie et du gouvernement de l'Église. Elle a aussi pour nom « religion libre », mais sa liberté consiste en une édification intérieure et morale de soi. Elle se réfère au sentiment et à l'amour du prochain. Elle est dite « libre », parce qu'elle n'est pas déterminée par les autorités et les livres les plus emblématiques, parce qu'elle donne, grâce à l'esprit de Dieu, un accès libre aux hommes de toutes les confessions et de toutes les religions. En revanche, la « science de la police » [2], encadrée par le gouvernement berlinois, assure la surveillance des prédicateurs, des services religieux et de la théologie. Dans la religion privée, le chrétien reconnu apte à le faire, peut et doit examiner de façon consciencieuse le corps de doctrine de sa

1. J. S. Semler, *Letztes Glaubensbekenntnis über natürliche und christliche Religion (1792)*, *op. cit*, je signale en particulier la précieuse introduction de Dirk Fleischer, p. I à XXXIV.

2. Ce terme (en allemand : « Polizeiwissenschaft ») désigne la science des politiques publiques qui émerge, en tant que discipline universitaire, au cours du premier tiers du XVIIIe siècle. N.d.T.

confession ou de sa religion. Il peut opérer un choix. Il obtient ainsi un espace religieux intérieur, dans lequel il peut renoncer au Diable et à l'Enfer, au péché originel et aux peines éternelles.

SCHLEIERMACHER

Les philosophes chrétiens de la religion, tels que Denys l'Aréopagite, avaient travaillé depuis longtemps à définir les limites du pouvoir du Diable. Les penseurs du XIIIe siècle avaient élevé anges et démons, de façon symétrique, au rang d'êtres purement spirituels et, avec Denys l'Aréopagite, ils insistaient sur le fait que ces êtres n'avaient rien perdu de leurs dons naturels supérieurs suite à la chute angélique. Ces penseurs prenaient le risque de rendre incompréhensibles tant les péchés angéliques que la punition du Diable. Balthasar Bekker avait repris à Satan presque tout son territoire terrestre. Limbroch, en tant que lecteur plus minutieux de la Bible, le lui avait à nouveau rendu, à contrecœur. Quelle était la situation du royaume de Satan sur terre, cent ans après? La Révolution française et les guerres napoléoniennes procuraient au Diable de nouveaux adeptes, mais, au sein de l'avant-garde de la théologie berlinoise, il ne bénéficiait d'aucune bienveillance.

Dans son œuvre majeure de théologie dogmatique *La foi chrétienne d'après les principes de la Réforme*, que je cite dans la deuxième édition de 1831, Friedrich Schleiermacher accordait encore au Diable la place qui lui était dévolue par les théologiens du Moyen Âge : comme eux, il s'exprimait en suivant la véritable doctrine de Dieu et parlait de la Création du monde, qui comporte deux subdivisions, l'une comprenant les anges et l'autre, le Diable. Cependant, en contradiction avec sa division de la matière, il avoue son « ignorance totale concernant l'existence d'un tel être » [1]. Il ne l'abolit pas complètement, il ne veut pas non plus renoncer

1. F. Schleiermacher, *Der christliche Glaube*, volume 1, § 45, M. Redeker (éd.), Berlin, De Gruyter, 1960 (7e éd. ; 1re éd. 1821), p. 220. [Une édition française de ce texte est parue à la fin de l'année 2018, alors que cette présente traduction étatit déjà achevée, *cf.* F. Schleiermacher, *La cohérence de la foi chrétienne*, Genève, Labor et fides, 2018.]

aux cantiques, qui chantent l'immense pouvoir et la grande ruse du Diable. Schleiermacher veut le conserver pour un « usage privé », mais il établit, en onze pages, les raisons pour lesquelles le Démon n'a aucune place à revendiquer au sein de la doctrine de la foi chrétienne : « La représentation du Diable, telle qu'elle s'est formée parmi nous, est tellement dépourvue de contours clairs, que personne ne peut exiger une preuve de sa vérité » [1].

À elle seule, cette façon de s'exprimer semble étrange dans la bouche d'un maître de la foi. Ne devrait-il pas nous en apprendre davantage sur l'existence ou l'inexistence de Satan ? Et dans tous les cas (existence ou non), Schleiermacher ne devrait-il pas expliciter la représentation qu'il en a, et étudier de quelle manière celle-ci « s'est formée parmi nous », c'est-à-dire grâce à ses collègues pasteurs qui ont endoctriné le peuple durant des siècles ? Schleiermacher sait que la doctrine du Diable figure dans le Nouveau Testament, qu'Augustin en a pris soin, que Luther l'a précisée et que les écrits confessionnels de son Église l'ont revendiquée. Il ne veut contester la légitimité d'aucun chrétien à en faire usage, mais seulement un « usage privé », tout au plus « un usage liturgique de temps à autre » et, au mieux, un « usage poétique » [2] uniquement. Cette tiédeur est indécente : il croit dans le Jésus de l'Évangile de Jean, qui dit à propos de lui-même qu'il est la *vérité* ; il cite les trois passages où Jésus décrit Satan comme étant le maître du monde [3], mais il refuse d'admettre que le Diable est un élément pérenne de sa doctrine de la foi [4]. Jésus – n'est-il pas le nom de la vérité-même ? – se serait seulement servi de cette représentation, « puisqu'elle était en vogue au sein du peuple » [5]. Ni lui ni les apôtres n'ont établi de « doctrine nouvelle ». Comme si seul ce qui ne figure *pas* dans la Bible hébraïque avait de la valeur au sein de la doctrine chrétienne. Semler avait déjà repris cette même construction antijudaïque du Christianisme. Schleiermacher n'aimait pas appliquer l'expression

1. F. Schleiermacher, *Der christliche Glaube*, *op. cit.*, p. 211.
2. *Ibid.*, p. 223.
3. *Ibid.*, p. 217, note 5.
4. *Ibid.*, p, 219.
5. *Ibid.*, p. 215.

« accommodation », qui avait de fait une connotation dépréciative, aux paroles du Sauveur, pourtant c'est précisément ce qu'il fait.

Schleiermacher présente une série d'objections à l'encontre de cette représentation du Diable, mais il ne sait plus que celle-ci désigne, à partir de Denys l'Aréopagite puis dans sa reprise et son prolongement au XIII e siècle, un « être immatériel d'une perfection supérieure » qui vit en association étroite avec Dieu et qui est librement passé de cette condition à un « état d'opposition et de révolte contre Dieu » [1]. Plus le Diable est pensé comme étant parfait, plus incompréhensible est son reniement. La doctrine de la foi paie à présent le prix de l'anoblissement de Satan au rang d'intellect supérieur, à quoi l'avait mené la scolastique.

D'autant que, s'il demeure en possession de la bonté naturelle de sa raison et de sa volonté, sa permanente malveillance est une énigme. Inversement, si les péchés ont affaibli sa raison et sa volonté, il devient plus facile de lui résister. Il n'est alors pas aussi dangereux que les pasteurs le prétendent.

On ne voit pas pour quelle raison une partie des anges est demeurée résignée, alors que l'autre partie s'est insurgée contre Dieu. Les mauvais anges avaient, devant les yeux, la mort éternelle et ils étaient conscients de leur échec définitif, on pouvait dès lors s'attendre à de la résignation et à de l'inaction mélancolique, plutôt qu'au combat constant contre le royaume de Dieu.

La représentation du royaume du Diable se heurte également à certaines difficultés : si Satan doit mener les diables subalternes au combat contre le royaume de Dieu, il doit alors être leur suzerain omniscient. Il doit savoir, avant d'entrer en action, si Dieu autorise leur attaque et jusqu'à quel point il l'autorise.

Schleiermacher met ce conflit en évidence : le Nouveau Testament parle souvent du Diable [2], mais lui, le maître en matière de foi, ne peut rien en tirer. La Rédemption chrétienne, pense-t-il, demeure inchangée *sans le Diable*. Cette thèse est historiquement fausse et elle ne sera surpassée dans son excentricité que par

1. F. Schleiermacher, *Der christliche Glaube*, *op. cit.*, p. 211.

2. *Ibid.*, p. 215.

Ernst Bloch et ses continuateurs, pour qui l'idée chrétienne de la Rédemption demeure aussi la même *sans Dieu*.

Tout comme Bekker, Schleiermacher souligne que le Nouveau Testament décrit l'être qui intervient lors de la possession par toute une série de noms différents [1]. Il explique la ténacité avec laquelle le Diable persiste dans la conscience chrétienne : la représentation du Diable perdure parce que, lors de l'introspection, le changement soudain des états intérieurs nous semble énigmatique et inquiétant. Les impulsions à faire le mal, décousues, sont difficilement compréhensibles. C'est pourquoi, en raison de leur caractère étranger, nous les attribuons à Satan. Mais Schleiermacher poursuit de façon optimiste : dans le nouveau siècle, nous sommes en train d'améliorer notre capacité d'introspection. Nous cessons d'attribuer nos réactions surprenantes au Diable. La croyance dans le Diable était la conséquence d'une psychologie primitive. Schleiermacher attendait une amélioration des cadres de vie et il comprenait par là bien plus que l'augmentation du produit national brut. Le Bien va se renforcer « en tant que totalité historique ». Dans le Nouveau Monde qui naît ici et maintenant, « on ne pensera plus au Diable » [2]. Le théologien, qui n'envisage pas que cela puisse aussi se produire avec l'idée de Dieu, désigne la raison pour laquelle le Diable est mort : tout simplement, on ne pense plus à lui. Le fait de croire en lui est devenu désuet. Schleiermacher explique la mort du Diable par la domestication sociale et psychologique croissante des êtres humains : nos crises, aussi soudaines qu'inexpliquées, deviennent plus rares. Nous réglons notre comportement de façon plus stricte. Comme il l'affirme, nous renforçons l'« assurance dans la conduite de notre propre âme » [3]. Nous rationalisons notre vie spirituelle. Nous avons des psychiatres professionnels. Et toujours moins d'incidents dont le diagnostic renvoie à l'influence du Diable. Les hommes qui vivent le quotidien de la société civile deviennent plus prévisibles et plus ennuyeux, avec l'aide de psychotropes notamment. Sauf

1. *Ibid.*, p. 221.
2. *Ibid.*
3. *Ibid.*

si, dois-je ajouter, les crises économiques, les grandes guerres, les explosions de centrales atomiques et les régimes totalitaires les poussent à commettre des actes malfaisants exceptionnels, que nous qualifions de « diaboliques » et qui procurent à nouveau une certaine actualité au Diable en tant que raison explicative.

Les réactionnaires en matière théologique avaient seulement besoin s'insister sur le fait que, dans le Nouveau Testament, dans les textes d'Augustin, à plus forte raison dans ceux de Luther et dans la théologie protestante orthodoxe, le Diable avait une place assurée, destinée à rétablir l'orthodoxie contre les attaques de Bekker et contre celles de Schleiermacher. Les théologiens libéraux, de Strauss à Harnack, de Biedermann à Troeltsch, firent un usage limité, voire pas d'usage du tout, de la démonologie. Mais ils se heurtèrent régulièrement, au XIXe et au XXe siècles, à des oppositions. Leur orthodoxie était contestée, par exemple par Martensen, Luthardt, Rothe et Dorner. La croyance en l'existence du Diable semblait déjà agonisante, quand deux guerres mondiales donnèrent à la rhétorique diabolique une nouvelle occasion d'exister. Il se produisit une prétendue renaissance luthérienne et Paul Althaus proclama, avec un sens aigu et éprouvé des mouvements profonds de l'histoire, que « le temps d'une théologie sans Satan » était parvenu à son terme [1]. La doctrine de la foi protestante se rapprocha à nouveau des théologiens dogmatiques du Vatican, qui n'avaient jamais douté ni des anges ni des démons, et encore moins d'eux-mêmes.

1. P. Althaus, *Die christliche Wahrheit*, Gütersloh, Bertelsmann, 1959 (cinquième éd., première éd. 1948), p. 391. – Je fais allusion à son livre bien disposé envers les nazis : *Die deutsche Stunde der Kirche*, Göttingen, Vandenhoeck & Ruprecht, 1933, le titre fait référence à une « heure allemande » à laquelle s'était préparé très tôt ce penseur populiste et nationaliste que fut Althaus (1888-1966).

LE MAL RADICAL

Bien que le Diable n'apparaisse pas du tout dans le récit de la chute originelle rapporté dans la *Genèse* 3, Paul et Augustin l'avaient si étroitement lié au « commencement de l'histoire humaine » [1] que si l'on pensait à l'humanité, à sa malveillance et aux débuts de son histoire, on pensait que tout cela avait à voir avec le Diable. Depuis Augustin, la *civitas diaboli* et son Seigneur étaient un thème commun de la pensée européenne : largement traité dans le cinquième livre du *De divisione naturae* d'Erigène, il fut repris au deuxième livre des *Commentaires des Sentences*, ainsi que dans les *Sommes* des XIII e et XIV e siècles, dans les commentaires bibliques et dans les écrits polémiques du temps de la Réforme, dans les textes de théologie dogmatique des Jésuites et dans ceux de l'orthodoxie protestante. L'Europe était encore complètement imprégnée par les doctrines du Diable, lorsqu'on les remit en question vers la fin du XVIII e siècle. Il ne s'agissait plus de détails théologiques à discuter, mais du conflit qui opposait la tradition théologique à l'interprétation autonome de la liberté, comme il est présenté, sans doute de la façon la plus remarquable qui soit, dans le texte de Friedrich Schiller, *Quelques considérations sur la première société des hommes*, publié dans la revue *Thalia* en 1790. Certains préfèrent considérer à juste titre l'épisode qui se déroule au Paradis comme une « chute », mais « [l]e philosophe a raison de le nommer

1. Kant, « Conjectures sur le commencement de l'histoire humaine », dans *Œuvres philosophiques*, vol. 2, trad. fr. L. Ferry et H. Wismann, F. Alquié (éd.), Paris, Gallimard, 1985, p. 495-520.

un pas gigantesque de l'humanité » [1]. L'homme est sorti du rapport immédiat avec la nature, il a entrepris le long et difficile voyage vers la formation de soi : « Arrivé là, il était déjà trop noble pour le paradis » [2]. Sa désobéissance, souvent critiquée, a été pour Schiller « incontestablement le plus heureux et le plus grand événement de l'histoire de l'homme » [3]. Quel chemin parcouru, de la *civitas Dei* à l'approbation, voire à la célébration de l'expulsion du Paradis ! Le sujet moderne et bourgeois se raconte à lui-même l'histoire de son développement, une nouvelle histoire de l'éducation de l'humanité. Il fait du péché originel l'étape décisive vers l'émancipation. Une telle évolution n'aurait pas été possible sans le concours de quelques philosophes.

La religion selon Kant

Kant fait la distinction entre la foi de l'Église et la foi religieuse. La « religion » est la disposition individuelle de la raison pratique, l'« Église » est l'organisation publique et politique, qu'il place, tout comme Semler, sous l'autorité du gouvernement. La « religion » ne se concrétise que de façon individuelle, mais elle est, d'après sa nature, universelle et humaine. Elle est homogène, « universelle et nécessaire ». Il ne peut y avoir en elle aucune « diversité de sectes » [4]. Cela ne se produit que dans les Églises, parce que celles-ci se définissent les unes contre les autres. La « religion », en revanche, « repose sur des lois intérieures se laissant développer à partir de la raison propre de chaque être humain » [5]. L'objet de la religion est la vie bienheureuse, toutefois pas une vie qui nous

1. F. von Schiller, « Quelques considérations sur la première société humaine, en prenant pour guide le témoignage de Moïse », dans *Œuvres complètes*, vol. 5, trad. fr. A. Régnier, Paris, Hachette, 1872, p. 429.

2. *Ibid.*, p. 430.

3. F. von Schiller, *Quelques considérations sur la première société humaine*, *op. cit.*, p. 429.

4. Kant, *Le Conflit des Facultés, et autres textes sur la révolution*, trad. fr. Ch. Ferrié, Paris, Payot, 2015, p. 89. Propos à comparer avec la section I, « Le conflit de la faculté de philosophie avec la faculté de théologie », *ibid.*, p. 76 *sq.*

5. *Ibid.*, p. 77.

serait adjointe de l'extérieur, tel un don arbitraire, mais une vie à laquelle on accède par le perfectionnement moral. La religion – tout comme la foi de l'Église – ne peut être fondée sur des constitutions. La religion prend nos devoirs pour des obligations divines. Elle est une manière de comprendre et de pratiquer la morale. Kant la distingue soigneusement – tout comme Semler avant lui – de la théologie. Celle-ci est « l'ensemble de certaines doctrines en tant que révélations divines » [1]. En 1775 déjà, le reproche avait été fait à Semler de changer la religion en morale. Kant définit formellement la « religion » comme telle : elle est « fondée sans statuts sur la simple raison » [2]. La « condition de cette vie éternelle n'est autre que l'amélioration morale de l'être humain » [3]. La Bible contient également des récits historiques qui peuvent être utiles à la religion ou à la morale en tant que vecteurs vers la religion unique, mais ces récits, en eux-mêmes, sans interprétation morale, ne produisent que des croyances d'église conformes aux statuts. Les théologiens insistent sur le fait que cette croyance historique pure appartient à la religion [4]. À cet égard, le philosophe discerne dans l'Écriture beaucoup de choses qu'il ne doit pas considérer comme provenant d'une révélation divine, par exemple les récits de possédés. Ces récits expriment une opinion erronée, dominante à l'époque, une illusion de ce temps-là, à laquelle la Bible n'apporte aucune correction. Cette illusion ne contredit pas la « religion » (au sens défini par Kant), mais elle n'en fait pas non plus partie de façon essentielle [5]. Le Diable peut agir plus largement en tant qu'image du mal radical, si nous en faisons « une chose qui serait pratique pour nous ». Cependant, comme chez Rousseau, l'Enfer, le Diable et la possession n'appartiennent plus à la « religion », mais plutôt à la foi de l'Église. Il ne vaut pas la peine de se disputer à leur sujet. Ils font partie des nombreuses choses indifférentes pour la religion.

1. *Ibid.*, p. 77.
2. *Ibid.*, p. 78.
3. *Ibid.*
4. *Ibid.*
5. *Ibid.*

On croirait ici à un retour en arrière dans la querelle sur le Diable : « Mais pourquoi devrions-nous, à cause d'un récit historique que nous devons toujours laisser à sa place (parmi les *Adiaphora*), nous engager dans tant de savantes recherches et disputes alors qu'il est question de religion, pour laquelle la foi d'ordre pratique que la raison insuffle en nous est déjà suffisante en soi » [1]. La querelle sur le Diable est inutile.

LE MAL RADICAL SELON KANT

En avril 1792, Kant publia dans le *Berliner Monatsschrift* un essai de philosophie de la religion sur le « mal radical ». Cet essai devait inaugurer une série composée de quatre parties. La censure s'était renforcée depuis peu. Kant avait obtenu avec peine l'autorisation d'impression. Alors que l'autorisation lui était refusée pour le deuxième article, « *Sur la lutte des principes du bien et du mal* », il soumit l'ensemble des quatre études à la procédure obligatoire de censure de la Faculté de théologie de Königsberg. Les collègues de Königsberg autorisèrent la publication et le livre parut ainsi en 1793, sous le titre *La religion dans les limites de la simple raison*. La deuxième édition augmentée parut dès l'année suivante. Le gouvernement prussien de Johann Christian von Wöllner réagit alors avec fermeté : Kant fut interdit de toute forme d'expression écrite et de tout enseignement en philosophie de la religion.

La situation politique lui était défavorable : Frédéric II était mort en 1786. Son successeur, Frédéric-Guillaume II voulait mener sa politique de restauration contre les Lumières et les « démocrates ». En 1788, le très pieux Wöllner prit la tête du gouvernement et, quelques jours après son entrée en fonction, il rendit public son édit religieux qui obligeait tous les maîtres et tous les pasteurs à adopter les textes confessionnels de l'Église protestante. La même année paraissait la *Critique de la raison pratique* de Kant. Elle définissait la ligne de la philosophie kantienne de la religion : seule la raison pratique fournit un accès philosophique à la religion. Le

1. Kant, *Le Conflit des Facultés*, *op. cit.*, p. 81.

devoir de la religion est de permettre notre amélioration sur le plan moral. Un homme est bon, pas seulement dans la mesure où il agit conformément à la loi, mais s'il agit *en raison* de la loi morale. La religion n'a pas d'autre contenu que la morale. Elle considère uniquement nos devoirs comme des préceptes de Dieu, mais pas comme si l'ordre divin était le fondement de l'obligation morale. Le chemin suit le sens inverse, il va du devoir à la conception du devoir comme volonté de Dieu. Cette idée ne change en rien le contenu de la morale. Elle n'augmente pas le degré d'obligation, car celui-ci correspond à celui de la raison pratique, qui sait ce qu'elle a à faire, mais ne procure aucune connaissance théorique nouvelle. Toutefois, elle permet des hypothèses subjectives complémentaires, seulement de caractère pratique, sur le fait que nous sommes en mesure de penser qu'il y a un Dieu, qu'il est bien un seigneur puissant, sage et bienveillant du monde, qu'il va se soucier, par un pur amour du devoir, d'endosser les mauvais aspects du monde sensible, c'est-à-dire qu'il peut offrir un équilibre entre le bonheur et la dignité qui donne un droit au bonheur. Toutes ces connaissances se laissent envisager, non pas en tant que raisons théoriques nouvelles, mais en tant que possibilités, qui ne recèlent donc aucune contradiction s'il devient clair pour nous que le devoir vaut de façon *absolue*. Cela suppose aussi que nous puissions faire ce que nous devons faire. L'homme doit être pensé en tant qu'être libre. Considérer qu'il est seulement l'instrument de pouvoirs supérieurs est incompatible avec son expérience du devoir. Le fait que nous devions toujours nous améliorer sur le plan moral est la chose que nous savons de la façon la plus certaine. Toutes les pensées possibles que nous pouvons y associer ne constituent pas une série de connaissances théoriques, théologiques ou mystiques. La conviction de l'existence de Dieu n'est pas même assurée par ce biais d'un point de vue théorique.

La religion est un point de vue spécifique sur la morale, c'est-à-dire sur la raison pratique. Elle ne peut qu'être unique pour tous les hommes. En tant que telle, elle est désignée comme « religion naturelle » ou foi rationnelle. À côté de cela, il y a différentes sortes de foi d'église. Cette dernière est un véhicule qui acquiert de l'influence sur les esprits grâce à différentes représentations concrètes des révélations divines. Elle est sans intérêt du point de vue théorique ; elle n'est qu'un moyen d'atteindre la foi rationnelle. C'est pourquoi seule la foi rationnelle constitue l'ultime ligne directrice pour l'interprétation de la foi de l'église. Autrement dit, plus simplement : il faut interpréter la foi de l'église jusqu'à ce que quelque chose de moral puisse en être tiré. Les théologiens aimeraient bien l'interpréter autrement et discuter les détails historiques, mais, d'un point de vue philosophique, la hiérarchie est claire : la foi rationnelle est l'ultime référence. Même l'image d'un homme parfaitement agréable à Dieu, qui serait venu du Ciel pour être un modèle pour nous, ne trouve pourtant son image d'origine que dans la raison [1]. Il en a toujours été ainsi : les « peuples raisonnables et d'un bon esprit » ont interprété la foi de l'église jusqu'à ce que celle-ci soit conforme aux « principes généraux de la croyance morale » [2].

Voilà les principes à partir desquels il faut interpréter le mal radical chez Kant. Cela ne peut signifier que l'homme ne soit qu'un instrument aux mains du Diable. Il n'est pas non plus de l'argile dans les mains du potier-Créateur tout-puissant : la liberté de la volonté est la condition préalable de la morale ; Kant peut – et même, il doit – ne pas sacrifier cette certitude pour une représentation anthropomorphique de Dieu ou du Diable. Le mal radical est en nous. Le mal-même, voilà ce que nous sommes. À cet égard, il faut prendre le terme « radical » dans le sens précis suivant : à la racine de nos décisions, nous découvrons le penchant fatal pour le mal, et il ne faut pas confondre celui-ci avec le goût pour la sensibilité. Dans ce cas, il serait alors, au mieux, une faiblesse, et non le mal. Nous découvrons en nous, même si nous faisons le bien, le penchant de ne le faire que sous des conditions qui procèdent d'ailleurs. Nous le faisons, par exemple, parce que nous voulons faire bonne figure.

1. Kant, *La religion dans les limites de la simple raison*, trad. fr. J. Gibelin et M. Naar, Paris, Vrin, 2010, p. 137.

2. *Ibid.*, p. 194-195.

Nous déformons de cette façon la rigueur de la loi. Le cheminement de la pensée de Kant va plus loin, dans le sens qu'il y a – et même, qu'il doit y avoir – en nous, une puissance du principe du bien, qui mène, au cours de toute la vie, le combat contre le mal. Si ce combat est notre devoir, nous devons aussi pouvoir le mener. La réflexion sur le mal radical qui est en nous n'est qu'un point de départ, la première partie du livre sur la religion, et non pas la conclusion de la réflexion ; elle ne constitue pas la quatrième partie finale de sa réflexion. Il y a une « perversité radicale du cœur humain » [1], qui se retrouve par exemple dans la tendance à ne respecter la loi morale que selon la lettre. Le mal en nous est aussi incontestable qu'incompréhensible. Et afin d'exprimer ce caractère incompréhensible, le récit de la Chute originelle raconte que le mal s'est introduit en nous par le biais de la tentation et, plus précisément, par l'intervention d'un esprit à l'origine supérieur qui, lui, n'a pas été soumis à la tentation. Qu'un tel esprit puisse devenir malveillant et soumettre les autres à la tentation est complètement incompréhensible [2]. Le Diable n'explique pas le mal qui est en nous, il n'en souligne, de façon imagée, que son caractère incompréhensible. Les versets bibliques sur le Diable doivent être lus de façon métaphorique, mais, conformément à toute la richesse de leur caractère figuré, il faut les considérer sans ménagement. Lorsque l'apôtre Paul écrit que notre combat ne se dirige pas contre la chair et le sang, c'est-à-dire contre les inclinations sensibles, mais contre « des princes et des puissants », contre de purs esprits, cela, écrit Kant, ne devrait pas nous déconcerter [3]. Cette affirmation n'étend d'aucune manière notre connaissance du monde sensible, elle assujettit uniquement le caractère incompréhensible du mal à un point de vue pratique. D'un point de vue *pratique*, le fait de savoir si nous représentons le Diable en nous-mêmes ou hors de

1. *Ibid.*, p. 96.

2. *Ibid.*, p. 114.

3. *Ibid.*, p. 130 : « contre les princes et les puissants – contre les esprits du mal » ; Kant cite l'*Épître aux Éphésiens* 6 : 12, texte préféré des dernières années de Schelling.

nous est contingent, car dans les deux cas, la faute nous incombe si nous cédons face au tentateur. C'est le concept de liberté qui importe et non la représentation propre à l'ancienne doctrine de Satan. De telles images fixent la gravité et le caractère combatif qui accompagnent la fondation autonome d'une personnalité morale, de la même façon que la représentation augustinienne de la « cité de Dieu » ou du « *peuple* de Dieu », auquel s'oppose une « *bande* du principe malin » [1]. C'est pourquoi les questions, comme celles qui portent sur l'éternité des peines de l'Enfer, sont tout aussi superflues [2]. Toutefois, dans cette appropriation-réinterprétation du langage imagé de l'Église, Kant n'ira jamais jusqu'à identifier le mal radical à la personne du Diable, mais bien pourtant à une culpabilité précédant toutes les bonnes actions [3]. Il trouve insupportable l'idée, contenue dans la doctrine du péché originel prônée par l'Église, du caractère transmissible du péché : elle contredit le principe de liberté, de responsabilité et de personnalité. De façon similaire, il critique le concept de rédemption, entendue comme la réparation d'une offense, et l'idée de prédestination. À ce sujet, rien ne peut être révélé, car nous n'y comprenons rien [4].

Dans *Le conflit des Facultés*, publié en 1798, Kant explique pourquoi la philosophie a le droit de critiquer l'exégèse de l'Écriture réalisée par les théologiens. Le philosophe, en tant que « savant rationnel de la foi religieuse » suit des lois qui naissent dans la raison de chaque homme, alors que le théologien biblique, en tant qu'« exégète de l'Écriture au service de la foi de l'Église » s'appuie sur le fortuit, sur les détails historiques, qui ne sont l'objet de croyances qu'à l'intérieur d'une seule Église, alors que la foi religieuse est *unique* pour tous les hommes. C'est pourquoi la foi religieuse est l'interprète suprême de la foi d'église. Car celle-ci se

1. Kant, *La religion dans les limites de la simple raison*, *op. cit.*, p. 181.
2. *Ibid.*, p. 144, note : « savoir si les peines de l'enfer auront une fin ou si elles seront éternelles ».
3. *Ibid.*, p. 148.
4. *Ibid.*, p. 269-270.

fonde sur des statuts, non sur la raison [1]. Les contenus dogmatiques de la foi de l'église sont inaccessibles sur le plan théorique, car la théorie humaine repose sur l'intuition et la pensée. Elle ne peut connaître les mystères surtout s'ils ne fournissent aucun contenu d'un point de vue éthique et pratique ; selon l'idée que s'en fait Kant, cela vaut en particulier pour la doctrine de la Trinité. « Car ce que la foi d'église a de théorique ne saurait nous intéresser moralement s'il ne contribue pas à l'accomplissement de tous les devoirs humains en tant que commandements de Dieu (ce qui constitue l'essentiel dans toute religion) » [2].

On trouve chez Kant, à côté d'affirmations virulentes concernant la supériorité de la raison, certaines phrases que l'on aurait pu aussi bien attribuer à un théologien piétiste. La doctrine kantienne des postulats de la raison pratique, c'est-à-dire l'immortalité, la liberté et l'existence de Dieu, autorise déjà la question suivante : si ces postulats n'étendent pas notre connaissance théorique, s'ils ne nous disent rien « au regard des objets », ne sont-ils donc que des hypothèses dont le but est de comprendre les faits moraux ? Mais les hypothèses n'ont-elles pas aussi un contenu théorique ? Nous devons admettre Dieu, la liberté et l'immortalité, penser aussi selon la nécessité, afin de ne pas considérer les lois morales « comme de vaines chimères » [3]. Dieu et la vie dans l'au-delà sont des conditions sans lesquelles nous ne pouvons penser la vie morale comme une vie réelle, cependant ils ne constituent pas un savoir, mais un croire – pas une foi d'église, mais une foi rationnelle. Aucune doctrine issue de la théologie dogmatique de l'orthodoxie luthérienne, aucune christologie ni aucune doctrine de la Rédemption, encore moins la démonologie, n'ont une position théorique aussi remarquable que celle des postulats, même si leur caractère théorique demeure dans l'attente d'une explication. Dieu fait ainsi à nouveau son apparition dans la philosophie de Kant, non pas en tant qu'objet de preuve

1. Kant, *Le Conflit des Facultés*, *op. cit.*, p. 77.

2. Kant, *La religion dans les limites de la simple raison*, *op. cit.*, p. 193-194.

3. Kant, *Critique de la raison pure*, A 811 / B 839, trad. fr. A. Tremesaygues et B. Pacaud, Paris, P.U.F., 1990, p. 547.

théorique, mais bien comme postulation éthique et pratique. Et ce Dieu a un fils, c'est l'humanité, mais une humanité qualifiée sur le plan éthique : « c'est *l'humanité* (l'essence raisonnable du monde en général) dans sa perfection morale totale [...]. Cet homme, le seul agréable à Dieu, "est en Lui de toute éternité" ; l'Idée en émane de son être ; en ce sens, il n'est pas une chose créée, mais le Fils unique de Dieu, "le *Verbe* (le *fiat*) par lequel toutes les autres choses existent et sans lequel rien ne serait de ce qui a été fait" » [1]. Ces phrases sur le Fils de Dieu semblent tirées du prologue de l'Évangile de Jean et s'accordent à leur interprétation néoplatonicienne typique. Quant à cette Idée, Kant sait qu'elle provient de l'essence de Dieu. Mais elle émane seulement de sa conception théorique. C'est lui qui déduit *son* Idée directement à partir de l'essence de Dieu. A-t-il oublié sa thèse selon laquelle la religion ne se différencie pas, au fond, de la morale ? Comment les hommes doivent-ils reconnaître cette origine noble, s'ils dépendent de l'intuition et de son traitement conceptuel à travers des catégories ? À propos de cet homme-dieu éternel, nous devons nous représenter qu'il est descendu du ciel et qu'il a pris place au sein de l'humanité et, en tant qu'hommes, nous devons encore plus considérer que nous ne sommes pas dignes de lui. Kant répond à ces questions en expliquant que l'idée de l'humanité de Dieu est l'« idée personnifiée du principe du bien » [2], « l'idéal de la perfection morale, c'est-à-dire [...] l'archétype de l'intention morale dans toute sa pureté » [3]. C'est notre raison qui nous présente cet idéal auquel nous devons « aspirer ».

Nous pouvons nous *imaginer* que cette raison est directement issue de l'essence divine, car nous ne pouvons penser l'homme agréable à Dieu d'une autre façon que celle d'une perfection morale. Cette image encourage encore plus à vivre selon cet idéal. Chaque homme doit, dans ce sens, devenir le fils de Dieu. La filiation divine n'est pas limitée à un seul individu. Le fait de savoir

1. Kant, *La religion dans les limites de la simple raison*, *op. cit.*, p. 133.
2. *Ibid.*
3. *Ibid.*, p. 134.

si un tel homme a déjà existé n'a aucune importance. Cette idée est recevable, même si elle n'a jamais été confirmée par l'expérience, car elle se trouve en tant que telle dans notre raison [1]. Elle demeure aussi à l'intérieur de notre raison car aucun exemple extérieur ne peut faire preuve d'un accord parfait avec cet idéal. L'archétype d'un tel homme est toujours à rechercher uniquement dans notre raison [2]. Si un tel homme était présenté comme un composé de divinité et d'humanité, comme l'exige la doctrine théologique des deux natures, cela diminuerait alors l'impulsion qui pousse vers un comportement conforme à l'idéal, car comment pourrions-nous, en tant qu'hommes mortels, prendre un dieu venu sur terre comme exemple de comportement ?

Kant en reste alors à la réduction de la religion à la morale. Il interprète l'image du fils de Dieu comme « l'idéal de la perfection morale ». À nouveau, il retire quasiment sa concession faite au langage des prédicateurs. En tout cas, il écarte clairement l'interprétation théologique et réaliste que ce langage en fait, et donc l'idée que l'on prenne le fils de Dieu trop au pied de la lettre : cela risquerait de compromettre la motivation éthique, en pouvant conduire à des comportements éthiques, mais seulement en apparence, pour la forme, imposés par la crainte ou l'espoir. Il faut se tenir à distance de certaines notions, comme la grâce ou le miracle. Elles favorisent la propension à la superficialité de l'Église, ce que Kant critique avec mépris dans la quatrième partie de *La religion dans les limites de la simple raison*, en tant que « faux culte » de la religion et « tyrannie du clergé ».

La réflexion que Kant consacre au Diable peut donc se résumer de la façon suivante : même si le Diable existait, le mal radical serait à rechercher en nous, et non pas à l'extérieur de nous. L'ensemble de la théologie dogmatique nous est inaccessible d'un point de vue théorique, mais nous possédons pourtant ses trois idées – Dieu, la liberté, la vie éternelle – sous la forme de postulats, dont le statut philosophique n'est toutefois pas totalement clair. Même l'idée

1. *Ibid.*, p. 136.
2. *Ibid.*

d'une humanité qui serait le fils de Dieu parfaitement agréable à celui-ci, devient plausible du point de vue de la philosophie morale. Le point de vue de la critique de la religion est clairement formulé, mais la seule, la vraie religion est à rechercher uniquement sur le chemin vers la morale. Il reste l'impression d'une certaine ambiguïté, d'une part, dans les limites drastiques imposées à tous les franchissements de frontières, et d'autre part dans les postulats et les indications portant sur ce que nous sommes en droit de nous représenter.

Goethe contre Kant

Goethe rapporte son histoire personnelle avec Kant, qui date probablement de la fin des années 1780 :

« Lorsque je voulus, sinon comprendre à fond la doctrine de Kant, du moins en tirer parti autant que possible, il me sembla parfois que l'excellent homme procédait avec une ironie malicieuse, tantôt paraissant s'efforcer de contenir la faculté de connaissance dans les limites les plus étroites, tantôt indiquant d'un signe discret l'espace au-delà des limites qu'il avait lui-même tracées [...]. Mais ensuite, après nous avoir suffisamment acculés dans nos retranchements, et même poussés au désespoir, il se résout aux formulations les plus libérales et nous abandonne le choix de l'usage que nous allons faire de la liberté que dans une certaine mesure il nous reconnaît » [1].

Goethe rend bien l'image d'ensemble, même si l'on renonce aux avertissements et aux réductions issues de la philosophie morale, que Kant introduit à intervalles réguliers après avoir assuré notre approvisionnement en représentations. Pour autant que je puisse voir, le Diable ne profite pas de ces signes discrets. Kant considère les doctrines augustiniennes de la cité divine et de la cité diabolique strictement comme des métaphores, de même que le combat du principe du bien contre le mal qui a lieu en nous. Le mal radical a un

1. J. W. von Goethe, « Faculté de juger intuitive », trad. fr. H. Bideau, dans *La métamorphose des plantes et autres écrits botaniques*, Paris, éd. Triades, 1999 (3 e éd. ; 1 re éd. 1975), p. 198-199.

rôle philosophique, car il se trouve en nous, contrairement au *Mal* radical personnifié. Il demeure étrange que Kant ait placé le mal radical au début de sa philosophie de la religion. On dirait bien qu'il cherche à nous dépeindre comme des êtres dépravés par nature, ce qui semble être une concession à la doctrine luthérienne du péché originel, bien que Kant considère l'idée d'une culpabilité héréditaire comme étant contraire à la raison. Kant dit à plusieurs reprises que, tout comme le mal radical, le bien se trouve aussi potentiellement en nous : ce que nous devons faire, nous pouvons le faire aussi. Il ne laisse pas l'humanité subir en permanence l'expérience de l'échec. À nouveau, du point de vue de la philosophie morale, cela est tout à fait clair. Cette approche ne convenait tout de même pas à Goethe, qui écrivit le 7 juin 1793, dans une lettre adressée au couple Herder : « Kant, après avoir employé une longue vie d'homme à décrasser son manteau philosophique de toutes sortes de préjugés qui le souillaient, l'a ignominieusement sali de la tache honteuse du mal radical, afin que les chrétiens eux aussi se sentent engagés à en baiser le bord » [1].

Il s'agit d'un texte que Goethe écrit au campement de Marienborn, près de Mayence, au superintendant général Herder, passé d'admirateur de Kant à ennemi acharné, après que celui-ci ait critiqué son ouvrage *Idées sur la philosophie de l'histoire de l'humanité* [2], publié à Riga en 1784. Depuis 1788, la situation de Kant était très précaire. À Berlin, les pasteurs au pouvoir étaient à l'affût, prêts à faire officiellement obstacle à son travail, et ils s'y employaient encore en 1794. Le premier des quatre articles, sur le mal radical, avait été conçu, dès l'origine, comme une partie du livre sur la religion. Goethe était quant à lui préoccupé par le siège de

1. Lettre à Herder du 7 juin 1793, dans J.-L. Bruch, *La philosophie religieuse de Kant*, Paris, Aubier, 1968, p. 75. Cette lettre est également citée par P. Raynaud, « Introduction », *in* Kant, *Opuscules sur l'histoire*, Paris, GF-Flammarion, 1990, p. 29.

2. Voir J. G. Herder, *Idées sur la philosophie de l'histoire de l'humanité*, trad. fr. E. Quinet, Paris, Presses Pocket, 1991.

Mayence. Il était seulement arrivé, comme il le raconte [1], le 27 mai à Marienborn, et il ne devait pas encore avoir lu le livre. Il se moque du fait que Kant traite d'un thème qui semble théologique et luthérien, qui a l'odeur du péché originel ou du Diable, alors qu'il entend tout autre chose par le mal radical. De fait, Kant aurait pu commencer sa philosophie de la religion par le postulat de l'existence de Dieu ou par la capacité de faire le bien. Il n'a pas opéré une épuration servile de sa philosophie ou un pur ajustement à l'orthodoxie luthérienne. Les moqueries de Goethe sont un peu méritées. Les autorités chrétiennes de Berlin ne vinrent pas embrasser le bord de son manteau de philosophe. Le 12 octobre 1794, elles décrétèrent une interdiction de publication.

1. J. W. von Goethe, « Biographische Einzelschriften : Briefe und Gespräche », in *Werke*, E. Beutler (éd.), volume 12, Zürich, Artemis-Verlag, 1949, p. 426.

LA MORT DU DIABLE

The devil's dead[1]

LE DIABLE EST MORT

En Europe, le Diable est mort. Peut-être vit-il encore en Afrique ou dans une favela d'Amérique du Sud. Je m'en tiens aux limites de mon expérience et ne parle que de l'Europe. Le Diable ne vit ici qu'en tant que figure historique ou idée artistique, sentiment résiduel dans un coin de l'âme mélancolique, ou figure revendiquée par des institutions ayant perdu leur autorité.

Certaines personnes me font remarquer que le Diable est, pour elles, bien vivant. C'est pourquoi je vais exposer, en jetant tout d'abord un regard rétrospectif, pour quelle raison le Diable est mort pour moi. Il est mort lorsque j'ai constaté que les plus importantes doctrines de la foi chrétienne ne pouvaient répondre à la question : comment peut-on précisément distinguer une intervention diabolique d'une intervention « normale » ? Les spécialistes du Diable n'ont donné aucune réponse plausible à cette question. J'en ai conclu qu'un tel être doit par nature demeurer insaisissable. Mon temps de vie est bien trop précieux à mes yeux pour étudier de près de tels êtres – sauf d'un point de vue littéraire ou historique.

C'est là mon principal argument pour expliquer pourquoi, pour moi, le Diable est mort. Personne n'a pu m'expliquer à quels indices précis je pouvais le reconnaître. Mais il y a encore d'autres raisons : le Diable n'est d'aucune utilité pour expliquer l'origine du mal. Car

1. « Le Diable est mort » : vers de Christopher Marlowe, *The Tragicall History of the Life and Death of Doctor Faustus*, Acte 4, Scène 2, 45 (Cf. *Le Docteur Faust*, Paris, Flammarion, 1997, trad. fr. F. Laroque et J.-P. Villquin, p. 188-189).

une question surgit alors : comment le mal s'est-il introduit dans le Diable, originellement bon? On me dit que le mal diabolique existe dans le cours de l'histoire de l'humanité et qu'il s'agit de son œuvre. Mais nous ne savons pas où se trouve la limite du mal que les hommes peuvent commettre. Cela, seule l'expérience peut le montrer. Les penseurs croyants souffrent du fait que leur Dieu bon et puissant tolère ou provoque tant de funestes événements dans le monde. Ils désignent le Diable pour disculper Dieu. Mais ils affirment également que le Diable doit demander l'autorisation de Dieu pour chaque méfait qu'il commet. S'il en reçoit la permission, c'est Dieu qui est alors le principal responsable. Le Diable n'est d'aucune utilité pour exonérer Dieu de sa responsabilité.

Celui qui entreprend un travail de clarification ne prétend pas pouvoir tout expliquer. Il se passe maintes choses curieuses dans la nature et dans la vie des hommes. Si je ne peux pas les expliquer aujourd'hui, on pourra probablement le faire dans le futur. Si ce n'est pas le cas, le Diable ne fournit pas non plus de raison explicative, ce n'est qu'un simple mot qui ne dévoile rien. Comme je n'emploierai pas un tel vocable, pour moi le Diable est mort.

Tentatives de réanimation

Dire adieu au Diable, voilà qui est un peu décevant. Un théologien aussi important que Schleiermacher a pourtant jugé que son existence était « déraisonnable » – avons-nous encore besoin de preuves pour proclamer la fin de Satan? Par sa critique de l'inspiration littérale de la Bible, Semler a fait tomber l'un de ses derniers soutiens. Semler a aussi constaté – comme d'autres avant lui – le rapport disproportionné qui existe entre la représentation du Diable et tout concept de Dieu, même explicité de façon approximative, selon une métaphysique unitaire ou « spinoziste ». Cela aurait pu marquer des adieux définitifs au Diable. En Europe, la réflexion philosophique tout comme le travail historique et critique ont pris leurs distances avec le Malin. Depuis le XIXe siècle, Lucifer apparait d'autant plus libre, que ce soit au théâtre ou dans le roman. En tant que figure artistique, il vit encore, plein d'entrain, dans les films et sur internet.

Après la Révolution et les guerres napoléoniennes, certains voulurent revenir aux anciennes autorités, aux seuls termes de la Bible et à la simple foi de l'Église. Les auteurs de la Restauration trouvèrent là, une fois encore, le Diable, le « Dieu de cet Aiôn ». Joseph Görres n'est peut-être pas le pire exemple, mais les cinq volumes de sa *Mystique chrétienne* [1] débordent pourtant de miracles et de pacotilles sataniques. Les saintes puissances militaires avaient vaincu le Satan corse, à présent les récits diaboliques venaient renforcer de nouveau le trône et l'autel. Au XIX e siècle, des ergoteurs religieux se querellaient en Allemagne pour savoir qui détenait le christianisme le plus complet et le plus authentique. On faisait de l'absence de doctrine du Diable, le révélateur d'un manque dans *les autres doctrines*. Les esprits spéculatifs cherchaient des arguments afin de rendre le Diable à nouveau « acceptable » : la nature pécheresse du monde, la malveillance des hommes, les conflits latents entre penchants et obligations, le soulèvement des banlieues ouvrières, la luxure croissante, les nouvelles coutumes vestimentaires, la faiblesse morale des femmes, la platitude de l'optimisme des Lumières, les abîmes de douleur et, par-dessus tout, la monstruosité qui finira par nous assaillir. Les mélancoliques trouvaient le christianisme sans Diable bien fade [2].

Certains penseurs chrétiens furent soulagés de pouvoir se passer des sorcières. Même le dernier Brentano, le Schelling tardif et le Franz von Baader le plus spéculatif n'y revinrent pas. Parmi les grands historiens, Ludwig von Pastor était le plus religieux d'entre eux et il rejeta avec indignation la croyance obsessionnelle aux sorcières, dont les luthériens étaient à ses yeux responsables. À cet égard, l'existence des sorcières était pourtant assurée de façon autoritaire – par l'*Exode*, livre considéré comme littéralement

1. J. Görres, *Christliche Mystik*, Regensburg, G. J. Manz, 1836-1842.

2. Voir F. W. J. Schelling, *Philosophie de la Révélation*, trad. fr. par J.-F. Courtine et J.-F. Marquet, trois volumes, Paris, P.U.F., 1989-2002. Il faut recommander la lecture de ce texte tardif de Schelling, publié en 1858. Les leçons 33 et 34 traitent du Diable, avec une bonne connaissance de la Bible ; contestent, contre l'orthodoxie, le fait qu'il puisse être un esprit déchu ; et lui attribuent une signification mystique et théosophique plus haute, qui est difficile à comprendre, voir Livre 3, p. 247-297.

inspiré, par le magistère ordinaire de l'Église et par la grande tradition théologique, partagée au-delà des confessions religieuses. Le dépôt de la foi des diverses confessions, le dénommé *Depositum fidei*, endura plus facilement la perte des sorcières que celle des possédés. Les sorcières furent plutôt oubliées que regrettées. Des historiens comme W. G. Soldan et son *Histoire des procès faits aux sorcières* [1] publié en 1843, demandaient de leurs nouvelles. Les féministes étaient à la traîne. Un certain nombre d'auteurs du temps de Biedermeier trouvaient que le christianisme sans Diable et sans exorcisme était vulnérable et trop dépouillé. Il leur manquait l'ancienne opulence, le folklore religieux exubérant, dont les jeux d'ombre et de lumière, aussi beaux que lugubres, étaient tant prisés pour leur poésie. Il leur manquait ces ornements noirs et dorés. Comme si le monde n'était pas complet sans le Malin.

La croyance obsessionnelle aux sorcières avait un fondement biblique solide, mais elle n'a pas survécu au XVIIIe siècle. La croyance dans le Diable, qui lui était liée par une même parenté génétique, avait des ressources encore plus abondantes, néotestamentaires, spéculatives, psychopathologiques et institutionnelles. Elle était plus profondément ancrée dans la théologie dogmatique et dans la liturgie. Le Diable n'était pas aussi facile à « oublier » que les sorcières.

Pourtant, les intellectuels européens avaient surtout procédé à *deux* interventions sur le Diable, qui en avaient modifié la nature : Augustin et les Églises d'Occident avaient *subordonné* la méthode allégorique à l'établissement des faits. Ils n'autorisaient l'interprétation imagée qu'en tant que *complément* à l'interprétation « réaliste ». Mais depuis la fin du XVIIIe siècle, la recherche historique et critique lisait elle-même la formule testimoniale « Je l'ai vu de mes propres yeux » comme une figure littéraire. Elle remettait en question la certitude première concernant la réalité du Diable, requise par Augustin, Thomas d'Aquin et Luther. Il ne

1. W. G. Soldan, *Geschichte der Hexenprozesse*, Stuttgart-Tübingen, J. G. Cotta, 1843 ; cet ouvrage a fait l'objet de nombreuses rééditions, dont la plus récente : Essen, Phaidon, 1990 (éd. revue par H. Heppe en 1880).

restait alors plus que le retour à l'obéissance pure de la foi ou le renoncement complet au Malin.

Ensuite, le XIII e siècle avait promu le Diable au rang de pur esprit, sans pour autant le dissocier de ses « manifestations » tangibles et abruptes, comme le pacte avec le Diable, le feu réel de l'Enfer, le sabbat des sorcières et les rapports sexuels entre femmes et anges noirs. À cet égard, Thomas d'Aquin avait d'ailleurs deviné juste : la perte du corps aérien pouvait être préjudiciable au Diable. Ce destin finit par le rattraper, dans les œuvres de Pomponazzi et Reginald Scot, dans celles de Hobbes et Rousseau.

Aujourd'hui on rencontre des prédicateurs de la doctrine chrétienne qui expliquent à quel point ils ont besoin du Diable : celui-ci donne une gravité suprême à leur discours. Il confère une consécration théologique à leur penchant pour la cruauté. Le christianisme sans Diable, disent-ils, rompt avec sa tradition : ce serait là accommoder la révélation divine, d'une façon à la fois docile et zélée, à notre société de loisir. Tout d'abord, le supplice sur la croix et Satan sont censés donner à la prédication chrétienne la tonalité profonde et insondable propre au drame psychologique. Le frémissement de peur est la meilleure part de l'humanité et, afin de frémir, celle-ci aurait besoin de sacrifices de sang, des antres de l'Enfer et d'étendues de soufre. Comme si l'horreur provoquée par le Diable n'était pas un effet théâtral des plus modernes, on l'utilise à des fins d'autopromotion. Ainsi, elle donnerait à la religion une touche postmoderne, à la fois cruciale et passionnante. Elle lui ôterait son goût pour les gens inoffensifs et somnolents, elle ferait naître le sentiment de la gravité de la vie, la vigilance, l'esprit de lutte, le service armé au service de la foi, *militia Christi*.

TOUTE HISTOIRE A UNE FIN

Satan a une histoire. Ce qui a une histoire doit finir un jour. Or, il a bel et bien une histoire, que je vais résumer encore une fois très brièvement : les plus anciennes parties de la Bible hébraïque ne le connaissent pas encore. Le règne sans partage de Yahvé ne lui laisse que peu de place. La Chute originelle, rapportée dans la *Genèse* 3, a lieu sans lui. Le *Livre de Job*, qui date environ du Ve siècle avant notre ère, ne le connaît pas en tant qu'ennemi de Dieu. En sa qualité de membre de la cour céleste, il se tient près du trône de Yahvé, auprès des fils de Dieu. C'est un accusateur qui agit de façon opportune et qui est chargé de mettre les hommes à l'épreuve.

C'est seulement le *Livre de la Sagesse*, le texte le plus récent de l'Ancien Testament (datant du premier siècle avant J.-C.), qui établit un lien entre Satan et Adam et Ève, dans une brève note affirmant que la mort est advenue dans le monde en raison de la jalousie du Diable. Pour la première fois, nous y apprenons quelque chose sur ce qui anime Satan : il jette un regard plein d'envie sur les hommes et cherche à leur nuire [1].

Dans le Nouveau Testament, la domination du Diable est pleinement établie [2]. Le combat contre cette domination est un élément essentiel de la vie de Jésus [3]. La mort sur la croix est un tournant majeur : désormais, dit-on, le Diable est vaincu [4]. Mais cette victoire est en demi-teinte, son succès n'est pas indiscutable, le Satan est encore et toujours le seigneur de ce monde.

Augustin intervient dans ce développement en interdisant l'interprétation figurée du Diable et du feu de l'Enfer. Il impose son interprétation « réaliste » dans la politique ecclésiale de l'Occident latin, et le Pape Grégoire Ier la reprend ensuite à son compte de façon plus grossière.

Au XIIe et XIIIe siècles, les réformateurs de la philosophie de l'Occident latin modifient la *nature* du Diable : l'animal aérien

1. *Sagesse de Salomon* 2 : 24-34, BJ p. 1118.

2. Satan, aussi appelé *diabolos*, veut dire souverain de ce monde (*Jean* 12 : 3, 14 : 30 et 16 : 11), le dieu de cet *Aion* (*Deuxième épître aux Corinthiens* 4 : 4), le prince des démons (*Marc* 3 : 23), l'ennemi des temps immémorieux, le grand dragon.

3. Matthieu place le combat de Jésus contre lui au début de son itinéraire public, avec la tentation de Jésus dans le désert (*Matthieu* 4, *Luc* 4 : 3). L'activité de Jésus consiste, pour une large part, en l'exorcisation de démons hors de possédés (*Marc* 1 : 25, 5 : 7 et 9 : 25). Le Diable met un terme à l'influence terrestre de Jésus, dans la mesure où il inspire la trahison de Juda et provoque la crucifixion (*Luc* 22 : 3 et *Jean* 13 : 27).

4. Matthieu 12 : 28, *Luc* 10 : 17-18 et *Jean* 12 : 31.

devient pur esprit. En s'appuyant sur Aristote, ils ont réfléchi à ce que « vivre » veut dire et ils savent qu'un être entièrement composé d'air et dépourvu d'organes ne peut pas vivre. La dématérialisation des démons qu'ils mettent en œuvre repose sur Denys l'Aréopagite et Jean Damascène, sur le *De anima* III d'Aristote et ses commentateurs. La dématérialisation du Diable parvient à sa forme classique chez Thomas d'Aquin, forme à laquelle il rattache des images du Diable issues des pratiques populaires et ecclésiales. Malgré la spiritualisation des cours céleste et infernale, il a maintenu le sexisme de la théorie du péché originel augustinien, l'image augustinienne d'un pacte avec le Diable unissant incubes et succubes, ainsi que le feu réel de l'Enfer qui doit tourmenter des êtres purement spirituels. Le Diable et ses anges sont à présent spiritualisés, mais au lieu de produire un tournant décisif dans l'histoire de la conscience de soi chrétienne, il en résulte une série de contradictions. L'élite intellectuelle de l'Europe est divisée : des philosophes tels que Pomponazzi montrent à quel point l'être diabolique est superflu pour la pensée philosophique aristotélicienne, communément admise à l'époque. De bons connaisseurs d'Origène mettent au jour son jugement : il n'est pas nécessaire de raconter trop de choses sur les punitions de l'Enfer au simple peuple. Des inquisiteurs dominicains du XVe siècle, suivant les pas de Thomas, élargissent la présence du Diable en décrivant le sabbat des sorcières et en condamnant au bûcher celles et ceux qui scellent un pacte avec le Diable, ce pacte étant une hérésie et une offense faite à Dieu. Ils encouragent une persécution sanglante, critiquée de façon croissante à partir du XVIIe siècle, et qui disparaît ensuite progressivement. Après cela, on ne put rétablir la croyance en l'existence des sorcières. Celle-ci permet d'établir un parallèle intéressant avec la croyance en l'existence du Diable : pourquoi l'une a-t-elle disparu et pas l'autre ? La croyance obsessionnelle aux sorcières était déjà un phénomène très complexe. Une seule cause ne pouvait l'amener à disparaître. Seul un ensemble de causes a pu le faire : au premier plan, les doutes concernant le caractère démontrable de la faute conformément à des critères juridiques appropriés. Cela présupposait, en Europe, un état développé du savoir juridique et de l'administration de la justice, de même que l'adoption d'un ordre juridique civil. Furent ensuite efficaces : la critique de l'usage de la torture au cours du procès, la remise en question ou la réinterprétation historisante de la justification biblique de la sorcellerie comme « accommodation » à la superstition populaire des temps plus anciens.

La méfiance envers les arguments dogmatiques des Églises chrétiennes, qui se condamnaient mutuellement, grandissait auprès des intellectuels européens. Les motifs de justification suivants, encore plus profondément ancrés, furent également à l'œuvre :

– les exigences méthodologiques plus strictes des études de la nature, de l'histoire, de la vie psychique ;

– les succès de la médecine, la naissance de la psychiatrie ;

– la conscience de l'autonomie de la morale ;

– la forme de plus en plus immanente de l'identité éthique ;

– la sécularisation de la perception quotidienne de la vie ;

– le recul de l'influence de l'Église, en particulier dans le domaine de l'éducation. La Réforme et la contre-Réforme élargirent et approfondirent le système éducatif religieux. Dorénavant, les moines n'étaient plus les seuls à veiller sur le salut de l'âme individuelle. Les affrontements confessionnels, renforcés par l'impression typographique, rendirent possible la pratique individuelle de la piété, en particulier chez les femmes et dans les campagnes. Simultanément, la peur de l'Enfer, tout comme le scepticisme, se renforçait ;

Par ailleurs :

– la critique littéraire et la philologie rigoureuse, héritées de Lorenzo Valla et d'Érasme, inspirèrent de la méfiance envers les légendes et les histoires miraculeuses ;

– des considérations épistémologiques générales critiquaient un savoir trop expansif concernant l'au-delà ;

– le mépris traditionnel envers les femmes, considérées comme la porte d'entrée du Diable dans la cité bien ordonnée que constituait la culture masculine, devenait peu crédible. Les filles des grands commerçants florentins du Quattrocento et, à plus forte raison, celles des professeurs de philologie de Göttingen du XVIIIe siècle ne se reconnaissaient plus dans l'image des femmes véhiculée par l'Église.

Telles pourraient avoir été quelques-unes des causes principales de l'éradication irréversible de la croyance obsessionnelle aux sorcières. L'abolition de Satan se déroula quant à elle de façon plus compliquée.

UN DÉPART INTERROMPU

Les premiers coups de hache avaient été portés sur l'arbre du satanisme. La déconstruction effective du pouvoir du Diable sur les âmes des chrétiens, cependant progressive et toujours soumise à la controverse, ne fut pas menée par les réformateurs du XVIe siècle. Leur augustinisme et leur anti-origénisme les poussaient plutôt plus en direction du satanisme. Les thèses augustiniennes, préservées au cœur du thomisme, agissaient de façon similaire auprès des contre-réformateurs. Des théologiens, des philosophes et des juristes éclairés opérèrent une percée dès la fin du XVIIe siècle, suite au travail préparatoire effectué par Pietro Pomponazzi et par le médecin Jean Wier. Je mentionnerai une fois encore Reginald Scot, Thomas Hobbes, et pour ce qui concerne le commentaire biblique, Richard Simon et les déistes anglais, ainsi que les exégètes protestants de Göttingen et de Halle.

Les représentants de l'Église protestante diffusent aujourd'hui une image différente de la Réforme. Ils en font l'éloge comme s'il s'agissait d'une libération. En tout cas, elle n'a pas contribué à libérer du Diable. Qui veut savoir la vérité doit lire au moins les textes sources suivants :

– le *Grand Catéchisme* de Luther, rédigé en 1529, en particulier le deuxième article [1],

– dans le même corpus, la troisième et la sixième Demande du Notre Père [2],

1. M. Luther, « Le Grand Catéchisme », dans *Œuvres*, tome 7, trad. fr. P. Jundt, Genève, Labor et Fides, 1962, p. 40-45.

2. M. Luther, *Le Grand Catéchisme*, *op. cit.*, p. 109-116.

– le texte consacré à la Guerre des paysans, publié en 1525 : *Contre les hordes de paysans pillards et assassins* [1],

– l'article 20 de la Confession d'Augsbourg [2].

On trouve un certain nombre de références au Diable figurant dans les textes réformés, dans l'ouvrage de Heiko A. Oberman sur Luther [3]. En 2017, en pleine agitation autour du jubilé de la Réforme de Luther, personne ne prêta attention aux travaux d'Oberman. C'est pourquoi je mentionnerai un témoignage supplémentaire à verser au dossier sur Luther et le Diable : « Combien Luther se simplifie la tâche avec son diable, qu'il a toujours sous la main pour expliquer et écarter de façon superficielle et barbare les phénomènes les plus importants de toute la nature, et en particulier de la nature humaine » [4].

De nos jours, les cercles évangéliques, les groupes fondamentalistes et le magistère catholique romain parlent beaucoup de Satan et évoquent son existence réelle. En 1992, le Pape Jean-Paul II a remanié et renouvelé le rituel d'exorcisation datant de 1614. Le *Catéchisme de l'Église catholique* présente le Diable comme une personne puissante, toujours en action, et affirme : « son action cause de graves dommages – de nature spirituelle et indirectement même de nature physique – pour chaque homme et pour la société, cette action est permise par la divine providence qui avec force et douceur dirige l'histoire de l'homme et du monde » [5].

1. M. Luther, « Contre les hordes criminelles et pillardes de paysans », dans *Œuvres*, tome 4, trad. fr. P. Jundt, Genève, Labor et Fides, 1958, p. 175-179. Une traduction révisée et plus récente de ce texte est également disponible dans : M. Luther, « Contre les hordes pillardes et criminelles de paysans », dans *Œuvres*, tome 2, M. Arnold et M. Lienhard (éd.), trad. fr. F. Gueutal et M. Weyer, Paris, Gallimard, 2017, p. 215-223.

2. P. Melanchthon, *La Confession d'Augsbourg et L'apologie de la Confession d'Augsbourg*, trad. fr. P. Jundt, Paris, Cerf, 1989, p. 72.

3. H. A. Oberman, *Luther : Mensch zwischen Gott und Teufel*, Berlin, Siedler, 1982.

4. J. W. von Goethe, *Matériaux pour l'histoire de la théorie des couleurs*, trad. fr. M. Elie, Toulouse, Presses Universitaires du Mirail, 2003, p. 132 (traduction modifiée).

5. *Catéchisme de l'Eglise catholique*, § 395, Paris, Centurion-Cerf-Fleurus-Mame-Librairie éditrice vaticane, 1998, p. 89.

Voilà, à nouveau, l'omniprésence du Satan d'autrefois, accentuée par le terme « chaque » dans « chaque homme », mais discrètement atténuée par l'expression « indirectement ». Afin de pouvoir « réellement » exister, il doit infliger « des dommages [...] même de nature physique » : veut-on désigner ici les tremblements de terre ? Comme on le voit, la doctrine chrétienne a affirmé durant deux millénaires le pouvoir réel et le caractère personnel de l'adversaire de Dieu. Nous ne devons justement pas interpréter le Diable de façon métaphorique en tant que principe du mal, comme s'il était un principe abstrait, mais comme s'il était plutôt un « esprit personnel » pensant et doté d'une volonté. Sous les traits de Satan, le christinianisme accueille en son sein le dieu, au pouvoir circonscrit, des dualistes antiques. D'un point de vue ontologique, le christianisme subordonne Satan au Dieu de la Création, mais il lui laisse exercer une telle domination sur le monde terrestre, que l'on pourrait alors penser qu'il n'a pas été vaincu. La doctrine chrétienne fait à ce sujet des déclarations équivoques : elle met à la fois en garde contre le fait de sous-estimer son influence et, en même temps, elle souligne qu'il ne fait rien sans la permission de Dieu.

Voilà une concession inquiétante. Car si Dieu l'autorise à commettre son forfait, Dieu en est donc responsable. S'il ne peut lui refuser la permission, alors il n'est pas tout-puissant. Si Dieu est infiniment bon, il devrait refuser de lui accorder son autorisation. Mais le Diable est alors dépourvu de fonction. Il ne soulage pas Dieu du poids du mal.

Au cours de son existence, le christianisme a presque toujours considéré Satan comme le seigneur de ce monde, au moins jusqu'à ce qu'il soit définitivement enchaîné après la fin des temps. Satan pouvait presque tout faire. Les simples chrétiens pouvaient le confondre avec Dieu, sans compter que le Yahvé ancestral a commis des actes diaboliques : c'est lui qui a inspiré l'idée, pourtant proscrite, du recensement de la population, qu'il a ensuite sanctionnée ; c'est lui qui a envoyé vers Saül, le roi dépressif, l'esprit divin malfaisant.

Certains théologiens ont essayé d'amoindrir la domination de Satan sur le monde, pourtant attestée dans le Nouveau Testament, d'autres l'ont confortée. Plus particulièrement, l'annonce de la fin du monde imminente, la tromperie apocalyptique, a accru le pouvoir sinistre de Satan : nous vivons désormais à la fin des temps, et c'est alors qu'un pouvoir particulier est donné au Diable en vue de notre mise à l'épreuve. Selon eux, le Diable sait qu'il ne dispose que de peu de temps pour nous précipiter dans la corruption et il profite de ce temps à sa disposition. La représentation de son origine céleste a joué en faveur du Malin. Ce n'est que tardivement qu'il s'est vu octroyer une préhistoire, au cours de laquelle il était un ange. Mais ce passé ne lui avait pas été attribué au départ. Cela l'a en outre rehaussé sur le plan métaphysique, dans la mesure où il a perdu son ancien corps aérien et a été promu au rang de pur esprit. Ainsi, il se situait au-delà du temps céleste, il pouvait connaître le futur. Comme si ce n'était pas assez, la fantaisie théologique l'a désigné pour être :

– le plus élevé de tous les anges,

– le seigneur des légions diaboliques,

– le meneur de la rébellion des anges qui l'a conduit à sa chute,

– le dupeur plein de ruse qui peut se transformer en un ange de lumière [1],

– le maître des phénomènes naturels, qui transforme les corps, provoque des intempéries, déforme la chair humaine, qui induit, brouille et altère les perceptions.

En face de lui, l'homme était bien faible. L'homme ne pouvait se sentir à l'abri dans sa propre demeure. Il devait se *savoir* faible et chercher refuge dans la grâce du Tout-Puissant. Il devait percevoir le Diable, en chair et en os, derrière chaque catastrophe. Les fous sont la preuve qu'il est assez puissant pour empêcher les hommes de penser.

Durant plusieurs siècles, pour le christianisme, il n'existait aucun événement du monde visible – mis à part le mouvement des astres – dont Satan ne pût avoir été à l'origine. La peste, la famine,

1. *Deuxième épître aux Corinthiens* 11 : 14; Augustin, *La Cité de Dieu*, 19, 9, *op. cit.*, volume II/2, p. 577-578.

les guerres, tout cela *peut* provenir de lui, dit Thomas d'Aquin ; tout cela *provient* de lui, dit Martin Luther. Voilà ce que l'on a enseigné et mis en pratique durant des siècles, ce qui a formé les dispositions intellectuelles et affectives. Cela a marqué la conscience quotidienne et a rendu plus difficiles les tentatives d'explications scientifiques du monde ; cela a engendré les « éléments les plus importants qui ont façonné la conduite de vie », pour reprendre l'expression de Max Weber [1].

Jugée plausible pendant longtemps, l'existence du Diable s'est accordée avec le cadre général, avec le besoin d'une distinction imposée entre le bien et le mal, avec un théisme comprenant un adversaire, avec une pensée polarisée par la lumière et l'obscurité, l'ordre et le chaos. Thomas d'Aquin a tiré sa preuve de l'existence du Diable à partir d'images générales déjà existantes, provenant de la magie. Les représentations populaires du palais céleste et de la rébellion des vassaux lui ont fourni un appui. De même que la conviction de la valeur intellectuelle inférieure de la femme, de sa disposition à être influencée et de son instabilité morale. Cela incitait à considérer avec méfiance tout ce qui était d'ordre sexuel et à contrôler de façon autoritaire la vie de tous les chrétiens. Ce qui, du point de vue juridique et spéculatif, était satisfaisant : le royaume du Diable possédait la structure hiérarchique de la *civitas*, semblable à celle du royaume de Dieu. L'image d'ensemble se montrait complètement convaincante. Pendant longtemps, la philosophie de la nature s'était rangée de son côté. Jusqu'au XVIIe siècle, cette image tirait avantage d'une conception du langage qui présumait que les termes possédaient encore une trace de l'adéquation propre à la langue d'Adam. Le mot était encore considéré comme la conséquence de la chose. On pouvait s'attendre à des effets magiques, merveilleux et/ou liturgiques, qui procédaient de lui. Il y avait bien plus que de la pure information. L'ensemble complexe formé par le Diable, les démons, les sorcières et les possédés était

1. M. Weber, *La sociologie des religions*, trad. fr. J.-P. Gossein, Paris, Gallimard, 1996, p. 503. Voir *supra*, p. 31-32.

flexible et dissociable en parties individuelles. En temps de crise, on pouvait en souligner les dimensions apocalyptiques. Le grand drame de la lutte du principe du bien contre celui du mal « expliquait » bien des choses : l'incompétence des experts lors de catastrophes telles que la famine, la peste et la guerre, la corruption de l'Église, la malveillance des tyrans, les tentations constantes éprouvées par les saints. Durant de nombreux siècles, les élites européennes étaient persuadées que les sermons devaient enseigner les peines de l'Enfer. Seule la peur qu'elles provoquaient pouvait assurer la soumission des classes sociales inférieures. Sans cette menace, les paysans refuseraient la dîme, la morale bourgeoise disparaîtrait.

Ce système présentait de si nombreux avantages qu'il faut rappeler les raisons qui le firent vaciller.

Le monothéisme fut interprété de façon plus rigoureuse. Au XVIIIe siècle, le spinozisme modéré se propagea, souvent de façon souterraine, malgré de nombreux hauts cris. Son dieu ne tolérait à ses côtés aucune divinité distincte, aucun dieu du monde terrestre. Suivant le mouvement de l'absolutisme royal, ce dieu se retira progressivement des instances intermédiaires entre Dieu et l'homme. Dans les différentes théologies, les thèmes issus du Moyen Âge tardif, liés à la toute-puissance de la volonté divine et au caractère terrible de Dieu, devinrent moins fréquents. Dieu était devenu « aimant ». La conception faisant de Dieu le juge du monde perdit de sa vraisemblance. Les concepts de Grâce et de Rédemption furent humanisés. Le péché originel, en tant que transmission héréditaire du péché, et la réparation de l'offense faite à Dieu à travers l'effusion du sang du Fils, devinrent incompréhensibles. Le sujet autonome bourgeois se sentait troublé par l'autoritarisme inhérent au concept de Révélation. Il donnait plus de valeur à sa morale qu'à tous les rituels, alors perçus comme le « faux culte de la religion ». Il ne supportait plus que la prédestination envoie la majeure partie de l'humanité en l'Enfer. Il ressentait que l'éternité des peines de l'Enfer entraient en contradiction avec la bonté divine et avec la dignité de la personne. Il tenait au libre arbitre, défini comme la condition de la reconnaissance de la culpabilité. La modernité affirmait sa légitimité : elle aborda la nature et l'histoire avec des procédures plus rigoureuses. Elle refoula l'inspiration littérale de la Bible grâce à une analyse historique et critique. Elle démontra que Satan avait une histoire, qu'il était peut-être une importation dont l'origine était extérieure à la Bible et une pièce judaïque rapportée, insérée au sein du christianisme.

Il ne fallait plus conserver la diabolisation de la sexualité. Le monopole de l'herméneutique de la reproduction humaine échappa au christianisme. Le Diable y perdit son domaine d'activité préféré.

Dans le *Marteau des sorcières*, l'inquisiteur Kramer avait encore pu, avec l'aide de Thomas d'Aquin, rendre compatibles la philosophie aristotélicienne de la nature et le satanisme. Le XVIIe siècle commença à saisir le concept de nature de façon plus précise, selon une plus grande rigueur empirique. Le concept de nature de Pomponazzi n'était pas encore assez strict, il contenait des restes de mythologie antique. Après que Hume et Kant eurent expliqué ce qu'était l'expérience, personne ne pouvait plus indiquer comment reconnaître le caractère diabolique de l'influence de Satan, pour autant que celle-ci existât vraiment. Celui qui posait des questions à ce sujet, apprenait seulement qu'il fallait y croire. Car en fin de compte, cela figurait dans la Bible.

DES FORCES OPPOSÉES

L'Europe n'a pas simplement accepté le Diable : elle a lutté avec lui. Elle n'a pas cherché à en amoindrir la stature, mais elle l'a anobli et promu au rang d'esprit ; elle l'a conservé, d'abord dans la sous-culture cléricale, puis dans la sous-culture populaire. Des forces contraires, opposées à cette présence, se sont à leur tour développées. Durant l'ère chrétienne, il existait plusieurs modèles définissant différentes orientations scientifiques, issus du monde antique et, par la suite, du monde arabe. À partir du XIIIe siècle, l'Occident latin les développa pour son compte, à l'aide des références antiques et arabes. Si l'on y réfléchit plus précisément, aucune espèce de monothéisme n'a laissé le Diable accéder au rang de dieu de ce monde, et c'est l'Islam qui lui a même accordé l'espace le plus restreint. Dans le judaïsme tardif et dans le monde chrétien, les interventions de la toute-puissance divine, appelées « miracles », menaçaient les certitudes du savoir commun aussi bien que les certitudes scientifiques. Les démons jetaient chaque connaissance réelle concernant le monde dans la pénombre d'une imprévisible incertitude : *imprévisible*, puisque toute expérience naturelle aussi bien que religieuse, était susceptible de provenir du « père du mensonge », dont on était convaincu qu'il cherchait par tous les moyens à nuire aux hommes.

Un chrétien pouvait renoncer à l'assurance métaphysique, il pouvait se contenter de l'essai et de l'erreur. Une telle résignation était d'autant plus judicieuse que le niveau de prédiction de la science de ce temps était peu élevé. Mais à partir du XII e siècle, le monde européen en pleine expansion ne pouvait plus s'en contenter. Les sociétés périphériques pouvaient bien cultiver un scepticisme pieux ou traîner tout cela comme une pratique culturelle subalterne, propre aux existences marginales, cela ne convenait pas aux classes dominantes. Celles-ci essayaient d'atteindre un certain degré de sécurité. Pour ce faire, plusieurs voies se présentaient à elles :

1) Thomas d'Aquin fait la distinction entre le naturel et le surnaturel. Cela légitime l'application d'une rationalité immanente à l'observation de la nature, mais elle demeure toujours une rationalité *hypothétique*. Elle ignore *de facto* la production de miracles divins ou diaboliques dans des rapports discursifs délimités, par exemple à l'intérieur de la théorie philosophique de la perception. Elle demeure à distance du monde *factuel*. Au sein de celui-ci, tout peut arriver. Pour ce qui concerne l'expérience réelle, la rationalité renonce au droit d'appréhender le surnaturel. Elle n'accepte pas seulement le point de vue brut issu de l'autorité : elle l'*encourage*, afin de poursuivre, en deuxième instance, par une théorie spéculative des doctrines de la foi. Elle reste une *rationalité formelle.* Son système à deux niveaux procure à la tradition scolastique une continuité qui a ses limites. On peut l'associer à la superstition et à l'arbitraire propre à la perspective religieuse, et, simultanément, rejeter toute superstition au sein du monde « naturel ». Lors de crises sociales,

politiques et intellectuelles, Satan gagnait une fois encore en importance. On a ainsi fait référence à la présence du Diable à plusieurs *moments historiques*, y compris dans les années qui ont suivi la Deuxième Guerre mondiale.

2) Une deuxième possibilité consiste à débarrasser le Diable de sa fonction, à le considérer et/ou à l'utiliser sur le plan théorique et éthico-pratique comme s'il était superflu. Un tel essai peut s'appuyer sur la tentative de transformer le concept de Dieu en modèle de rationalité logique, ce qui était possible dans la scolastique tardive et dans la période post-scolastique, à l'aide d'éléments aristotéliciens, cartésiens et spinozistes. De cette manière, on a atteint un nouveau degré de certitude dans la vie pratique et le savoir scientifique, laissant derrière lui le scepticisme pieux, même s'il évoluait aussi – à l'instar de l'école cartésienne – à l'intérieur d'un paradigme historique contingent. C'est la raison pour laquelle Pascal considérait cette certitude comme à la fois *inutile et incertaine.*

Le Diable forme une variable historique, mais, en tant que tel, il a été un élément stable de la pensée chrétienne du Ier au XVIIIe siècles. Son abolition, qui représente un processus théorique à l'intérêt considérable, repose sur une série d'arguments théoriques de nature théologique, philosophique, méthodologique et juridique. Elle a exigé un effort argumentatif qui, en fin de compte, a également mis la divinité à bonne distance du champ de la théorie. Dans un premier temps, au nom de la religion naturelle, l'hégémonie de Dieu gagna du terrain sur le Diable, parallèlement à l'absolutisme royal des XVIIe et XVIIIe siècles, qui avait renversé l'ancienne noblesse ; pour finir par ne plus lui laisser de place. Avec une expérience historique et une conscience politique accrues, le scepticisme à l'égard de la démonologie s'est reporté sur la théologie philosophique. La pensée philosophique se trouvait non seulement dépourvue de Diable, mais aussi de Dieu. Avant cela, la philologie biblique critique, développée en France en particulier par Richard Simon, avait reçu un accueil favorable de la part des déistes anglais. Elle mena à la critique des prédictions et des miracles. Antony Collins (1676-1729), dans son *Discourse of Freethinking* publié en 1713, présentait les libres penseurs comme étant les seuls en mesure de pouvoir délivrer de la domination du Diable. Les théologiens anglais pensaient à ce moment-là qu'un christianisme qui serait aussi vieux que la Création, n'avait donc nul besoin de révélation supplémentaire. Leur interprétation était similaire à celle de Kant à propos de la raison et de l'autonomie de la morale. Ils ne déduisaient plus leur éthique à partir de la Bible. Les interventions surnaturelles étaient devenues superflues. Il n'y avait plus de place pour Satan. L'idée de vivre à la fin des temps s'était évanouie et, avec elle, la conviction d'endurer, en ces temps apocalyptiques, une adversité particulière due à Satan.

La croyance au Diable ne fut pas mise en échec par l'influence décisive de la nouvelle science naturelle propre au XVIII e siècle anglais. C'est ce que montrent entre autres les recherches de Stuart Clark sur l'intérêt porté aux sorcières par ces messieurs les chercheurs en sciences naturelles de la Royal Society [1]. Comme je l'ai déjà montré, cette contradiction avait plusieurs origines : elle allait à l'encontre de la nouvelle réflexion concernant l'infinité divine, qui fut bientôt dénoncée comme un panthéisme et qui fut combattue pour son spinozisme. Une nouvelle conscience de soi avait fondé, d'abord en Angleterre et en France, le besoin d'évaluer la foi de l'Église selon les critères de la foi rationnelle. Cette conscience ne supportait le Diable que sous sa forme de symbole du mal radical. Des penseurs firent leur apparition, qui s'émancipèrent de la conscience, encouragée par les institutions, que les hommes avaient de leurs faiblesses, et ils cherchèrent à se débarrasser de l'assujettissement métaphysique. Ils argumentaient en suivant une méthodologie bien établie et en s'appuyant sur une critique de la connaissance : pour quelles raisons, demandaient-ils, devrions-nous considérer les phénomènes naturels comme s'ils renvoyaient à des interventions *diaboliques* ? Comment sommes-nous censés identifier l'influence de Dieu dans les événements de la nature ou dans ceux de la vie de l'âme ? Quelqu'un voit, là-bas, un arbre

1. S. Clark, *Thinking with Demons*, *op.cit.*, en particulier p. 294-311 : « Witchcraft and the Scientific Revolution ».

pris dans les flammes mais qui ne se consume pas : s'agit-il d'un miracle ? Cela, seul pourrait l'affirmer celui qui connaît tous les types de combustions et tout ce qui peut faire obstacle au feu, et qui aurait tout cela présent à l'esprit. Il devrait aussi connaître toutes les recherches futures concernant les causes d'incendies. Et s'il s'agit bien malgré tout d'un miracle – est-ce un miracle dû à Dieu ou au Diable ? Selon quels critères établir cette différence cruciale ?

À partir de la fin du XVIIe siècle, les considérations philologiques ayant trait à la Bible menacèrent également la domination du Diable. Certains théologiens, de même que des philosophes comme Thomas Hobbes, prirent conscience du caractère fécond de l'analyse historique et critique développée par Lorenzo Valla, Érasme, Richard Simon et Pierre Bayle. Ils abandonnèrent la doctrine de l'inspiration littérale, ils instaurèrent une conscience de la distance historique à l'égard du texte et interprétèrent les passages satanologiques du Nouveau Testament, non pas comme une vérité éternelle révélée, mais comme un ajustement aux convictions populaires et aux errements de la médecine des premiers siècles de notre ère.

LIMITES. PERTE DE POUVOIR

À partir d'une certaine période, les penseurs européens n'accordèrent plus leur *blanc-seing* au Diable. Ils imaginèrent toute une série de demi-mesures, afin de limiter le pouvoir du Diable. Celui-ci ne se laissa pas abattre tant qu'une série d'autres faits plausibles soutenaient encore la plausibilité de son existence, et ils l'assujettirent donc à des règles. Il en résulta une limitation de son pouvoir, une mise à l'écart dans un domaine unique, une sorte d'« abolition aux dimensions réduites ». Leurs arguments étaient principalement les suivants.

Les théologiens orthodoxes soulignaient que seul le bon Dieu était tout-puissant. Sa volonté avait instauré le pouvoir de Satan de façon durable, mais elle lui avait également fixé des limites. Contrairement au Créateur, il ne doit pas pouvoir, par exemple, créer quelque chose à partir de rien, c'est-à-dire qu'il ne peut produire quelque chose de complètement neuf. Il doit s'arranger avec la matière disponible dans le monde. Il ne peut pas non plus modifier la structure globale de l'Univers. Il ne peut pas décréter ce qui est bon ou mauvais. Il est le Malin : peut-il aussi vouloir le bien ? Ne veut-il pas le bien pour lui-même, par exemple avoir du succès dans sa chasse aux âmes ? N'approuve-t-il pas, en tant que bien pour lui-même, le fait que son intelligence supérieure soit préservée ?

Certaines limites sont également apparues lorsqu'il est devenu un pur esprit, une *substantia separata* : il doit *savoir* qu'il est malfaisant. Il *veut être malfaisant*, il doit, pour ce faire, savoir qu'il peut avoir recours à sa volonté. Il possède un type propre de temporalité, le temps diabolique est comme le temps angélique, car ses réflexions et les actes de sa volonté n'ont pas tous lieu simultanément. Chez lui aussi, *un* acte succède à un autre. Ils ne sont pas soumis au temps astral, mais bien à leur temps propre. Les diables sont aussi limités par le fait qu'ils ne connaissent pas les choses futures en elles-mêmes, contrairement à Dieu. Ils ne saisissent que les origines actuelles des événements futurs. Leur connaissance de ce qui va advenir est certes plus sûre que celle des hommes, mais elle est pourtant toujours indirecte et déduite [1].

L'hégémonie de Dieu a restreint le champ d'action de Satan. Il n'y a sans doute jamais eu, pas même dans le manichéisme antique, une équivalence parfaite des forces métaphysiques conçues de façon dualiste. Mais ils font référence l'un à l'autre et ils ont développé, conformément à leur antagonisme, des traits communs. Certains types de comportement ont été attribués à Satan, qui étaient auparavant réservés à Yahvé. Cela a changé la conception que l'on se faisait de Dieu, dans le sens d'une plus grande convenance morale. Le Diable représente un fragment prélevé à Yahvé et conserve, en raison de cette provenance, un air de famille. Celui-ci existe, même s'il n'implique pas une similarité de nature. Les deux, dit-on, se livrent un combat en face à face et ils montrent ainsi une unité commune. En tant que sujets concevables, ils s'opposent

1. Thomas d'Aquin, *Questions disputées sur le mal*, q. 16, a. 7, *op. cit.*, tome 2, p. 828 : « De là vient que la connaissance des futurs est propre à Dieu [...]. »

diamétralement l'un à l'autre dans un même espace de *représentation* et ils correspondent l'un à l'autre dans cet espace antagonique. Dieu aussi devient concevable si l'on pense que Satan est concevable. Les théologiens l'ont certifié : le Diable ne peut infliger aucun dommage sans en avoir demandé auparavant la permission à Dieu. À partir du XVIIIe siècle, des pourparlers de ce genre deviennent difficilement conciliables avec la transcendance de Dieu.

Le combat de l'un contre l'autre a relativisé l'un comme l'autre. Lorsque Platon, Plotin et Proclus ont défini le concept de théologie négative, leur Dieu n'avait aucun adversaire. Dès lors que le Dieu chrétien est entré en conflit avec Satan, il a limité le pouvoir de Satan et s'est imposé une limite à lui-même.

Pour livrer d'extraordinaires combats contre le Diable, Saint Michel était à disposition. Il a dû donner un sérieux coup de main, en particulier lors du bannissement de Belzébuth hors du Ciel. Dieu pouvait rester au second plan. Le fait qu'il n'intervienne pas directement à cette occasion, en tant que combattant, donna une impulsion profonde à la mythologie théologique. Elle sauvait un reste de théologie négative. Cela dit, même Saint Michel ne fut pas *toujours* en activité. Ses apparitions variaient en fonction des conjonctures historiques : il avait été aux côtés des adversaires des Turcs à Vienne ; lors de la Première Guerre mondiale, et même lors de la Deuxième Guerre, on le représentait sur la boucle de ceinture de chaque soldat allemand, où il était écrit « *Gott mit uns* », « Dieu est avec nous ».

LA CITADELLE INTÉRIEURE

Parmi les chrétiens, certains esprits philosophiques posèrent une limite à l'influence débordante du Diable, en défendant l'inaccessibilité de la citadelle intérieure des femmes et des hommes. La « chair » était la porte d'entrée du Diable. La nature terrestre, le corps et l'âme dans leurs fonctions inférieures (se nourrir, se reproduire, percevoir, se souvenir) étaient soumis au Diable. Le Diable pouvait même empêcher *l'exercice* de l'intellect et du vouloir, car depuis le XIII e siècle, l'intellect humain – aristotélicien – ne connaissait rien sans images mentales (*phantasmata*) [1], et celles-ci étaient soumises aux influences possibles du Diable. Pourtant, disaient ces auteurs, l'accès à la part la plus intime des hommes, à leur activité intellectuelle et à leur volonté libre, restait interdit au Diable. Seul Dieu pouvait mouvoir la volonté. Aucun démon ni aucune personne ordinaire n'était en mesure de connaître nos pensées librement conçues, seuls Dieu et l'homme voulant et pensant librement pouvaient le faire [2]. Lorsqu'il est écrit dans *Jérémie* 17 : 9 que « le cœur des hommes est impénétrable », cela ne veut pas dire qu'il y a un tête-à-tête mystique entre l'homme et Dieu, mais plutôt un rapport d'incitation et de direction : l'homme est, aussi dans sa volonté, directement soumis à Dieu. Dieu connaît et conduit son cœur, le Diable et les démons ne le peuvent pas. Ils ont certes une intelligence plus élevée que celle des hommes. Ils connaissent aussi, grâce à leurs perceptions sensibles générales, les concepts plus limités des hommes, mais l'usage que nous en faisons, qui est toujours intentionnel, demeure invisible à tous les regards, sauf à celui de Dieu.

Les arguments en faveur de la limitation du pouvoir du Diable ont subi à plusieurs reprises des fluctuations. Car, si le Diable et les démons n'obtenaient aucun accès aux pensées et aux actes de volonté des hommes, ils ne pouvaient pas exercer d'influence sur eux. C'est pourquoi Augustin tenait pour entendu que les démons avaient également certaines connaissances des pensées humaines inexprimées. Mais comment cela était possible et jusqu'à quel

1. Thomas d'Aquin, *Questions disputées sur le mal*, q. 16, a. 8, arg. 3, *op. cit.*, tome 2, p. 836 : « [...] lorsque l'organe de l'imagination est atteint, c'est toute l'opération intellectuelle qui se trouve empêchée. » Un peu plus loin, p. 843 : « [...] parce que même Dieu nous est connu par les images de ses effets [...] ».

2. *Ibid.*, q. 16, a. 8, tome 2, p. 842 : « Aussi, comme la volonté ne peut être mue intérieurement par un autre que par Dieu, à l'ordre de qui est directement soumis le mouvement de la volonté, et par conséquent celui de la pensée volontaire, ce dernier ne peut être connu ni par les démons, ni par personne d'autre que par Dieu lui-même, et par l'homme qui veut et qui pense ».

point c'était acceptable, voilà une question extrêmement épineuse [1]. Thomas mentionne ces discussions et il se propose d'y apporter une réponse. Il est en mesure de le faire parce qu'il a hissé les démons au rang de *substantiae separatae*, il leur a donc concédé l'usage de concepts généraux, mais complets, sans leur donner accès aux actes de volonté particuliers des hommes et aux pensées qui leur sont liées [2].

L'intimité des hommes fut timidement libérée de la pression diabolique. Car Thomas d'Aquin n'avait aucun doute à ce sujet : le Diable dévoilait aux hommes des corps et des créatures dotées de corps qui influençaient leur pensée et leur volonté [3]. Le Pape Grégroire le Grand avait estimé que le Diable s'introduisait même dans les âmes des saints, ne pouvant cependant pas y *demeurer* [4]. Les grands penseurs de l'Église avaient simplement protégé, de façon incohérente, le jardin fermé des âmes chrétiennes contre les intrusions du Mal. Ils discutaient comme s'ils avaient seulement besoin de rassembler un tissu textuel, un ensemble rhétorique, au sein duquel surgissait aussi bien la prérogative qui permet à Dieu d'intervenir dans l'intimité de chacun, que l'omniprésence de Satan. Ils avaient élaboré des formules qui permettaient de conserver ces deux aspects.

Il y eut diverses tentatives pour parvenir à une solution rationnelle. Mais puisqu'on avait concédé aux anges *bienfaisants* le pouvoir d'influencer l'intimité des hommes, on ne pouvait plus,

1. Augustinus, *De divinatione daemonum*, c. 5, J. Zycha (éd.), Corpus Scriptorum Ecclesiasticorum Latinorum 41, Prague-Vienne-Leipzig, F. Tempsky-G. Freytag, 1900, p. 608 ; Augustinus, *Retractationes*, 2, 30, P. Knöll (éd.), Corpus Scriptorum Ecclesiasticorum Latinorum 36, Vienne-Leipzig, F. Tempsky-G. Freytag, 1902, p. 167.

2. Thomas d'Aquin, *Questions disputées sur le mal*, q. 16, a. 8, *op. cit.*, p. 842.

3. *Ibid.*, q. 16, a. 11, tome 2, p. 864 : « Et cela ne fait aucun doute […] ». Les perceptions et les actes de l'imagination ont de toute façon une influence sur lui. Ils produisent des apparitions (*ibid.*, ad 1, p. 867). Ils peuvent modifier des objets et semer le trouble dans les représentations, ils peuvent bien complètement paralyser la connaissance intellectuelle, *totaliter intelligibilem cognitionem hominis impedire* (*ibid.*, ad 10, p. 869-870). La citadelle intérieure est ainsi profanée…

4. Gregorius Magnus, *Moralia in Iob*, l. 27, 26, § 50, Corpus Christianorum Series Latina 143, M. Adriaen (éd.), Turnhout, Brepols, 2005, volume 2, p. 1370-1371.

après avoir établi l'égalité de nature des anges et des démons, protéger la bonne âme des avances du Diable. On ouvrait ainsi la porte de l'âme aux basses œuvres du Diable, autrement dit à la magie qui, avec l'aide du Diable, était tout de même en mesure de produire des grenouilles [5]. On pouvait ensuite ajouter la nécromancie, les maléfices, le pacte avec Satan, les apparitions oniriques, les illusions des sens et la possession. Des prodiges diaboliques avaient eu lieu, tels que la transformation de la femme de Lot en statue de sel [6]. Certes, les démons ne pouvaient alors toujours pas engendrer des hommes, mais ils collectaient des semences et les utilisaient habilement pour servir leurs objectifs [7]. Et, de toute manière, l'âme spirituelle se trouvait dans la main de *Dieu* comme l'argile dans la main du potier.

Un christianisme sans diable ?

Le christianisme peut-il survivre à l'abolition du Diable ? Un christianisme sans Satan se laisse-t-il reconstruire ? La réponse est facile : non. Il cesserait d'être la religion de la Rédemption qu'il a été. Il deviendrait métachristianisme.

S'y oppose tout d'abord les réticences intellectuelles des autorités vis-à-vis de l'innovation. Presque tous les savants lettrés demeurent toute leur vie attachés au paradigme qu'ils ont choisi une fois pour toutes. Au christianisme sans Diable s'oppose la complétude de ce système, et peut-être aussi la peur du Diable. Des mouvements dans ce sens ne pouvaient guère s'imposer. Schleiermacher lui-même n'y est pas parvenu, lui qui était pourtant suffisamment éloquent et désengagé pour rencontrer un large assentiment. Le Nouveau Testament parle trop du Diable. Les ambivalences psychologiques de Satan renvoient à une « profondeur » supposée et c'est ainsi

5. À ce sujet, Thomas d'Aquin, *Questions disputées sur le mal*, q. 16, a. 11, ad 10 et ad 11, *op. cit.*, tome 2, p. 869-870.

6. *Ibid.*, q. 16, a. 9, ad 3, tome 2, p. 852 : « […] le changement de l'épouse de Lot en statue de sel a été réalisé par l'intermédiaire des démons […] ».

7. *Ibid.*, q. 16, a. 11, ad 10 et ad 11, tome 2, p. 862 (*sed contra* avec référence à Augustin, *De Trinitate* 3, 8). Voir aussi *ibid.*, q. 16, a. 3, ad 3, p. 771.

qu'on les apprécie encore. L'interprétation figurée du Diable, très tôt perçue par Augustin comme un refus de la foi, a été maniée avec retenue. Le Diable représente la suprématie du mal dans le monde ainsi que la possibilité de sa défaite. Cette coïncidence psychologique de thèmes disparates dépasse l'étude purement morale du monde et apparaît dès lors comme un modèle de profondeur intellectuelle. Elle sanctionne les mensonges de ceux qui veulent absolument fonder la différence entre bien et mal en supposant qu'il s'agit de l'objet le plus élevé que la pensée humaine puisse saisir. Les premiers chrétiens devaient pouvoir penser l'exécution cruelle de Jésus comme étant possible dans le monde de Dieu. Sans le Diable, cette réparation sanglante de l'offense faite à Dieu, cet apaisement, en quelque sorte, de la colère de Dieu, ne seraient pas plausibles. La complexité qui en découle a procuré certains avantages sur le plan de la psychologie collective : elle unit les communautés et les confessions religieuses. Elle entretient la vigilance et la défense commune d'une identité. Elle donne à l'union des chrétiens libérés la conscience d'une existence exceptionnelle, de son caractère à la fois précaire et incertain, car le temps du monde, disait-on, arrivait bientôt à son terme. Le Diable éveille la volonté de défense et celle-ci s'impose particulièrement dans les situations historiques où surgissent des groupes dont l'hostilité paraît évidente, que l'on peut identifier aux fils du Diable : des Juifs, des Huns, des Hongrois, des Slaves païens (comme c'est le cas chez Thietmar de Merseburg à la fin du Xe et au début du XIe siècle), des Sarrasins, des Mongols, des Turcs, des communistes. Certains politiciens trouvent utile de représenter la partie adverse comme « l'empire du Mal ». Pour les seigneurs du royaume de la lumière, le discours sur l'existence du mal confirme l'importance de leur tâche. Il prépare au fait qu'ils seront exposés à des tentations particulières. Comme l'explique Thomas d'Aquin [1], les démons contribuent bien à l'ordre du monde par le fait qu'ils laissent les bonnes gens entrer en tentation et renforcent ainsi leur capacité de résistance.

1. Thomas d'Aquin, *Somme théologique*, I, q. 64, a. 4, trad. fr. A.-M. Roguet, Paris, Cerf, 2004, tome 1, p. 595-596.

Jusqu'au XVIII e siècle, le Diable a tiré sa signification existentielle et quotidienne de l'expérience des cas de possession, de la magie, des orages et de la sorcellerie. Il provoquait épidémies et inondations, et, précisément, cette interconnexion bien trop étroite avec la vie quotidienne fournit les premiers et les plus importants points d'attaque contre la croyance dans le Diable. Il en fut à peu près ainsi du Diable pour les chrétiens : il était là, présent, tant qu'on pouvait le mettre en cause, selon un mode presque rationnel, à chaque fois que la foudre s'abattait ou, à l'affût en tant que tentateur, derrière chaque femme attrayante. Avec le changement de conception du monde, il perdit ces leurres. Il était dépourvu de fonction mais apparaissait encore, dans une conscience orientée par la vie productive, uniquement sous sa forme littéraire. Le christianisme privé de Diable semblait devenir plus libre, sans contraintes, plus optimiste, mais il était aussi devenu pauvre en contenu et bien pâle. On réalise le vaste bouquet de compétences offert par le Malin au XIII e siècle. Thomas d'Aquin l'a très souvent vu à l'œuvre : il s'installe dans le corps des pécheurs, il éloigne des jeunes gens de la vie monastique, il empêche la célébration de plus d'un mariage, il soumet les âmes des morts à la torture dans les flammes de l'Enfer, il provoque chez des hommes pieux des éjaculations nocturnes, il éprouve la plus grande joie lorsqu'il induit en tentation, en particulier lorsqu'il s'agit de luxure et d'idolâtrie. Tout cela est désormais perdu. Tout est devenu si ennuyeux sous le soleil de Satan. Le Diable provoque encore, tout au plus, des faux pas qui relèvent de la plus pure psychologie individuelle, des erreurs désignées comme des « méchancetés ».

Le rapport entre Dieu et le Diable est étroit, encore plus étroit que l'on pense. Dès lors, même les théologiens les plus réformateurs n'ont peut-être pas pu véritablement se débarrasser du Diable. Probablement, celui qui veut vraiment congédier Satan doit aussi se libérer de Dieu – je parle ici de Dieu dans la version de l'Église, le Dieu biblique dans son au-delà. Il en irait autrement avec Dieu en tant que totalité de la réalité. Satan partage beaucoup de propriétés avec le dieu des théologiens : il est invisible, tout comme lui. Il agit partout. Et il est éternel ou presque aussi éternel que lui. En sa faveur, on pourrait dire qu'il n'y a pas de bien sans mal, donc qu'il n'y a pas non plus le *Bien* sans le *Malin*. Ni Dieu ni le Diable n'ont jamais été vus. D'où sont supposées provenir les qualités qu'on leur attribue ? De la Bible, mais elle n'était en vigueur qu'auprès des initiés et seulement aussi longtemps qu'on a cru en elle en tant que parole divine. Les attributs traditionnels de Dieu ont été recyclés et appliqués au Diable. Les paires de termes contraires en usage dans la vie courante, comme le bien et le mal, le clair et le foncé, le haut et le bas, ont déterminé l'image de Dieu et du Diable. Cela a semblé plausible, mais en associant Dieu au Diable d'une façon si étroite qu'il était difficile de les séparer. Seuls les deux pris ensemble correspondaient à l'image complète des seigneurs du monde. Si on les considère en tant qu'image, elle a même un sens, à savoir : le moralisme, gravé de toute éternité, du bien et du mal, du Ciel et de l'Enfer.

INDEX DES NOMS

TABLE DES MATIÈRES

CONSTRUCTION

DÉCONSTRUCTION

Achevé d'imprimer le 24 mai 2019
sur les presses de
La Manufacture - Imprimeur – 52200 Langres
Tél. : (33) 325 845 892

N° imprimeur : 190582 - Dépôt légal : juin 2019
Imprimé en France